ヴェーバー的方法の未来

鈴木章俊

日本経済評論社

はしがき

本書は、社会科学・人文科学におけるいわゆる分析的思考法を再検討する試みである。分析的思考法は、今日の学問の専門化といわれる現象の一つの原因である。学問の専門化による弊害は指摘されて久しいが、その指摘にもかかわらず、諸学が統合へと向かっているという兆候は依然存在しない。本書は、現在の専門化過程を、分析的思考法を継承しつつ、統合的思考法と統合化過程へと向かわせる要因とを発見するための若干の試論から構成されている。

マックス・ヴェーバーは、一九世紀から二〇世紀にかけて、分析的思考法を受容し、自らを、未分化の統合的思考法にもとづく歴史学派の呪縛から解放した。他方、彼は、この作業によってもたらされた副作用である学問の果てしない細分化を憂慮し、その再統合への示唆をも与えていた。したがって、われわれは、まずヴェーバーにおいて、諸学の細分化の結果と統合への示唆を検証したいと思う。

分析的思考法の克服といえば、念頭に浮かぶのは、かつて諸科学が融合していた一八世紀の人文科学に手本を求めるということであろう。だが、このような回帰は、有効な方策とは思われない。なぜなら、当時の人文科学の一体性は、むしろ、原初的で、未整序の混沌としての一体性であって、一九世紀がこの混沌を分離し、整理し、専門科学を発展させたことは間違いないからである。この営為の成果を無意味なものとは、われわれは考えない。また、たんなる回帰によって、表面的な一体化が実現したとしても、この状態は、再度の細分化、専門化を生み出すに過ぎず、諸学の融合と特化は不毛な円環運動を繰り返すだけであろう。

本書で検討したいことは、このような円環運動の原因となる引力からの脱出の方策である。それは、単一の、ユニークな社会科学の創設であり、それは分析的方法が生かされていて、そのうえで、細分化の利点を活かした諸科学の成果が一つの原理によって統合されるような一組の社会科学である。この議論にかんし、われわれは、イマニュエル・ウォーラーステインによる学問論を参照するであろう。

第一部では、ヴェーバーの二大著作である『経済と社会』および『宗教社会学論集』の背後にひそむ、理論と歴史との関係を追及することから、われわれは考察を始める。われわれは、ヴェーバーによるこの関係の確定が、彼をして歴史社会学の成立へと誘導したと推定する。諸学の統合は、一九世紀の自然科学主義が現実への法則的把握を拡大・完成することで、いったんは成功するかに見えた。しかし、この運動の含意は、諸学から歴史的・政策的観点を排除し、そのうえで法則的客観性のみを科学として正当化するということであった。この構想は、現在、基礎社会科学と応用社会科学という二本柱によって成立する自然科学的社会科学という新たな構想に更新されている。ヴェーバーは、このような価値不問的な構想にひそむ科学の貧困化に対して、歴史と政策の存在意義を主張し、それを、意味付与可能な存在としての人間の問題として提起した。しかし、この主張は、もちろん、伝統的な英雄・偉人史観にもとづく歴史学と客観性のある価値議論をともなわない決断主義的な政策学への回帰ではなかった。法則学の独占支配による学問の貧困化を、過去のものとなっていた歴史学と政策学への回帰によってではなく回避する方策、これがヴェーバーの理念型構想の含意であった。われわれは、この主張の証明にかんし、トマス・バーガーのヴェーバー概念構成論にかんする研究を批判的に応用するであろう。

第二部は、ヴェーバーの資本主義成立説を扱い、この議論から彼の概念論を深化し、その解明を通して諸科学の統合の論理に到達する。ヴェーバーは、カール・マルクスの資本主義成立説を批判して、強調していえば、宗教的禁欲という上部構造が近代経済社会を形成したと論じた。大塚久雄は、このテーゼをさらに彼なりに徹底し、近代固有の資本主義成立の経路は、労働にかんする禁欲的エートスを経由したもの以外には存在しないと主張した。資本主義成立にかんするいわゆる「禁欲説」である（後進資本主義の成立にかんしては、異なる経路が存在し、かえって重要であることを、大塚はもちろん認めるが）。ウォーラーステインは、これとは逆の成立史、営利の「解放説」の立場をも固執する。しかしながら、彼は、禁欲主義ではなく、中世的桎梏から解放され、自由な活動を承認された営利主義のみが資本主義を形成させたと主張しているのではない。ウォーラーステインは、宗教的禁欲および営利的解放ともどもが、あいまって、資本主義的「近代世界システム」を形成したと強調する。ウォーラーステインの資本主義成立説は「解放説」の新版ではない。

「禁欲説」と「解放説」は、従来的概念観においては、反対概念であって、その間に接合はありえても、対立を残しながらの本質的統合などありえない別個の主張であろう。この推論は、一概念一定義という前提にもとづくものであると、われわれは推定する。一概念二定義という概念装置がありうること、そして、その論理を、第二部において考察する。だが、それは、プラトン／ヘーゲル的な一概念多定義という流出論的な概念ではなく、明瞭に定義されたディファレンシャルな（あるいは流動的な）移行概念である。それは、一つの中心的意味定義をもつ円概念ではなく、二つの意味定義、すなわち二つの中心をもつ楕円的概念である。流出論的概念の多意味的な手法による合算原理ではなく、分析的手法を継承した意味間の統合原理を、われわれは論議する。この結論を受けて、ウォーラーステインの主張する法則学、歴史学、政策学を統合する「単一の歴史的社会科学」構想の問題へ移行するが、それは、ヴェーバーによる歴史的文化科学方法論と本質的な類似性をもつ。したがって、二人の科学論にかんする論理の間には相互深化が可能であり、この深化によって統合社会科学の論理への橋頭堡を、われわれは獲得しうる。

第三部は、ウォーラーステインの提唱する単一の歴史的社会科学および政治の関係からみたヴェーバー政治思想への試論である。ウォーラーステインは、学問的真理は価値の関数であり、価値中立的な科学は存在しないと主張するが、このことはまた、ヴェーバーがその方法論で強調したことでもあった。ヴェーバーの価値自由論は、もちろん価値中立性でもなく、いわんや価値不問性でもないことは周知であろう。ヴェーバーの最終的な政治的価値は、民主主義的国民主義と世界政策上の権力政治であると解説される。だが、問題は、民主主義と権力政治とのどちらが手段で、どちらが目的かということであろう。民主主義を実現するために権力政治が必要なのか、権力政治を実現するために民主主義が必要なのか、この問題について、われわれは、政治学者としてのアダム・スミスを手がかりとして考察する。われわれは、スミスをたんなる経済学者としては想定しない。スミスは、法学者として出発し、晩年に至るまで法学者としてのアイデンティティーを失わなかったと想定する。『国富論』は、したがって、スミスの法学・倫理学体系の一部に組み込まれるべき書物であり、さらに、この法学体系は、現代の用語では社会科学体系と規定してよいものと、われわれは結論する。いいかえれば、スミスの社会科学体系は、国家学体系でもあり、しかも、それは自由主義的な国家学である。ここに、自由主義政治学者アダム・スミスが構想できる。われわれは、スミスによるこのような国家学を通してヴェーバーのホッブズ的国家学を是正すべきであると、結論する。ところで、ヴェーバーは通常、アンチ社会主義者と規定されるが、果たしてそうか。近年の研究により、マルクス像は、かつての国権主義的な社会主義者としてのそれではなく、また、その社会主義構想は、むしろ、国家社会と対立する意味での市民社会の究極的な実現形態としてのそれと想定されていたとの認識が広まっている。われわれは、社会主義を資本主義において提唱されている理念の完全な実現体と規定する。このような社会主義であれば、社会主義にかんするヴェーバーとマルクスの政治的対話は十分可能であろう。市民社会論という媒介項を通して「マルクスとヴェーバー」問題への示唆を、われわれは提出する。

市民社会にもとづく社会主義は、本質的に、国民国家の消滅と歩みをたずさえて進行せざるをえないと、われわれは予想する。このことは、国家社会にもとづく社会主義が一国社会主義として成立したことは対照的である。市民とは、国家および国民と対立的な概念であると、われわれ規定する。したがって市民社会的社会主義は、世界政府として誕生することになろう。単一の世界政府が実現したばあい、現存の国民諸国家が領域統治体として完全に消滅するとは予想されないが、それは州ないし県という地位に変換されるであろう。各々の国民国家に市民的社会主義が成立し、それらがゆるやかな連合体として存続しつづけるという経路は、たどらないであろう。国民国家が統合され、ヨーロッパ合衆国、アジア合衆国、南北アメリカ合衆国、アフリカ合衆国、イスラム世界の合衆国などの地域共同体がまず成立し、それらが再統合され、世界政府が誕生するであろう。あるいは、主要な二、三の地域共同体が統合し、世界政府の成立を宣言し、その他の地域共同体および国民国家は、統合過程を経ることなしに、地すべり的に世界政府へと統合されるかもしれない。今日、フリードリッヒ・リストの最終的理想は、現実性を帯びてきている。すべての近代の国民国家は、程度の違いこそあれ、廃藩置県によって成立したものである。地球的廃藩置県が起こることは、潮流的には空想ではない。われわれは、近代における国民国家成立の歴史過程が、地球的規模で繰り返すのを見るであろう。それは社会主義的世界政府と呼ばれるかもしれない。それは、国民的で規範的な体制ではありえず、市民的で自由な体制とならざるをえない。市民的世界政府とは、市民的自由の統合体という意味の社会体制である。市民的自由は、グローバルな自由かつ公正な選挙制度によって保証されるであろう。

目次

第一部　方法の前途

第一章　ヴェーバーにおける科学の分類と歴史社会学——社会学と歴史学——

一　「社会学」と「歴史学」との補完関係

本章の課題は、マックス・ヴェーバーがその晩年に関心の的を絞って行った、「社会学」と「歴史学」との注釈と補足の関係を明らかにすることである。このためにわれわれがとった接近法の第一は、病気回復以後のいわゆる後期ヴェーバーが、最初にとりかかった「方法の問題」（『ロッシャーとクニース』）と最晩年にヴェーバーがまとめ上げた「方法」（『社会学の基礎概念』）とを、その他の方法論文をも参照しつつ、できるかぎり統一的に把握し、提示することである。ヴェーバーの方法を年代記的に、歴史家から社会学者への発展としてとらえる研究観点も、カルロ・アントーニが採用したように、もちろん可能であり、重要である。しかし、本章では、ヴェーバー科学方法論の将来性へのわれわれの最終的評価を作成するうえで、まず、われわれがヴェーバー方法論の基本構造にどのような理解をもっているかを提示する必要があり、このやり方はとらなかった。それゆえ、われわれのとった接近法は、晩年のヴェーバーに固有な問題を、一九〇四年のヴェーバーに遡って当時の多面的な関心のなかに発見するというものである。

いわばヴェーバーのなかのもっともヴェーバー的なものの根を、彼の固有な関心が出発した時期にもとめる、ということである。われわれのとった接近法の第二は、第一のやり方で得られたヴェーバーの方法像を、彼の二大著作である『経済と社会』および『宗教社会学論集』のなかに検証する、というものである。理論と歴史との対立と補完という問題に端を発した関心が、「法則科学」と「現実科学」という方法にまで、ヴェーバーのなかで高められ、最終的には「社会学」と「歴史学」としてこの方法が上の二著作のなかで実現される、という道のりを検証しようとした。この二つの接近法によってわれわれは、ヴェーバーによる科学の二分法にこめられた注釈と補足の関係が、したがって歴史社会学の成立が、以下の行論で明らかになると考える。

『経済と社会』のなかに方法としての「社会学」をみ、『宗教社会学論集』のなかに方法としての「歴史学」をみるということは、これら二つの方法を分離すべきではないという考え方をいったん措くとすれば、長いヴェーバー研究史のなかで判然とあるいは漠然といわれてきた。安藤［一九六五b］、［一九六五c］、田中真晴［一九六九］、金子［一九六九］などは明確にそのような意識で叙述されていると思われるし、中村［一九七七］は端的にそのことを書いた。また多くのすぐれたヴェーバー入門もやはり、そのような意識のもとに書かれていることは、それらを通読するだけでわかる。たとえば、住谷［一九七〇a］、青山［一九五二］などをみよ。そういうなかで、われわれが自らに課した問題とは、この問題意識を「方法論」の次元で、しかも以前の諸労作よりはもう少し、「認識論」に近い次元で、取り扱うという課題なのである。

二 「歴史個体的類型学」としての『経済と社会』——法則科学とは何か——

長い神経疾患の後、マックス・ヴェーバー（一八六四～一九二〇年）が学問研究を再開したのは一九〇三年のことであった。これに先立つ一八九三年にフライブルク大学へ二九歳という若さで教授として赴任し、一八九六年にはカール・クニースの後任としてハイデルベルク大学へ招聘されていたヴェーバーは、マリアンネ・ヴェーバーの『伝記』によれば、自信と若さで学問と政治活動とに、精力的に奮闘していた。このような彼を突然の神経疾患が襲ったのは一八九八年春のことであった。病気は重く、何年かは読書さえできず、学者生活の可能性すら怪しく思え、この状況から脱出することは絶望的にさえ一時考えられていた。回復のきざしが幾分みえはじめたのは、ようやく一九〇二年春のことであった。この病気はおそらく重い鬱病と思われ、結果的にはヴェーバーの享年である一九二〇年まで完治することはなかったようである。多少誇張していえば、これ以後の彼の精神生活はこの病気の再発との妥協のうえに成り立っていた、といってよいだろう。(1)

ところで、病気を境にした後期（一九〇三～一九二〇年）のヴェーバーの研究活動こそが、彼に独自な学問的世界を創造させ、ヴェーバーを現代の社会科学の巨人たちの一人に数えさせているのであるが、後期ヴェーバーの研究活動に特徴的なことの一つは、歴史学的素養を基本としながらも、彼が「方法」と「実証」とを二つながら重要視していた、ということであった。たとえば「プロテスタンティズムの倫理と資本主義の『精神』」と「社会科学および社会政策的認識の『客観性』」とが同じ一九〇四年に発表されていることに象徴的に示されているように、年代記的にみても「実証研究」と「方法論研究」が、同じような比重で、結び合わされながら研究されているのがわかる。(2) 以後も彼の没した一九二〇年までの間ヴェーバーは実証研究と方法研究とのあいだの往復運動を、終始続けているのである。問題関心についていうと、晩年のヴェーバーはあの有名な「理解社会学」の方へ、自分の興味を移してゆくのであるが、その時においても興味を失っていなかったと思われる問題――すなわち芸術や物語の一領域と思われていた「歴史」に、科学としての市民権を与えるという問題――これがヴェーバーの研究再開（一九〇三年）の起点であったといえよう。(3) そして、この問題に決着をつける重要なヒントを与えたのは、彼が療養のかたわら読んだと伝えられるハインリッヒ・リッカートの『自然科学的概念構成の限界』であり、そのなかで展開されている「自然科学」と「文化科学」の二分法であった。このことは、マリアンネ・ヴェーバーがその『伝記』のなかで指摘している。(4) ヴェーバーがこの二分法を彼なりに純化ならびに深化して、「法則科学」と「現実科学」という対応に組み変えてゆくことは、周知のとおりである。

ところで「法則科学」と「現実科学」という用語法は、ヴェーバーによる科学論分析の『ロッシャーとクニース』時点のものであるから、いま説明の導入段階としては、これらを「理論」と「歴史」と言い換えることができる。あるいは、『社会学の根本概念』時点での「社会学」と「歴史学」と言い換えてもよい。われわれは、理論とは、法則の不純物が取り除かれたあとの精製物と理解するが、通用語法から始める叙述を採用して、ここでは理論と法則の区別を、あえて曖昧のままにしておく。つまり、同一の現実を理論的に加工するばあいと、歴史的に加工するばあいの論理的な(素材上のでなく)指標を明らかにすること、これが一九〇四年時点でのヴェーバーの最大の問題関心であった。さて、文化学科を一瞥すると、理論部門と歴史部門とに大きく分けることができるのがわかる。このほか政策部門もあるが、これは前二者のあいだの中間領域という主張もあり、(5) 基本線のみを強調する本章では、一応考察の対象外におくことにする。そこで問題というのは、たとえばわれわれが、あれは〝理論だ〟あるいは〝歴史だ〟という時の判断の指標ないし目印とは一体何なのであろうかということであり、加えていえばこの判断の論理構造はどうなっているのであろうかということである。まず理論に限って考えてゆくことにしよう。マックス・ヴェーバーによれば、一般に「理論」とよばれる諸科学の論理特性を特徴的にいい表わすことばとは、「法則科学」である。では「法則科学」とは何か。彼によれば、それは文字どおり自己の最終目的として法則(ヴェーバーは「普遍妥当的な関係概念」ともいっている)の定式化を求め、獲得する学科の意味である。つまり、諸現象の規則性をとらえ、定式化するような専門科学のことである。ここでいう法則とはそれゆえ、いくつかの(二、三の)一般概念のあいだの因果関係にかんする一般的規則を表わしたものである（因果規則）。日常用語の「……はふつう……となる」という語法、この語法で表わされている傾向性、つまり経験則によって表わされる因果関係、これが一般的規則である。経済学では、たとえば「需給の法則」や「景気変動の法則」などが思い浮かぶ。

さて、この科学を、その完全性に導く牽引力とは、いってみればたえざる無制約的な一般化衝動である。時や場所、形態の違いを超えて妥当する規則性、つまり事物の共通性の認識こそが、この科学のめざすものである。法則の定式化において使用される「概念」は、それゆえ、この科学が「進歩する」につれて、だんだんと一般的な（個性を欠いた）性質を多くもつものとなってゆく。たとえれば、「犬は……である」「猫は……である」から始まって、「ほ乳類は……である」となり、さらに「一般に、生物は……である」等々となってゆくように、「概念」の抽象度がしだいに高くなってゆき、それにつれてその内容は薄められてゆくが、その適用範囲は拡大する。概念の複合体である「法則」についても同様のことがいえる。すなわち、比較的個性的な、つまり質的な（したがって無制約的には妥当しない）法則は、それらを自らの一部として包摂するような、より一般的なより無制約的に妥当する法則のなかへと組み込まれ、この抽象運動は、果てしなく続く。二種類の、観察的には正しいが、定式化のうえで互いに矛盾する法則間の齟齬が、新しい法則の発見によって一挙に解決するという周知の事態は、この抽象運動の本質を端的に例証しているといってよい。要するに、この科学（「法則科学」）にとっては、現実の差異が問題（＝本質的）なのではなく、その共通性こそが問題なのである。できるかぎり一般的な「概念」を用い、できるかぎり一般的な「法則」を定式化し、可能ならば、この因果規則を「量的に」（数式を使用して）表示したい。概念も法則も、その外延を広げ、その内包を小さくしてゆく方向で進歩してゆく。総じていえば、この科学の特徴は、現実を概念的に把握するにあたって、現実の質や個性からしだいに遠ざかるところにあるといってよい。なぜなら、より高い普遍妥当性を得ようとする概念は、より低い内容性をしかもちえないからである(6)。であるから、この科学は、現実を同じく概念的に把握しようとして、かえって、現実の質や個性に近づこうとするもう一方の科学（「現実科学」）とは正反対の性質をもつものである。ヴェーバー自身の説明を聞こう。

「一方の側にあっては、科学は、できるだけ無制約的に一般に妥当する概念や法則の体系によって、外延的にも内包的にも無限な多様性を整序しようとつとめる。その論理的理想は、——純粋力学においてもっとも完全に実現しているように——、科学をして、必然的に獲得された確定性を持つ内容をその概念に賦与しえんがために、表象としてわれわれにあたえられた『事物』や事象から具象的なものの有する個性的な『偶然の事柄』をしだいに剝ぎとらしめる。こうして獲られた普遍概念を、なおいっそう普遍的な別の概念の下へ従属させようとする、休むこともない論理的強制は、厳密性と一義性とに対する要求に結びつき、科学を駆って、現実の質的差異を、精密に測定しうる量的なものへとできるだけ還元させる。……

しかしながら、こういうことはすべて、いかなる場合にも具体的・個性的かつ質的特殊性においてのみあたえられていて表象可能であるところの経験的現実から、しだいに遠ざかることを意味し、窮極の結果においては、みずからの法則を因果方程式であらわすような・純粋に量的に［のみ——訳者］区別される運動事象の、絶対に質をもたぬものとして・それゆえに絶対に非現実的なものとして考えられた、担い手の創出ということになる。この科学に特有の論理的手段は、つねにヨリ大きくなってゆく外延とそれゆえつねにヨリ小さくなってゆく内包とを有する概念の使用であり、それに特有の論理的産物は、普遍的に妥当する関係概念（法則）Relationsbegriff von genereller Geltung（Gesetz）である。その研究領域は一般に、現象のなかでわれわれにとって本質的なもの（知るに値するもの）が、その現象のもつ類的なものと合致するようなところに、あたえられている。」[7]（とくにことわらないかぎりは、［　］内訳者。以下同）

なお、誤解してはならないことは、現存の理論諸学科で「法則科学」的方法だけを手段として仕事をしているものは、きわめてまれな高度に専門的な学科だけであって、その他の理論学科では、多かれ少なかれ、のちに述べる「現実科学」的方法（質の問題）も、場合に応じて用いられている。[8] しかし、決定的なことは、あらゆる理論学科の営みは、通常は、そして最終的に「法則科学」的方法に方向づけられているということなのである。

ヴェーバーのいう「法則科学」とは上のような性質のものであった。リッカートが「自然科学的方法」[9] とよんだものと基本的には同一である。ところで、ヴェーバーにおいてもリッカートにおいても、ここまで述べてきた方法的手続きは、自然科学はもちろん、社会科学の分野でも同じように用いられている手続きである。したがってこの意味では、自然・社会両科学に方法的基礎の相違はない。[10] 自然においても、社会においても、同様に現象の規則性が観察され得ることは、いうまでもない。「法則科学」は、種々の類概念（これにたいし、類型概念は一義的な類概念であるが、そのことについては後述する）を構成し、現象の一般的規則を探求する。この性質は、理論的社会科学にとっても、理論的自然科学にとっても、共通である。それでは、しかし、「社会科学」（ヴェーバーは自分の社会科学を「社会学」とよんでいるが）に独自な方法的基礎とは、どのようなものであろうか。

ヴェーバーによれば、「社会学は……類型諸概念を構成し、出来事の一般的諸規則を探求する。[11]」また、「あらゆる普遍化的学科（自然科学も含む）におけると同様に、社会学の抽象作用の特性は、その諸概念が歴史的なものの具体的実在に対して比較的無内容でなければならないことを条件とする。[12]」（〔 〕内引用者。以下同）これらの諸特徴は、われわれが法則科学のそれとして、上でみてきたものである。したがって、社会・自然両科学を区別する特別な指標にはなりえない。その特別な指標はどこにあるかというと、ヴェーバーによれば、それは、社会科学（「社会学」）が得た規則（法則）は、その意味を解釈を通して「理解する」ことができる、というところにある。人間の行動というものは、反射的な動作を除けば、すべて何らかの意味（意志）——熟慮されたものか、ただ漠然と思われたものかは重要でない——をもって為されるものである。[13] われわれが、常に何らかの目的や価値にたいして行動していることは、自分自身を少しでも反省してみれば明白である。したがって、「意欲」が何らかの程度で関係している社会科学的法則においては、その規則性に必ず何らかの意味（意志）が付着していると考えてよい。これにたいし、人間とは関係しないかぎりでの対象としての「自然」は、法則をもちつつ運行するが、この規則性は意味をもたない。それは死んだものである。たとえば、われわれは、需要供給による価格構成の「法則」（一般的規則性）を、近代社会に固有な「経済人」（類型概念）を構成して、彼らのもつ行動の原則（意味）を知的に（合理的に）解釈して理解する。また一見信じ難い、まやかしの祈祷に重病人が集まるような傾向（一般的規則性）をも、病人の心理を追体験し、感情移入的に（非合理的に）解釈し、理解する。[14] これにたいし自然科学の法則のばあいはどうか。たとえば「梅雨」の規則や「ニュートンの法則」や細胞分裂にかんする法則等々、その他さまざまな自然科学的法則を、われわれは定式化したり、説明したりすることはできるが、「理解する」ことはしない。このような理由から、ヴェーバーによれば、「社会学とは、社会的行為を解釈しつつ理解し、これによってその経過と結果を因果的に説明しようとする科学」[15] なのである。行為の意味を解明しない社会科学も、すべての自然科学と同様に、方法的には可能である。しかし、ヴェーバー「社会学」は、必ず行為の規則性の意味連関を動機理解的に解釈するところから出発し、意味をもたないその他の諸規則（自然法則）は、この意味連関の現実的成就のさいの、阻害要因ないし促進要因としてのみ考慮されるのである。誤解してはならないことは、だから社会科学のほうが自然科学よりも、より現実に迫る、などという意味ではない。彼はたんに方法的基礎の違いをいっているだけである。「社会学」は、人間行動の規則性について、意味不問的に観察的、モデル的に定式化するだけでなく、加えて、動機の意味理解にまで進入して、定式化する。

「実際、『社会形象』……を問題とするさいには、われわれは、機能的な連関と規則（「法則」）との単なる確定を越えて、あらゆる『自然科学』（出来事と形象との因果律を設定し、それによって個々の出来事を「説明」するという意味での）が永久に達しえないものをなすことができる。すなわち、これに参加した個々人の行動をまさに『理解する』ことができる。ところがわれわれは、たとえば細胞の行動を『理解する』ことはできない。ただこれを機能的にとらえ、それからその経過の規則にしたがって確定することができるだけである。このように解明的説明は観察的説明以上のものをなしうる。が、このことは、もちろん、解明によってえられるべき結果の、本質上より仮説的な、より断片的な性格によって、いわば買いとられたようなものであるから、前者が後者以上のものをなしえても、こうした性格を否定することはできない。しかし、それにもかかわらず、このことは、まさに社会学的認識に特有のものである。[16]」

「理解されえないために、ここで用いられる語義においては『社会学的事態』または社会学的規則とは名づけられない事象と規則正しさも、もちろん、そのために少なからず重要である。これは、ここで用いられる語義……における社会学にとっても重要でないわけではない。ただ、これらの事象を規則正しさは――そしてこれはもとより方法的にまったく避けられないのであるが――理解しうる行為とは別の場所、すなわち、行為の『条件』、『機縁』、『阻害』、『促進』の場所に移るのである。[17]」

それゆえ、「社会学的規則」（社会学的一般規則）とは、自然科学をもふくむ意味の、たんなる広い意味での規則といったものではない。ヴェーバーによれば、それらは「理念型」として構成されている。さて、この理念型の説明に移ろう。鍵はやはり「理解」にある。

われわれが上でみてきたことは、人間の行為は、(1)何らかの程度で規則性をもち、かつ、(2)この規則性は意味を付着しつつ現象する、ということであった。そして、「社会学」独自の機能というのは、人間行動に付着している意味を⑴合理的に=知的に、あるいは⑵非合理的に=感情移入的に解明（解釈）しつつ理解し、それを通して現象の規則性を定式化するというところにあった。ところで、社会学は、このようにして得られた規則性を重要ないくつかの種類に「類型」として分類し、これらの集積によって構成されている。たとえば、「封建制」、「カリスマ制」、「家産制」、「官僚制」などの構成物は、ヴェーバーによれば、支配型態にかんする諸類型である。「消費都市」と「生産都市」との対比、中世の「南欧都市」と中世の「北欧都市」との対比、これらは都市にかんする類型である。このほかにも、「市場経済」と「計画経済」、「合法的な裁判」と「カーディ裁判」など、大小さまざまな類型について、ヴェーバーの『経済と社会』のなかで定式化が試みられている。そして、ヴェーバーによれば、これらの類型は、すべて理念型的構築物だとされる。

なぜかといえば、これら「社会学的類型」はすべて、意味的に一義的に構成されているからである。このことは、説明を要する。人間の行動には、自然の運行とは異なり、意味・意欲が付着していた。そこで今、人間行動を意味的に分解してみると、一般にそれは一部は目的にたいし合理的であり、一部は価値にたいし合理的であり、一部は感情によって雲らされ、また一部は一定の伝統によって拘束されたものであることがわかる。[18] たとえば極端に感情的な暴力行為も、その一部は目的合理的な配慮（たとえば、暴力沙汰の後始末への考慮）によって、乱暴の度合い、徹底性が、いくぶん薄められることがありうる。また価値的に一貫した政策上の指導理念も、非合理的な、伝統の厚い壁にぶつかり、何がしかの修正、といったことがありうる。現実の人間行動は、このようにさまざまに対立する意味上の諸観点のあいだの力学的均衡の産物として、結果するといってよい。これにたいし「社会学的類型」は、経済的、宗教的、政治的、感情的、暴力的、伝統的等々の一定の観点からの、その観点からのみ合理的な意味連関をつくり上げる。すなわち、行動がある観点からみて純粋に、「正しく」行われたとしたら、どう結果するか。さまざまな観点からの妨害がなければ、行動はどのように結果してゆくか、ということの純粋な意味連関を想定するのである。個々人がある観点について、正しく考え、行動すれば、その行動は、必ずこのように経過するはずである。このような純粋な意味連関を秩序だて、一語にして複数の事例を指し示すことができる学問的用語にまで構成する。だから、それは典型である。このような種類の典型を、ヴェーバーは「理念型」とよんだ。日常会話で、「あの人は厳しい父親像をもっている」とか、「典型的な美女」などという場合、われわれは、じつは「理念型」で語っていることになろう。であるから、社会学的類型（「理念型」）と、自然科学での使用をも含めた広い意味での類概念とは、その性質において、(1)類概念一般としては同じであるが、(2)(イ)意味を問題にし、(ロ)その連関の一義性に固執するというところで相違する。ところが、このような純粋類型は、現実には現われない。それは、現実の心的映像ではない。それは、頭の中の構成物である。われわれは現実を認識するために、非現実的な構成概念を使用する。

「社会学がこのため〔社会学の抽象作用の特性は、具体的実在に対して比較的無内容でなければならないため〕になすべきことは、諸概念の一義性を高めることである。このように高められた一義性は、できる限りの最適度の意味適合性によって達せられる。これこそ、社会学的概念構成のえようとするものなのである。[19]」

「社会学が『類型的な』場合について語るとき、それが別に解されない以上、つねに理念型を意味している。このような理念型はそれ自体において合理的なことも非合理的なこともありうるが、多くは……合理的であり、しかもつねに意味適合的に構成される。[20]」

「たとえば、同一の歴史現象であっても、その成素の一部は『封建的』、他は『家産制的』、また他は『官僚制的』、さらに他は『カリスマ的』な性質のものでありうる。そして、これらの言葉が何か一義的なものを意味するためには、社会学はみずからこの種の諸形象について『純粋』（「理念」）型を描かなくてはならない。そしてこのような理念型は、つねにそれ自体においてはできるだけ完全な意味適合性の徹底的統一を示すものではあるが、それだからこそこの絶対に理念的な純粋形式においてはおそらくいつも実際には現われない。それは、絶対的真空という前提の下で算出される物理学的反応が実際には現われえないのと同様である。(21)」

ここまでの議論は、リッカートの哲学的科学論のうえに、ヴェーバーが独自の理念型論を追加したものとして周知である。だが、一体どうして「中世都市」や「国家」、「封建制」、「財団」、「株式会社」といったものが、人間の行動の、意味的に一義的な、理念型なのかという素朴な疑問には、明確な定説といったものはない。「封建制」をとってみても、一般に承認されているそのイメージは〝封建制の時代〟とか〝封建的生産様式〟などといわれるように、いってみればそれは、一定の具体的な生産諸力をもち、現実的な生産手段や、それを反映した生産関係を伴った歴史的な実在物としての「封建社会」であろう。「封建制」とは、そのような複合的な実体として歴史上、実在するのであって、どうみても〝人間行動の意味上の行為集合〟とは、常識上、考えられない。「財団」や「株式会社」や「国家」にしても、ロックフェラー財団、新日鉄株式会社、日本国のようにそれらは現に存在する、ある種の具体的な性格をそなえた〝実体〟であろう。人間行動の類型とは考えられない。

ところが、ヴェーバー社会科学においては、これらの集合概念、集合名詞はすべて個々人の行為関係、人間関係の結果として考えられる。つまり、それぞれの集合概念に特徴的に内在している意味関係、この意味関係に個々人が方向づけられて行動したことの結果として、これらの集合概念があるとされる。集合概念そのものが、一つの物として実在するのではない。これが、ヴェーバーの個人主義的方法論にもとづいた概念実在論批判の中心論点である。社会学は「概念」の構成単位を、個人の行為にまで解体する。なぜならば、社会学は第一に意味を問題にし、意味をもちつつ行動するのは個々人だけだから。「概念」の意味関係を第一に問題にするということから、したがって、それ以外の諸特徴は概念の定義上付随物とみなされるということが、さらに帰結する。つまり、ヴェーバーによれば、「中世都市」という概念は、中世都市的「人間」の類型的行動の結果としてのみ存在し、「資本主義」という概念は、資本主義的「人間」の類型的行動の結果としてのみ存在する。ヴェーバーの個人主義的方法論の延長上にあるものは、したがって、社会科学上のすべての理念型的概念は、さまざまな人間類型の提示である。彼は外的データを分析し、内的コードへと変換する。「封建制」を例にとって説明してみよう。

封建制とは、ヴェーバーによれば、家父長的ないしカリスマ的首長が一個人で独占していた諸権益を、その行政幹部たちが専有するところに始まる。つまり、首長権力の集中が崩壊し、分割されてゆくところに現われる。権力の基盤は、土地とその上の庇護民であるから、権力の分割は首長領地の分割として現われる。首長は、この代償として、土地を分け与えられた従士団の軍事的反対給付を得る権利をもつ。したがって、彼らは軍人的な（騎士的、侍的な）生活様式（武道や狩り）を営むことに直接、間接のサンクションをうける。授封は原則的に、個人に、一生に限り、首長との相互契約としてなされる。[22] これが、ヴェーバーによる封建制の定義の要点なのであるが、そのどこにもわれわれが「封建制」といえば想い浮べる「三圃制」、「ギルド制度」、「村落共同体」、「遠隔地貿易資本」などの説明がはいっていないのを見出すだろう。すなわち、ヴェーバーにとって、研究者が歴史のなかから封建制を発見しようとするばあい、指標となるのは前者の諸特徴であって、後者の諸制度は問題とはならない。前者の意味関係が発見できれば、それは封建制なのであって、それに後者の諸制度が付着しているか、いないかは、もっぱら歴史的、地理的条件にかかっているに過ぎない。封建制にかんするこのような指標をもっていたがために、ヴェーバー歴史社会学は、ローマの封建制（ローマの奴隷制ではなく）とか中国における封建制から家産制へ（封建制から資本制へではなく）という表現の自由度を獲得した（『古代社会経済史』および『儒教と道教』）。「ギルド」も「共同体」も「農業制度」も、ヴェーバーは違った文脈で、人間行為の諸類型として重要視しつつ、取り扱っているのだが（『経済史』）、ここでは次のこと、すなわち「集合概念」は、ヴェーバーの社会科学においては、すべて意味的に理解しうる個々人の行為へと解体されるということだけを強調しておく。

「社会学にとっては……『行為する』集合人格というものはまったくない。社会学が『国家』とか『国民』とか『株式会社』とか『家族』とか『軍隊』とか、あるいはそれに似た『形象』について語るとき、それらでもってむしろ、事実的にまたは可能的なものとして構成された個々人の社会的行為について、ただその或る種の経過を意味するだけである。[23]」

「他方、さらに、他の（たとえば、法学的）認識目的にとっては、または実践的な目標にとっては、社会形象（「国家」、「組合」、「株式会社」、「財団」）を個々人（たとえば、権利と義務の担い手としての、あるいは法律的に問題となる行為の当事者としての）とまったく同様に取り扱うことは有効でもあり、かつ不可避的でさえある。ところが、社会学による行為の理解的解明にとっては、これら諸形象はただ個々の人間の特有な行為の経過および連関であるにすぎない。なぜなら、個々の人間だけが、われわれにとっては、有意味的に方向づけられた行為の、理解しうる担い手だからである。[24]」

集合概念は、個々人の有意味的行為の集積として存在するだけであるとすれば、社会学はいかにも、いきなり解釈された個々人の行為から概念や法則を構築するように誤解されるかもしれない。まさに、社会学の目標は、最終的に意味を解明するところにあるのだが、しかし分析の手順からいうと逆であり、まず集合概念やそれらどうしの機能的な（意味解釈にまでは至らない）定式化があって、そののち、この規則性を人間の行為の意味にさかのぼって、意味連関の一貫性を最高度まで高めつつ解釈し、再構成するのである。それゆえ、機能的な分析が社会学固有の分析手順においても無用なわけでは、けっしてなく、ただ社会学的分析はそれを超えて、意味分析にまで至る、ということにすぎない。また、機能的分析に終始するような学問の諸成果をも、ヴェーバー社会学は重要視し、応用することはもちろんである。ヴェーバー社会学のなかに、機能分析的手法が存在しないような印象があるが、それは間違いである。ただ、彼は機能関係から研究を開始し、ついでそれを捨て去り、つとめて意味関係だけを残す。

以上に述べてきた方法を、具体的なかたちで展開したのが、ヴェーバーの『経済と社会』である。この体系的な著作は古今東西の、地理的・歴史的にさまざまなタイプをもつ経済、法、政治、宗教行動にかんする「社会学」（人間の行動の規則性をその意味にまでさかのぼって定式化する「法則科学」）を網羅することで構成されている。『経済と社会』が出版されたのは、彼の死後、一九二一年のことであるが、ヴェーバーが実際に精力的にこの大著を執筆していた時期は、一九一一〜一九一三年のあいだだといわれている[25]。執筆の動機は、ヴェーバーが責任編集者となって企画された『社会経済学講座』のなかの一巻を、彼自身が担当することになったからである。しかしながら、講座編集にともなう遅れや第一次大戦勃発などの事情により、戦後になって彼の死後、ほとんど草稿のままのかたちで、夫人の手によって出版された。マックス・ヴェーバーは、晩年に自分自身を経済学者、社会学者と称していたが、彼が「社会学」を本格的に構築しようと研究に取り組んだのは、彼の個人史をみるかぎり、最後の十年間ほどのことであった。一九〇四年、当時の自然主義の洪水といった潮流から、歴史の領域をなんとしても確保しなければならないという強い関心をもち、それに〝歴史的必然性〟や〝世界過程〟から個人の決断の尊厳を救い出そうという関心をオーバーラップさせながら、「歴史家」として出発したヴェーバーが、興味の対象を徐々に「社会学」に移してゆく、という興味深い事実がある[26]。もちろん単純に、ヴェーバーが「歴史家」から「社会学者」へ変貌していったということではなく、むしろ、今日から見れば、「歴史社会学」の構築をめざしていたように思われる。彼のなかにおける理論と歴史のからみ合いについては、次節でふれることにして、ここでは「法則科学」の具体的展開としての『経済と社会』について、その構成と視座（価値関係）を指摘する。

ヴェーバーはこういっていた。「社会学は――すでに幾度も自明なこととして前提したように――類型諸概念を構成し、出来事の一般的諸規則を探求する。[27]」したがって、社会学で用いられる概念ないし法則は、一義的ではあるが比較的無内容であらざるをえない（現実から遠ざかる）。歴史学は社会学とは正反対である。なぜならば、歴史はわれわれにとって重要であり、しかも固有名詞でしか呼ばれないような特別な出来事の輪郭と生成を、その個性的な因果諸連鎖の立証を通して、明らかにする学科だからである（現実に近づく）。すなわち社会学は、「個々の、文化的に重要な行為、形象、人格の因果的な分析および帰属を求める歴史学とは反対である[28]」。もちろん彼が「歴史家」として出発したように、ヴェーバーの社会学は、ほとんどの素材を歴史学の専門領域から得ていることは、明らかである。このような特徴は、ヴェーバーの行為の社会学から出発しつつ、より一般的で抽象性の高いものとなったタルコット・パーソンズの社会学と、見かけのうえで――純方法的には同一なのに――大きく相違する点であろう[29]。パーソンズの社会学が、より普遍的で物理学的であるのに対し、ヴェーバーの社会学は、より個性的で生物学的である。とにかくヴェーバーは古今東西の、人間の社会的行動の諸類型を、近代西欧社会のそれと比較するというライトモチーフをもちながら、いくつかの領域（法、政治、経済、宗教など）に分類して、定式化を試みたのであった。一語で特徴づけるとすれば、類的理念型として獲得された、人間類型にかんする構成概念の集合体が『経済と社会』である。

『経済と社会』の最終的編別構成は、現在でも特定できない。おそらくいえることは、まず第一章で全体を統括する方法的基礎（解釈的社会学の方法）が展開されるということのみであろう。ヴィンケルマンの編集では、全体は二部で構成されていて、第一部については、人間行動のさまざまな領域のなかでももっとも基礎的で二つの中心のうちの一つと考えられる経済の領域、すなわち経済行動の近代的人間類型によって運営されるばあいが、地理的・歴史的に異なった人間類型によって運営されるばあいとの比較を通して、個性的に明らかにされる[30]。同じく第一部で、経済行動とともに人間行動のもう一つの中心をしめる政治（支配）行動が、これも近代に独自な「官僚制」が、地理的・歴史的にさまざまな型態をとって存在した政治（支配）行動の類型（カリスマ制、封建制、家産制、家父長制など）と対比されることによって、明らかにされている。第二部においては、人間行動のもっとも基礎的な領域としての経済に、通常は副次的な、しかし、しばしば決定的な影響を与えるものとして、経済とは独自の運動法則をもつ諸社会秩序の社会学が展開され、より現実に近づきうるような論理展開が進む。経済と社会秩序一般の関係に始まり、宗教社会学、法社会学が続き、最後に政治社会学がいま一度展開される。経済行動とその他の社会行動とのからまり合いの一般的規則が具体化されるわけである。しかしながら、その価値関係についていえば、『経済と社会』は膨大で網羅的な書物であるにもかかわらず、ヴェーバー自身もいうように、人間行動の全体を包摂する完結した体系などではなく、そこで分析された諸概念は、一定の目的を究明することのために彼が有用であると信じ、選択された構成諸概念といえよう。その目的とは、近代西欧社会の人間類型の特性の究明であり、加えていえば、周知の「普遍的な意義と妥当性をもつような発展傾向をとる……文化諸現象」(31)という言葉で特徴づけられる社会、これを生みだし、かつ担う市民的な人間類型の輪郭と系譜の究明であった。すなわち、「どのような諸事情の連鎖が存在したために」(32)、この独自な人間類型は、「他ならぬ西洋という地盤において、またそこにおいてのみ」(33)現われたのか、という歴史的設問の究明に寄与するかぎりにおいて、『経済と社会』の諸概念は構成され、収集されたとはいえる。

三　「社会学的因果分析」としての『宗教社会学論集』——現実科学とは何か——

マックス・ヴェーバーによる科学の分類のもう一方の学科、「現実科学」とよばれる学科について、彼の見解をたどってゆくことにする。まず、特徴づけられることは、「現実科学」とは、その性質において、前節の「法則科学」

と対極的な科学であり、かつ、正反対に関係している、ということである。このことは、微分と積分の双方が互いの逆算であるという性質にも似ている。われわれの身近にある事柄に即して説明すると、ごく大まかにいってしまえば、現実科学とは「歴史学」のことだといってよい。あるいは、歴史の「方法」と規定したほうが正確である。現実科学という耳慣れない用語をもち出してきたことの含意には――もちろん、以下に述べる論理構造そのものがこの名前を要求したということも、第一にはあるのだが――、おそらく歴史の論理的基礎を明確にし、また歴史に科学としての市民権を与えるためには、歴史という一人ひとりがすでにその人なりのイメージをもっている言葉ではなく、そういう意味では無色の言葉を選んだほうが好都合であろう、という配慮があったようにも思える。とにかく、〝歴史学科〟といわれてわれわれが普通思い浮かべるような学科（たとえば、経済史、経済理論史、法制史、芸術史、音楽史、宗教史、政治史など）が、この科学のなかに分類され、ヴェーバーはその科学性を問い直す。

これらの学科が共通に、しかも本来めざしている学問的目標とは、ところで、どんなものであろうか。それは、現実をその特殊性において、かつその一回性において把握してゆこうというものである。いいかえれば、現実の特徴を浮かび上らせつつ認識するというものである。つまり、現実から遠ざかることによって、概念の普遍妥当性（内容の共通性）を獲得してゆく「法則科学」とは対極に位置することになる。というのは、「現実科学」は現実に近づくことにより、その特徴をわれわれに認識させてくれるからである。また認識の最終目標であり、科学的加工の結果としての事物概念（関係概念とは逆）は、普遍的妥当性をもつものとしてではなく、普遍的意義（万人にとっての重要性）をもつものとして科学的興味を満足させてくれるものである。そして、ある現実の特徴を明確にするための手段としては、われわれは、それをその他の諸現実と比較し、かつその現実の個性的な成立史を問題とするわけである。

これがヴェーバー自身の論理であるが、われわれの理解は以下のようになる。「歴史」とは何かを決定的にいい表わすことは困難であるが、たとえば、現実の、「抽象名詞」による認識にたいする意味での、現実の「具象名詞」による認識と考えてみると、わかりやすい。(34)日常生活を反省してみると、われわれはさまざまな「抽象名詞」を使ってものを考えたり、とらえたりしているのがわかる。たとえば「犬」、「猫」、「会社」、「事件」など、このような無数の――前節で説明した用語法によれば――類概念を使って生活を営んでいるという一面がある。これにたいし、日常生活のもう一方の面として、抽象名詞にたいするところの「具象名詞」（固有名詞）を使ってものごとを処理する場合があることも、これまた少しの反省で気づく。たとえば「ポチ」や「ミケ」、「何々株式会社」、「何々事件」、だれのだれ、などといった事物概念（個別概念）の使用も、日常生活のなかで同じく重要な役割をもっているといってよい。ところで、歴史とは、このような固有名詞で表現されるような事物や事態を、われわれに認識させるような学問といえる。より正確に表現すれば、事物や事態の、固有名詞で表わされる側面が、われわれの科学的興味をひくばあいに成立する学問が歴史といえるだろう。問題の事物は、第一に、その他の事物と比較されることによって、それだけに特徴的である側面が浮かび上らされ、この手続きによって事物概念として形成される。すなわち、問題の事物の唯一無二な（そういう意味で本質的とされる）側面を、それに同時に含まれている共通な（そういう意味で、非本質的、偶然的とされる）側面からより分け、そして、それを比較を通して、われわれに事物の個性が理解できるように展開し、叙述する。(35)こうして出来上った事物概念の哲学的表現が「歴史的個体」である。歴史的個体の形成、これがすべての歴史学科に課せられた第一の仕事である。次に、こうして出来上った事物概念の一回的な成立過程を分析し、認識させる、という仕事がある。すなわち、歴史的個体を、個性的な原因と結果の連関のなかへ整序し、これを論証する、という仕事である。これが歴史学科に課せられた第二の課題である。なお、誤解を招きやすい歴史的個体という用語についていえば、とにかくその特殊性と個性的な成立の原因究明が、われわれの関心をひきさえすれば、論理的にはどんな些細なものでも「歴史的個体」となる。つまり、それは純粋に論理的な意味での表現なのであり、歴史的個体といわれて、普通に思い浮べる「近代資本主義」、「ローマ帝国」、「イスラム教」といったものばかりでなく、

「ビスマルク」、「資本論」、「ミロのヴィーナス」、レンブラントの絵画なども、認識関心をもたれ、探求の目標となるならば、歴史的個体となる。すなわち、自然、人間という素材を問わず、また他の人にとってはどんなにつまらない事物であるにせよ、とにかく私がその特殊性を評価し、その成立の原因を調べる価値があると評価したならば、それは論理的には完全な「歴史的個体」の形成となるのである。[36]「現実科学」についてヴェーバー自身の説明を聞こう。

「もう一方の側にあっては、科学は、かの法則科学的考察様式を以てしてはその論理的性格のゆえに未解決のままに残らねばならないような課題を、自らに課する。すなわち、現実を、いかなる場合にも存在するその質的・特徴的な特殊性と一回性において、認識することである。このことはつまり……現実のなかで、その個性的な特性において、かつその特性のゆえに、われわれにとって本質的であるような構成部分を認識するということである。

この認識の論理的理想は、分析される個性的な現象における本質的なものを『偶然的なもの』（すなわちここでは、意義のないもの）からより分けて、具象的に意識にもち来らすことである。こうして、個々のものを、直接具象的に理解しうる具体的な『原因』・『結果』の普遍的連関へと整序しようという要求は、科学に迫って、われわれが『特徴的』だと判断するような標徴《メルクマール》の抽出と結合とによって、いつも個性的である現実の実在性に絶えず接近してゆく概念を、つねにその精錬度を増しつつ創出せしめる。

それに特有の論理的手段は、それゆえ、つねにヨリ大きくなってゆく内包としたがってつねにヨリ小さくなってゆく外延とをもった、関係概念の構成であり、その特有の論理的産物は、それが一般に概念という性格を有するかぎり、普遍的な（われわれは『歴史的な』と言い慣れているが）意義を有する個性的な事物概念 Dingbegriff である。その研究領域は、現象における本質的なもの、すなわちわれわれにとって知るに値するものが、類概念のなかへ整序されることをもってしては尽されることなく、具体的な現実がそのものとしてわれわれの関心を惹くところに、あたえられている。(37)」

さらに、「現実科学」の諸特徴を、「法則科学」との対比において、なお少したどることにする。これまでみてきたようにヴェーバーは科学を、法則科学と現実科学に二分していた。これら二つの科学は、等しく、現実を概念装置を使って科学的に加工、把握するという共通な性質をもっている。したがって、同じく現実を抽象する。しかしながら、二つの科学は現実の加工の仕方においては、正反対の道を歩む。すなわち、一方の法則科学においては、科学的加工は現実から遠ざかり、現象のなかの共通性や類似性ならびにそれらの反復法則を追求し、定式化しようとする。それゆえ、この科学は現実性をたえず薄める方向で、現実を把握しようとする。つまり現実性の減少というコストを払って、普遍妥当的な概念を得ようとするのである。これにたいし、もう一方の現実科学での科学的加工の特徴は、現実そのものに近づき、現実のなかの差異性と一回性を追求しようとするところにある。つまり、この科学は、その現実性をたえず濃くする方向で現実を把握しようとする。現実に近づくため、科学的加工の産物としての概念の普遍的妥当性は減少し、そのかわりに、個性に満ちた、普遍的意義をもつ事物概念が得られるのである。これが法則科学と現実科学の、現実把握における正反対の科学的目標であった。日常感覚に即していうと、法則科学とは「犬」、「本」、「会社」、「事件」などの一般的「抽象名詞」による認識作用に照応し、現実科学とは「ポチ」、「資本論」、「新日鉄株式会社」、「リンドバーグ事件」などの個別的「具象名詞」による認識作用に照応するものである。

現実科学のこのような特徴を実現する学問的手順としてまず、(1)われわれが認識するに値すると判断した個体を、その他の個体と比較し、それによって問題の個体の個性の意義を、自分と他の人々に理解させるように展開し、(2)次に、問題の個体の因果的生成の個性的連関――具体的、実在的連関――を分析し、立証する。ヴェーバーの表現では、価値分析によって歴史的個体を形成し、それを原因と結果の個性的な、しかし普遍的な連関(38)のなかへ整序する。

したがって、総じていえることは、現実は二つの全く異なった方向で獲得されるということである。一方の法則科学では、因果連関の一般的規則が問題となり（理論的認識）、他方の現実科学においては、実在的で具体的な因果連鎖そのものが問題となる（歴史的認識）。それゆえ科学的素材は、一方では概念構成のための手段という次元で事例物として使用され、もう一方では実在の、具体的連関のなかへ整序されるという次元で具体物として使用される。歴史は、まさに後者の実在連関の認識をめざす学科である。

「文化的現実性の所与の事実の論理的使用には、このような対立がある。つまり一つは、(1)〝個々の事実〟を一つの抽象概念の〝類型的〟な表現として、すなわち認識手段として例証的に使用して概念形成を行なうこと――もう一つは、(2)〝個々の事実〟を実在の、したがって具体的連関の中へ構成部分として、それ故〝実在根拠〟としてはめこむことである。(39)」

「歴史にとって――歴史を現実科学と表現するのはもっぱら次のことをいわんがためである。――、現実の個性的な個々の構成要素は単に認識手段としてのみではなく、端的に認識目的の対象として問題になり、具体的な因果関係は認識根拠としてでなく実在根拠として考慮されるのである。(40)」

「この区別は論理学にとって基礎的区別であり、またそうあることは永遠に変らないであろう。この二つの極端に異なる観点が――これは終始論議の対象となり、方法論的に最も興味をひく問題の源であるが――文化研究者の実際研究の中でたとえどんなにいり交り錯綜しているにしても、この二つの観点を注意深く区別することをわきまえないような人はだれも、〝歴史〟の論理的本質を理解することはないであろう。(41)」

このような歴史の論理学は、今日では、ある程度一般化していて、歴史の専門家のあいだでは、比較的抵抗なく理解できる議論であるかもしれない。また、意識的であれ、無意識的であれ、広く一般知識人に受け容れられている考え方に、理論・法則は〝抽象〟の学問であり、歴史は〝記述〟の学問であるというものがあるが、ここまでの議論は、この考え方にたいしても適合的であろう。したがって、大局的にとらえるかぎり、ヴェーバーの、歴史学の方法にたいする態度は、伝統的に採用されてきた方法観と、そう大きくは抵触しないといって一見よいような感じもする。ところが、いったん方法論文からはなれ、歴史叙述を主眼としたヴェーバーの作品群を紐解くとき、そのような印象をもってしては、読者はどうしてもヴェーバーの叙述法に奇異の感を覚えざるをえない。つまり、これらはどうしても上記のいわゆる歴史とは異なるという感触をもたざるをえない。ところが、ヴェーバーにとっては、これが歴史である——少なくとも語の本質的な意味における——とされる。なぜであろうか。

歴史という縦の流れを横軸を通してみているといわれる[42]『経済史』、春秋時代と清朝とを同一時代のことのごとく論じる『宗教社会学論集』の中国社会論[43]、古代エジプトの官僚制と近代の官僚制とを、また古代奴隷制とアメリカの黒人奴隷制とを、生産力や生産手段の相違を一切無視して、共通のものとして論じる仕方で書かれている『古代社会経済史』および『経済史』など、総じて歴史の順序を無視するようなヴェーバーの議論の運び方は[44]、「『歴史主義的』思考の毒に骨の髄まで冒されたもの」にとっては[45]、読む前から拒否反応を起こしてしまうような無謀以外の何物でもないように映る。というのは、われわれには次のような考えがすぐ浮かんでくるからである。歴史を横軸でみるというが、歴史的現実は時系列でしかありえないのだから——つまり歴史は一回的に、過去から未来へと経過してゆくものだから——横断面で歴史をみるというのは、歴史にたいする虚構ではないのか。「長歴史的な」見方[46]というが、それによっては歴史の現実性を、少なくとも薄めるかたちでしか認識できないのではないか。歴史というフィールドにおいて、そういう見方も可能であろうが、方法的にはそれはむしろ、歴史よりも理論の分野に属するのではないか。

また、ここまでのヴェーバー自身の議論に即しても、上のような反論が可能ではないだろうか。こういった疑問が、必然的に浮かんでくる。ヴェーバーの著作に接すれば、なおさら、理論化が勝りすぎているという印象を深くするであろう。このような疑問を解くためには、さらにヴェーバーの歴史学方法論について、立ち入った考察が必要である。

ヴェーバーはたしかに、その現実理解において、上のような疑問を思い起こさせるようなものをもっていた。というのは、リッカートやその他の新カント学派の人たちとともに、彼は現実の無限の多様性を――つまり、リッカートによって「異質的連続」[47]といわれた統一体を――前提としていたのであり、この意味での生の現実は、われわれは原理的にそれをまるごとには認識しえないという見解をリッカートとともに共有していたからである。繰り返してみてきたように、普遍妥当性を追求する法則科学においては、そこで使われる諸概念は現実から遠ざかるものであったし、現実性を程度の差こそあれ、薄めるかたちで把握するものであった。たとえば実験室では、データのばらつきの傾向をもっとも簡単に説明しうる直線ないし曲線を引き、これを数式に定式化するという作業がしばしば試みられる。この場合などは、データ（現実）とそれらを説明する数式（概念）との間の距離を、目にみえるかたちで明示しているといってよい。数式（概念）はデータ（現実）の抽象のうえに成り立っている。それゆえ、概念（数式）は現実（データ）を認識するための手段であることは明白で、個々のデータ（現実）は依然として個々のデータ（現実）として残されている。これにたいし、現実科学はどうであろうか。普遍的妥当性を求めるかわりに、普遍的意義が付着している個別事象の特徴とその成立過程を明らかにしようという現実科学は、現実をあるがままに（つまり、まるごと）把握するのではないのか。なぜなら、歴史は、現実をその現実性を損なわないように取り出すのがその目標であり、限りなく現実に近づいてゆくことが目標であったのだから。ここが誤解の起点になる。ヴェーバーによれば、上記の推論は誤っている。というよりも正確さがたりない。科学的という要件に照らすならば、現実科学（歴史）もやはり、現実からの抽象によってその資格を得ているのであり、したがって、現実をそのまま認識するのではない。若干の共通でないデータのみが、関心にもとづいて選択・結合され、まず「歴史的個体」が形成される。その他の共通でないデータは捨象される。問題のデータはさらに、意味的に精錬されて「個別的理念型」となる。リッカートの「歴史的個体」は、ヴェーバーにおいては「個別的理念型」に変換される。われわれは、第二、三章でこの問題を再論する。

ところで、歴史は現実の記述であるとか、復元であるというばあいの〝記述〟、〝復元〟がいみしている内容は、一体どんなものなのだろうか。推測するに、これは、興味の対象となっている当の出来事、またその周囲に広がるさまざまな出来事――すなわち、当の出来事の時間的、空間的に、前後や周辺に位置するさまざまな出来事の総体――を、軽重の差を問わずに、いわば年代記的に網羅することと解してよいだろう。あるいは、このようなやり方での膨大な歴史叢書の編纂と解してもよいだろう。一言でいってしまえば、極端な実証主義である。したがって、このような歴史観をもつ人びとにとっては、叢書の編纂が完成した暁には、世界史は一大絵巻物となり、一大叙事詩となろう。その人々は次のようにいうだろう。ヒストリー、ゲシヒテ、イストワールという歴史を意味する語は、ともに「物語」「お話」という原義をもっているではないか。もちろん、時代が遡れば遡るほど、史料の不足によりその記述にすきまができてくることは、いうまでもない。史料の欠損により、世界史という絵巻物にある程度の空白部分は必ず残る。しかし、これはその時点では歴史家のいかんともしがたいところであり、たとえば考古学者の発掘を俟つか、歴史的推測にたよるほかはない。しかしながら、空白部分が残ろうが、すきまができようが、それだけではこのような歴史の研究方法が間違っていることの証明にはならない。記述としての歴史は、やはり世界史という叙事詩の完成をめざす。そのための史料収集こそ、歴史の使命である。

このような考え方の反対の極にある歴史観が、歴史を法則の展開としてみる見方であろう。われわれは、歴史を〝自由〟という理念の段階的な発現の場とみる立場、生産力と生産関係の〝弁証法〟的発展により、共産主義社会へ向かう過程とみる立場、未開段階→牧畜段階→農業段階→農業・工業段階→農業・工業・商業・外国貿易段階というように生産力の段階的発展とみる立場などを、思い浮かべる。この歴史観にとっては、われわれが興味をもつであろう当の出来事は、それぞれの立場に応じた発展法則を証明するものとして価値があり、またこの法則の一事例である。むしろ出来事一切は、発展法則の事例である。歴史を法則へと解消してしまう、といわれる所以である。が、この立場からみれば、歴史を法則的発展としてみないヴェーバーの歴史観は、その方法ゆえにあまりにスタティックである。上記の極端な実証主義にたいするところの歴史把握への極端な理論主義といってよいだろう。二つの主義が媒介されず、おのおの独立した状況をヴェーバーは次のように表現した。

「自然科学と社会科学とを区分する試みには常に、歴史とは純然たる史料集めの、もしくはただ〝記述する〟学科であるという暗黙の前提があずかっていた。それ故この前提からすれば〝本来〟の科学的研究は、歴史が史料を集めた後にはじめて、スタートするものであり、したがって歴史とは、科学的研究の礎石として役立つ〝諸事実〟をせいぜいのところかき集めるような学科でしかない、ということになるのである。しかも遺憾ながら専門の歴史家達も、専門的意味での〝歴史〟の固有性を基礎づけようとした時にとった、そのやり方によって、歴史は〝概念〟や〝法則〟と〝何の関係もない〟学問であるから〝歴史的〟研究は〝科学的研究〟とは何か質的に違ったものである、といった先入見を固めるのに少なからず寄与してきたのである。[48]」

ところで、われわれが二つの歴史観をやや誇張ぎみに要約したのは、これらの歴史観が科学的でないとか、歴史研究に奉仕しないとかいう意味ではない。身動きがとれないほどに法則を適用したり、宗教的な後光が差していたり、史料の海で溺れたりしないのなら、二つの歴史観が科学的に有益であることは、間違いない。しかしながら、ヴェーバーによればこの二つの歴史観をもってしては、いかにしても答えきれない、すぐれて歴史的な問題がある。その問題とは、特定の歴史的個体の実在的因果連関の検証の問題である。すなわち、ある具体的な歴史的事象の成立の原因をある具体的な歴史的事象に因果的に帰属し、これを客観的に立証するという問題である。ヴェーバーはいう。

「我々がまず第一に問う事柄は、一つの具体的〃結果〃を一個の〃原因〃に帰属させることが一般にいかにして原理的に可能であり、また実行できるのか、ということ、つまり実際常に無数の原因となる要素が個々の〃出来事〃の成立を制約しており、しかも結果がその具体的形態において成立するためには、あの原因となる要素のすべてがことごとくなくてはならぬものであったという事実に相対する時、その因果的帰属がいかにして原理的に可能となり実行できるか、ということなのである(49)。」

このような問題提起にかんしては、前の二つの歴史観をもっては、十分に答えることはけっしてできないであろう。なぜならば、歴史を完璧な記述とみる立場にあっては、かつて存在した歴史上のすべての実在的因子は、それぞれ運命的に厳格に組み合わされていて、したがって、どれ一つを欠いても現に存在する一回的な歴史過程とは違ったものが現われる、という方法上避けがたい前提があるからである。それゆえに、ある事象の成立原因としては、それに先立つ無限の因果的因子が原理上考えうるのであり、一つでもそれらを欠いてはならない。この立場にあっては、方法的にこのような道に入らざるをえなくなるのであり、極端なばあいには「素材探し(50)」などと非難されてしまう。これでは原因究明的な因果帰属は不可能である。なぜなら、すべては原因であるのだから。

これにたいし、歴史を発展法則の展開過程とみる立場のばあいはどうであろうか。この立場は、具体的な結果に具体的な原因を方法的に帰属できるであろうか。答えは否である。なぜなら歴史を「普遍的法則」の展開過程としてみるという考え方にすでに表現されているように、この立場は、歴史の実在的な連関、具体的な因果連関、そういう意味での歴史的な連関という視座をそもそも知らないからである。法則に合致しない連関は例外として背景にしりぞき、法則に合致した連関は、それ自身としてではなく、歴史法則の展開の証明物としてのみ意義をもつ。法則的（規則的）な因果連関が認識にとって本質であり、実在的な因果連関は、その事例である。実在的な連関が、それ自身として問題にされることはない。このような考え方が健全に作用している、つまり、一つの認識用具として法則が利用されているあいだは科学的に有益であるが、往々にして、類概念への包摂と実在的連関の発見という全く異なった認識作用が混同される。[51]その結果は、周知の〝プロクルステスの寝台〟である。それゆえ、上のような具体的原因の究明とその論証という問題は、この立場には存在しない。事例の整理から最終的に取り出された法則こそ、実体であるという前提からは、問題提起そのものが存在しえない。

とにかく、ヴェーバーは具体的事象を原因と考えられる具体的事象に、まず仮説として因果的に帰属し、そののちこれを事実に基づいて客観的に立証するということを、科学としての「歴史学」にとって本質的な問題とみていた。すなわち、そのような歴史的仮説の学的真理としての証明が問題であった。

「もし歴史家がその叙述の形式において読者にもろもろの認識根拠を説明してみせることなく彼の歴史的因果判断の論理的結果を知らせ、判断に至るまでの過程について事細かな〝理窟をこねる〟代りに、もっぱらそれを〝暗示する〟ような形をとる場合、この歴史家の叙述は一篇の歴史小説であっても、決して科学的立証ではないだろう。つまり芸術的形式をまとった外観の背後に因果帰属という、がっしりとした骨組みが欠けていたなら、それは科学的立証とはいえないと思う。[52]」

「むしろ我々が論ずるのは、作った仮説が疑わしい場合やそこに論争が生まれる余地のあるような場合に、どのような論理的範疇においてならこの仮説が妥当なものとして証明できるのか、という問題である。[53]」

それでは、因果帰属すなわち具体的実在的因果連鎖の検証の手続きは、ヴェーバーによって、どのように考えられていたのであろうか。仮説の証明はどんな手続きで可能なのか。彼はこの手続きを「歴史的判断」といっているが、この判断の論理構造はどうなっているのだろうか。この問題が解決しなければ、前述の二つの歴史観から、われわれは脱け出せない。

ヴェーバーはペルシャ戦争における「マラトンでの戦い」を例にして、説明する。[54]西ヨーロッパ文化世界の成立という観点から歴史をふりかえるとすれば、このマラトンにおける小競り合いは、因果的にきわめて重要な意義をもっているとヴェーバーは考える。なぜならば、この小競り合いにギリシャ軍が勝利をおさめたことによって、ペルシャの全面的占領を防ぐことができ、それゆえ、ギリシャにも一方で存在していた神権政治的要素が占領政策によって助長されるという事態は起こらず、他方で同時に存在していた自由で現世的なギリシャ精神の発展の可能性が与えられたからである。いいかえれば、オリエント→ビザンツ帝国→東ヨーロッパと発展する流れに特徴的な皇帝教皇主義が、オクシデントへ波及することを、この戦いが防ぎえたのであり、〝王のものは王へ、神のものは神へ〟という王権と教権の二つの中心をもつ楕円的な独自な西欧世界の誕生を用意しえたからである。また、国家従属的に組織された民衆のかわりに、ギリシャ→西ローマ帝国→西ヨーロッパと発展する流れに特徴的な〝独立した市民〟という人間像の成立こそが、この戦いでのギリシャ軍の勝利にかかっていたからである。であるから、マラトンの戦いという類的事例としてみれば歴史上どこにでもある局地戦は、実在的要素としてみると、西ヨーロッパ文化世界成立の具体的因果連鎖のなかの一つの重要な輪を構成するといえるのである。それゆえ、われわれは、アフリカ原住民やアメリカ原住民の部族間のなぐり合いとマラトンの戦いとを、因果的に同等には評価しないのである。[55]この議論で検証されたことは何かといえば、ある事件（マラトンの戦い）が、一つの歴史的個体（西ヨーロッパ文化世界）の成立にかんする具体的（歴史的）連鎖の一構成要素となるか、ならないかということの科学的論証である。また、マラトンの戦いが歴史的連鎖の一構成要素をなすという「歴史的判断」である。

科学としての歴史にとって本質的なこの判断は、現実の記述でもなければ、復元でもない。もちろん、法則の貫徹でもない。そうではなく、この判断は「遊離と一般化」[56]といわれる手段を使用した、思考による実験の後に獲得することのできる範疇的に構成された結論であり、いくつもの抽象過程を通じて得られる一つの判断、断定である。歴史的仮説をその妥当性の検証にかけるというばあい、われわれが行う思考的実験とは、ヴェーバーによれば、まず、ある因果的構成要素を、変化もしくは逆の結果になったと想定してみることである。この場合であったら、マラトンの戦いにペルシャ側が勝利をおさめたと想定してみる――因果的構成要素の「遊離」。そして、その次に、この条件（ペルシャの勝利）のもとで、その他の諸条件（ペルシャの神政政治的文化、ペルシャの占領政策、ギリシャにも存在していた神政政治的要素など）との協働を想定しながら、事態はどのように推移してゆくかを、頭の中に実験的に描いてみる――構成要素の「一般化」。

「一つの歴史的事実の因果的意義を考慮することはまず最初、次のような問題提起をもって、始められるであろう。すなわち出来事の決定に関係するものとして顧慮された諸要因の複合体の中から問題の歴史的事実を除外、もしくはある特定の意味で変化させてみる時、当の出来事の経過が、一般的経験諸規則にしたがえば、我々の関心にとって決定的な諸点で何かある実際とは違った形の方向をとって進みえたであろうか、という問題の提起から始められるのである。[57]」

「遊離」と「一般化」を用いた思考による実験の結果、獲得された結論は、ペルシャの勝利はギリシャ本土での神政政治文化を生みだす客観的な可能性をあたえるということであり、それにより市民的で現世的で自由なギリシャ精神は窒息させられ、またギリシャ→西ローマ→ヨーロッパと繋がる市民的文化の、アジア→オリエント→東ローマと繋がる文化からの脱出は、客観的に不可能であったということであり、したがってマラトンの戦いでのギリシャ側の勝利という事実は、西ヨーロッパ文化世界成立の因果連鎖のなかの一つの実在的な輪を構成するというものである。すなわち、

「我々の知識の状態からすると、あの事実を除外してもまた変化させても、〝歴史的に重要な〟諸点で、すなわち我々の関心をひいている諸点で実際にたどられたと全く同じ経過が一般的経験諸規則から〝期待〟された場合には、その歴史的事実はまさしく実際にも因果的に意義のないものであり、歴史の因果的遡源が組み立てる要諦であり本質である〔因果関係の――訳者〕連鎖の中には絶対に属さぬものなのである。(58)」

マラトンの戦いのばあいでいえば、「我々の知識の状態からすると」、この事実を変化（ペルシャの勝利）させれば「〝歴史的に重要な〟諸点すなわち我々の関心をひいている諸点」（たとえば、このばあいでは、文化の西ヨーロッパ的発展）で、「全く同じ経過が一般的経験諸規則から〝期待〟され」なかったのだから、「その歴史的事実はまさしく……因果的に意義の」あるものであり、「歴史の因果的遡源が組み立てる要諦であり本質である〔因果関係の――訳者〕連鎖の中に」絶対に属すものなのである。

ここで行われた科学的立証は何かというと、すなわち、遊離され変化させられた歴史的要素以外の歴史的諸要素の発展傾向は、史料と一般的経験規則から考えて、実際に起こった歴史的事実とは違った道を歩んだであろうというこ

とを、われわれは客観的に論証しうるということである（「客観的可能性判断」）。この種の証明をわれわれが原理的になしうるということが、科学として範疇的に構成された歴史学の本質なのである。[59] そして、この仕事が最後まで追求できるかどうかは、ただ、われわれのもちうる史料の質と量にのみかかっている。すなわち、ヴェーバーはいう、「こういった〔歴史的個体のその原因への――訳者〕帰属は、何かある経験的知識一般と同じく、無条件に、経験に基づく真理として、〝客観的〟に妥当するという原理的目標をもって、企てられるものである[60]」と。

ヴェーバーによれば、この仕事こそ歴史学に固有な問題提起の一つであり、歴史の本質であり、歴史を理論学科から区別するもっとも重要な指標の一つであった。ところで、客観的可能性判断を下すにさいし、不可欠であるところの「一般的経験規則」とは何かといえば、それこそまさに、ヴェーバーがあの『経済と社会』で定式化した理念型の数々なのである。であるから、『経済と社会』は――理論的社会学としての有効性を、それはそれとしてもっているが――一面では、彼の歴史分析の道具箱である。そういう意味で、「歴史学」は「社会学」の応用問題である。もちろん、歴史学上の知識が理論社会学の内容そのものを豊かにするという逆の面もまた、存在する。歴史学と社会学とのあいだには、この意味で、注釈と補足の関係が存在する。が、ここでは歴史分析にたいしての社会学の道具としての意義のほうを、強調しておく。とにかく、科学としての歴史の科学たる所以は、明らかになった。ヴェーバー自身の結論を聞こう。

「実際の所歴史叙述も〝真理〟としての〝妥当性〟を要求する。我々が今までもっぱら観察してきた歴史叙述の研究の最も重要な側面である因果的遡源がこのような〝真理〟としての妥当性をえるのは、この遡源が、たとえば論争をよんだ時などに、あの遊離と一般化の吟味にたえた場合にかぎられるのである。つまり客観的可能性の範疇と、それによって可能となる綜合的因果帰属とを使用して、因果的な個々の構成分子を遊離し一般化することによって行なわれる吟味にたえた場合に初めて因果的遡源は妥当性を獲得するのである。(61)」

「つまり我々がマラトンの戦い（当然この戦いに附随する事実上の経過の相当数の他の構成要素をふくめて）をないものと考えたり、実際とは違った経過をたどったものと考える時に、一般的経験諸規則からみてこのような神政的—宗教的発展をひき起すのに積極的に……〝適して〟いたある種の、歴史的所与としての構成要素は客観的に存在していた、すなわちそれについて客観的に妥当する確証は可能である、という主張をあらわしているのである。(62)」

「我々は、現実の因果諸連関を見通すために、非現実的因果諸連関を構成する。(63)」

考察してきたように、このような歴史的判断は、思考による実験という、現実の抽象過程の連続であって、現実を記述したり、復元したりするものではないことは、もはや、指摘するまでもないことと信じる。

ここまでに敷衍してきたものが、ヴェーバーによる歴史における「客観性判断」の方法であり、このような方法を実際の世界史の分析に用いたものが、彼の『宗教社会学論集』であることは、もはや明らかであると思う。このなかで、彼はまず、近代西ヨーロッパ的な人間類型(64)の成立史を究明することに、自分の問題を限定する（＝価値関係）。この関心の限定が、無限に存在する因果的要素のなかから意義のあるものだけを選択しうる基準である。ヴェーバーによれば、近代西ヨーロッパ的人間こそが、たんなる経験知とはちがった意味の近代的な独自の科学を生み、形式合理的な独自の法学を生み、われわれの生活のすべてを被いつくす意味での官僚制を生み、さらに彼によって「運命的な力」とよばれた近代に独自な資本主義を生みだした。そして、ヴェーバーによれば、西ヨーロッパ型の人間類型が形成したこれらの文化諸現象を統一する特徴とは、これらが「普遍的な意義と妥当性」を原理的に追求してゆくような文化である、ということであった。だれにとっても重要であり、かつそのことを証明でき、どこでも妥当し、かつその妥当性を証明できる知識や思考方法、ヴェーバーは、このような種類の文化現象は、世界中で、かつ世界史的に西ヨーロッパの地で、しかも近代にだけ現われたものであって、世界のその他の地や時代には存在しなかったか、存在しても萌芽的な形態以上には成長しなかった、と考える。現在では、この独自な型の文化が世界中に伝播しているのを見ることができるが。ヴェーバーは『宗教社会学論集』全三巻の冒頭で次のような問題を立てているが、この問いは、われわれが「客観的可能性判断」に論点を絞り、解説した論理に照らすと、固有に歴史的な問いにほかならないことがわかるだろう。

「近代ヨーロッパの文化世界に生を享けた者が普遍史的な諸問題を取扱おうとするばあい、彼は必然的に、そしてそれは当をえたことであるが、次のような問題の立て方をするであろう。いったい、どのような諸事情の連鎖が存在したために、他ならぬ西洋という地盤において、またそこにおいてのみ、普遍的な意義と妥当性をもつような発展傾向をとる——と少なくともわれわれは考えたい——文化的諸現象が姿を現わすことになったのか、と。」(65)

それゆえ、『宗教社会学論集』が論証したかったのは、この特別な文化・人間類型がどうして、したがって、どのような実在的因果連鎖の輪をへて、成立するに至ったのか、という歴史的問題であった。西ヨーロッパ型文化・人間類型のなかでも、とくにヴェーバーが重要視した要素は、経済運営にたいする合理的態度(これが近代的資本を結果として生む!)であり、この成立を宗教の側から光をあてつつ分析しているのは周知のことである。しかし、ヴェーバーの関心とは、たんに資本主義の成立史であったというよりも、むしろそのような合理的経済を生み出すような人間の成立史のほうに重きがあった。それは、人間の西ヨーロッパ的パーソナリティであり、彼の言葉でいえば「エートス[66]」である。とにかく、ヴェーバーの、『宗教社会学論集』における基礎的関心が、歴史的関心であることは、『経済と社会』における基礎的関心が理論的関心であることに対比して、明らかであろう。

「客観的可能性判断」について、もう一個所であるが、例証しておこう。その個所はアジア的人間論の結論部分である。すなわち、近代ヨーロッパ的人間の特徴とその宗教的起源を考察した、プロテスタンティズムにかんする二論文のあとに、これとは対照的な特徴をもつアジア的人間にかんする考察がそれぞれ、「儒教と道教[67]」（中国）と「ヒンズー教と仏教[68]」（インド）という二論文によって明らかにされるが、後者の最後の部分である。ヴェーバーはそこで、「いっさいの他者に対立する個別的存在にのみまさしく固有であるようなものを追求して、自分自身を泥沼から引きずり上げ、一個の《人格》に仕立て上げようとする近代西欧流の試み[69]」の、大衆への伝播を使命とする知識人層が存在したがために、とにかくも大衆一般が自覚的な個人的内面をもつに至ったヨーロッパと、その「自己規律の目標は、人生の現実的な諸力から寂滅することを通じて追求されうるものに外ならず、現実的に行動する《大衆》の関心からは遠く離れたものであった[70]」ような知識人層が存在したがために、「魔術の不壊の呪縛に囚われたままに残された[71]」無教養の一般大衆と「非日常的存在を希求し、主要点のみについていえば、模範的な予言者もしくは賢者を例にとって方向を定め[72]」るような上流教養層とに、救いがたく社会が分裂し、それゆえ人間の内面性が決定的に疎んじられてきたアジアとを対比し、「一般大衆の前には、その日常生活を合理的に形成する倫理的な使命予言は決して現われなかった[73]」、と結論づけたあと、こういっている。

「だが、この使命予言の西欧、とりわけ近東における出現は、この出現と結びついた重大な帰結を齎したが、それはもっとも独特な歴史的状況によって規定されたのであった。この歴史的状況がなかったならば、自然条件がどのように異なっていたにしても、西欧における発展が容易に流れ込んでいったであろうと思われる軌道は、アジア、とりわけインドの発展に似通った経過を辿ったことであろう。[74]」

これはまさに、さきほどマラトンの戦いの例で示した「客観的可能性判断」（歴史的判断）にほかならない。つまり、いいかえれば、この使命予言が特殊歴史的に生成しなければ、ヨーロッパはその現在ある姿とは本質的な意味で（＝価値関係）異なったものとなっていたということを一般的経験法則を使って客観的に立証しうるということなのである。そして、おそらくは、インド的合理化の道へはいり込み、ヨーロッパのアジアからの脱出は不可能であったろうということである。使命予言の歴史的生成を分析したものは、このあとに続く「古代ユダヤ教[75]」である。

四　歴史社会学への到達

以上の行論で、ヴェーバーにおける「社会学」と「歴史学」の注釈と補足の関係を明らかにするという、われわれの意図は達成されたであろうか。社会学において、ヴェーバーはなによりも「意味」分析を強調した。つまり行動の意味「理解」を強調した。ヴェーバーが執拗に意味理解を強調した含意は、意味理解にまでさかのぼらなければ、同一のものに一見みえるような形象を、それぞれのもつ意味を解釈することによって、概念的にふるい分けるという意図があったように思われる。たとえば手段を問わず最大限の利潤を追求するような資本一般は、歴史とともに古くから所を問わず存在したが、利潤の枠を一定に制限し、薄利多売によって最大の利潤を追求するような、市民的で経営的な資本は、近代西ヨーロッパにしか生成しなかったという問題関心が示すように。ヴェーバーの用語のなかには、このように意味分析を通して初めて近代の特殊性が浮き彫りになってくるような概念が、このほかにもいくつもある。歴史学について、ヴェーバーが強調したのは、その科学としての妥当性であった。ヴェーバーは、この問題にたいして、常識とは逆のアプローチをした。すなわち、彼は〝歴史は科学か〟と問うたのではなく、〝いかなる場合に歴史は科学たりうるか〟と問うたのであった。これにたいするヴェーバーの答えが「価値関係」と「客観的可能性判断」であったことは、ここまで考察してきたところである。

方法としての「社会学」と「歴史学」との問題については、前者の具体化が『経済と社会』であり、後者の具体化が『宗教社会学論集』であるといえる。方法としての「歴史学」を使っているのに『宗教社会学論集』となっている、という疑問にたいして、この作品は諸宗教の一般理論も叙述されているという答えは、もう少し深い意味をもっている。歴史的な個別概念は、理念型化されることによって、象徴的な（したがって一般的な）「個別的理念型」となる。後者によって創作される人工の歴史像を、われわれは「歴史的社会学」と定義する。すなわち、『論集』においてヴェーバーは、意味的に精錬された一般的な「個別的理念型」を主に使用して叙述し、また、復元史観でも法則史観でもないヴェーバーの歴史観によれば、歴史分析はさまざまな種類の、またさまざまな抽象度の、一般経験法則――社会学的規則、すなわち「類的理念型」――を実験的に操作して、具体的・実在的連関（歴史的連関）を確定するのだから、「歴史社会学」とは、社会学的成果を利用して、歴史的問いに答える学問である。どちらかの方法が欠ければ、その学問は、たとえば一方で、歴史領域まで含む一般社会学となり、他方では、現在領域まで含む歴史学となってしまうであろう。(76) ちなみに、『宗教社会学論集』は、とくに歴史的連関における宗教的要因を強調するがために、宗教行動の一般理論（その「経済倫理」にかんするものが中心であるが）が主に叙述されている。したがって、そのほかの社会法則の定式化も行われている。たとえば政治行動のそれについては、『論集』所収の論文「世界宗教の経済倫理・序論」をみよ。それにもかかわらず、一般的経験法則――ヴェーバーはこれを「理念型」として定式化した――の集大成は、われわれがみたように『経済と社会』のなかで、より大きなスケールで行われていたのであった。ヴェーバーは、むしろ『経済と社会』のなかで定式化された「理念型」を使って、『宗教社会学論集』の冒頭をかざるあの有名な、歴史的問いに答えようとした。これにたいし、『論集』に出てくるさまざまな歴史的事実は、今度は逆に、『経済と社会』における理念型定式化のために、範例として、きわめて本質的に素材を提供する。すなわち、仮説としての一般的規則を例証する事例として働く。

注

（1）この間の事情については、マリアンネ・ヴェーバーによる『伝記』に詳しい。Cf. Weber, Marianne. 1984, p. 246ff. ヴェーバー、マリアンネ・［一九六三］一八六頁以下をみよ。

（2）出口［一九六八］三七頁以下をみよ。

（3）ヴェーバーがなぜ歴史の防衛に努力したのかという問題について、古典経済学と自然法の浸透への批判であるとするヘニスの説、および実証主義と自然主義の浸透への批判であるとするテンブルックの説にたいして、リンガーは、バーガーの説に同意する。「ヘニスやテンブルックにたいして、ドロイゼンやトライチュケなどのドイツの歴史学的伝統に関する思慮深い分析を提出してきたトマス・バーガーの側に、私は加担したい。バーガーが認識しているのは、ヴェーバーが、法則論的歴史についてばかりでなく、支配的な歴史記述の観点についても不満であった、ということである。このことは、さらに、バーガーをして、支配的な歴史的用語法からより明確に社会学的な用語法への、ヴェーバーの長期的な強調の変化の根底にひそむ貫通性を認識させる。バーガーが正しく指摘することは、ヴェーバーが究極的には、ドイツの歴史学界によって拒絶されてきたロベルト・フォン・モールによる社会の体系的研究に向けての企てを復活させた、ということである。」(Ringer, 1997, p. 61.) ドロイゼンの「理解 Verstehen」構想にかんするバーガーの見解については、Burger, 1977b, 1978 をみよ。ヴェーバーによる歴史の擁護および批判の問題については、さまざまに論議されているが、もっともわかりやすく、出発点的な意味をもつものとして、松井［一九五五］一五五頁以下をみよ。

（4）Cf. Weber, Marianne. 1984, p. 272. ヴェーバー、マリアンネ・［一九六三］二〇七頁をみよ。リッカートから影響を受けたというヴェーバー自身の言明にもかかわらず、リッカートからのヴェーバーへの学的継承は、不当に過小評価されるきらいがある。オークスも、そのことを認めている。「ヴェーバーとリッカートにかんする文献における、さらに明らかな欠漏のひとつに、究極的原理、すなわち価値の理論への分析の欠如があり、概念構成の客観性の問題へのリッカートによる解決策は、これに基礎を置いている。このことゆえに、私が強調したいのは、リッカートの概念構成論と彼の価値の理論との関連性であり、また、ヴェーバーがリッカートから引き出した文化科学の客観性の構想が、価値の客観性という問題の解決を要求するという関係性である。究極的には、ヴェーバー方法論にかんするわれわれの関心は、その根本的観念が堅固であるかどうかの判定によって規定されている。だから、リッカートとヴェーバーにかんする文献が、ヴェーバーの問題へのリッカートの解決策の適切性の問題にかんして、および、これらの解決策のヴェーバー思想への査定の結果にかんして、文字どおり沈黙しているのは、ひとつの椿事である。」(Oakes, 1988, p. 16.)。

(5)　大塚［一九七三］「はしがき」をみよ。ヴェーバーにおける理論・歴史・政策の学問諸分野が、どのような相互連関にあるべきかについては、イマニュエル・ウォーラーステインの科学論解釈とともに、後段第五章で取り扱う。

(6)　だからヘーゲルの概念論とは極端な対照をみせている。ヘーゲルによれば、より広い外延をもつ概念は、より豊かな内包をもつものであった。Cf. Weber, 1973, p. 15f. ヴェーバー［一九五五c］三四頁以下をみよ。佐久間は、ヴェーバーがヘーゲルを無視した意味でのカント主義者ではないと主張し、ヘーゲルとヴェーバーとの学的継承問題を示唆する。「従来、ウェーバーの方法論が問われる場合は、マルクスとの関係のみが一方的に強調されるきらいがあった。しかし……ヘーゲルとの関係を無視することはできないであろう。」(佐久間［一九八四］五五頁)「ウェーバーの法則や全体性に対する批判は、これまたマルクスの方法と比較されるが、ヘーゲルとの関係を捨象したかたちでは、もはやその意味を十分に理解することはできないのではなかろうか。」(佐久間［一九八四］五五～五六頁)。

(7)　Weber, 1973, pp. 4-5. ヴェーバー［一九五五c］一四～一五頁。

(8)　Cf. Weber, 1973, pp. 6-7. ヴェーバー［一九五五c］一八頁をみよ。

(9)　Cf. Rickert, 1926a, p. 38ff. リッカート［一九七〇］(一九三九) 七九頁以下をみよ。

(10)　Cf. Weber, 1973, p. 126. ヴェーバー［一九五五d］一一六～一一七頁をみよ。ヴェーバーによれば、リッカートはこのような自分自身の定式化にもかかわらず、その反対者との論争において、科学の論理上の分類と素材上の分類とを混同してしまったという。Cf. Weber, 1973, pp. 125-126. ヴェーバー［一九五五d］一一七頁をみよ。

(11)　Weber, 1973, p. 559. ヴェーバー［一九八七c］三三一頁。

(12) Weber, 1973, p. 560. ヴェーバー［一九八七c］三二頁。

(13) Cf. Weber, 1973, p. 542f. ヴェーバー［一九八七c］八頁以下をみよ。

(14) Cf. Weber, 1973, pp. 554-555. ヴェーバー［一九八七c］二五～二六頁。

(15) Weber, 1973, p. 542. ヴェーバー［一九八七c］七頁。この発言から、ヴェーバーは現代社会学の有力な一員とされてきたが、バーガーは、このことに反対して、次のような興味深い指摘を行い、ヴェーバーは、本質には、歴史家であると示唆する。「そこ〔ヴェーバー方法論文〕では、社会学は歴史学にとって補助的ではあるが必要な、むしろ、補完的な科学という地位を与えられている。より詳しくいえば、それは、歴史事象の流転のなかでの価値関係的な、あるいは文化意義的な集合化の諸要素を対象とする類型概念の構成に基本的に関与するものとして描かれる。この証明の明らかだが、稀にしか指摘されない含意が言わんとすることは、社会学で確立される（類型的）認識は、自律的な科学的価値をもたないということであり、社会学的概念は、それ自体を得るに値するような認識（すなわち、理想的認識のなんらか本質的で分割できない側面に人間にとって最も近づきうるもの）を代表しないということである。なぜなら、客観的存在論を拒否し、それを主観的方法論によって差し替えることによって、ヴェーバーは、具体的現実（の一部）を支える仮定上の本質的構造を表すような認識として、科学を正当化することを放棄するからである。したがって彼は、客体の特別な分野を秩序づける基礎的で固有な原理についての専門研究として社会学を正当化しえないのである。」(Burger, 1987, p. 200. バーガー［一九九八］二七〇頁）この結論は、Burger, 1994, においても繰り返されている。「そのような〔ヴェーバーのような〕諸社会学が基礎を置く観点は、したがって、それらにとっては、外的である。その外部でよって立つ観点から独立には、ヴェーバー社会学は不可能である。ヴェーバーの学問論にとって疑いないことは、その社会学の概念が原則としてけっして固有の価値をもたないということである。なぜなら、内容からいって、それはけっして体系的関係の理論を目指してはいないばかりでなく、むしろ文化的文脈の内部で意義をもつような発展方向の把握を目指しているからである。この文脈の外部では、すべての概念装置はその意味を失うのである。」(Burger, 1994, p. 97.)。

(16) Weber, 1973, pp. 554-555. ヴェーバー［一九八七c］二五頁。

(17) Weber, 1973, pp. 551-552. ヴェーバー［一九八七c］二一頁。

(18) Cf. Weber, 1973, p. 561f. ヴェーバー［一九八七c］三四頁以下をみよ。バーガーは、ヴェーバー社会学の成立条件には、彼の禁欲主義的パーソナリティの存在が不可欠であると主張する。「ここで示唆しておけば十分なことは、ヴェーバーの前提が社会学的に興味深い研究、すなわち、社会生活の一般的構造的特徴への研究に体系的に寄与するのは、彼の世俗内的禁欲主義への党派性との関連においてのみだ、ということである。というのは、世俗における効果的な活動を強調することで、この姿勢は、現世がいかに運動しているかの『無私で』、詳細で、正確な認識を奨励するからである。ヴェーバーを文化分析家ではなく、社会学者にしているものは、その領域における事象が、本来的に拘束物にしたがい、まただから、発見可能で、堅固な一般的構造を形成しているという仮定に基づいた社会的世界への関心である。だが、実証主義的存在論では、それは『必然性』と『法則』といわれるのにたいし、彼は（歴史的）『運命』と『本来の論理』Eigengesetzlichkeit という。」(Burger, 1993, pp. 835-836.)。

(19)　Weber, 1973, p. 560. ヴェーバー［一九八七c］三二一頁。

(20)　Weber, 1973, p. 560. ヴェーバー［一九八七c］三三三頁。

(21)　Weber, 1973, p. 560. ヴェーバー［一九八七c］三三三頁。

(22)　Cf. Weber, 1972, p. 148f. ヴェーバー［一九七〇］一〇五頁以下をみよ。

(23)　Weber, 1973, p. 553. ヴェーバー［一九八七c］二三三頁。

(24)　Weber, 1973, pp. 552-553. ヴェーバー［一九八七c］二二二頁。

(25)　Cf. Weber, Marianne. 1984, p. 423-425. ウェーバー、マリアンネ・［一九六五］三一九～三二〇頁をみよ。

(26)　松井［一九五五］一五七頁以下をみよ。

(27)　Weber, 1973, p. 559. ヴェーバー［一九八七c］三二一頁。バーガーは、ヴェーバー自身、自分の社会学に第二義的な価値をしか認めなかったと主張する。「ヴェーバーの方法論的図式のなかでは、主観的意味を切り捨てることなく、事象の類型を描写する普遍的（類型的）概念の定式化としての社会学は、ひとつの混成科学として現れるのである。概念構成の目的は具体的現実の内的・外的無限性を破棄することであると主張する立場からすれば、その手法には本質的に瑕疵がある。社会学的概念（理念型）は、原理上、個別的でも、普遍的でもなく、また、さらなる個別化や普遍化に向けての通過点としても解釈しえない。それゆえ、疑問の余地ないことは、それは原理上、具体的現実の無限性の克服、すなわち、普遍的関心が集まる具体的現実の認識的提示を与えることについては無能力だということである。したがって、ヴェーバーは、社会学を、その内在的価値、すなわち社会的世界の概念化が命じるであろう自律的認識関心によって正当化しようとはしないで、むしろ、歴史科学のためのその機能によって正当化するのである。理解にとって重要なことは、この議論を形づくるさいに、ヴェーバーが導入する考えとは、個別概念が必然的に普遍的概念要素から構成されるということである。社会学が正当化されるのは、そうした要素を提供するからであり、またその限りにおいてである。それゆえ、おそらくそれらなしに個別概念が構成されうるとしたら、社会学は不用となるであろう。」(Burger, 1987, pp. 203-204. バーガー［一九九八］二七四頁）バーガーのこの意見にたいするヴェーバーによる返答を想定するとしたら、「社会的世界の概念化が命じるであろう自律的認識関心」という内在的価値をもつ社会学は、社会現象のなかには法則的なものが実体として内在し、それを発見することが、科学にとって使命であるという観念に通じるおそれがある、ということであろう。その観念は、実在としてのデータを、それらの加工物としての概念と同一視するという論理的混同から生じる。したがって、われわれが言明したいのは、ヴェーバーの理念型的社会学構想の含意は、ヴェーバーが、これを歴史の保守のための一手段として用いようとしたということではなく、むしろ、上の混同への批判的、脱呪術化的提示であろう、ということである。後段第三章を見よ。

(28) Weber, 1973, p. 559. ヴェーバー［一九七二c］三二頁。バーガー自身は、現代社会学が、社会現象における実在物としての法則の発見に、その目標を置いていることを、次の言明で暗示している。「ヴェーバーは自然科学の方法、すなわち普遍化的概念構成へと社会生活の現象を属させる可能性を決して否定しなかった。しかし、彼が信じたのは、この方法の論理が、一貫して適用されれば、まさしく彼が関心を前提している認識、すなわち文化意義、の無視（すなわち、放棄）に最終的には至るにちがいない、ということであった。したがって、彼はそのような手続きに多くのいみを見出さなかったし、それゆえ、歴史科学を対案として擁護した。……しかし、歴史記述が中核的な社会科学だという確信なしには、この〔社会学を歴史記述の範囲内におさめるという〕構想は、その説得力を失う。実証主義的見方に影響された社会学の本流は、この確信を共有しなかった。すなわち、その基本的な方法はヴェーバーにほとんど負っていない。それゆえ、後者の〔ヴェーバーの〕社会学は、全体としてみれば、体系的統合の促進物というよりは、障害物だったのである。……多くの社会現象を維持するいくつかの原理や構造を発見することはいみがあるという観念を貶下することによって、ヴェーバーの社会学付き方法論は、現象的現実の名のもとでの理論的構築物を粉砕するための常套手段として利用されてきた。しかし、この手段を使ってきた人々は真のヴェーバー社会科学を発展させることにはほとんど寄与しなかった。この状況は反省をうながすものである。なぜなら、あらゆる失望にもかかわらず、社会現象は法則に支配される、ないし社会は自然的体系であるという観念が、研究を始めるための綱領的観念として最大の力をもつことは、少なくとも疑いえない事実と考えられているからである。」(Burger, 1987, pp. 226-227. バーガー〔一九九九〕二七五～二七六頁) ヴェーバーが、なぜ執拗に、概念は理念型としてしか存在しえず、それは手段であって、目的ではないと主張したかというと、それは、科学の目標の転換を実現したいからである。ヴェーバーによれば、科学は、法則や原理や個体の発見が目的ではない。それらを利用して、どのような新たな視界、地平が開けてくるか、いいかえれば、新次元の視界、地平の発明が、科学の目標である。法則や原理や個体の発見は、科学にとっては、予備作業である。ところが、それが予備作業に過ぎないとの認識には、旧来からの思考法の脱呪術化が不可欠であった。後段第三章を見よ。

(29) バーガーの実証主義的観点によれば、パーソンズの分析的社会学は、経験的現実との接点を失ってしまい、したがって、具体的な認識には到達しえないし、ある程度、それは心理学主義に陥っている。たとえば、パーソンズの経済社会学にかんして、バーガーは述べる。「それら〔経済学の法則論的言明〕が、さまざまな……諸個人の行動の経済的『側面』の相互連関を適切に説明するという主張は、経済的合理性は経済的『領域』の『法則』であるという主張、および、その具体的存在の経済的側面にかんするかぎり、人間は『経済化する』動物であるという主張に等しい。ところで、このことを『仮定する』ことは、パーソンズの用語法においても、また、提案されているいくつかの分析的社会学のあいだの分業にかんする彼の構想においても、それ〔法則〕をデータとして扱うことを意味し、研究の対象として扱うことを意味しない。それを研究することは、経験主義者の誤りに陥ることになる。すなわち、『確かなことは、いかなる経験主義的経済学も、心理学的基礎をもつものである。』(Parsons, 1935, p. 431.) しかし、それを研究しないということは、経済的領域の相互連関が、実際に『経済化的』性質をもつという観念を検証することを自制してしまうことを意味する。単純に、それはそうであると仮定することは、理論を原理的に反証されえなくしてしまう。」(Burger, 1977c, pp. 327-328.) これにたいし、パーソンズは、道具としての分析的方法の使用を確認し、現実との一対一の照合を基礎とするバーガーの経験論的一元論を拒否する。「だから、バーガーと私の争点は明確である。理論家として私は、分析的方法を選択してきた。その結果は、ほとんどではないが、多くの経験的領域を取り扱うにさいし、分析的図式の多元性に訴えることが必要だということである。バーガーが選択した途は、経験的問題を理論的図式の主要な決定因として取り扱うというものである。だから、社会学的、経済学的理論にかかって社会秩序の理論、社会闘争の理論、富の分配理論などが存在すべきだ、というものである。分析的諸体系から構成される理論という観点からいうと、これこそを、私は折衷的立場と定義する。」（Parsons, 1977, p. 336.）。

（30）Cf. Weber, 1920, p. 12. ヴェーバー［一九七二a］一三頁をみよ。富永によれば、「社会」あるいは「社会的」という語は、マルクスにおいては、「狭義の社会」という意味（『ドイツ・イデオロギー』における交通）と「広義の社会」という意味（『経済学批判』序文における自然と対比されるもの）とが区別されているように、「ヴェーバーにおいても、彼の大著の題名『経済と社会』における『社会』は、この書物の章別構成の中に、宗教も法も政治も支配もみな入っているのだから、広義の社会と解しておいたほうがよさそうであるが、重要なことは……ゲゼルシャフトというのは、彼がテンニェスから受け継いで自分流に変形した……概念であって、明らかに『狭義の社会』そのものである、ということである」（富永［一九九八］二四三～二四四頁）と述べ、『経済と社会』における「社会」は、「広義の社会」ではないと規定される。そして、富永によれば、「『狭義の社会』とは要するに人間の集まりで、それは自我（ego）と他者（alter）とを含んでおり、自我は他者に囲まれていて、自我の行為は他者指向的になるのである」（富永［一九九八］二五七頁）と規定される。これはヴェーバーの「社会的行為」の意味にほぼ等しい。しかし、われわれは、『経済と社会』の「社会」を、マルクスのいう上部構造の意味に等しいと解釈する。なぜなら、⑴「狭義の社会」、すなわち「社会的行為」とするならば、「経済」をあえて独立させ、『経済と社会』という題名にする必要は全くないからである。むしろ、「社会学原論」として宗教社会学、法社会学、政治社会学、経済社会学などの「連字符社会学」の集合体という体裁をとったほうがわかりやすい。また、⑵ヴェーバーは、晩年の『宗教社会学論集』序論で経済領域の、つまり下部構造の決定的重要性を承認し、初期の上部構造重要視をある程度決定的に変更したからである。マルクスと同様、ヴェーバーにとっても、「経済」は、「社会」（広義の社会）のなかの一つの領域と考えるには、あまりに重要性がありすぎたのである。

（31）Weber, 1920, p. 1. ヴェーバー［一九七二a］五頁。折原は述べる。「日本ではわたしが、……〔ヴィンケルマン版『経済と社会』の〕『第2部』に含まれている前出参照指示が、内容上一致する叙述（被指示個所）を、『第1部』ではなく、別途に発表されていた『理解社会学のカテゴリー』（一九一三）のなかに見いだす事実を立証しました。こうした検証によって、わたしの研究は、①『二部構成』を棄却するばかりでなく、②『第2部』が『理解社会学のカテゴリー』の用語法によって読解されるべきこと、さらに③『第2部』のテキストそのものは、『第1部』から分離され、誤った『二部構成』から開放された上で、『理解社会学のカテゴリー』とともに『一九一一～一九一三年草稿』に統合—再構成されるべきこと、という積極的結論にいたりました。」（折原［一九九六］二〇二頁）この構想の延長上には、『社会学の根本概念』を序論とする「一九二〇年改訂稿」の『経済と社会』と、『理解社会学のカテゴリー』を序論とする「一九一一～一九一三年草稿」の『経済と社会』との二つの『経済と社会』が出来ることになろう。この構想は、忠実な原典の復元といういみで評価しうる。しかし、ヴェーバー自身は、一つの書物を想定していたのであるから、そのように編集しても間違いとはいえない。われわれも、一部、二部構成には反対する。したがって、『経済と社会』の現段階で可能な利用法は、二部構成を無視し、「一九一四年オリジナル・プラン」に沿って、一冊の書物として読み、それをさらに『社会学の根本概念』で補正するということしかないであろう。

(32) Weber, 1920, p. 1. ヴェーバー［一九七二a］五頁。
(33) Weber, 1920, p. 1. ヴェーバー［一九七二a］五頁。
(34) 西田［一九五三］五〇頁以下をみよ。また、金子［一九五七］三七頁以下をみよ。
(35) 「法則科学」のばあいは、まさに、反対である。そのばあいは、同質なるものが本質的であり、個性的なるものが偶然的である（歴史は社会学の逆算。逆もまた真）。
(36) Cf. Weber, 1973, p. 245ff. ヴェーバー［一九六五］一四五頁以下をみよ。「歴史的個体」にかんしては、林［一九七〇］五六～六二頁をみよ。
(37) Weber, 1973, pp. 5-6. ヴェーバー［一九五五c］一五～一六頁。
(38) Cf. Weber, 1973, p. 15f. ヴェーバー［一九五五c］三四頁以下をみよ。
(39) Weber, 1973, p. 237. ヴェーバー［一九六五］一三三頁。
(40) Weber, 1973, p. 237. ヴェーバー［一九六五］一三四頁。
(41) Weber, 1973, p. 238. ヴェーバー［一九六五］一三五頁。
(42) 内田義彦［一九六七］二九頁をみよ。そこでは、ヴェーバーの方法は「カメレオンの眼」と評されている。
(43) たとえば、住谷［一九七〇a］一九八頁以下をみよ。そこでは、ヴェーバーの方法は「復眼的歴史観」と評されている。
(44) 望月［一九七三］五九二頁以下をみよ。

(45) 丸山［一九九六］二三頁をみよ。

(46) 丸山［一九九六］二二頁をみよ。山之内によれば、このようなかたちでのヴェーバーの歴史把握は、ヴェーバーにとって、社会学への出立である。「この〔古代と現代とを自由に往来する〕構成の仕方にこそ、歴史的個性認識をもっぱらとしていた時代を終えて、本格的な社会学へと方法的開拓を進めてゆこうとするヴェーバーの決断が示されていたと考えられます。この〔『古代農業事情』への追加の〕短文を書きそえることによってヴェーバーは、ここで援用したカテゴリーや理論装置が、一定の加工さえへるならば、古代と現代の間に横たわる巨大な時間差を超えて、共通に適用可能であることを、あるいは、地域や民族の違いを超えて、一般的尺度として機能しうることを示唆していると読み取れるのです。」（山之内［一九九七］一九二頁）。

(47) Cf. Rickert, 1926a, p. 31ff. リッカート［一九七〇］（一九三九）六八頁以下をみよ。

(48) Weber, 1973, pp. 216-217. ヴェーバー［一九六五］一〇三頁。リンガーによれば、ヴェーバーは、リッカートの哲学的認識論および歴史的文化科学の方法論を継承したが、これらと整合的ではないリッカートの形而上学的前提の継承は、拒否した。「彼〔リッカート〕はいう。歴史的全体とは、諸部分の合算以上のものである。すなわち、それは、これらの『本質』(Inbegriff) なのである。ルターはドイツ人である。しかし、ドイツ人という類の一例なのではない。むしろ彼は、『ドイツ人』の理想を定義することを助けた。ゲーテやビスマルクは、さらに、それを豊かにしていった。だから、『ドイツ人』という概念は、ある平均を示しているのではなく、偉大な諸個人の独特な特徴から、その意味を受け取っている。同様に、一時代の文化的環境と精神は、指導的人物たちによって形づくられていて、彼らの洞察は、ただわずかづつ『大衆』に浸透してゆくものである。もし、ヴェーバーがリッカートから学ぶものがあったとしたら、……それは、この粗野な歴史的理想主義ではなかったに違いない。」(Ringer, 1997, p. 44.) 後段第六章をみよ。

(49) Weber, 1973, p. 271. ヴェーバー［一九六五］一八三～一八四頁。

(50) Weber, 1973, p. 214. ヴェーバー［一九九八a］一六〇頁。

(51) Cf. Weber, 1973, pp. 11-15. ヴェーバー［一九五五c］二六～三四頁をみよ。

(52) Weber, 1973, pp. 278-279. ヴェーバー［一九六五］一九五頁。

(53) Weber, 1973, p. 278. ヴェーバー［一九六五］一九五頁。

(54)　Cf. Weber, 1973, p. 273ff. ヴェーバー［一九六五］一八六頁以下をみよ。

(55)　Cf. Weber, 1973, p. 274ff. ヴェーバー［一九六五］一八八頁以下をみよ。

(56)　Weber, 1973, p. 275. ヴェーバー［一九六五］一九〇頁。

(57)　Weber, 1973, pp. 282-283. ヴェーバー［一九六五］二〇〇～二〇一頁。

(58)　Weber, 1973, p. 283. ヴェーバー［一九六五］二〇一頁。ヴェーバーのイスラム論にかんする研究は、近年多くの成果を生み出していて、そのさらなる発展が期待されるが、シュルフターは、イスラム研究におけるヴェーバーには、多少のかたよりが存在すると述べる。「第一次大戦の開始までに、ヴェーバーはすでに、イスラム文明にかんする基本的な認識を獲得し終わっていた。」(Schluchter, 1999, p. 63.) また、「彼は、大戦の勃発からその死に至るまで、イスラム文明を結局、集中的には取り扱わなかった。彼の著作におけるイスラムにかんする発言は、基本的には一九一一～一九一四年までに終わっていた予備的な仕事に依存している。」(Schluchter, 1999, p. 63.) つまり、「イスラム教が属すのは、明らかに、タルムードのユダヤ教、原始キリスト教、東方キリスト教などと同じ部類に入るような、西洋的発展の歴史的前提における派生的文脈である。」(Schluchter, 1999, p. 64.) それゆえ、「イスラム教は、ヴェーバーにとっては、古代ユダヤ教、古代ないし中世キリスト教などと同じ部類に入るような、発生的意義をもってはいなかったのである。」(Schluchter, 1999, p. 64.)「ヴェーバーは、明らかに、その論文〔イスラム論〕を、このテーゼ〔禁欲的プロテスタンティズムにかんするテーゼ〕を中心に展開したことであろう。」(Schluchter, 1999, p. 64.) シュルフターが示唆していることは、当然のことではあるが、ヴェーバーのイスラム研究は、あくまで近代西欧文明の個体発生史というヴェーバー独自の関心からのものであり、それ以上を求めるべきではない、ということであろう。

(59)　だから、ヴェーバーは歴史は科学か、と問うたのではなく、科学であろうとしたら歴史はどのような前提をもつべきかと問うたのである。次の言葉をみよ。「それ〔神学の問題のたて方〕は丁度カントの認識論が『学的真理は存在し、且つそれは妥当する』という前提に出発し、従って、このことは如何なる条件の下において合理的に可能であるか、を以ってその問題としたのと同様である。また現代の美学者らが――たとえばゲオルク・フォン・ルカッチの如くあからさまに、或いはあからさまにではなくとも事実上――『芸術品は事実存在する』という前提から出発し、かくて、このことは如何にして合理的に可能であるか、を問題としているのとも同様である。」(Weber, 1973, p. 610. ヴェーバー［一九三六］六七頁)。

(60) Weber, 1973, p. 261. ヴェーバー［一九六五］一六九頁。

(61) Weber, 1973, p. 279. ヴェーバー［一九六五］一九六頁。リンガーは、ヴェーバーにおける因果性の問題の重要性を強調することで、ヴェーバーを社会学者でもなく、歴史学者でもなく、また、歴史社会学者でもなく、経験則を必須のものとする社会学的歴史学者と規定する。「マックス・ヴェーバーの、文化科学および社会科学の方法論者としての非凡な成果を評価するひとつの方法は、彼自身の知的領域との関係で、彼を歴史的に理解することである。このようにみることで、ヴェーバーは、彼自身の文化の前提を再表明し、合理化し、したがって部分的には、乗り越えた浄化的な批判者として、完全に、分類される。このことは、もちろん、彼のドイツの歴史学的伝統の受容にもあてはまる。」(Ringer, 1997, p. 168.)「ヴェーバーは、ドイツの歴史学的伝統の反対者でもなかったし、無抵抗な後継者でもなかった。彼は、実証主義者でもなかったし、観念主義者《アイデアリスト》でもなかった。彼は、……因果主義者であった。」(Ringer, 1997, p. 62.)。

(62) Weber, 1973, p. 276. ヴェーバー［一九六五］一九一～一九二頁。

(63) Weber, 1973, p. 287. ヴェーバー［一九六五］二〇八頁。「われわれは、なぜ彼〔ヴェーバー〕が、個別的因果説明を、予測的法則からの演繹と同一視することを拒否したかを理解できる。われわれは、彼の客観的可能性への関心と、選択的過程ないし発展的道程のネット・ワークとしての、本質的に動的な歴史観とを理解する。われわれは、文化・社会科学における非現実的および比較的分析の重要性を認識する。決定論という争点にかんし、われわれは、さらに、ヴェーバーの不可知論を共有する。」(Ringer, 1997, pp. 90-91.)「実際、それ〔これらの作業〕が究極的に示唆するものは、構造的変化の比較分析である。これこそ、ヴェーバーの創造性が『新たな観念』の『創造』であるよりも、知的遺産の批判的再版として―あるいは、確立した伝統の延長線上における継承として、考えられなければならないということの意味である。」(Ringer, 1997, p. 169.) リンガーは、このようにヴェーバーを因果主義者と規定し、おそらくは歴史家と規定するが、そのことの含意を論じるには至っていない。リンガーのいう因果主義とは、一定の過去にまでさかのぼる現在への個別的原因分析と解釈できる。ヴェーバー自身も、自分の歴史分析の対象を過去に限定するようであるが、彼の方法を変更することなく、それを未来へ適用することは可能である。歴史は、現在がいかなる個別的因果連鎖の結果として存在するのかという問いに限定される結果分析だけの学科ではない。歴史は、未来の可能性を分析でき、さらに、未来を操作する手段となりうる。リンガーによる整理を基にしても、ヴェーバー的方法は、過去と現在の個別的因果連鎖を確定でき、さらには、未来を推論、操作できる。なぜなら、発展傾向と歴史的事件とを人間が意図的に惹起することは、成功するとは限らないが原理的には、可能だからである。したがって、ヴェーバー的方法においてさえ、歴史は結果論ではない。それは、未来学に片足を踏み入れている。

(64) ヴェーバー社会学のなかに人間類型論を強調するのは大塚である。大塚［一九七七］二一九頁以下をみよ。

(65) Weber, 1920, p. 1. ヴェーバー［一九七二a］五頁。『論集』における宗教社会学と『経済と社会』における宗教社会学の関係かんして、折原は、次のように述べるが、その意見にわれわれも基本的に賛成する。「筆者は、……基本的には、『宗教社会学』草稿―〈序論〉―〈中間考察〉系列を仮説、〈儒教〉―〈ヒンドゥー教と仏教〉―〈古代ユダヤ教〉系列の本論を、その検証、というふうに位置づける。とすると、前者系列の論点は、まさに仮説として、後者系列の叙述における検証により、もとよりそのまま立証されるばあいもあろうが、他方、歴史的素材によって修正されるばあいもあるはずである。定説のように『宗教社会学』草稿を『最後の』『主著』における『最終的定式化』と見たり、テンブルック説のように〈序論〉や〈中間考察〉を『総括』と決めてかかったりすれば、ヴェーバーのそうした動的思想展開は、いっさい捨象されえしまう他はなかろう。」（折原［一九八八］二三六頁）。

(66) ヴェーバーのエートス論にかんしては、大塚［一九六九e］をみよ。

(67) Weber, 1920, pp. 276-536. ヴェーバー［一九七一］。Weber, 1989a, pp. 128-478.

(68) Weber, 1921a. ヴェーバー［一九八三］。Weber, 1996, pp. 49-544.

(69) Weber, 1921a, p. 378. ヴェーバー［一九六八c］二〇七頁、ヴェーバー［一九八三］四七二頁。Weber, 1996, p. 543.

(70) Weber, 1921a, p. 378. ヴェーバー［一九六八c］二〇七頁、ヴェーバー［一九八三］四七二頁。Weber, 1996, p. 543.

(71) Weber, 1921a, p. 378. ヴェーバー［一九六八c］二〇七頁、ヴェーバー［一九八三］四七二頁。Weber, 1996, p. 543.

(72) Weber, 1921a, p. 378. ヴェーバー［一九六八c］二〇七頁、ヴェーバー［一九八三］四七三頁。Weber, 1996, p. 543.

(73) Weber, 1921a, p. 378. ヴェーバー［一九六八c］二〇七頁、ヴェーバー［一九八三］四七三頁。Weber, 1996, p. 543.

(74) Weber, 1921a, p. 378. ヴェーバー［一九六八c］二〇七頁、ヴェーバー［一九八三］四七三頁。Weber, 1996, pp. 543-544. 金井は、ヴェーバーの「合理化」構想にかんし、ヘーゲルとの類似性を主張する。「この〔普遍史的スケールと内容をもつ〕点で、われわれはウェーバーを近代ドイツにおけるヘルダー以来の普遍史的歴史記述の伝統を受け継ぐ者と見うるであろう。そして、ここでわれわれが注目したいのは、特にヘーゲルとの類似性である。」（金井［一九九二］一四三〜一四四頁）たとえば、「ヘーゲルの有名な言葉を一つだけ引いておけば、かれは『哲学が提供する唯一の思想は、理性が世界を支配するということ、したがって世界史においてもまた一切は理性的に行われてきたという、単純な理性の思想である』（ヘーゲル〈武市建人訳〉『歴史哲学』上、岩波文庫、一九七一年、六三頁）と述べている。これは一種の合理化プロセス論といえる。ウェーバーとヘーゲルは歴史社会学と思弁哲学という違いはもとよりあるが、共通して、世界史の理性的（合理的）展開の側面に集中したのである。」（金井［一九九二］一四四頁）たしかに、ヴェーバーは、「合理化」構想のヒントをヘーゲルから獲得したと推測することに、われわれも同意する。だが、われわれは、両者の差異性をも指摘しておきたい。ヘーゲルにとって、「合理化」は、実体的に理性的な歴史的進行過程であり、ただ一つの実在的な方向性であった。ヴェーバーにとって、「合理化」は、複数への方向性が可能であり、西洋的合理化は、そのなかの一つに過ぎない。西洋的合理化が果てるときには、新たな異なる合理化過程が、待ち受けているであろう。

（75） Weber, 1921b. ヴェーバー［一九六二b］［一九六四a］。

（76）「イデアル・ティプス論はたんに方法論という純粋思弁の所産であったわけではなく、歴史的現実の認識に即して構築された認識論であったことは確認しておきたいが、……」（安藤［一九九二］一三四頁）「私は、ウェーバーの場合こういう〔プロテスタンティズムと資本主義文化との〕事実連関がイデアル・ティプスとして構成されてゆく、という側面をとくに強調したい。構成するということは、事実の模写ではない、ということを忘れてはなるまい。イデアル・ティプスは、いかに近似的である場合においても、記述歴史学の『歴史』ではない。それは『歴史』を認識するための『概念的手段』にすぎない。」（安藤［一九九二］二四八頁）われわれは、「記述歴史学」を精製し、「概念的手段」のみによる歴史説明を、「歴史社会学」と名づけたい。それは、特定の関心から「構成」された世界像としての歴史である。歴史は、復元されるのではなく、関心によって、創作される。

第二章　ヴェーバーと価値問題

――「歴史的文化科学」の創造性と「文化人」Kulturmensch の意味――

一　科学における「文化人」と「自然人」

本章の目的は、ヴェーバーの「文化科学」ならびに「文化人」概念のもつ含意を明らかにすることである。ヴェーバーは、自分の考える社会科学は文化科学のカテゴリーにはいるというが、社会科学の根底にある文化科学とは、どのようなものか。文化科学は文化諸現象の意味を知らせることを通じて、われわれに文化人の社会へ参加するという利益を与えてくれるとヴェーバーはいうが、そのばあいの文化人とはどのようなものか。つまり、文化人の社会への参加という前提を受け容れてはじめて、文化科学の研究が始まるわけであろうが、自然人と対比された意味での文化人という存在を、価値あるものとして前提とするということはどんな意味をもつのか。これらを明らかにしたい。

重要なことは、ヴェーバーの「文化」という概念のもつ重さを検証することであろう。ヴェーバーのいう文化概念の理解をアーチにたとえれば、そのキー・ストーンは「価値解釈」作業である。これは「社会哲学」ともよばれ、この作業――文化意義の究明――は文化科学を研究するものにとってもっとも重要な任務とされる。しかしながら、この領域のヴェーバー研究は、数多い方法論研究のなかで合意的には、ほとんど成果を得られなかった―中心作業は、ヴェーバー議論の祖述であった。そこでまず、価値解釈といわれるものがヴェーバーの方法体系のなかに登場してくる論理構造を明らかにすることから始める。歴史と法則という科学の分類論によって、科学総体のなかでの歴史学科の存在を基礎づけるヴェーバーの論理の要約を試みる。次に、歴史が不可避的にもたざるをえない「主観的」価値関係という論理をリッカートによりつつ考察する。そして、価値関係という論理のもつ内実を問うことによって、価値解釈という本題へはいる。

価値解釈を考察することによって浮き彫りにされるのは、「可能的」諸評価の意義とその意味連関の「理解」Verstehen である。文化人としての人間のあり方にとって、評価の意義と理解がどのような意味をもつかを、そこで考察することにしたい。これによって、文化問題にたいして価値解釈のもつキー・ストーンとしての意味が明らかになるだろう。また最後に、一見「価値問題」を回避しえたかにみえる精密な社会科学――基礎社会科学と社会工学との自然科学的社会科学――においても、やはり文化の問題が現われてくることをしめしたい。そして、このような学科構成に一つの批判を行うことによって、文化科学の創造性をしめしたいと思う。

ところで、本章の主張を論証するうえで、われわれはヴェーバー自身の著作のほかに多くの諸論文に負っている。ここではヴェーバーの価値自由を価値からの自由と価値への自由との二側面として考えているが、これはもちろん安藤［一九六五d］［一九六五e］に基づいている。また価値自由概念の「歴史化」を試みた中村［一九七二b］からも多くの示唆をえた。問題視角にかんしては、大林［一九七二］ととくに深くかかわっており、本章はその延長上にある。大林のいう目的合理性の追求にとどまらない、価値理念そのものの開示を「価値解釈」を通じて方法的に明らかにすること、これがわれわれの課題である。また価値解釈作業の重要性については、大塚［一九六六］が、文化人の問題については、大塚［一九七七］「序論」の指摘がきっかけをあたえた。

二　科学の分類――法則科学と現実科学――

「価値関係」という考え方が、ヴェーバー方法論研究史のうえで最重要な問題の一つとされてきて、すでに久しい。「価値自由」についても同様である。日本における、ヴェーバーと「価値問題」にかんする諸論考について一瞥をあたえると、まずヴェーバー自身の説明について忠実で解説的な、開拓的論考に始まり、のちに彼の個人史と彼の方法（たとえば「価値自由」）との密接な連関を取り扱った諸労作が大きな成果をあげた。(1) われわれは、本章で、「新カント学派」の研究者たちが熱心にとりくんだ「科学の分類」という視角から、価値問題におけるヴェーバーを、価値問題は科学にとってなぜ避けることができないのかという観点から、取り上げたいと思う。なぜならば、この分析視角から新たに光をあてることによって、「価値関係」や「価値自由」に、また「価値解釈」や「価値批判」ないし「価値議論」などの含意に、理解の新しい段階をもたらすことができると信じるからである。

一九世紀中葉から二〇世紀の初めにかけて、ドイツ語圏の学界において一つの大きな問題となっていた科学の分類論とは何か。その争点はどこにあったのか。これを簡単にまとめておくことにする。この問題の哲学上、社会科学方法論上の争点とは、一口にいって、法則学と歴史学の関係如何ということにあったといえよう。一般に法則学科（理論学科とは、理念型的学科と、われわれは考える）といわれる学問分野の論理的本質は何か。また歴史学科の論理的本質とは何か。その科学性の程度はどのくらいのものか。歴史は一種の芸術的創造なのか。このような争点は、自然科学と歴史という対立ともオーバー・ラップしていた。自然を対象として学問活動をする自然科学の疑問の余地のない成果にたいし、人間を対象とする歴史的社会科学の客観性とは何なのか。人間科学は自然科学的客観性の及びえない対象を取り扱うからこそ、自然科学よりも深遠な学問であるというのは、論争上で分の悪い文科系の人びとの、苦し紛れの反論であった。果たしてこの議論は正しいのか、間違いなのか。さらに、学問の分類は、その対象とする素材の性質によるべきなのか、それとも使用する方法によるべきなのか。法則学科（理論学科）は現実を抽象し、歴史学科は現実を記述するというが、これはどうか。このような一連の問題を争点としつつ、起こった論争がいわゆる科学の分類論であった。

マックス・ヴェーバーによれば、現実を一般的な類概念でとらえ、その運動の規則性を定式化しようとする法則科学――自然と社会を対象とした自然科学――と、現実をその特性において浮かび上らせる個別概念でとらえ、その具体的実在的なすがたと生成を解き明かそうとする現実科学――いわゆる歴史――との区別は、[2] まずカール・メンガーによりその真の意義が認められた。[3] その後、ヴィルヘルム・ディルタイの『精神科学序説』[4] やゲオルグ・ジンメルの『歴史哲学の諸問題』[5] によって、はっきりとした論理的定式化のための礎石が築かれた。すぐれた定式化の旗手は、ヴィルヘルム・ヴィンデルバントであった。彼はその総長就任演説『歴史と自然科学』[6] によって、前者の科学を「法則定立的」と呼び、後者を「個性記述的」と呼んだ。すなわち、自然科学は現象のなかから法則を探し出そうとし、歴史は現象の個性を記述する、と定式化したのである。最後は、ヴェーバーがもっとも依拠するところとなったリッカートのばあいである。彼の考えは、基本的には大著『自然科学的概念構成の限界』[7] で詳細に展開され、そのエッセンスは広く読まれた小冊子『文化科学と自然科学』[8] のなかで、平意に説き明かされている。リッカートは、ヴィンデルバントのいう「法則定立的」「個性記述的」という考え方を批判的に継承した。すなわち、リッカートは、「異質的連続」[9] という現実把握を前提にすえつつ、ヴィンデルバントの「個性記述的」という概念を、より厳密に――すなわち歴史の論理学の再検討を念頭に入れつつ――定義しようとしたのであった。リッカートによれば、概念装置を使用して行うわれわれの認識作業にとっては、「現実」はどこまでいっても認識されつくすということはありえない。なぜなら、認識の対象は、一方で、無限に細分化が可能であり、他方で、無限の範囲拡大が可能だからであり、したがって、対象は無限に多様でありうるからである。現実が「異質的連続」として映じるのはこのためである。したがって、現実を残りなく「個性記述」することとは、原理的に不可能である。さらに、無限な認識視点を残りなく列挙することも、不可能である。だから――と、リッカートはいう――われわれは対象の認識にさいして、特定な、限定数の認識観点を選択しなければならない。この選択を指示するものは、科学の論理そのものではなく、価値の論理なのである、と。これがリッカートの根本命題であり、「価値関係」論への出発点である。

ヴェーバーも周知のごとく、前述した方法上の基本的対立を前提としつつ、その科学論を展開した。彼はまず、科学を「経験科学」と「規範科学」とに二分する。経験科学とは、学問的探求の成果（仮説）が事実（データ）とつきあわされることによって検証される――そういう意味で経験的な――科学ということである。これにたいし、規範科学とは学問的成果の検証が事実によるのではなく前提とされた公理（たとえば法規範）からの推論（たとえば三段論法）によって行われる――そういう意味で明証的な――科学のことをいう。前者には経済学、社会学、歴史学、自然科学一般などが属し、後者には法律学、数学、論理学、美学などが属す(10)。

さて、いわゆる〝法則と歴史〟という主要対立が意味をもつのは、前者の経験科学のばあいである。自然科学、社会科学の区別なく、経験科学のなかには二つの対立する考察様式が存在することを、ヴェーバーはリッカートとともに認める。その一方は、現象の、繰り返し起こる規則性を探求し、定式化するような「法則科学的」考察様式である。一般的には、これを認識対象の〝理論化〟と呼ぶばあいもある（「理論化」とは、正しくは、「理念型化」である。それは、自然科学においては、データ上の不純物を取り除き、社会科学においては意味上の不純物を取り除く）。もう一方は、現象のなかの個物、個体に注目し、この特性を究明しようとする「現実科学的」考察様式である。われわれは通常、これを認識対象の歴史化とよんでいる。まず、法則科学について要約してみたい。ヴェーバーはいう。

一方の側にあっては、科学は、できるだけ無制約的に一般に妥当する概念や法則の体系によって、外延的にも内包的にも無限な多様性を整序しようとつとめる。その論理的理想は、――純粋力学においてもっとも完全に実現しているように――、科学をして、必然的に獲得された確定性を持つ内容をその概念に賦与しえんがために、表象としてわれわれにあたえられた『事物』や事象から具象的なものの有する個性的な『偶然の事柄』をしだいに剝ぎとらしめる。こうして獲られた普遍概念を、なおいっそう普遍的な別の概念の下へ従属させようとする、休むこともない論理的強制は、厳密性と一義性とに対する要求に結びつき、科学を駆って、現実の質的差異を、精密に測定しうる量的なものへとできるだけ還元させる。[11]」

「この科学に特有の論理的手段は、つねにヨリ大きくなってゆく外延とそれゆえつねにヨリ小さくなってゆく内包とを有する概念の使用であり、それに特有の論理的産物は、普遍的に妥当する関係概念（法則）Relations-begriff von genereller Geltung (Gesetz) である。その研究領域は一般に、現象のなかでわれわれにとって本質的なもの（知るに値するもの）が、その現象のもつ類的なものと合致するようなところに、あたえられている。したがってそこでは、経験的にのみあたえられる個別的ケースについてのわれわれの関心は、それをひとつの類概念に事例《エクゼムプラア》として従属させることに成功するや否や、消失するのである。[12]――」

「しかしながら、こういうことはすべて、いかなる場合にも具体的・個体的かつ質的特殊性においてのみあたえられていて表象可能であるところの経験的現実から、しだいに遠ざかることを意味し、窮極の結果においては、みずからの法則を因果方程式であらわすような・純粋に量的に〔のみ――訳者〕区別される運動事象の、絶対に質をもたぬものとして・それゆえに絶対に非現実的なものとして考えられた、担い手の創出ということになる。[13]」

ヴェーバーのこの定義をいいかえれば、以下のようになる。指摘したように、法則科学は対象が自然か、社会かを問わず、諸現象のなかの共通な規則性に関心をよせ、繰り返し現象を定式化する。つまり現実を法則化する。だからまず、当該の現象そのものが繰り返し起こるということが、何よりの重要事である。たとえそれがどんなに明白に観察されようと、一回的に、偶然的に起こった現象は、この科学にとっては、非本質的な事例であり、価値のないものである。また、ここで使用された概念も、このような論理に適合する性質をもっている。「普遍概念」（＝一般概念）とは事物間の特徴を共通項目で集合し、定義する種類の概念をいう。厳密に考えれば、事物は一つひとつが、それぞれどこかしら異なる部分をもっている。全く同一の二つ以上の事物は存在しない。だから「普遍概念」による認識の暗黙の前提とは、認識は事物そのものへの認識ではなく、事物間にみられる共通部分への認識なのだということである。法則科学は事物の無限な多様性を、必要に応じて異なるレベルの共通項でくくり、単純化する。これはまた類概念の構成である。ゆえに、えられた概念がどんなに小さな部分にかんするものであり、現実に近いレベルに属すものであろうと、普遍的な一般概念であるという性格に変わりはない。なぜなら、そのばあいでも個物はつねに、概念構成における事例物《エクザムプラア》という位置をあたえられるに過ぎないからである。個物性が究明の対象になることはない。このような性質をもつ普遍概念同士の、恒常的な生起の規則性を定式化すること、これが「関係概念」の構成であり、認識的法則化である。こうしてえられ、妥当すると検証された普遍法則は、なお、いっそう普遍的な法則の一部分として、それに編入されるというかたちで学問の進歩が起こるということは、よく知られていることである。

さて、次にヴェーバーによる科学の分類の、もう一方の学科の性質を考察してみよう。これは「現実科学」とよばれるものである。ヴェーバーはいう。

> 「もう一方の側にあっては、科学は、かの法則科学的考察様式を以てしてはその論理的性格のゆえに未解決のままに残らねばならないような課題を、自らに課する。すなわち、現実を、いかなる場合にも存在するその質

的・特徴的な特殊性と一回性とにおいて、認識することである。このことはつまり――現実の或るきわめて限られた部分でさえ、残りのあらゆる部分に対して有するその（つねに、少なくとも内包的には）無限の差別性において、余すところなく再現されるということは原理的に不可能なので――、現実のなかで、その個性的な特性において、かつその特性のゆえに、われわれにとって本質的であるような構成部分を認識するということである。[14]」

「個々のものを、直接具象的に理解しうる具体的な『原因』・『結果』の普遍的連関へと整序しようという要求は、科学に迫って、われわれが『特徴的』だと判断するような標徴《メルクマーク》の抽出と結合とによって、いつも個性的である現実の実在性に絶えず接近してゆく概念を、つねにその精錬度を増しつつ創出せしめる。

それに特有の論理的手段は、それゆえ、つねにヨリ大きくなってゆく内包としたがってつねにヨリ小さくなってゆく外延とをもった、関係概念の構成であり、その特有の論理的産物は、それが一般に概念という性格を有するかぎり、普遍的な（われわれは『歴史的な』と言い慣れているが）意義を有する個性的な事物概念 Dingbegriff である。その研究領域は、現象における本質的なもの、すなわちわれわれにとって知るに値するものが、類概念のなかへ整序されることをもってしては尽されることなく、具体的な現実がそのものとしてわれわれの関心を惹くところに、あたえられている。[15]」

すなわち「現実科学」とは、普遍法則の定式化を最終目標とする法則科学とは反対に、事物や現象の質的特性を最終的に認識しようとする科学である。この科学の関心はそれゆえ、現象の繰り返しにあるのではなく、その一回性にあり、事物の共通面にあるのではなく、その差異性にある。つまり認識目的は、対象の個性化である。この科学は、法則科学が対象を一般化の方向で単純化するのにたいし、対象を個性化の方向で単純化――両科学とも概念による認識であり、概念による認識は、実在を単純化して頭脳に整理する——する。現実科学で使用される概念は、法則科学における一般的な普遍概念（類概念）とは反対に、個性的な「事物概念」である。実在に絶えず接近してゆくような事物概念を、さらに、原因・結果の具体的、実在的（つまり歴史的）連関のなかに整序し、このようにしてできた仮説を事実により立証すること、これがこの科学の最終目標である。法則科学にとっては、類的なものこそ本質であり、個的なものは偶然的であるか、たんなる偏差であった。現実科学にとっては、類的なものは偶然的であり、たんなる偏差である。ちなみに、誤解してはならないが、質的な概念は、その外延が広がると類的な概念に漸次解消するということはない。たとえば「商品経済」は、「資本主義」を内包するより広い概念でありうるが、二つのものの歴史的・論理的生成を問題にするばあい、どちらがより多くの個性的な連関・関係を必要とするとはいえないだろうから。

ここまでわれわれが確定したことは、ヴェーバーが経験科学を「法則科学」と「現実科学」に二分したこと、そしてそれらの詳細であった。[16] ところで、重要なことは、ヴェーバーによれば、法則科学はわれわれの価値関心とは関係のない、いわゆる価値からは「自由《フライ》な」学科であり、それにたいし、現実科学は価値関心が認識に構造的に関係する「価値関係的」学科である。[17] リッカートの用語法によれば、前者は「自然科学」であり、後者は「文化科学」である。彼にとっても、文化科学を自然科学から分かつ指標は、文化科学が「価値関係的」であるのにたいし、自然科学は価値から「無縁《フレムト》な」学科であるということであった。しかしながら、われわれは必ずしも、ヴェーバーおよびリッカートのように考えない。自然科学においても、一方向的にではあるが、価値関係は存在する。たとえば、わが地球の誕生は、歴史的・価値的な出来事であり、その究明には価値関心がかかわっている。地球的惑星の誕生の一般的規則とは、これは異なる。

われわれは科学の分類という視角から「価値関係」論の土台を考察してきたが、さらに、その論理構造についての詳しい分析に入る。そのためわれわれは、本質的にはヴェーバーを去って、リッカートにさかのぼらなければなら

ない。(18)

三　「価値関係」または歴史の論理学——科学的関心の異同——

われわれは前節で、ヴェーバーとともに、経験科学と規範科学を分類し、前者のなかに法則科学と現実科学を分類した。そして、「価値関係的」といわれる性質をもっているのは、ヴェーバーによれば、これらのうち「現実科学」——すなわち歴史学——だけであることを確認した。前節では、結論だけをえたが、この節では、この結論に至る論理の筋道をたどってみたい。(19)

さて、学問的加工という作業の性質を反省すると、現実の「抽象」ないし対象の「変形」という問題に突き当たらざるをえないように思われる。というのは、一般に学問の認識作業は「概念」による現実の把握というかたちをとるはずだからである。ここでいう概念とは、現実を頭脳へと取り込む認識装置であり、それを通して主観が現実を認識するはずのフィルターである。つまり、このような見解は、認識論上の「批判説」を基礎としているが、この説は、やはり否定されるべきものではない。批判説によれば、概念とは、現実を模写した、真理の凝固物としての実体（イデア）ではなく——カントの出現以前、二〇〇〇年来こう考えられてきたのであるが——、われわれの認識関心に沿って、その都度作られたり、壊されたりする観念上の実験用具である。真理あるいは実在は、したがって、概念そのものというかたちで存在するのではなく、諸概念（人工物）の複合状態として、その都度存在する。つまり、場合に応じた、さまざまな認識関心によって構成された概念の、独自な複合的布置によって、真理の諸形態が明らかにされる。この立場に対立する——あるいは超えようとする——〝本質直観〟という立場（つまり模写説）がある。しかし、この立場は、研究作業上は問題が多すぎるように、われわれには思われる。ある学問的〝達人〟が一瞬にして〝閃く〟のであろうか。たとえ、本質直観が哲学的に可能であるとしても、それは概念の道具主義の誤謬の立証とはならない。それは論理的に可能であるばかりでなく、研究実践的にもきわめて（直観主義にくらべてヨリ）有効である。認識論上の不可知論は、agnosticism のことであるが、これは、a-反、gnosis-霊知・神秘的直観、ism-主義であって、霊知ないし神秘的直観の存在を否定するだけで、科学的認識をかえって促進する思想である。認識一般を放棄する思想ではない。とにかく、哲学上の問題にかんするこのような議論は、ここで敷衍されるべきではなく、以下の議論が批判説にもとづいていることだけが理解されれば、それでよい。

ヴェーバー晩年の講演『職業としての学問』を思い出してみよう。彼がそこで、今日「前提のない学問」は存在しない、といったことはあまりにも有名である。彼は時代の不安を、むしろ逆なでするような調子で、学問の精神的前提としての「真の存在への道」、また「真の芸術への道」、「真の自然への道」、「真の神への道」といった思想が、もはや存続しえないことを強調した[20]。ここでの文脈に即して換言すれば、すなわち、これまでどんなに遠くにあろうとも、とにかく、客体と直結していたはずの学問研究の「前提」が、今日では、研究者自身が自ら個人の認識関心として意欲するという、主観内での自己完結的なかたちでしか存在しえないことが、いよいよ自明なこととなってきた、という含意であろう。だとすれば、新たな「前提」とは何か、この前提とはどんな性質をもつものか、ということが問題の核心になる。

ヴェーバーによれば、学問研究のもっとも包括的な前提とは、ある対象が「知るに値する」（知覚するではなく、「認識に値する」という意味での）ということであった。だから、問題はどのような仕方で「知るに値する」（体験的把握ではなく、判断を通過したという意味での）のか、知るに値するものが知られる、その仕方である。この認識関心の方向が通常一つではないことは、前節で追認したとおりである。科学的関心（＝前提）の相違への考察が、われわれに歴史の論理学を理解させ、したがって「価値関係」の論理構造を理解させてくれるのであった。法則科学においても、現実科学においても、研究は現実を模写するのではなく、自らの認識関心に沿った、知るに値する部分を、概念を使って取り出してくるのであった。すなわち、現実を抽象する。このことにかんして、二つの科学は共通である。違うのは抽象の仕方であり、現実の変形の仕方である。法則科学は、現象の繰り返しに関心を集中させ、法則を究明することに関心を集中させるのであった。それにたいし、現実科学は、現象の一回性とその個性を明らかにすることに関心を集中させるのであった。そこでこういう疑問が提出されうる。すなわち、この論理にしたがえば、法則科学たとえば自然科学にとっては法則が、現実科学にとっては歴史が、それぞれ「知〔認識す〕るに値する」ものとして、その意味で価値あるものとして研究以前に前提されるはずである。おのおのの関心は価値といってよい。だとすれば、法則科学も現実科学も、ともに〝価値関係的科学〟ではないか。「価値関係」という用語の意味は、科学研究の前提が価値ないし関心へ関係している、ということであるから、両科学はともに価値関係科学であろう。一方は、法則を取り出すことに〝価値〟を見出しているのであり、他方は、個性をとり出すことに〝価値〟を見出しているのである。だから、現実科学だけが価値へ関係している（リッカートの結論）のではない。まず興味というもっとも単純な意味での「知るに値する」という価値結合について、次に、法則科学（一般化科学）の価値結合について、リッカートはいう。

「もちろん人びとは、絶対的に価値自由的な〔彼の用語法では価値を不問に付すといういみである〕考察というものが現実的に存在するのかどうか、うたがうことができる。たぶん、だれだって、自分になんの関心もおこさせないような客体を研究したりはしないであろう。そして、そのばあい、この関心とともに、価値結合もまた、……存在しているのである。(21)」

「だが、さらにもっとすすんで、こう言える。一般化的概念形成への関心といえども、しかしながら、相変らず、ある関心であって、かくして本質的なものと非本質的なものとを区別するということは、すでに、価値づけることだとみなされねばならないと。そうして、もし、本質的なものそれ自体という概念が、価値概念となるのであれば、そのときには、価値結合ということは、心理学的のみならず論理的にも、学問的概念形成という概念から解離することのできない要素であるようにみえる[22]」

たしかに、「知るに値する」(=興味)ということを、認識価値があると言い換えることができ、したがって法則、現実の両科学を問わず「価値」が認識過程で一定の役割を果たしていることは正しい。また法則科学(一般化科学)においては、対象の「類的な」側面に認識関心を集中させ、この側面に知る価値がある、と認めることをとっても、価値が一定の役割を果たしていることは正しい。だから、現実科学が対象の「個的な」側面に関心を集中させ、この側面の究明が価値ありとし、法則科学とは正反対ではあるが同じように価値を前提としていること、これも正しい。したがって、あらゆる学問が実は〝価値関係的科学〟であるようにみえる。問題は、このような価値結合一般と固有ないみの「価値関係」との概念的区別なのである。

「知るに値する」ことの意味を、たとえばある特定の領域への「興味」という意味に仮定しよう。たとえば、ウミネコやアホウドリに興味を示さなかった人間が、鳥類研究への道へ進むことがないように、だれしも自分になんの興味を起こさせないような客体を研究したりはしない。この議論には、もちろん何の異議もさしはさめないが、問題は、それゆえ、すべての自然科学も知るに値するもの——興味を呼び起こすもの——を研究するのだから、〝価値関係的科学〟であるという議論である。誤解してはならないのは、リッカートやヴェーバーの方法論議で問題となっている争点は、常に概念構成の論理的側面だということである。この側面は、はじめは、そうであると留意されていることではあるが、個々の議論のなかではしばしば認識過程の心理的側面と混同される。彼らの問題は常に、認識発生の心理学ではなく、発生した認識の論理学である。興味が、あらゆる科学の起源であることに異論の余地はない。それゆえ、一般化科学においても、関心や興味が実際、関係しているという心理学的事実——だから、文化科学に限定される価値関係説は成立しないと批判される——は、ここでの問題とはならない。重要なことは、一般化科学が認識発生時のもやもやした知識の集積（「直接体験」）から、——この時点では特定の対象への興味関心が存在しうる——はっきりとした輪郭をもつ完成体に至った時には、——方法論はこの時点での認識構造を問題にしている——最初には存在したような個物への関心は存在しなくなり、個物は、それと同じ性質をもつ多数の個物のなかの一事例に過ぎなくなることである。一般化科学は、その論理的完成体においては、最終的には、初発の関心を特定の個体から切り離し、それを他の任意の事例物によってでも検証可能な普遍概念に定式化するのである。したがって、認識産物の論理学が争点となっているかぎり、第一の疑念には、問題のたて方が理解されていないといえる。

「この関心は、素材の選択がそれに依存しているところの心理学的前提に属しているのであって、学問それ自体の論理的構造に属しているのではないのである。〔それにたいし、〕研究者は、かれの客体にたいし、それを一般化的にとらえるということ以外の関心をよせない、ということを、わたしたちは、論理的理想《イデアール》とみてよいだろう。そのばあい、それぞれの客体は、かれにとって、軽重なき類的範例とならねばならない。(23)」

「人びとが前学問的一般化から、さらに普遍的諸概念のある体系のもとに諸客体を科学的にはめこんでいくことへと、移行していくとき、そのばあいには、一回的なものや個別的なものへの関心が度外視されるだけではなく、体系形成の過程がすすんでいけばいくほど、多くの客体に共通なものの、その価値とのむすびつきもまた、ますます、解消されていくのである。すなわち、いずれの普遍概念も、さらにいっそう普遍的なある概念に属させられ、そうしてついには、あらゆる概念が、研究のもとめているもっとも普遍的な概念のもとにおかれてしまうならば、じっさい、体系がそれにたいして妥当すべきであるところのあらゆる客体は、それらがあたかも等しく価値にみちて（wertvoll）いるか、あるいは等しく価値をうしなって（wertlos）いるかのように見られねばならないだろう。なぜなら、客体においてなにが本質的であるかを規定するところの原理は、いまやもう、どこにおいても根源的関心なるものではなくて、むしろ、客体を普遍的概念の体系のなかに受けいれる、その位置でしかないからである。(24)」

第二の重要な反論は、以下ものである。すなわち、一般化的概念構成といい、個性化的概念構成といっても、それらは同じく学的関心の二方向であり、またこれらの概念構成方式は、批判されたような心理的な関心ではなく、論理的な関心である。「知るに値する」ことを、概念構成の方法という論理的関心という意味に仮定すれば、論理的関心は、現実科学（個性化科学）のみならず、法則科学（一般化科学）にもそれぞれの方向で〝関係している〟ではないか。このばあいも、両科学に関心が関係しているのだから、したがって、個性化科学にのみ価値が関係しているという価値関係説は維持しがたい、という反論である。そこで、リッカートは個性化科学についてさらに問う。

「学問の目標がいつでも価値とみなされ、この目標にてらして企てられた、本質的なものと非本質的なものの区別が価値づけとみなされねばならぬというかぎりで、あらゆる学問の論理的前提であるところの、そのような価値結合というものだけが、この学問的な個性化のばあいにも、いぜんとして同じように存在しているにすぎないであろうか？　言いかえると、歴史学が前学問的個性化から区別されうる理由は、はたして同じように、歴史学が客体をあらゆる価値から遊離させ、そしてもっぱら、おのれの目標の純粋に論理的な価値づけだけを保持しつづける、ということであろうか？(25)」

一般化科学においては、「一般化」(法則化)という論理的前提が価値づけられるならば、その論理構造は、いまみてきたように、終局的に完成してしまう。だが、個性化科学はどうか。個性化科学は形式的には同一で、内容的には正反対の「個性化」(歴史化)という論理的前提が価値づけられさえすれば、その論理構造が終局的に完成するのであろうか。答えは否である。なぜなら、「個性化的把握の論理的目標は、それ自身では、どのような客体がその個性において本質的であるのか、その個性についてなにが叙述に採用されるべきなのか、ということについてはまったくなんの暗示もあたえない[26]」からである。個性化という〝価値〟が前提されても——むしろ前提されるならば、——必然的に次の問いが提出されなければならない。すなわち、「何が個性化されるべきなのか」、「どの個体がその個性において、本質的なのか」、「何が叙述に採用されるべきなのか」と。個性化という価値が前提とされただけでは——法則化という価値があれば論理的完結をみる法則科学と違って——、歴史学の論理は完結しない。この価値だけではなく、さらにある特定の個体と直接にむすびついた「価値」、これがないと個性化の論理は完結しないのである。この種の価値は、一般化科学のばあいにも時に応じて心理的には出没したが、論理的にはけっして存続しえなかった。歴史のばあいは論理的に存続せざるをえないのである。客体に直接関係する価値の存在こそ、現実科学を法則科学から、歴史を自然科学から区別する唯一の論理的指標である。この意味の「価値」への「関係」こそ、リッカートのいう、そして、ヴェーバーが受容した価値関係論なのである。この明らかに主観的な価値関係がなければ、歴史もまた存在しない。

「より詳しく言えば、歴史は、その学問的目標それ自体を、どの学問もそうしているように、価値として前提するだけでなく、それなくしては個性化的把握がけっして可能でないような、客体とむすびついた価値が、その論理的本質に属しているのである。[27]」

「わたしたちがなにかを個性化的にとらえるばあい、その当のものの特殊性は、いかなる他の客体ともむすびついてはいない価値と、なんらかの仕方でむすびついておらねばならない。[28]」

「個別的なものは、価値にてらしてのみ、本質的でありうる。したがって、あらゆる価値結合を排除することにともなって、現実への史的関心や、歴史それ自体が排除されてしまうことであろう。[29]」

四　「可能的」価値関係と価値解釈――客観性か主観性か――

「特定の客体に直接結びついた価値」――概念構成の論理的前提という意味の価値結合とは区別された、ある個体への関心という意味の価値結合――これが「価値関係」の本質であった。また、歴史固有の性質であった。だが、それゆえ旧い異議が差し向けられた。〝歴史は科学ではないのではないか〟と。論理的前提以外の関心、人によって軽重の差がでる意義、すなわち「主観的」価値が、研究に構造的に関係しているというのは、明らかに学問の本質に矛盾していると。学問の本質は、その「客観性」にあるのであって、これまでの議論を総合してみたところで、「主観性」を排除することによって客観性が達成されるという考えは不動である、と。このような意見が、どんなに素朴であろうと、ある不可避な真理をふくんでいることは間違いないと思える。リッカートもいう。

「人びとは、歴史家にたいし、まさに歴史家たるものは、事物をできるだけ『客観的に《オブエクテーフ》』叙述すべきであると、正当にも要求する。そして、この目標は、だれによっても完全には達成されないとしても、しかし、いずれにせよ、それは論理的理想とよばれうるものである。価値との客体の結合が、歴史的方法の本質に属するという主張は、その点といかに合致するのだろうか？　どの学問も、純粋に論理的な価値以外のすべての価値から自由である必要はないのか、さもないと、学問であることをやめるだろうから。」(30)

しかしながら、われわれが前節で詳説したように、歴史は「意義のある個体」、「関心をひく個体」――そういう意味で「本質的なもの」――を客観的な作業（因果確定にかんする固有の歴史研究！）のまえに選択しなければならない。選択には価値関係がなければならないこと、さらには、個体との直接の価値結合は、あらゆる科学に共通な論理的前提という意味の価値づけとは全く違う次元で主観的であるということ、また、この「主観性」がなければ歴史研究が始まらないということ、これらのことも同じく不可避の真理である。二つの条件は、果たして両立するのであろうか。これがこの節の問題である。

歴史が主観的価値関係を構造的本質としてもつという議論で誤解が生じるのは、とりわけ当該の個体を「価値づける」ことによって、科学的根拠もなく（この根拠については、後述を見よ）、それを賞賛したり、非難したりするのではないか、と連想されることによってであろう。しかし、価値関係による研究客体の選択は、自分の立場維持に好ましいものや他人の立場の転覆に都合のいいものを選択することとは、全く関係がないことである。そうではなく、客体の選択とは、それが有しうる積極的ないし消極的評価――つまり「価値判断」――には左右されることなく、価値としてなんらかの普遍的意義――万人が、とにかく、その意義を了解しうるという意味で――をもっていることの発見ないし展開のことである。したがって、価値関係ということで、無反省に、価値判断が科学のなかへ持ち込まれるという意味での〝主観性〟の危険が増大することはない。だが、このような危険から逃れるには、価値判断（評価）とは判然と区別された意味の、「意義」（評価）の証明が前提であろう。積極的・消極的評価つまり賞賛や非難がともなわない「意義」というものが、そもそも存在するのだろうか。われわれが個体にたいして関心をもつのは、常識的にいって、それを積極的に評価、価値判断するからであろう。その次に多くのばあいは、個体を消極的に評価するばあい、つまり非難するばあいであろう。意義と価値判断は、実際には一体となって現われるとみるのが、むしろ妥当のように思われる。ちなみに、この二つが区別できないからこそ、〝すべての科学は結局党派的である〟という微妙な言葉が依然として多くの支持者を集めるのであろう。このような疑問にたいし、リッカートは実践的評価から区別された理論的価値関係は可能だという。

「個性の積極的もしくは消極的な価値についての論争は、論争者のあいだに、かれらの実践的な価値づけのちがいから独立した、単なる理論的価値関係をつうじて生じる共通の個性化的現実把握がそもそも現存しないばあいには、まったく不可能であるということが判明する。なぜなら、さもないと、人びとは同一の個性について論争するはずさえもまったくないのだから。[31]」

ヴェーバーは、この問題について「文化科学の論理学の領域における批判的研究[32]」のなかで詳細に論じている。彼の結論は、恣意的でない価値関係は可能であり、また価値に関係しない学問が不可欠であるように――たとえば、この種の自然科学は存在し、有効である――、価値に関係する学問もまた――このような種類の社会科学を、科学の領域から排除することで、科学の客観性は増加すると考える人も多い――、同じように不可欠である、ということである。みてきたように、歴史研究には「個体」の選択が不可避な作業であった。なぜなら、一方で「個体」の成立事情も、他方その後代への影響も、ともに無数の個体のなかから特定の個体を、まず選び出してくるところから始まらなければならないからである。これが、リッカートおよびヴェーバーのいう「歴史的個体」である。具体的には、「帝国主義」、「個人主義」、「封建制度」、「重商主義」、「キリスト教」、「ミロのヴィーナス」、「神曲」など、歴史的に重要で、固有名詞でよばれる、文学、芸術、国家制度や宗教制度、慣習や観念等々の人間による創造物である。このような個体をわれわれが「解釈を通して」選び出してくること、これが価値関係のもう一つの側面である。では、「価値解釈」とは何か。ヴェーバーはいう。

「我々が解釈の対象としてカール・マルクスの『資本論』とか『ファウスト』とかシスティーナ礼拝堂の天井画とかルソーの『告白録』とか聖テレサの体験とかローランド夫人とかトルストイとかラブレーとかマリー・バシュキルシュフとか山上の垂訓とかを次々に考えてみる時、そこで明らかになるのは、これらの対象に対してとりうる〝評価〟的な態度の無限の多様性である。このようなきわめて種々様々な価値をもつ対象の解釈が〝しがいのある仕事〟と考えられ、企てられる時に、……この解釈に共通する要素は、ただ形式的要素、つまりこのような解釈の意味は〝評価〟の可能的な〝立場〟と〝着眼点〟とを発見することにある、という要素にすぎないのである。(33)」

「私が対象の現実的な評価の段階から出て可能的価値諸関係という理論的分析的熟慮の段階に入り、したがって対象から〝歴史的個体〟を形成するという場合、それは次のことを意味しているのである。つまり――まず形而上学的いい廻しを使えば――対象となる政治組織(たとえば〝フリードリヒ大王の国家〟)や人物(たとえばゲーテとかビスマルク)や著作(マルクスの『資本論』)における〝諸理念〟は具体的で個性的な、それ故結局唯一無二の形態をとって〝具体化〟されたかもしくは〝実現されている〟が、このような対象のとる唯一無二の形態を私が、私自身と他人とに解釈を通して意識させる、という意味なのである。こういった常に疑惑をよび起しその上なければないですむような形而上学的いい表わし方をさけて、定式化すれば次のようになる。すなわち私が価値分析の段階に入り対象から歴史的個体を形成するというのは、現実の当該の断面の提示する可能的な

〝評価的〟態度決定の着眼点を、私がハッキリとした輪郭をもつ形式のなかで展開するということなのである。[34]」

「しかしこのために解釈が自分自身で一つの価値判断を下したり〝暗示したり〟する必要は全くない。実際この解釈が分析的に暗示するのは、むしろ対象と価値とがいかに関係するか、そのもろもろの可能性である。[35]」

ここでのヴェーバーの主張は、以下のことである。つまり、個体（事例物の反対物としての文化財）へのわれわれの関心は、初発には自分にとって漠然と感じとられる興味、共感といった種類の感情であるが、ここから歴史的個体を形成するためには、われわれはこの感情の分析を通して、自らの関心の内容を人びとが理解しうるような評価構造のかたちで提示しなければならない、と。そして、このような研究者の評価構造の、つまり、純粋に経験的な歴史研究の先立つ固有な意味での提示は、けっして価値判断を下すことと同じではない、ということである。むしろ、これは、価値判断のさいの多様な着眼点を、意味分析的に整理するということであろう。この着眼点が理論的に可能であることを、読者と自分に了解させること、これが価値解釈である（対象のもつ意味構造と、それへの自分の共感の意味構造を他人に了解してもらうこと）。

「歴史的評価は〝態度決定をなす主体〟の直接的価値判断だけをふくむものではないし、またまず第一にそれをふくむわけではない。むしろ歴史的評価の本質的内容は、我々のみた所では、可能的〝価値諸関係〟についての一つの〝知〟である。したがってそれは、対象に対して〝立場〟を少なくとも理論的に変更しうるという能力を前提とするのである。[36]」

たとえば、ヴェーバーも行っているように、マルクスの『資本論』を例にとって説明してみよう。この著作は、二つの重要な観点から学問的研究に値する。一つは、マルクスがこの本のなかで展開した経済理論の、現代における有効性の研究とその応用である。マルクス理論によるいわゆる「現状分析」などは応用のなかにはいる。つまり、マルクスの経済理論を認識手段として考察する諸研究である。もう一つは、『資本論』のもつ文化的意義を考察しようとする研究である。たとえば、『資本論』のもつ現代的意義ないし今日的意義とは何か、という研究が、それである。すなわち、『資本論』が、現代を生きているわれわれにとって――当時のあるいは後世の人びとにとってではなく――、どんな意味をもっているのか。この構造を展開し、他の人びとに了解してもらう作業、このような実在根拠レベルでの諸研究が、もう一方に存在する。この二つの研究は概念的には全く方向の違った研究といえる。『資本論』の今日的意義ということの意味を、マルクス理論は今日でも認識手段として有効であるか、という意味に解釈する研究も存在するために、二つの性質の異なる研究が明確に区別されえないという見解をもつ人びともあろう。だが、マルクスの経済・歴史理論が、かりに今日では認識手段として――たとえば現状分析の手段として――有効性を失っていると仮定したばあいでも、『資本論』は、学説史上の位置にかんして、依然として評価の重要な対象でありうる。このことが、二つの研究のあり方の違いを証明する。(37)

したがって、この議論をわれわれが日常使っている言葉でいいなおせば、後者の研究（価値解釈）の目標は対象を批評するものである。批評するとは、さまざまな可能な態度決定の着眼点を読者に追体験させるということである。もし、たんなる価値判断の羅列ではない客観的な評論が存在するとすれば、それは、価値判断の前提であり人間に共通に備わる了解能力へ訴える種類のものだろう。意味的に一貫した評価の諸立場を展開し、理解を通して伝達すること、これが「可能的」価値関係の提示である。重要なことは、このような、客観的に評価する科学の目的が、けっして自分と価値判断を同じくする、自分にとって都合のよい立場を賞賛したり、価値判断のうえで反対の立場をとる人を非難したりするのではない、ということである。これは誤解されてはならない。評価の可能性をさぐる科学が往々にして、価値判断する科学として誤解されたがゆえに、この科学は、科学としての体裁をととのえていないように思われてきたのであるから。価値解釈という科学的作業の真の目的とは、一定の可能な評価的立場を肯定する人にはもちろん、この立場を否定する人びとにとってさえ――この作業で大切なことは、むしろ異なる立場から書かれたものを読むことといえる――、その意味連関を理解させ、追体験させることであり、この目標には、次のような欠くべからざる効果が存在する。

「しかし対象を拒否したということだけであの〝解釈すること〟が、対象に否定的な態度をとった当の人間にとって、全く〝無価値な〟仕事になってしまうわけでは決してない。何故なら解釈というものは、それにもかかわらず、いやそれ故にこそ対象に否定的態度をとった人間にも、次のような意味で〝認識〟を与えることができるからである。つまりよくいわれるように解釈するというのは、解釈者自身の内面的〝生活〟や〝精神的〟視野を拡げること、彼が生活の様式のもろもろの可能性と陰影をそれはそれとして把握し考察し、彼自身の自我を知的に、美的に、（最も広い意味で）倫理的に洗練させながら展開し、さらに彼の〝心〟の――いわば――〝価値に対する感受性〟を一層鋭いものにしうる力を彼に与えるものなのである。精神的、美的もしくは倫理的創造の〝解釈〟は、ここではこの創造そのものが作用するのとまさしく同じように作用するのである。[38]」

われわれはマルクスの『資本論』を念頭において価値解釈を考察してきたが、著作や芸術作品だけではなく、国家制度や宗教制度や経済制度、慣習や観念のばあいもそれが「歴史的個体」として形成されるかぎり、形式的には全く同じ作業が可能である。「民主主義」や「キリスト教」や「資本主義」を歴史研究の題材として取り上げることは、今日では何の疑問もないように考えられている。だが、これらのものを研究対象として取り上げることにたいしても、

「大きな文化問題という光[39]」がともされた一時期があったし、時代の変動にしたがい、これからもあるはずである。その時には、なぜ「資本主義」が取り上げられなければならないか、という疑問が再度、提出され、それに答えるには、「資本主義」の文化意義が人びとの究極の価値理念にかけて客観的に批評(価値解釈)されなければならない。ヴェーバーはいう。

「したがって習い性となった日常的なもろもろの評価が対象を構成し歴史的研究の進路を舗装してしまうようなことがいかに多くあろうとも、……またそれ故このような対象が外見上――しかしあくまで見かけ上にすぎないのであって、一般にうちわだけにしか通用しないのであるが――、もはや特別の価値―解釈を必要としないような堅固不動の〝対象〟である際に、歴史家が当の対象をもって歴史家〝本来の〟領域にあるものと信じることがあるにしても、しかしもし歴史家が日常的な諸評価によって舗装された広い道路を後にして、国家や政治的天才の政治的〝固有性〟をも新たに深く洞察しようとすれば、直ちにそこでも、論理的原理にしたがえば、ファウスト〔われわれの例でいえば『資本論』ないし「資本主義」〕解釈者と全く同じ手続きをふまなければならないのである。[40]」

ここまでを総括すると以下になる。われわれは、まず科学の分類によって現実科学を取り出し、価値関係という視点を通して、そのなかに歴史学の論理をみた。つぎに価値関係をより詳しく考察することにより、可能的価値関係という範疇をみた。これは個体の意義を究明する価値解釈という作業を生みだすものであった。それゆえ、われわれは通常知っている歴史から始めて、ここにヴェーバーのいう「文化科学」――すなわち、「生活現象をその文化意義において認識しようとする学科[41]」――へ到達したのである。ところで、逆の道もまた可能である。ヴェーバーによれば、対象の文化意義の究明すなわち価値解釈は、通常それだけで終わることはない。可能な価値関係を展開し、対象を批評的に吟味し、理解・追体験するという作業は、必然的に当の対象の〝成立環境〟の究明へと向かうことになる。著作や社会制度の文化意義の展開は、それらが生まれてきた問題状況や社会的環境一般が、また成立の具体的諸事情が知られていなければ、十分にその目的を達成できない。こうした〝環境《ミリウ》〟を知ったうえでの作品鑑賞と作品以外の何をも知らないばあいの作品鑑賞のあいだの了解度の違いを考えてみれば、この作業――これが固有の「歴史研究」である――の不可避性は明らかであろう。『資本論』の例でいえば、「マルクスが彼の著書をどのような建材から組み立てたか、彼の思想の成立が歴史的にどのような制約をうけたか等についての知識」ないし、「マルクスが彼の著書を書いた当時の歴史的に与えられた〝問題状況〟や、思想家としてのマルクスの発展が論究されていなければ、彼らの考えや感情の無数の陰影や屈折は〝理解されない〟ままとどまる。[42]」国家制度や宗教制度、経済制度にかんしても全く同じことがいえる。「資本主義」のもちうる文化意義の展開（文化科学的）は、その成立史を究明すること（歴史学的作業）を俟って、初めて追体験と理解の十分な程度に達することができる。つまり、「文化科学」は今度は固有な意味の「歴史研究[43]」を必要としている。われわれは第一節からここまで、歴史学の存在を前提として、議論を進めてきた。この議論を通して、文化科学に行きついた。だが、いま文化科学から歴史へという逆の道をしめしえた。文化科学の研究が、その手段として歴史研究を必要とするのである。方法的にいえば、文化科学の考察様式――すなわち、文化意義の展開――がより基礎的であろう。なぜなら、価値解釈という作業がまずあって、そののち歴史解釈が行われるのであるから。つまり、対象のない歴史研究はない。「歴史と自然科学」という対応関係ではなく、「文化科学と自然科学」である理由の一つは、ここに発見することができる。

五　価値自由と歴史的文化科学――価値議論・価値公理・価値判断――

われわれは、ここまで社会科学において、価値というものがどのように関係しているか、その論理構造を考察してきた。いいかえればヴェーバー「価値自由」論の、いわゆる二側面のうちの価値「への」自由の側面を、彼の論理的発展に沿って明らかにしてきた。その行論によって、社会科学の中核が、なぜ「文化科学」と呼ばれるのかという問いへの答えを見出し、また社会科学が、なぜ「歴史学」と親近的であるのかということの理由も明らかにしえたと信じる。そして、本節では、「価値自由」論のなかの価値「からの」自由の側面を取り上げる。この議論で、われわれが明示したいと考えることの一方は、この側面での価値の科学的な取扱いは、具体的にはどのような手続きを用いるのか、いいかえれば、価値問題についての科学的論証は、どのようなばあいに、妥当性を持つかということである。もう一方で、われわれは、価値の関係する科学が人間にとって不可欠である理由を明示したい。これまでに展開してきた煩雑な議論の代償を支払ってまで、価値関係的科学――すなわち、歴史的文化科学――は、果たして必要なのかと考える人びとも多いであろう。むしろ、自然科学のように、社会科学においても「個体選択」という意味の価値関係からはフライな（価値不問的な）方法も可能であるのだから、自然科学的社会科学のほうが、望ましい発展である、と。このような議論にたいする一つの反論を、われわれは試みる。

価値自由という概念のうち、価値からの自由という側面の内実は、ヴェーバーによれば、事実の経験的な確定と、その結果についての消極的・積極的な態度決定（価値判断）とを異質なものとして、はっきりと、公理的に区別せよ、という主張である。(44) 事実認定と評価の分離ということは、今日、自然科学の領域ではほとんど問題にならない。近代自然科学の創生期においては、生物の解剖と神の摂理の究明とがリンクされ、事実と価値が混然一体となっていた時期があった。しかし、このような問題は、今日、原子物理学と核兵器開発の問題や染色体の科学と人類の将来への影響の問題などに、かすかな残影をとどめているに過ぎない。自然科学の成果（事実認定）と人間生活の一定方向への維持（評価）との間に緊張が生じ、それが事実と価値の混同へ発展することも、ばあいによっては生じることもある。しかし、自然科学者は、価値判断の問題にはかかわることはせず、専門研究のなかでは、もはや自然科学の黎明期のような価値と事実の混同は起こらない。だからこそ、社会科学にたいしても、このような自然科学と同種の科学性をもった社会科学——つまり、価値から分離された、価値不問的な社会科学、事実認定だけに専念する社会科学——が求められる必然性が主張される。また応用自然科学については、今日では、それは完全な技術学となっている。科学的成果の応用の目的それ自体は、全く他律的である。したがって、社会科学の領域においても、事実認定に専念する基礎社会科学と、その成果を応用する応用社会科学——すなわち、社会工学——との二本立でゆくことが、科学のいっそうの進歩であると考えられている。そのばあい、歴史関係の諸学科は、自然科学における自然科学史のような概論的分野を受け持つことになるだろう。とにかく、社会科学が、このように改革されれば、自然科学が、いち早く行ったように、わずらわしい価値問題を社会科学も克服できる。あるいは、それを注意深く避けて通ることができよう。その結果、事実認定と価値判断の分離とがより明解になることはまちがいない。ちなみに、われわれは、このような方向性を持つ改革が、全く無意味である、成果を上げないとは考えない。そのことは自然科学上の諸達成をみればわかる。問題は「歴史的文化科学」の位置である。このような学科構成を受け容れるとき、歴史はせいぜい、〝法則〟構築という〝本来の〟科学的活動の能力を鍛えるための概論という地位か、あるいは法則の実証のための事例を提供するだけの地位しか与えられなくなるであろう。

このような学問観は、社会科学において、なぜ不十分——自然科学の領域では著しい成果をおさめたにもかかわらず——なのか。この問題に答えるために、まず、いま仮定された社会科学において何が可能かを考えてみよう。第一に、基礎社会科学においては、法則科学的考察様式によって、さまざまな社会法則を認識できる。経済学では、経済理論・経済法則などを発見できる。そのほか、社会諸科学の分野で、さまざまな種類と抽象度の諸法則が発見できるであろう。いわゆる理論学科は、純粋モデルの定式化だけでなく、具体的モデルの定式化という仕事をもする。第二に、このようにして獲得された法則を応用社会科学で、異なる政策的目標に向けて運用することができる。この仕事は社会工学とよばれる。たとえば、社会政策や経済政策などの政策学科は、応用社会科学である。政策学科には、理論学科で得られた法則の、一定の目的への応用という仕事に加えて、一定の目的そのものの議論・批判という別の仕事が存在する。すなわち政策議論である。

上記の一連の仕事における経験的確定とは、どんな意味で存在するのだろうか。第一に、理論学科における社会法則の定式化が純粋に経験的な確定であること——それにいかに当事者の意思が関係していようと、また、かえって関係しているがゆえ——には、疑問の余地はない。仮説と事実のあいだにある実証関係が真理基準のすべてであるからである。これは明らかに価値判断から分離された科学である。実践的評価にかかわる政策学科においても、ヴェーバーによれば、純粋に経験的な確定が可能であるという。経験科学は、一定の目的達成のための(1)不可避的な手段、(2)不可避的な副次的結果をしめすことができる。これは法則を定式化した時と逆の手順をふめばよい。つまり現状のデータに、将来に向けて、獲得された法則を適用すればよい。次に経験科学は、一定の目標からする考量にとどまらず、可能な諸目標から、(1)、(2)のことを考慮し、それらの結果をつき合わせ、競合関係を経験的に確定することができる。さらに政策学科においては次のことがなしうる。上の確定においては、目標はアプリオリに前提とされていたが、さらに今度は、この目標そのものの議論を通して、目標の背後に存在する究極の価値公理を見つけることができる。これが価値議論とよばれるものであって、個別的目標の意味分析を行い、より原理的な態度決定の公準を自分と他人に理解させようとする操作である。ところで、この操作は意味分析に終始するものであり、したがって経験的な確定（「経験科学」）ではなく、全く規範的な、合理的な確定（「規範科学」）である。[45]

社会科学における、自然科学を模範とした学科構成——すなわち、基礎社会科学と社会工学の二大分業——、あるいは理論学科と政策学科だけからなる社会科学にとってなしうる仕事は以上がすべてであろう。もちろん、それらはけっして少ない財産ではない。人によっては社会科学が提供しうるすべてのものを含んでいるようにもみえるであろう。しかし、このような社会科学によっては現象の一片の文化意義——これがもし探求に値するとしたら——といえども解明されないであろう。[46]文化意義の究明とは、詳述したように歴史的文化科学（精神科学）固有の課題であった。理論部門は、われわれに法則を与えてくれる。政策部門は、それを実際に応用した場合の諸結果の決疑論《カズイスティーク》を展開してくれる。これは経験的な研究である。規範的研究は、政策目標の内的一貫性を吟味し、その度合いを高めることができる。また、二つを結合して結局どの手段が最適か——目標で合意していると仮定して——を討議しうる。自然科学的社会科学に不可能であるのは、目標そのものがどんな「意味」をもっているかを明らかにすることであり、政策目標をささえている理想や理念や意欲の「意義」を精神的に理解させることである。これは、理想や理念や意欲のかたちで表明された一定の評価を、可能な究極的価値の総体のなかで位置づける仕事である。対立したり、同調したりする諸価値の宇宙《コスモス》のなかで、この評価はどの範囲にどの程度関与し、したがってその他の場所ではどの程度対立しているかを、評価の意味連関をたどりつつ理解・追体験すること、これが文化意義の展開である。といっても、この仕事は価値判断ではない。これは前節で考察した価値解釈である。ヴェーバーは、これを「社会哲学」[47]とも呼んで、「経験的現実の思考による秩序づけ」——すなわち、「科学」——の最突端に位置するものと考えている。「価値議論」がこの価値解釈という仕事をかなりの程度援助してくれることはある。[48]しかし最終目的の相違のため、——価値議論は評価の一貫性のテストの問題が最優先であり、意味や意義は二義的な問題であるため——価値解釈という作業は、やはり固有な位置をしめる。

ところで、価値解釈は、前節で考察したごとく、「歴史」の中心点であった。今度は、理論と政策の社会科学のはてに価値解釈の問題が起こり、それが歴史学科を求めているのである。それゆえに、歴史（精神科学のための補助科学としての）は、理論や政策に材料を提供したり、本格的科学研究のための概論であったりするのではない。科学とは法則の定式化と応用だけではけっしてない。文化意義を究明することも、同じく「科学」の不可欠な課題である。「文化科学」（精神科学）の仕事とは、まさにこのことであった。理科系、文科系という区別が今日でも意味をもっているならば、それは文科系のフィールドにおいても、法則化、理論化が可能であるということを示すのが目的なのではない。むしろ、文科系諸学科においては現象の法則化だけではなく、現象の文化意義をも理解させうるということ、これが二つの系列の対照を際立たせているのである。文化科学はみてきたように、本質的に歴史研究を必要としているがゆえに、社会科学には歴史学科が固有に基礎的な位置を——自然科学のなかの歴史学科も同等な重要さをもつことが望まれるが——占めている。ヴェーバーはいう。

「人間生活の諸現象を、その文化意義という観点から考察する、こうした諸学科を、『文化科学』と呼ぶとすれば、われわれの意味における社会科学は、この〔文化科学の〕範疇〔カテゴリー——訳者〕に属している。[49]」

「われわれが推し進めようとする社会科学は、ひとつの現実科学である。われわれは、われわれが編入され、われわれを取り囲んでいる生活の現実を、その特性において——すなわち、一方では、そうした現実をなす個々の現象の連関と文化意義とを、その今日の形態において、他方では、そうした現実が、歴史的にかくなって他とはならなかった根拠に遡って——理解したいと思う。[50]」

「われわれは、生活現象をその文化意義において認識しようとする学科を『文化科学』と名付けた。ある文化現象の形成の意義、およびこの意義の根拠は、法則概念の体系がいかに完全となっても、そこから取り出したり、基礎づけたり、理解させたりすることはできない。[51]」

「実在の価値理念への関係づけが、当の実在に意義を付与するのであるが、そうすることによって色彩づけられた実在の構成要素を、その文化意義という観点のもとに抽出し、秩序づけることは、当の実在を分析して法則に下属させ、一般概念のなかに秩序づけることとは、まったく異質な別の観点〔のもとになされること――訳者〕である。[52]」

われわれは、前節では、既存の歴史学を前提としてその論理を追求した末に、文化問題に行きついた。この節においても、既存の社会科学――そのなかでももっとも進歩した形態と考えられる――学科構成を前提として、その論理を追求してまたもや文化意義の問題に行きついた。この問題は、人間の態度決定の「意味」の問題といいかえられる。ヴェーバーの考える社会科学にとっては、第一に、この問題は、理科系の技術学が行ったようには避けて通ることが許されない関門であった。しかし第二に、態度決定の問題を科学とは無縁な「決断主義」に堕落させることは、さらに許されないことであった。ヴェーバーを結局、決断主義者であるとみなす人びとがあるが、これまでの議論によって、それが誤解であることが証明できたであろう。最終的には人間が決断を下すということをも決断主義と称するならば、ヴェーバーも決断主義者であるが[53]。〝客観的〟な科学によって価値問題を科学から排除し、決断の問題から逃れ、安全地帯に避難しようとする人びとにたいし、また法則や流行信仰に便乗する無責任な決断主義を進歩と混同している人びとにたいし、ヴェーバーは厳しい考えを明らかにする。

「さて、以上述べてきたことの帰結として分かるのは、科学的研究の理想的目的は経験的なものを『法則』に還元することでなければならない、という意味で、文化現象を『客観的』に取り扱うことには意味がない、ということである。そうした取扱いが無意味であるというのは、しばしば主張されてきたように、文化現象ないし精神現象が、『客観的』に法則的に生起することがないからではなく、むしろ、(1)社会的諸法則の認識は、社会的実在の認識ではなく、むしろこの〔社会的実在の認識という――訳者〕目的のもとに、われわれの思考が用いるさまざまな補助手段のうちのひとつにすぎないからであり、また、(2)いかなる文化事象の認識も、つねに個性的な性質をそなえた生活の現実が、特定の個別的関係においてわれわれにたいしてもつ意義を基礎とする以外には、考えられないからである。(54)」

「ところで、以上のことからは、ひとつの帰結が導かれる。すなわち、実在がなんらかの意味で最終的に編入され、総括されるような、ひとつの完結した概念体系を構築して、その上で、そこから実在をふたたび演繹できるようにする、というのが、いかに遠い将来のことであれ、文化科学の目標である、とする考えがあって、これが、われわれの専門学科に属する歴史家をさえ、いまだにときとして捕らえているのであるが、そうした思想には、まったく意味がないということ、これである。計りがたい生起のながれは、永遠に、かぎりなく転変を遂げていく。人間を動かす文化問題は、つねに新たに、異なった色彩を帯びて構成される。したがって、個性的なものの、つねに変わりなく無限な流れのなかから、われわれにとって意味と意義とを獲得するもの、すなわち『歴史的個体』となるもの、の範囲は、永遠に流動的である。歴史的個体が考察され、科学的に把握されるさいの思想連関が、変化するのである。したがって、……文化科学の出発点は、はてしない未来にまで転変を遂げていくのである。(55)」

文科系学科のなかにさまざまな分野が存在するというのも、表面的には対象の異なる性質から分類がなされているように理解されているが、実際は、われわれが精神的な価値関係をいくつかの重要な方向に分類していることの結果である。だがこれは、現実の学科構成が、伝統的な分類や技術的理由による分類にも依存するということをさまたげるものではない。[56]

六　価値解釈および「理解」の創造性

一見全く〝客観的〟な既存の学科構成を前提として、その論理構造をたどって行くと、そのはてに「文化問題」が姿を現わすということが、論証された。そこで最後に、文化科学的考察様式の必要性の積極的論証をする。問題は次のことである。すなわち、われわれはなぜ、以上のような煩雑な論理構成をしてまで価値関係的な文化科学を擁護しなければならないのか、と。一方の見解はいう。自然科学はいち早く〝価値関係的〟な段階を抜け出し、価値から無縁な――リッカートの用語法によれば――学科として作業しているし、その成果は著しいものがある。価値不問的な科学が、方法的に誤謬でないことは、なによりも価値関係論者が認めている。だから社会科学も、自然科学の方法を採用して、より正確で、有効な学科に脱皮すべきではないのか、実際、価値関係論者も歴史的因果帰属における自然科学的方法（法則論）の適用を不可欠として認めているのだから。あるいは、見解の他方はいう。価値関係的科学の主張は理解できなくもないが、「価値解釈」の導入は理解できない。もはや、これは〝科学〟とはいえない。むしろ哲学や文学に近い発想としか思えない。それはそれでよいが、価値解釈を「社会科学」のなかへ持ち込むことには賛成できない、と。

これらは、ある意味でもっともな疑念であると思う。また、方法的にも首尾一貫して主張しうる考えであろう。とりわけ自然科学的方法を通じて、自然法則や人間行動の法則をうち立てることができ、それらを利用・応用して、われわれは物事を人間の支配下におくことができる。自然法則の現実への応用が有用であることは疑いない。社会科学の領域においても社会工学という分野がある。社会法則の現実への応用も、同じように有用である。だが、問題はここで始まる。われわれはたんに、世界を「認識し、支配する」だけの「自然人」ではありえない。われわれは同時に、世界を「どのように、どんな方向で支配すべき」かを考え、執行する人間でもある。理想や思想もなく生きるわけにはいかない。精神的価値の問題を避けたり、その決定を他人に委ねたりするわけにはいかない。つまり、ヴェーバーがいうように、われわれは世界にたいして態度を決定し、その意味を問う「文化人《クルトゥーア・メンシュ》」であるし、またそうありたいと思う。[57] これは根源的な事態である。なぜなら、決定一般を他に委ねようという生き方もまた一つの決定であろうから。このような事態にたいし、ここで考察してきた「歴史的文化科学」（精神科学）は、広く寄与することができる。とりわけ価値解釈は、人間精神の多様性を「理解」させ、それによって、自らの精神の感受性を高め、物事を評価し、批評する能力を高めることができる。価値議論は究極の公理へさかのぼる訓練をすることにより、価値判断の一貫性をテストする能力を研ぎ澄ますことができる。われわれは意欲し、行動する――不作為もふくめて――人間でしかありえないとすれば、――「生きた機械《レーベンデ・マシーネ》」[58]以上のものであらんとすれば――この能力を援助してくれる学問の存在は大きな有用性をもってくる。世界を理論的・実践的に支配してゆく能力をあたえる学問の効用は大きい。しかし、世界の意義を究明し、批評する能力をあたえる学問の効用も、同じように大きい。われわれは文化意義や批評にかんする研究を、一種の〝知的遊戯〟とみなす傾向にあるが、それは間違いである。それらはやはり、人間存在の一側面を構成する実践的判断の能力を高めることに寄与しているのである。ヴェーバーの見解を超えて指摘すれば、「価値解釈」や「理解」は、けっして観照的、静的、過去的なものではない。それらは本来、創造的、動的、未来的、さらには行動的でさえありうる。なぜなら、この作業によって、人間の当為そのものが、個人的にも、社会的にも組み替えられ、新たな当為の出現が促されるからである。文化科学が、面倒な方法的構成というコストを支払ってまで、存在しなければならない理由はここにある。

注

（1）安藤［一九六五d］をみよ。安藤が、ヴェーバー価値関係論における「価値への自由」の側面を強調するのにたいし、碧海は、価値関係論における「価値からの自由」の側面を強調する。碧海［一九八五］をみよ。学界史との関連にかんしては、中村［一九七二a］、上山［一九七八］、米沢［一九九二］をみよ。なお、天野［一九七二］が、一九七〇年までの日本におけるヴェーバー文献をもっとも包括的に掲載している。

（2）Cf. Weber, 1973, p. 3ff. ヴェーバー［一九五五c］一二頁以下をみよ。

（3）Menger, 1883. メンガー［一九八六］。八木は、ヴェーバーにおけるメンガーの受容にかんし、ヴェーバーはメンガーの経済学的有機性を超えて、すぐれて歴史的、さらには社会学的有機性に焦点を定めたがゆえに、それは、むしろ歴史学派的伝統を通じた受容であった、と主張する。「ヴェーバーは、歴史学派の他の学者と同様に、経済をその発展過程において考察する場合には、その経済的側面だけを孤立化させて取り出すことはできず、社会の政治的あるいは文化的な要素との相互作用において捉えなければならないと考えていた。したがって、ヴェーバーの仕事において、メンガーの『有機的』発展にあたるものをさがしもとめる場合でも、それは狭義の『経済』的要素だけでなく、他の諸要素との相互作用のなかでうまれる『思わざる結果』になるであろう。……したがってマックス・ヴェーバーは、歴史学派に対するメンガーの批判をほとんど受け入れたにもかかわらず、自分を『歴史学派の子』と称することができたのである。」（八木［一九九八］二一六頁）。

（4）Dilthey, 1959 [1883]. ディルタイ［一九七九］［一九八一］。

（5）Simmel, 1923 [1892]. ジンメル［一九七七］。

（6）Windelband, 1921 [1894]. ヴィンデルバント［一九二九］。

（7）Rickert, 1913 [1928].

（8）Rickert, 1926a [1899]. リッカート［一九七〇］（一九三九）。

（9）Cf. Rickert, 1926a [1899]. p. 31ff. リッカート［一九七〇］（一九三九）六七頁以下をみよ。

（10）Cf. Weber, 1973, p. 534ff. ヴェーバー［一九七六b］九四頁以下をみよ。

（11）Weber, 1973, p. 4. ヴェーバー［一九五五c］一四頁。脚注（11）から脚注（15）までの引用は、第一章と同じものの再引用であるが、「ロッシャーとクニース」の冒頭にあり、ヴェーバーによってリッカートに功績があると注記された、これらの科学の二分法にかんする重要な言明は、なぜか完全に引用されることがまれである。それゆえ、われわれは繰り返した。寛容を乞う。

（12） Weber, 1973, p. 5. ヴェーバー［一九五五c］一五頁。クーンは自然科学も、リッカート／ヴェーバーの用語法でいえば、価値関係的であり、研究対象の選択と客観性を保証するものは、「パラダイム」という主観的な価値関心であるという構想をもつと、われわれは解釈する。「『パラダイム』とは、一般に認められた科学的業績で、一時期の間、専門家に対して問い方や答え方のモデルを与えるもの」（Kuhn, 1970, p. viii. クーン［一九七一］ｖ頁）であり、「パラダイムの違いは、それ〔実体的な差異〕以上の意味がある。なぜなら、パラダイムは自然に対してだけでなく、それを生み出した既成の科学に対置されるからである。パラダイムはある一定期間成熟した科学者集団が採用する方法、問題領域、解答の基準の源泉となっている。その結果、新しいパラダイムを受け入れることは、それに対応する科学の再定義を伴うことが多い。若干の古い問題は別の科学に追いやられるか、全く『非科学的』と焼印を押されることにもなる。また、今まで存在しなかった、あるいはつまらないとみなされていた問題が、新しいパラダイムの下に脚光を浴び、科学上の仕事の原型となる。」（Kuhn, 1970, p. 103. クーン［一九七一］一一七頁）。

（13） Weber, 1973, p. 5. ヴェーバー［一九五五c］一四〜一五頁。クーンは、自然科学の「価値関係性」について、次のように述べる。「まず初めに、個々の科学者たちの実際の理論選択の中には常に含まれている主観的要素……を、科学哲学者たちがこんなにも長い間にわたって無視し続けることが、いったいどうしてできたのかを問うことにしよう。主観的要素は、人間的弱さを示す指標にすぎず、科学的知識の本質をなすものではまったくない、と科学哲学者たちが思ってきたのはなぜなのだろうか。」（Kuhn, 1977, pp. 325-326. クーン［一九九八］四二三〜四二四頁）「私の批判者はまた、時間の経過とともに証拠が増大するにつれて、さまざまな諸個人のアルゴリズムは私の批判者が最初に提示した客観的な選択のアルゴリズムへと収束する、と主張するであろう。私の批判者にとっては、各個人の選択の一致が増大してゆくということが、選択の客観性の増大、ひいては決断過程からの主観的要素の排除の証拠なのである。」（Kuhn, 1977, p. 329. クーン［一九九八］四二九〜四三〇頁）「もちろん私は、私が最初に取り上げた選択基準は選択を決定する規則としてではなく、選択に影響を与える価値として機能しているのだと、提案しているのである。二人の人間が、同一の価値を心底から奉じているにもかかわらず、特定の状況の下では異なる選択をするということは現にみられる。」（Kuhn, 1977, p. 331. クーン［一九九八］四三二頁）。

（14）　Weber, 1973, p. 5. ヴェーバー［一九五五c］一五～一六頁。

（15）　Weber, 1973, pp. 5-6. ヴェーバー［一九五五c］一六頁。ヴェーバーにおける法則科学と現実科学の区分は、分断された区別と考えてはならない。ここで述べられた両科学の基本的特徴は、法則科学においては「力学」（あるいは、物理学的社会科学）によって、現実科学においては「政治史」によって方法上、近似的に達成されるに過ぎない。つまり、法則学と現実学とは、トレード・オフの関係にあり、法則学的視点が薄まるまさにその程度において、現実学的視点が濃くなる（逆もまた真）。実際の多くの学科は、法則学と現実学とを結ぶ連続線上のどこかに位置する混合科学である。したがって、法則学的現実学がありうるし、現実学的法則学があることが、むしろ常態である。さらにいえば、われわれは、このような対極構造のトレード・オフ関係を、「範疇《カテゴリー》」構造にも適応したいと考える。範疇とは、判断「形式」であり、心的「内容」に結合されて「事実」を構成する（「事実」をさらに構成するのは、「方法」である）。「形式」の代表的なものに、「ある」と「ない」があるが、「ある」と「ない」のあいだには、無限の中間段階が存在し（たとえば、「あるだろう」など）、二つの対極的「形式」は、同じくトレード・オフの関係にあり、範疇もまた、中間領域を通じて連続的に移行していて、「ある」と「ない」という対立する二つの範疇の関係は「流動的」なものである。また、因果性という範疇にかんする「因果規則」と「因果連鎖」という両極端は、原理的な対立関係ではあるが、この二つの範疇も、連続的に対立しているのであって、このあいだに無限の中間領域があると、われわれは想定する。したがって、規則性は、連鎖性という要素を原理的に混合しているがゆえに、確率的にしか定式化されないのであり（「チャンス」）、因果連鎖も同様、規則性という要素を原理的に混合しているがゆえに、確率的にしか定式化されないのである（「客観的可能性」）。後段第四章第四節をみよ。

（16）　われわれはここまで「理論学科」と「法則学科」とをインターチェンジャブルなものとして、議論してきた。そして、これはわれわれの常識的知識にも合致している。つまり、経験的に検証可能であるような「法則」が、定式化されたものをわれわれはふつう〝理論〟とよんでいる。しかしながら、多少とも反省してみれば法則と理論とのあいだには、小さくはない相違が存在することがわかる。ヴェーバーもいわゆる「経済理論」は規範科学であるといっているが、これはどういう意味であろうか。理論経済学は経験科学ではないのであろうか。ヴェーバーによれば、もし経済法則がするどく、一義的に定式化され直すとすれば、――理論経済学はこのことをめざすほかはないだろう――それにともなって概念は必然的に「理念型」（理論）という性質をもち、一方で政策立案などのときにトゥールとして技術的に利用されるか、他方で歴史分析に同じくトゥールとして索出的に利用されることになる、という。したがって、「経済理論」は幾何学的に構成された「公理論的」、「合理的な」概念構成をするという意味で経験科学ではない。これにたいし、経済法則はあくまで「経験的」、〝歴史的〟である。法則の定式化はそのまま「経済理論」ではない。それには次元を異にした公理的な思惟構成が必要なのである。この意味で、経済理論は「規範科学」のなかに分類されうる。とにかく、このような議論は本章の意図をはみだしてしまうということ、また法則と理論の同一視は本章にかんするかぎり大きな誤解はもたらさないということ、常識的にはいりやすいということで、この章では二つを厳密には区別しなかった。後段第三章をみよ。

(17) Cf. Weber, 1973, p. 260ff. ヴェーバー［一九六五］一六八頁以下をみよ。「このような〝主観的価値〟によって制約されるということは、力学にその典型を求める自然諸科学にはいずれにせよ全く無縁な事柄であるが、またこのことが、他ならぬ、自然科学に対する歴史的なものの独特の対照を形成するのである。」(Weber, 1973, p. 262. ヴェーバー［一九六五］一七一頁)。

(18) 第三節での議論はヴェーバーにとっては前提であり、リッカートにとっては課題であった。ヴェーバーの真骨頂はむしろ、「価値解釈」と「文化人」の問題であろう。

(19) 前提となっていることは、科学を方法の観点から分類しているということである。科学をそれがあつかう対象の観点から分類することもできる。二つの観点はたえず混同されがちなので、常にチェックしていなければならない。前者の分類指標は「法則」と「歴史」であり、後者は「自然」と「社会」(「文化」)である。だから社会科学のなかには、法則学科と歴史学科が存在するわけである（自然科学のばあいも同じ)。法則科学のなかには自然科学と社会科学が属す（歴史〔現実〕科学のばあいも同じ)。その結果、四つの組み合わせができるわけである。ただ、理解科学は「自然」には適用できない。われわれは対象の文化意義をより中心にすえたいがため、社会科学を「歴史」により近づけるのであり、認識の有効性をより中心にすえたいがため、自然科学を「法則」に近づけるのである。ヴェーバーはいう、「われわれが推し進めようとする社会科学は、ひとつの現実科学である」(Weber, 1973, p. 170. ヴェーバー［一九九八a］七三頁)と。

(20) Cf. Weber, 1973, p. 598ff. ヴェーバー［一九三六］四三頁以下をみよ。山之内は、ニーチェとヴェーバーがともに観察した時代状況について、次のように述べる。「人は、価値の多次元的抗争を社会学的に照らし出すことは、むしろ底なしのニヒリズムへと我々を誘い入れる結果を招く、と言うであろう。しかし、ニヒリズムと闘うためには、ニヒリズムを生み出す社会学的状況の冷徹な知覚を欠くことはできない。ヴェーバーは、ニーチェと共に、ニヒリズムの時代状況を避けるのではなく、これに正面切って立ち向かう方向を選んだ。確かに、ここからは、科学それ自体には状況を打開する方向づけはできない、とする断念が生まれざるを得なかった。この断念をカバーするものとして立ち現れてくるのが、ニーチェとヴェーバーの両者を特徴づける『運命』概念であり、それに対応する騎士的品位意識であった。」（山之内［一九九三］一五〇頁）

ニヒリズムの状況の打開策として、われわれは、「騎士的品位意識」よりは、むしろ多数決による社会的解決を選択する。

われわれは、「神は死んだ」というニーチェの言葉を、一つの前提とされた特定の価値観ないし価値体系がもはや失われたという意味に解釈する。また、ヴェーバーの「神々の闘争」という言葉を、複数の価値観ないし価値体系が誕生したという意味に解釈する。単一の神が死に、複数の神々が生まれたという事態を、ニーチェもヴェーバーもともに負の意味をもつととらえているが、この事態はわれわれの選択肢が増したととらえたほうがよいのではないかと、われわれは提案する。どの（あるいは、二、三の）選択肢を、採用するかは重大問題であるが、自分の内的―外的利害状況と照らし合わせつつ、試行錯誤を繰り返すほかに方策はないであろう。どの神が正しい神であり、どの神が邪神であるのかが当人の関心の関数であるのは、科学的真理が当人の関心の関数であるのと同じである。なにが真理か、なにが正義かを事実上決定する方策は、投票がありうるのみであり、したがって、それは変動に服す。真理および正義の根拠は、多数決にあるという認識が、われわれに冷静さを回復させる。

(21) Rickert, 1924a, p. 56. リッカート［一九七六ａ］八一頁。リッカートの側からヴェーバーとの学問観の異同をあつかった基礎的な労作に、斎藤［一九七三］がある。また、安藤［一九六五ａ］一六三～一七〇頁をみよ。
(22) Rickert, 1924a, p. 56. リッカート［一九七六ａ］八二頁。
(23) Rickert, 1924a, p. 56. リッカート［一九七六ａ］八一～八二頁。
(24) Rickert, 1924a, pp. 55-56. リッカート［一九七六ａ］八〇～八一頁。
(25) Rickert, 1924a, p. 57. リッカート［一九七六ａ］八三頁。
(26) Rickert, 1924a, p. 58. リッカート［一九七六ａ］八四頁。
(27) Rickert, 1924a, p. 58. リッカート［一九七六ａ］八四～八五頁。

(28) Rickert, 1924a, p. 55. リッカート［一九七六a］八〇頁。
(29) Rickert, 1924a, p. 58. リッカート［一九七六a］八四頁。
(30) Rickert, 1924a, p. 59. リッカート［一九七六a］八五頁。
(31) Rickert, 1924a, p. 61. リッカート［一九七六a］八八頁。
(32) Weber, 1973. pp. 215-290. ヴェーバー［一九六五］。
(33) Weber, 1973, p. 246. ヴェーバー［一九六五］一四七頁。
(34) Weber, 1973, pp. 252-253. ヴェーバー［一九六五］一五六頁。
(35) Weber, 1973, p. 246. ヴェーバー［一九六五］一四六頁。ヴェーバー「価値解釈」論の研究文献としては、林［一九七〇］五六頁以下、内田芳明［一九六八］五三頁以下をみよ。
(36) Weber, 1973, p. 260. ヴェーバー［一九六五］一六九頁。牧野も、価値分析作業の重要性を指摘し、その公的な実践場が、たとえば「社会政策学会」であったと述べる。「……実践的な問題の討議とそのための場としての社会政策学会とは、ウェーバーにとって社会科学の主要課題であるべき歴史的研究の前提作業としての『価値解釈』促進の場としても位置づけられていたのである。学問は実践的価値判断とそれをめぐる闘争そのものに直接関与するのではないが、そこから一歩退いて歴史的な価値解釈を促進することができるし、そうした価値討議こそがまた歴史科学としての社会科学に意義と課題を与えてくれるのである。そのような意味において、ウェーバーにとって社会政策学会とそこで行われるべき価値討議とは、学問と政治との間の媒介的位置を占めるものなのであった。」（牧野［二〇〇〇］一〇二頁）。
(37) 認識根拠と実在根拠という対立する観点をはっきりさせておく必要がある。ヴェーバーは、この区別がわからない人には歴史の論理的本質はわからない、といっている。Cf. Weber, 1973, p. 238ff. ヴェーバー［一九六五］一三五頁以下をみよ。
(38) Weber, 1973, pp. 246-247. ヴェーバー［一九六五］一四八頁。ヴェーバーのなかに、真の哲学者をみるというのではなく、また、現代社会学の創設者をみるというのでもなく、理解と価値分析のなかにヴェーバー社会学の本質をみることで、シャコルチャイは、ヴェーバーを内省的歴史社会学の一員と規定する。「推論的（discursive）構成物としての内省的（reflexive）歴史社会学は、社会学、哲学、歴史学の統合物ではなく、特別な『構築物』であり、……それは、現代生活のなかに、具体的、経験的、体験的足場をもっていて、たんなる哲学的推論や自然科学の模倣を避けるものである。……そのもっとも重要な要素は、社会過程の認識であり、社会の基礎的な『秩序形成』次元における、進行性の、切迫した不整合の認識であり、それは、具体的、経験的研究が所与としているものである。そのような過程を認識し、慣れ親しんだものを超えて思考する能力が、社会学の営為の中心であると認められる。」(Szakolczai, 1998, p. 15.) さらに、シャコルチャイは、ヴェーバーとミッシェル・フーコーとの類似性を取り上げ、彼らの共通の回帰先としてニーチェの存在を指摘する。「晩年フーコーは、ヴェーバーを真剣に読み、かつ、研究し、しばしばインタヴューや講義において彼の著作に言及した。」(Szakolczai, 1998, p. 1.) フィリップ・アリエへの賛辞の中で、「彼〔フーコー〕は、アリエが提起した問題はヴェーバーの問題に近いと言明したが、アリエは（他のフランスの歴史学者同様）ヴェーバーを無視した」(Szakolczai, 1998, p. 1.) ことがあり、また、あるインタヴューのなかでは、「『もし、ニーチェが私をとらえるとしたら、それは、ヴェーバーにとってニーチェが最終的に決定的であったかぎりである。一般的には知られていないが』」(Szakolczai, 1998, p. 2.) と言明した。シャコルチャイは述べる。「インタヴューのこの部分は出版されなかったが、……これが発言されたという事実は、ニーチェがフーコーに及ぼした決定的衝撃が推測されるものとして、重要である。」(Szakolczai, 1998, p. 2.)。

(39) Weber, 1973, p. 214. ヴェーバー［一九九八ａ］一六一頁。

(40) Weber, 1973, p. 263. ヴェーバー［一九六五］一七二～一七三頁。

(41) Weber, 1973, p. 175. ヴェーバー［一九九八ａ］八二頁。

(42) Cf. Weber, 1973, pp. 249-251. ヴェーバー［一九六五］一五三～一五四頁をみよ。

(43) 固有な「歴史研究」の意味と客観性をあつかっているのが「文化科学の論理学の領域における批判的研究」の第Ⅱ章である。Cf. Weber, 1973, p. 266ff. ヴェーバー［一九六五］一七七頁以下をみよ。金子［一九五七］四二頁以下、田中真晴［一九六九］をみよ。茨木は、ヴェーバーとリッカートの価値にかんする観念の差異とその方法論への影響について、次のように結論する。「リッカートとヴェーバーにおける『価値』の論理的意味」（茨木［一九九二］一五六頁）は、〝間一髪〟ほどの相違であって、「それは、前者の『前提』が『歴史中心（das historische Zentrum）』であるとともに『理論的観照の立場』であることに対し、後者のそれが『人間中心』であるとともに『経験的考察の立場』をとることに帰されるべきである。とはいえこうした〝間一髪〟は、以後両者の『文化科学論』の論理的帰結において、いわば〝両極〟ほどの対照に帰着する。……そうした相違の故にこそ、後者においては何より『価値関係の具体的形成が流動的』となり、……前者においては『価値関係的手続』に『経験的客観性』が保証され、それによって『現実生起の概念的支配』……とともに、『歴史的文化科学』の問題（設定）と領域の〝客観的に妥当する体系的固体化〟……が、最終的に目ざされることになるのである。」（茨木［一九九二］一五六頁）。

（44） Cf. Weber, 1973, p. 500. ヴェーバー［一九七六b］二四頁をみよ。山田正範は、存在と当為の分裂を責任倫理の立場において、人格的に統一できると、主張する。「大事なことは、他ならぬ責任倫理の立場こそ、自らの行為の諸々の結果を予想し、目的・手段・副次的結果・究極的価値を考量しつつ行為することを内包し、かくして……価値分析……を、――より一般的にいって経験科学的知識を不可欠なものとして含む、という点である……。責任倫理の立場をとる場合に初めて、事実認識と価値判断という異なる次元にあるものが、『人格』の中で、完全に異質の体系であることをやめて『統一』される。」（山田正範［一九八七］二三二～二三三頁）。

（45） Cf. Weber, 1973, pp. 508-511, pp. 149-151. ヴェーバー［一九七六b］四二～四七頁、ヴェーバー［一九九八a］三〇～三五頁をみよ。非合理的な確定、ないし、非合理性の問題にかんしても、ヴェーバーは関心を示していたが、シーカによれば、それはパレートが展開したほど十分には、ヴェーバーにおいては、展開されなかった。「こうしたすべての理由からみて、非合理性にかんして、パレートはヴェーバーの引き立て役を演じてしまったのである。なぜなら、ヴェーバーの分析はより感受性に富んでいるが、パレートのそれはより厳格であるからであり、理論上の変更が必要とされるなら、ヴェーバー（パレートではなく）が、乗り越えられるべきひとであったからであり、そして、これらの事実にもかかわらず、人間の生活と動機にかんするパレートの考えは、ヴェーバーの未完成な理論が与え得なかった重要な達成を、われわれに与えてくれるからである。非合理的人間にかんするパレートの概念化の十分な解釈学的理解を展開しなくても、……われわれは、解釈学以前的な肖像を描けるし、それを使って、ヴェーバー研究者の接近法に修正を提案することができるのである。」（Sica, 1988, p. 239.）。

（46） Cf. Weber, 1973, pp. 172-175. ヴェーバー［一九九八a］七七～八二頁をみよ。橋本は、ヴェーバーにおける「価値問題」の創造性を考察し、それをヴェーバー価値論における人格陶冶機能に見出す。橋本は、ヴェーバーの「価値自由」を「問題自由」に変換することを提唱しつつ、次のように述べる。システム的再編を目ざす「社会科学は、経験科学の問題と価値の問題を区別し、価値の問題が一義的に解決できないことを自覚させる。さらに、そのような価値の問題を各人が自分で選びとることができるように人格を陶冶する。陶冶すべき理想的な人格像は、価値について争うべき問題を自分で定立し、それを人格のコアとして引き受ける主体、すなわち『問題主体』である。『問題主体』になるために必要な方法は、『問題自由』である。すなわち、問題を自分で自由に定立し、その内容と性質について反省するという方法である。『問題主体』は、『問題自由』によって、諸問題のコロラリーを構成し、一方では実践的価値問題を人格のコアに据え、他方ではその問題から社会科学を営むことができるように、諸問題を階層的に構成していく。」（橋本［一九九九］三一五頁）。

（47）　Weber, 1973, p. 151. ヴェーバー［一九九八ａ］三四頁。

（48）　Cf. Weber, 1973, p. 512. ヴェーバー［一九七六ｂ］四八～四九頁をみよ。バーガーは、価値議論・価値解釈・理解について次のようにコメントする。「『合理的議論』という発想は、異質な物事が分離されたままにされることを意味する。それゆえ、価値判断が事実言明のみからは、論理的にいって、導出できないということが、いったん承認されたなら、経験科学は、実践的議論から分離されるべきである。前者は、規範の正当性に何らのものをも追加しないし、その長所は、その説明能力にある。そして、後者は、この分離によって、その合理性を少しも失うものではない。だから、この分離が意味するものは、価値の合理的討議の拒絶でもなければ、それからの経験科学の排除でもない。むしろ、それが意味するものは、実践的問題の解決にとっては、歴史的・体系的な経験的認識が、何ら結論的かつ正当な方針は提供しないが、それは助言的ではある、という認識である。このことは、それを少しも啓蒙的でなくするわけではない。事実は、理論と実践との間の連関の、相対的に論理的な非決定性が、……普通いわれる弁証法的な理性によっては、迂回できないということである。このことは、前者の後者に対する重要性を減じないし、むしろ、その貢献を明確にする。現実の人間は、意味を見出すため、こぞって、現在から歴史に向かうが、この機能が、過去の理解的研究の背後にある全要点である。しかし、この機能が人間に決断を援護してくれるような方策にたいしての過大な期待は、するべきではない。これこそ、価値判断なき理解へのヴェーバーの擁護の冷静な教えである。」（Burger, 1977a, p. 174.）　価値解釈および理解にかんするバーガーの了解は、ヴェーバーと同様、これらからは当為そのものは導出できず、他の位相においてあらかじめ決められた個人的な決断を側面から援護、助言できるに過ぎない、ということに力点が置かれている。この論理自体は正しい。しかしながら、それは、価値解釈や理解にかんする静的、観照的、過去的な取扱いといえよう。反対に、価値解釈や理解を通じて、個人の当為そのものが組み替えられてゆき、新たな当為や決断の出現が、個人的にも社会的にも、促されるという側面に、力点が置かれるべきである。したがって、われわれが強調したいのは、それらが動的、創造的、未来的に取り扱われなければならないということである。

(49) Weber, 1973, p. 165. ヴェーバー［一九九八a］六三頁。

(50) Weber, 1973, pp. 170-171. ヴェーバー［一九九八a］七三頁。

(51) Weber, 1973, p. 175. ヴェーバー［一九九八a］八二～八三頁。

(52) Weber, 1973, p. 176. ヴェーバー［一九九八a］八四頁。

(53) 歴史的文化科学は、価値関係的であって、その意味で「主観的」ではあるが、リッカートのはじめの構想によれば、関係する価値は、たんに形式的ではなく実質的な普遍的文化価値として確立されうるし、したがって、文化科学は「客観的」科学となるはずであった。だが、オークスは、この構想を、リッカートは放棄したと指摘する。「ヴェーバーは、リッカートが拒否した二つの前提を保持した。(1)価値関係の問題は、それが価値問題に連結しているがゆえに、解決不可能である。(2)説明の問題は、価値関係の問題とは、独立である。しかしながら、この問題にかんするリッカートとヴェーバーの関係は、一九一〇～一九一四年の彼の価値理論にかんする論文のなかで、リッカートが価値論的決断主義に終わるような、価値問題への自滅的な解決を展開したことで、複雑となった。最終分析において、価値間の選択は、これらの価値を選択する個々人の性質によって決定される。カントよりも彼の思想に深い影響を及ぼしたと思われるフィヒテにしたがって、リッカートが確信したのは、自分の究極的立場は、自分がどのような人間かによって、決定されるということであった。『職業としての学問』において、ヴェーバーは、この結論を採用し、宗教社会学での作業で、彼は、この結論の社会学的分析を提出しようとした。」(Oakes, 1988, p. 151.) 歴史学における「個体選択の原理」の主観性を、ヴェーバーにおける最後の決断主義的側面ととらえ、この「原理」の主観性を、対象そのものからの要請による「個体選択」という考え方をとおして客観性にまでもってゆこうとする議論がある。つまり対象そのものが選択を必然的にするという側面に光をあてようとするのである。このことが可能ならばヴェーバーにおける決断主義的残滓は消え、最終的な〝客観性〟が保証されうるというのである。しかし、このような努力は無意味であると、われわれは考える。この努力はおそらく、対象と選択との一般論を究明しようとするだろう。これはもちろん可能である。しかし、ヴェーバー宗教社会学にとっては選択原理――つまり思想連関――がこうした一般的拘束をぬけて飛翔しうるということこそ最大の関心であった。また、一般論の目からみれば偏差としか写らないことだが究極的で、崇高な価値が逆境のさいにも「小さなサークル」において「ピアニシモ」で存在しうることが問題であった。だから文化問題が時代の流れの分岐点で「歴史的な」働きをしえたのである。彼の全関心の持続低音は、このこと――いわば、創造的主観性――の発見と実証にあるといってよい。

(54)　Weber, 1973, p. 180. ヴェーバー［一九九八a］九一～九二頁。

(55)　Weber, 1973, p. 184. ヴェーバー［一九九八a］一〇〇～一〇一頁。オークスは、ヴェーバーが文化科学の客観的基礎づけに失敗した、ないし、それを放棄せざるをえなかったと結論する。「だから、価値問題へのリッカートの決断主義的解決を採用することにより、ヴェーバーは、価値の哲学的理論から、宗教社会学として知られる価値の社会学的理論へと移動する。しかしながら、ヴェーバー自身のリッカート主義的前提という立場からいって、この宗教社会学は、価値論上の決断主義の観点からは不可能な、価値関係の問題への解決を、同時に、前提とする。それゆえ、結局、価値の哲学から価値の社会学へのヴェーバーの転回は、価値の規範理論から純粋に形式的な価値の分類学へのリッカートの転回と同じ結果をもった。すなわち、文化科学の客観性問題の解決不能性である。」(Oakes, 1988, pp. 151-152.) オークスのこの結論の根底には、事実認識の信頼性の問題と概念認識の信頼性の問題との混同がある。また、主観的な科学は、科学とはいえない、いいかえれば、真理としての事実が存在し、それを発掘するのが、科学の営為である、という前提がある。しかし、ヴェーバー科学論を、イマニュエル・ウォーラーステインとともに解釈すれば、認識的な真理は、関心の関数であって、それは原理的には無限個ありうる。それらに、われわれが意義を付着でき、その理由を説明できるならば。つまり、真理とは、発見ではなく、発明である。後段第五章をみよ。

(56)　Cf. Weber, 1973, pp. 253-254. ヴェーバー［一九六五］一五七頁をみよ。

(57)　C・ターナーは、ヴェーバーの文化人について、「ヴェーバーにとって、われわれは、ストロース主義の政治哲学が要請するような、自然的了解を備えた自然的存在ではなく、文化的了解を備えた文化的存在である」(Turner, C. 1992, p. 32.) と指摘し、さらに、「ヴェーバーの文化概念がわれわれにとって興味深いのは、それが彼の世界観を表明しているがゆえではなく、自分がその世界観を自分自身に問わざるを得ないような世界に投げ出された近代的人間存在、封建的桎梏から解き放たれ、しかも、自分自身の足で立ってはいるが、どの方角へ、どこまで行くかはわからない人間存在の行く末について、いかに考えるべきかを、それが示唆しているがゆえである」(Turner, C. 1992, p. 59.) と主張する。ターナーのこの解釈から推測できることは、ヴェーバーの文化概念構想には、カトリック的中世社会からプロテスタント的近代社会への時代転換が、投影しているということである。神と人間とのあいだに教会という媒介物が存在し、人間はとりあえず、教会公認の教えにしたがって生活していれば、そのアイデンティティーを確立しえた前近代社会から、公認の救済制度体としての教会が存在しなくなった、または、大幅にその意義を低下させ、神を個々人が直接解釈し、神と直接個人的に対話しなければ、そのアイデンティティーを確立しえなくなった近代社会への移行、このことが自然人から文化人への移行の根底にあると考えられる。この論点は、ニーチェのいう神の死滅と人間の復活という論点とは、接近法を異にする。われわれの、ここでの強調は、近代社会成立以後は、神が死滅したから、人間が自分自身で決断を迫られる事態に陥ったのではなく、神は存在するが、その前で、以前とは違い今度は一人で決断しなければならない事態に陥ったということである。このような解釈がゆるされるとしたら、ヴェーバーの文化概念と宗教社会学にかんする諸論文との構想的連関が意味を持ってくるといえる。

(58) Weber, 1971, p. 332. ヴェーバー［一九八二b］三六三頁。丹辺は、人間の本質的に意味付与的性質にかんして、次のように指摘する。「われわれが諸事象に『意味』を付与することができるのは、世界をそのままながめたり一様にすべてを取りあげたりすることによってではなく、なんらかのかたちでそれらを評価して選びだし、結びつけているからこそなのだということが分かる。」（丹辺［一九八九］九五頁）それはまた、一つの問題をも引き起こす。「しかし他方、評価がひとによって異なるものなのだとすれば、それに支えられている『意味』の方も主観的なものにすぎず、『普遍性』や『客観性』を要求することができないばかりか、異なる評価をする者どうしの意思疎通の可能性も疑わしいものとなろう。」（丹辺［一九八九］九五頁）その問題を解決する方策として、丹辺は、認識と価値との究極の分離が必要だと述べる。「理想状態においては、『認識』と『価値』の分離は（したがって認識の『客観性』も）、最も完全かつ具体的に、すなわち『社会的』にも——関与する者すべてに対して——実現されることになるだろう。このとき、他者と自己の行為の理解が最大化されるとともに、他者の行為が（を）無意識のうちに自己の行為を（が）方向づけたり左右したりすることもなくなるはずである。」（丹辺［一九八九］一一三頁）。

第三章　ヴェーバー理解社会学の脱呪術化的含意
——トマス・バーガー『マックス・ヴェーバーの概念構成論』の方向性——

一　英語圏、とくにアメリカにおけるヴェーバー研究

アメリカでのマックス・ヴェーバー研究は、ガース／ミルズの先駆的研究から始まる。(1) ヴェーバーの著作の翻訳というかたちをとりながらも、それは早くも、マルクスとニーチェとの対決からヴェーバーが自らの学問体系を「理念と利害の社会学」(2) として完成させた軌跡をあとづける労作であった。その一方で、パーソンズは、『社会的行為の構造』(3) を著し、ヴェーバーが『社会学の根本概念』で企画した構想を発展させ、社会現象にかんする「古典力学」(4) をめざし、一般的実証主義的社会学の創設を意図した。その後、ベンディクス(5) やロート(6) の研究に移行するが、これらは、ヴェーバーの学問を、彼の著作だけからではなく、マリアンネ・ヴェーバーによる『ヴェーバー伝』およびその当時の学問的潮流から、再解釈するものであって、ヴェーバー価値自由論に焦点を合わせながら、党派性と学問的中立性の葛藤を探究し、その深化は、一九世紀から二〇世紀にかけたヨーロッパ学問史の研究へと裾野を広げていった。さらに、その後、ランシマン(7) やオークス(8) の価値関係論、概念論、方法論などの研究が続くが、これらが英語圏での本格

的な解釈学的方法論研究の開始といえる。そして、一九七六年には、本章でとりあげるトマス・バーガーの研究[9]が現われた。

バーガーは、数多い遺産的なヴェーバー科学論解釈の不毛性を強調的に指摘する。彼はその原因を、解釈者たちが、ヴェーバーの真の問題と、彼の探究の底にある理論的枠組みを理解しようとする意欲がないことにあると考える。解釈者たちは、自分の議論に都合のよい所だけをヴェーバーから借用してきた。バーガーが判断するには、総合的な解釈を試みたのは、シェルティングただひとりである。[10]この状態を突破するには、ジンメル、ゴットルなど[11]、ヴェーバー方法論研究のさらなる発展に必須と思われる人物ではなく、リッカートの哲学に回帰することを、バーガーは提唱する。彼は、ヴェーバー解釈史の不毛性の理由を、ヴェーバー自身が明確にその影響を認めているリッカートへの過小評価に帰する。もし、リッカート哲学を再構成し、それをもとにヴェーバー科学論体系の解釈に立ち向かうならば、その全体像、とくに理念型論の「大きなミステリー[12]」は完全に解き明かされると主張する。

二　ヴェーバー理念型論へのいくつかの接近法――テンブルックへの批判――

バーガーによれば、ヴェーバーの方法論的著作は、その膨大な著作のなかでも「最大の業績[13]」であることには疑問も多いが、それが科学史のなかで大きな意義をもってきたことは事実である。たとえば、価値自由論、理解にかんする議論、理念型論などが、そのような業績のうちに入る。理念型についていえば、一方で、それは今日でも社会学的書物のなかに、それとことわることなしに、頻繁に登場する。また他方、多くのヴェーバー研究者は、ヴェーバーの言明から、理念型論の真意、含意を読みとろうと努力してはいるが、その試みは成功しているとは言い難いのが現状である。その結果は、通常、解釈の放棄に至るか、論争で目立つ議論だけが横行するという事態に行き着いている。

このことから結果した研究指針は、「ヴェーバーはたしかに問題に値するものに手を伸ばしたが、われわれは旧い混乱を解きほぐすことに無駄な時間を使うことをせず、現在使用可能なより進んだ手段を借りて、ヴェーバーが直面した当の問題を前進させ、分析するのが一番よい[14]」というものである。

しかし、ヴェーバー理解にかんするかぎり、バーガーによれば、これは一種の敗北宣言である。この態度は、「何がまさにヴェーバーの問題だったのか、また、彼はいかにそれを定式化したのか、すなわち、どんな認識座標で定式化したのか[15]」という真の問題を置き去りにする以外の何物でもない。

上の課題について、真に取り組んだ文献は、アレキサンダー・シェルティングのもののみである。シェルティングは、ヴェーバーが「繰り返し[16]」彼自身を方法論問題に向かわせた「情熱的衝動」と「パトス」を指摘し、そしてその理由を、彼は、ヴェーバーにとって方法論的真理の普遍性こそ、あらゆる経験的認識の断片的で、部分的な性格にたいする「埋め合わせ[17]」となるはずのものであったという事実に帰す。

さらに、シェルティングは、ヴェーバーが方法論的問題に取り組む「内的必然性[18]」をもっていたと付け加える。科学的認識の論理的基礎にたいするヴェーバーの探究動機は、その政治論における責任倫理の要請にあった、とシェルティングは推理する。なぜなら、正当なる経験的認識なしには、そもそも、この倫理は実行不可能だからである[19]。バーガーの評価によれば、だが、シェルティングはヴェーバーの接近法の豊饒性を、あまりに前提しすぎた。ヴェーバーが、「繰り返し」方法論へと誘導されたことが事実でないことは、重要な論文が一九〇四〜一九〇六年の三年間に執筆され、それ以降のものは、これらの再論であったことによって、明らかである[20]。また、経験的認識の「一過性[21]」がヴェーバーを動揺させたという証拠は、全くない。さらに、ヴェーバー方法論文のなかにあるとされる「パトス」は、価値自由論の論議においてのみにすぎない[22]。方法論にとりくむヴェーバー自身の内的必然性にかんしていえば、シェルティングの指摘した動機よりも、ヴェーバーが「方法論争」に巻き込まれ、この論争をできるかぎり早く解決したいと考え、そのための方策をリッカート哲学の中に見出し、それを借用・応用してこの論争に決着をつけたいと思った、と推理するほうが、むしろ妥当である。[23]

テンブルックもシェルティングの見解を批判する、とバーガーは指摘する。ヴェーバー方法論の解釈は、テンブルックによれば、次の三つの暗黙の前提で行われてきた。(1)ヴェーバー論文は文化科学に一貫した方法を与えるために執筆された。(2)この理論は天才の創造的噴出であり、完成したかたちで湧き上がった。(3)それが書かれた歴史的状況や見解の発展、変化を研究する必要はない。テンブルックは、客観的にみれば、このような前提は崩壊すると考える。ヴェーバーは、方法論者としては何の野心ももっていなかったし、「ある種の無頓着、無関心でさえも見のがされてはならない。」[24]ヴェーバーは、やむをえず方法論に取り組んだ方法にかんしては素人の、本来は、専門分野の研究者なのである。ヴェーバー方法論は、「専門領域のある種の危機から生まれたものであった。方法論的反省は、構想や認識座標は方法論的ではなく、逆に著者自身の具体的問題状況から引き出されたものである。方法論的反省は、目的ではなく手段である。」[25]テンブルックは、このように結論し、ヴェーバーの議論は、絶対的なかたちで受け取られてはならない、と主張する。さらに、彼は、ヴェーバー方法論はその生成事情から総括して、「最も分散した衝動、概念、問題が全く表面的で、きわめて一般的なかたちで解決されているだけの、極端に矛盾した構築物」[26]である、と結論づける。

バーガーは、テンブルックの結論の半分に同意する。たしかに、ヴェーバーが方法論研究に向かったのは、歴史の存在意義が失われ、また、間違った仕方でそれが主張されているという状況があったからであった。しかし、「彼〔テンブルック〕が論文で、ヴェーバーは一貫した体系的な方法論をもっていなかったと述べるとき、テンブルックは間違っている。」[27]ヴェーバーは、それをもっていた。そして、それはリッカートから引き継がれたものであった。しかも、「概念構成論と認識論的基礎の範囲では、この一致は、ほとんど完全である。」[28]ヴェーバー議論の間隙のすべては、リッカート哲学への参照で、容易かつ一貫して埋めることができる。ヴェーバーは終生、この点に関しては、見解を変更しなかった。したがって、バーガーは、発展的接近法だけがヴェーバーの議論を正しく扱えるのだというテンブルックの確信は間違っている、と結論する。(29)

いったん、ヴェーバーのリッカートへの依存が確認されたならば、彼の錯綜した言明を統一的に整序し直すことは容易である。その方法論は内的一貫性をもっていて、その意味で、ヘンリッヒのいうように、「マックス・ヴェーバー方法論の統一」(30)を語ることは正当である。「ヴェーバーの方法論的著作が、時とともに変化したという証拠はない。たとえば、最も初期と最も後期の論文には、完全に同一で矛盾のない議論が含まれている。(31)」とすれば、バーガーの主張するヴェーバーとリッカートの一致は、いったいどのくらい完全なのであろうか。(32)

三　ヴェーバー方法論の認識論的前提――リッカート理論との一致点――

リッカートの科学論の最終的目的は、その著作『自然科学的概念構成の限界』(33)という表題にも示されているように、自然科学的認識方法を超えた領域の科学性、つまり、歴史の科学性の証明である。事物の普遍的特性、すなわち規則性や法則性のなかにのみ科学の本質をみるという意識は、一九世紀末には、だれも否定できなくなっていた。この趨勢は、事物の個別的特性を記述するだけの歴史を科学の領域から締めだし、むしろ、文学に近いものと考えることを強いた。ただし、もし歴史が自己の領域で歴史法則を発見しようとするならば、それは科学である、とひとは付け加えた。(34)なぜなら、科学とは法則発見の作業にほかならないからである。(35)リッカートの全議論は、個物の特性を究明する厳密な意味での歴史も、同様に科学としての資格を有するということの証明であった。

彼はこの作業を、まず、認識論的基礎にまで遡って開始する。さらに、認識論の確定作業で得られた成果をもとに、第二の段階として、方法論へと向かい、最後に、自然科学の科学性の限界と歴史科学・文化科学の科学性を証明する。(36)

その基本姿勢は、歴史は科学かという直接的問いをひとまず措いて、科学であろうとすれば、歴史はどのような条件を装備するべきかという回り道を通り、自らの課題を解決するというものであった(37)。

さて、リッカートは、人間の認識を、一つの心的状態と考える。ひとは認識をもつばあい、精神内に何物かをもつ。彼は、しかし、精神のなかに外界の事物の模写像が生じるという見解は、断固拒否する。はじめに、精神に与えられるのは、「最も根源的で、最も未整理で、未組織な要素群」である。これが「感覚」、「印象」ないし「直接経験」と呼ばれるものである(38)。

感覚とは、不透明な意識状態の未整理な流れであるが、リッカートによれば、これは「認識」ではない。なぜなら、事物にかんする「表象」ないし「想念」は、真でも偽でもありうるからである。認識とは、ある表象について何事かを断定した結果でなくてはならない。「人」という表象が意識内にあるとき、たとえば、「いる」という判断が加わったとき、はじめて、それは認識となる。「人がいる」(39)と。このばあい、人は認識の内容であり、いるは、認識の形式である。形式は「範疇(40)」とも呼ばれる。いいかえれば、人は主語であり、いるという存在範疇は述語である。主語と述語が結合されて、はじめて認識が成立する。つまり、内容が断定される。したがって、奇妙にひびくが、認識とは「意志的行為」である。「ある」と断定された心的内容が「事実」である(41)。このように構成された無数の断定物が、「事実」の全体である。感覚の事実化過程の問題が、認識論の問題である。われわれは、この過程をいま、対象の第一次的加工と呼ぼう。

あると判断される事実には、原理上、限りがない(42)。したがって、人間にとって外界は、量的には、「外延的に」無限であり、質的には、「内包的に」無限である(43)。概念化とは、このような二重の無限性を削減し、ひとが操作可能な簡略物(概念)を構成することにほかならない(44)。リッカートは、このようにして方法論へと議論を展開する。断定された事実は「無限」に存在する一方、人間精神の容量は「有限」である。人間は、すべての事実を精神内に所持することはできない。そこで、本質的と考えられる事実の「選択」行為が不可欠となる。だが、事実の選択は、客観的な基準をもたなければならない。リッカートによれば、人間は、二つの客観的選択基準ないし抽象基準をもつ。(45) 一方は、多くの現象に共通な特徴を選択し、結合する選択法であり、他方は、ある現象に独特な特徴を選択、結合する選択法である。選択過程を通過して形成された加工物が、「概念」である。(46) 事実の概念化過程の問題が、方法論の問題である。われわれは、この過程をいま、対象の第二次的加工と呼ぼう。

ところで、自然主義の圧倒的潮流の影響により、個別概念の構成、すなわち歴史概念の構成は、すべての自然科学主義者たちによって、その科学的正当性を否定されていた。共通要素の結合体、法則の定立以外に科学的成果が存在するとは想像さえされなかった。事物の独自性の問題は、むしろ、文学の領域の問題であると。リッカートは、このような無批判な見解に根本的異議を唱えた。なぜ普遍概念だけで科学的認識は、尽くされないかというならば、それは、普遍概念が現象の特別性について何事も語らないからである。なぜなら、方法上、それを捨象することを通してのみ、普遍性が獲得されるのだから。しかし、特定の現象の個性、独自性を認識したいという関心は、人間であるかぎり、現に存在する。それは、現象の法則性を認識したいという関心が、現に存在するのと全く同様である。さらには、個別概念の構成は、論理上、普遍概念の構成の逆算であり、後者が正当ならば、前者も正当である。したがって、両者とも正当な科学的認識でありうる。ヴェーバーは、ここまでの議論にかんして、完全にリッカートに賛成する。(47)

ところで、バーガーによれば、現実科学における普遍概念の構成にかんするリッカートの構想は、一つの問題を含んでいる。(48) 普遍概念は、現象間に存在する共通すると認められる、いくつかの副次的な概念諸要素を結合した構成物とされた。しかし、リッカートの仮定するように、さまざまな事例を表示するための一つの普遍概念があるとして、それを形成する若干の構成諸要素が、事例の共通部分の特徴を同一程度の濃さで表わしているとみなすことは、果たして、できるのであろうか、というのが問題である。たとえば、「資本主義」という普遍概念は、経済行為が、「自由な労働組織」をもち、「持続的経営」が行われ、「平和的な市場利益」を求め、「私企業」として運営される制度、このような副次的な概念諸要素の結合像としての制度を表示するものと考えられるだろうが、ヴェーバーによって発見された問題は、これらの特徴、要素が、翻って、現象の中に共通諸要素として完全に存在すると認められるかどうか、である。それらは、現実に一〇〇％存在していると認知されるのであろうか。リッカートは、そのように仮定し、もし、構成要素のうちの一つでも完全に存在すると認められなければ、――たとえば、それが「私企業」ではなく、「公企業」で運営されるなら、また、「自由労働」ではなく、「奴隷労働」が使用されるなら――、それは、「資本主義」という概念には属さない、と考える。ある事例が当該概念に属すか否かにかんするリッカートの判定基準は、このように二者択一的である。だが、ヴェーバーによれば、注意深く観察するまでもなく、どの事例においても、特徴が完全に存在する、ないし、完全に不在である、と認められる事態はなく、それらの諸特徴は、ある事例ではより多く、ある事例ではより少なく存在する、ということが常態である。これが、ヴェーバーの提出した問題であった。(49)

バーガーによれば、この問題がヴェーバーのリッカート理論にたいするジレンマであった。

そうだとすれば、ヴェーバーは、リッカートの普遍概念論を放棄するのであろうか。(50)しかし、この概念構想は、個別概念論にとって基礎的なものであるから、普遍概念論を放棄することは、個別概念論をも放棄することになり、ひいては、リッカート哲学全体、歴史の科学としての資格を証明した議論全体をも棄て去ることに結果するであろう。それは、避けなければならない事態である。では、ヴェーバーの見出した解決策とは、どういうものだろうか。

四　リッカート理論の不備とヴェーバーによる理論の彫琢――ヴェーバーのジレンマ――

バーガーは、つぎに、リッカート科学論とヴェーバーの科学論との一致範囲について考察するが、彼によれば、それは非常に広範囲にわたる。ヴェーバーの方法論的著作のなかには、「リッカートの議論での重要な道順のほとんどすべてと平行な言明を、見出すことができる。」[51]

まず、ヴェーバーは、認識論的基礎から出発する。かれは、リッカートとともに、認識とは人間が精神内にもつ心的映像と考える。ただし、それは、外界の写真のような映像ではない。それは、経験的事実の選択された映像である。[52]この映像の素材である体験とは、ヴェーバーによれば、無形式な感覚の流れであり、曖昧な内容であり、「漠然とした未分化な」[53]直接感覚である。このような感覚・内容に、判断が加わるとき明確な事実が出現する。感覚（主語）に範疇（述語）が結合されて、事実が生まれる。ヴェーバーが指摘するには、「何ものかが『体験』されるということは、われわれがこの体験について『認識する』ということとは、論理的には異なるものなのである」[54]し、「われわれの『認識』はすべて範疇的に構成された現実である。」[55]事実全体の「思考による秩序づけ」[56]が科学の課題である。ヴェーバーは、こうして、リッカートから感覚、事実、科学の三段階法を受け継いだ。[57]

ヴェーバーは、次に方法論的議論へと移行する。方法論とは、構成された事実の整序の問題である。人間精神が有限であって、無限である事実を、一度に包括的に認識できないということは、リッカートとヴェーバーの共通認識である。[58]したがって、ひとは科学的認識を獲得するため、事実を選択・整序し、手軽な代表物を構築しなければならない。これが概念である。事実選択の仕方には、二種類ある。一方は、多くの事実から共通性の観点で法則性を抽出するという方法であり、これがヴェーバーのいう「法則科学」[59]である。他方は、ある事実から独自性の観点で個別性を抽出するという方法であり、これが「現実科学」[60]となる。ところで、どの個体を研究対象に選ぶかの基準は、対象そのもののなかに備わってはいず、研究者の関心に依存するので、現実科学は、価値（関心）関係的であらざるをえない。[61]しかしながら、この価値関係、観点の「主観性」は、間主観的――一定の社会集団のなかで共有されている――関心とされ、[62]現実科学の成果の客観性、普遍性が損なわれることはない、とされる。

ところで、リッカートにより展開された概念論では、個別概念、すなわち歴史概念は、普遍概念という下位の概念要素の結合によって構成された。「歴史概念の全体としての個別性は、普遍的諸要素が織り成す独自なる構図から引き出される。」[63]バーガーによれば、ヴェーバーは、この見解を継承した。そのばあい、ヴェーバーは、ただちに、困難に直面した。要素としての普遍概念は、厳密には普遍的とは規定しえないことが判明したからである。歴史概念の構成諸要素は、「その形式が普遍的であるにもかかわらず、……その内容は、現象が厳密に共通してもつ要素をふくんでいない。」[64]結合されるべき諸要素は、個々の事例によって、あるときは完全に、あるときは不完全にというように、程度を異にして――密度を異にして――その特徴を表わしているものと認められ、特性を、均一に存在するとして概念化することはできないということがわかった。[65]「市場的」、「経営的」、「自由労働的」、「私企業的」資本主義は、特性の密度を異にして、「市場的」、「経営的」、「自由労働的」、「私企業的」であった。リッカートにとって、このような困難は存在しなかった。彼によれば、特性は、あるか、ないかの二者択一だったからである。[66]ヴェーバーにとっては、あるから、ないまでの段階的移行が問題となったのである。特性の程度の差が存在するばあい、二者択一的であるリッカートの概念論で、どのようにして、それを表現すればよいか、これがヴェーバーの問題であった。「これこそ、ヴェーバーが『理念型』という構想で解決しようとした問題[67]」である、とバーガーは結論する。[68]

ところが、ヴェーバーにとって、リッカート以外の概念論は存在しなかった。[69]したがって、彼は上記の問題を「リッカート理論自体によって提供された手段[70]」で解決しなければならなかった。[71]厳密には普遍的とは規定しえない普遍概念を、どのように取り扱うかということに対するヴェーバーの解決法は、まず、リッカートの概念論の手順をふんで完全な普遍概念を作成し、ただし、それを、現象の対応物（経験的言明）と規定するのではなく、架空の構築物と規定することであった。[72]「彼は、自分の表そうとするものに対して、適当な概念形式をもたないがゆえに、ヴェーバーは、概念がさすべき現実のほうを変化させなければならない。[73]」だから、ヴェーバーはそれを普遍概念とは呼ばず、「理念型」と呼んだ。「理念型とは、普遍概念ではあるが、経験界において現象の類の事例が共通にもつ要素を記すのではなく、想像界、ユートピアにおいて、それが共通にもつ要素を記すのである。[74]」リッカート理論によれば、普遍概念は、それが指す経験的現象間の共通特性の対応物と定められている（現実定義）。ヴェーバーによれば、経験的言明としてなら、それは近似的にのみ、共通特性の記述といえるにすぎない。「まさに、この理由のため、また、この理由のためにのみ、ヴェーバーは、それ〔社会科学における普遍概念〕に純粋な普遍概念……という地位を与えることを拒んだのである。そのかわりにそれを『理念型』と呼ぶのである。[75]」

バーガーによれば、「理念型というパズル[76]」の解決にとって理解しておかなければならない決定的な前提は、(1)法則論的言明と類概念との等置であり、後者を、それを定義する言明と同一のものとし、さらに、それを経験的言明と考える（「現実定義」）ということであり、(2)法則論的言明を単独言明の結合体、すなわち、時空の位置を除外すれば同一である事象の生起を言明するものの集合と解する、ということである。[77]これが、リッカートの議論の隠された前提であった。ヴェーバーは、リッカートの普遍概念が、経験的言明であることに気づき、これが摸写説の残滓であることを見抜き、それを一掃したのである。「理念型という構想は、特定の類概念、すなわち歴史家がそれを用いて仕事をせねばならず、かといって単独言明の結合体……とは解しえないような特定の類概念から生じる問題への、ヴェーバーの解答であった。[78]」だから、ヴェーバーは、それを「モデル[79]」とは規定しなかったが、非実体的イデアと規定し、非経験的な言明の結合体という地位を与えた。それは、もはや、性格的には普遍概念ではない。ただし、形式的には普遍的である。それは、普遍的ではあるが、現実を言明したものではない。[80]それは、理念型的言明の結合体である。

五　理念型構築の必要性およびその「理解」Verstehen 構想との関係――バーガー解釈の盲点――

バーガーの『マックス・ヴェーバーの概念構成論』におけるヴェーバー科学論解釈は、それが認識論的次元にまで遡って詳細に行われたという意味で、研究史上大きな意義があったという評価がなされるべきである。彼の体験・事実・概念の三分法は、ヴェーバー概念構成の謎をみごとに解明した。また、リッカートとヴェーバーとの科学論の継承関係を、マリアンネの『伝記』や書簡類に負うばかりでなく、理論的、論理的に証明したといってよい。

さて、バーガーの解釈の問題点として指摘しておきたいことは、彼が、(1)ヴェーバーを、概念構成論にかんしていえばと限定しながらも、リッカート哲学の改良者にすぎないとしたことであり、また、(2)ヴェーバーの「理解」論を、方法の問題ではないとして、これを退け、理解社会学の方法的意義を、したがって、方法論議から社会学への発展過程を見過ごした、ということである。

バーガーは、まず、上記の(1)にかんし、「方法論者ヴェーバーは、きわめて独自な思想家としてはあらわれない[81]」し、それゆえ、主張できることは、「社会科学の論理学の基礎は、リッカートによって既に敷設されていたということである[82]」といい、さらに、(2)にかんしは、「ここ〔理解の理論〕は、実際にはヴェーバーが、立ち入らなかった地平であって、というのも、おそらく彼は、そうする必要を感じなかった[83]」と述べ、ヴェーバーは、「理解の『いかに』と『なにが』にかんする全問題群は、分析せずに残した[84]」と結論する。

しかしながら、ヴェーバーは「他の思想家たちによって、すでに定式化されている観念を適用することで満足している[85]」とは見えないし、彼の行動が、理解社会学への「関心の全くの欠如を暗示している[86]」とも考えられない。ヴェーバーの「クニースと非合理性の問題」以下の論文は、そのすべてが、ヴント[87]、ミュンスターベルク[88]、ジンメル、ゴットル[89]、リップス、クローチェ[90]、マイヤー[91]、シュタムラー[92]などを批判的に考察した理解の「いかに」と「なにが」の究明作業以外のなにものでもない、といえる。この方向でのヴェーバーの努力を、概念構成論での有効性とは対照的に、この領域では有効に作用しえない体験・事実・概念の三分法によって、バーガーは、無理に分析している[93]。したがって、バーガーの分析作業は、理解社会学の含意を究明することにかんしては、十分効果をあげなかったし、彼をして、完成したヴェーバー社会学が、現代社会学での本流にはならなかったという意味で、そのポピュラリティーの欠如を嘆かせたものと推測できる[94]。

ヴェーバー理念型構想の動機を、リッカート哲学の、しかも認識論次元にまで遡ってあとづけたバーガーの業績は、否定すべくもない。だが、バーガーは、ヴェーバーのリッカート哲学の改良者としての側面を強調したあまり、この構想の真意を過小評価した[95]。確定していることは、リッカートの議論の最奥の関心が、歴史の存在意義の証明であって、このことは、彼の著書の表題にいみじくも示されている。さらに、その簡略化された書物である『文化科学と自然科学』[96]の議論によれば、二つの認識方法、「一般化的」[97]方法と「個性化的」[98]方法は、自然・文化という対象の違いを問わず、適用可能な「方法」である。自然科学分野においても、自然法則の定式化と自然史の究明ができ、文化科学分野でも社会法則の定式化と社会史の究明ができる。しかしながら、リッカートが指摘するには、このような「形式的対立」によって、自然分野では、法則化が中心的であり、文化分野では、歴史化が中心的である、ということであった[99]。

だが、ヴェーバー不満とした問題点は、リッカートのいうような法則化は、もちろん人文科学でも可能であるが、それは、たんに「妥当性」を求めるだけの、人間にかんする自然法則にすぎないということであった。妥当性を求める法則は、もちろん、自然科学的社会科学において、構築された数量的「モデル」として実現する。モデルは、論理的、規範的にデータおよび数式上の不純物を除外し、精錬した構築物であるから、(理解不可能な)「妥当性」を持つ。

しかし、彼が求めたものは、社会科学に独自な、(理解可能な)「明証性」をもつ法則である。ヴェーバーは、人文領域の規則性にたいして、無個性な法則では満足しなかつた。彼が、有意味な人間行為の法則化を求めて、理念型概念を構想したことは、すでに定説である。これは、さらに理解社会学につながってゆく。ヴェーバーは、歴史学派の論者たちの主張するような、自然科学とは神秘的一線を画した社会科学の本来的独自性・尊厳性を否定したが、問題意識の底では、社会科学の、自然科学にはない、追加された科学性を、曖昧なかたちとしてではなく、発見しようとしたのであった。ヴェーバーによって、理解の問題を指摘されながらも、立ち入らなかったのは、むしろリッカートであろう。もちろん、ヴェーバーは、社会科学には、自然科学にはない独自な性格が内在的に存在する、と主張するものではないが[100]。

ヴェーバー社会科学構築の結節点は、(1)ロッシャー論での反歴史法則の主張、(2)クニース論での反自由意志の主張、(3)「シュタムラー」論文での主観的意味論である、とわれわれは主張する。ヴェーバーは「ロッシャーと歴史的方法」において、科学は、法則を定立することと同義だとする了解に反対すると同時に、定立した法則が現実を言明した経験的言明である、ということにも反対する。ロッシャーは法則性と因果性を同一視した結果、因果法則、つまり歴史法則だけが歴史研究の産物であると結論し、因果連鎖、つまり、真に歴史なるものである一回的歴史連関は、科学から放逐されてしまった[101]。「ロッシャーは、……現象の連関は法則の体系としてのみ把握……さるべきであるということについては、原理的に何の疑いももたなかった。『因果性』と『法則性』とは、彼にとって同一のことであり、前者は後者の形式においてのみ存在するのである[102]。」価値関係を通して画定された歴史的個体の、かくあって、かくはならなかったことの特別性の因果究明とその意義の評価こそ歴史の存在理由であるとの認識は、ロッシャーには完全に欠けていた。

さらに、ロッシャーにおいては、類的なものと本質的なものとの同一視が加わる。「両者は必然的に同一のものであり、したがって、歴史において繰り返すもののみが、それ自体有意義なものである、という観念を生ぜしめる。[103]」こうして得られた歴史法則は、かれにとっては、また、自然法則でもあり、さらに、これは、事実を言明した摸写物であって、したがって、それは実体である。ロッシャーにおいては、概念が、人間の認識行為によって構成された加工物であって、現実そのものではないという観念は、存在しなかったとしてヴェーバーは彼を批判する。だが、これは、バーガーがいうように、ヴェーバーがリッカート哲学を借用してロッシャーを批判した議論であって、彼の独自な議論ではない。ヴェーバーがリッカートを超え出るのはクニース論においてである。

ヴェーバーが「クニースと非合理性の問題」のなかで主張したことは、クニースによれば、人間科学にかんするかぎり、したがって歴史も同様に、その存在意義は、自由意志という人間的尊厳の存在にもとづくというが、それは誤謬である、[104]ということである。クニースは、認識対象としての人間は、意志の自由を内蔵していて、これが認識対象としての自然とは決定的に異なるところである（このことは、ヴェーバーも認める）。したがって、精神科学では、自然科学におけるような因果性は、適用できない。さらにいえば、意志の自由というものには、触れてはならない不可侵の神秘性が、実在する。[105]ヴェーバーにとって、これは全く非科学的な観念であった。[106]クニースのいうごとく、たしかに、意志の自由は存在する。しかし、「行為の『自由』と歴史的生起の非合理性とは、いやしくもなにか或る一般的な関係にあるときは、いかなる場合にも一方の存在あるいは増大が他方の増大を意味する、という相互規定的関係にあるのではなくて、……まさに反対の関係にある。[107]」自由があるからこそ、ひとが触れられないのではなくて、合理的な解明が、より実行しやすい。[108]

さらに、ヴェーバーは、人間精神の解明不可能性を、クニースによれば、すなわち生けるものとしての人間の、死せるものとしての自然にたいする尊厳性という観念を、以下の議論で退ける。人間意識は、解剖可能であり、分析可能であり、解体可能である。そこには、なんら神秘的なるものは存在しない。自然科学にたいする精神科学の優位は、そのような神秘的尊厳性にはない。ヴェーバーによれば、人間の自由意志は、「理解」という操作によって、「明証性」をともなって解剖できる。たとえば、ひとは、目的・手段の連関を想定し、合理的に行動する。特定の目的を達成するために、ひとは、もっとも有効な手段を選択する傾向があり、意志が自由であればあるほど、この傾向は増大する。観察者は、これを、範疇的に構成して、「明証的に」「理解」する。結論すれば、ヴェーバーは、一種の啓蒙という手段をもって、歴史学派に残存する証明しえない精神科学の尊大さという亡霊を解体した。これは、理解という構想を用いて行われ、その成果が理念型構想である。「畢竟するところ、いわゆる『経験的』法則とは、疑問の残る因果的解明を伴った、経験的に妥当する規則のことであるが、合理的な行為の目的論的シェーマは、これに反して、疑問の残る経験的妥当性を伴った解明のことである。したがって、このふたつのものは、論理的には両極的に対立するものなのである。――なお、かの解明のシェーマタは『理念型的概念構成』である。[109]」ヴェーバーは、バーガーの主張に反し、こうして理解の領域に踏み込んだのであり、これにより、旧来科学の非科学性を脱呪術化したといえる。

シュタムラー論文において、ヴェーバーは論理を一段階すすめる。マイヤー論文までのヴェーバーは、法則概念や歴史概念は外側からの定式化や集合だけでなく、内側からの意味関係にまで分解しなければならないと主張していた。ところが、シュタムラーは、「外的規制」(法制度)が「社会生活」を成り立たせる「形式」であるとして、社会科学の外側からの構築を、再度、主張した。[110]「法律は、社会権力の、したがって人間社会の形式である。経済は、……社会生活の質料である。[111]」シュタムラーによれば、社会生活の認識は、形式と質料で構成される。しかるに、唯物史観は、質料面しか考慮していないがゆえに、この理論は誤謬である。「最高の観点の考察は、法的結合をなす意欲として妥当する最上の思想のうちに求められなければならない。[112]」として、シュタムラーは、いわば唯法史観を提唱する。ここに至って、ヴェーバーは、外側からの定式化は内側からの解剖に服し、それは分析しうるというだけでは自己の命題が伝達されないことを悟った。逆に、内側の意味、つまり、解体された「主観的な意味」から外部の形態を構築するような論理がなくてはならないと、自分の主張の表現形式を転換させた。法的上部構造などの虚構上の外的規則は格率として、事実上の内的規則の遂行にとって参照されるにすぎない[113]。これがシュタムラー論文の含意である。この構想を完成させたのが、「理解社会学のカテゴリー」論文といえよう[114]。そこでは、二人の人間あいだの意味関係という原初的な社会関係から始まり、団体、国家にまで至るが、それらの行動は、個々人の意味の集積という表現に反転している。そこでは、団体や国家が、実体、法人として独自な運動をするという見解は完全に否定されている。人間行動の、このような内的意味からの構築作業が、より詳細なものとなり、後年の『社会学の根本概念』における、目的合理的、価値合理的、感情的、伝統的という四つの社会的行為の分類に発展してゆくことは、明らかである[115]。(1)人間は目的・手段連関を通して、合理的に行動する。(2)人間は特定価値の履行に沿って忠実に行動する。(3)人間は感情的、情緒的に行動する。(4)人間は伝統的、慣習的に行動する。ただし、われわれは、狂人を「明証性」をもっては理解できない。なぜなら、彼は、なんらの合理性も持たないからである。彼の行為には、われわれは自然法則を、つまり「明証性」の範疇ではなく、「妥当性」の範疇を適用できるだけである。したがって、人間精神には隠された尊厳は存在せず、そこをひとは、原理上解剖できるということ、そして、人間行為は、分解された主観的意味から逆に構築できるという結論を、ヴェーバーは得た。

こうしてヴェーバーによって、一方では、ロッシャー論で得られた、概念とは現実の模写物、したがって実体であるということはけっしてありえず、反対に、それは現実の加工物、代用品であるという認識が確定される。他方、クニース論で得られた、人間行為は、一体的で、分解できず、そこにこそ人間精神の、また、それにかんする科学の特別性と優位性があるという考えは、全く非科学的であり、反対に人間精神は、解剖することができ、そこには隠されたものは何もない、という認識が獲得される。最後に、ヴェーバーは、シュタムラー論で得られた規則性とは、客観的、規範上の意味の観察によって定式化されるのではなく、解明された主観的、事実上の意味から構築できるという認識に到達する。この三つの成果を基礎として、社会現象の規則性を定式化しようとすれば、その結果は、人間科学で使用されるべき概念は、当然、理念型概念にならざるをえない。それは、(1)模式的で、(2)解明的な、(3)規則性の定式物となる。ヴェーバーは、これらを理念型とよび、これらの体系を理解社会学と呼んだ。

さて、バーガーはヴェーバーを、概念構成論にかんするかぎりという限定をつけながらも、リッカート科学論の改良者と位置づけ、その改良点は理念型論にあると結論した。しかし、ヴェーバーによる理念型論の開発は、リッカート科学体系の単なる改良に収まることはなかった。上記の体系は、リッカート科学論にもとづく体系とは発展的に異なるものである。リッカートは、科学的認識には二つの方法があり、それぞれの方法は、自然領域と社会領域にとも に適用することができ、したがって、自然法則、自然史、社会法則、社会史の計四つの科学的認識産物が加工できる、とした。しかし、ヴェーバーが構想した科学体系では、社会領域での法則論は、社会にかんする自然法則ではない(116)。そこでは、社会に関する法則科学は副次的なものであり、そこで主要なものは、すぐれて理念型的法則である。彼は、自然法則を意味法則に置き換えた(117)。リッカートは、物体という認識の対象を、方法という精神で処理しようとする。ヴェーバーは、意欲という認識の対象を方法という精神で処理しようとする。リッカートが求めた社会法則は、あくまで、外的妥当性を追及する規則性であって、内的明証性を追及する規則性ではない。リッカートは、明証性は疑わしいが妥当性のある規則、自然法則としての社会法則を求めた。それにたいし、ヴェーバーは、妥当性は疑わしいが明証性のある規則、意味法則としての社会法則、理念型的法則を求めた。ヴェーバーが理念型構想を開発しなかったとしたら、その社会学は、リッカートの法則科学論にしたがって、自然科学的社会学となっていただろう。しかし、彼は、社会学を、人間行為の意味にまで解体し、それを再構成する解釈的社会学、「理解社会学」をうちたてた。しかしながら、ヴェーバーがリッカートの歴史論を受容しなかったとしたら、その社会学は、パーソンズの社会学のような歴史を欠いた主意主義的社会学となっていたにちがいない(118)。その場合、特定の時代に独自な意味連関の定式化は実行されず、時代を超えて共通な意味連関のみが追求されただろう。しかし、『経済と社会』は非歴史的類体の意味的規則性ではなく、歴史的個体の意味的規則性の社会学であり、一般的かつ具体的社会学である。[119]バーガーは、ヴェーバー方法論への新たな有効な接近法を示した。しかし、理解の問題に関しては、その見解は不十分である。意味理解の領域に踏み込まなかったのは、ヴェーバーではなく、リッカートである。ヴェーバーは、法則科学と現実科学というリッカート科学論の二分法的枠組を最後まで崩さなかったといえるが、この枠組が適用される対象は、事物から意味へと変換されたといえる。

さらに、ヴェーバーは、意味への分解作業を因果領域にまで適用する。ヴェーバーは、リッカートの現実科学にかんする構想をさらに発展させ、構成された事物概念に再加工を施すことを提案する。リッカートのいう事物概念は、対象の独自な諸特徴を集合してできた個別概念であった。[120]ヴェーバーは、これらの特徴を再度、意味的に完全、純粋なものへと加工する。[121]その結果、産出された概念が、「個別的理念型」と呼ばれるものである。[122]このことは、法則科学で得られた関係概念を意味的に完全、純粋なものへと再加工してできたものが「類的理念型」であるという事実と軌を一にする。[123]ヴェーバーの歴史は、したがって、個別的理念型の織り成す歴史構成物である。[124]それは、事物概念による歴史説明ではなく、すぐれた意味で、加工され強調された歴史構成である（「歴史社会学」）。たとえば、ヴェーバーの考えるルターは、歴史上のルターのかんする特性の説明ではなく、象徴としてのルター、ルター的なるものの一般的構築である。「個別的理念型」は、個性がさらに精錬されることによって一般性を獲得する。したがって、両理念型とも一般的類型という性格をもつが、その構成過程が異なる。この点ヴェーバーは、個別概念と個別的理念型との区別ともからんで、不明確であった。

注

（1）Gerth & Mills, 1972, pp. 3-74. ガース／ミルズ［一九六二］。

（2）Cf. Gerth & Mills, 1972, 61f. ガース／ミルズ［一九六二］一五〇頁以下をみよ。

（3）Parsons, 1949. パーソンズ［一九七四］［一九七六］［一九八六］［一九八二］［一九八九］。

（4）Parsons & Shils, 1952, p. 51. パーソンズ／シルズ［一九六〇］八二頁。

（5）Bendix, 1962. ベンディクス［一九六六］。

（6）Bendix & Roth, 1971. ベンディックス／ロート［一九七五］。

（7）Runciman, 1972. ランシマン［一九七八］。

（8）Cf. Oakes, 1988. オークスは、概念と具体的現実とのあいだに存在する「非合理な不整合」を指摘し、これがリッカートを含む西南ドイツ学派共通の問題であるといい、「ヴェーバーは一定範囲内で西南ドイツ学派の価値理論を受け入れたのであって、しかもそれは、必ずしも十分理解されていたわけではない」（Oakes, 1987, p. 444. オークス［一九九四］四〇〇頁）と述べる。

（9）Burger, 1976, 1987. バーガー［一九八九］［一九九〇］［一九九一］［一九九二］［一九九三］［一九九四］［一九九五］［一九九六］［一九九八］［一九九九］。

（10）Schelting, 1934, 1922. シェルティング［一九七七］。

（11）ヴェーバーとゴットル、ジンメルとの方法的差異および理解構想の差異については、加藤［一九九二］をみよ。

（12）Martindale, 1959, p. 57.

（13）Wrong (ed.), 1970, p. 8.

（14）Burger, 1987, ix. バーガー［一九八九］一三九頁。

（15）Burger, 1987, ix. バーガー［一九八九］一三九頁。

（16）Schelting, 1934, p. 6, n. 2.

（17）Schelting, 1934, p. 6.

（18）Schelting, 1934, p. 7, n.

(19) Schelting, 1934, p. 9, pp. 9–10, n. 2, p. 54, n. 1, p. 55.
(20) 再論ではなく、発展であった。ロッシャー、クニース、マイヤー、シュタムラーなどを批判し、ジンメル、ゴットルなどを批判的に摂取し、ヴェーバーは理解社会学を構築し、それは「理解社会学のカテゴリー」(Weber, 1973. ヴェーバー［一九六八ｄ］) で一応の完成を見る。これを最終的に完成させたものが、『社会学の根本概念』(Weber, 1973. ヴェーバー［一九七二ｂ］) である。後段第五節をみよ。
(21) Burger, 1987, p. 6. バーガー［一九八九］一五三頁。
(22) Cf. Burger, 1987, p. 6. バーガー［一九八九］一五三頁をみよ。
(23) Cf. Burger, 1987, p. 6. バーガー［一九八九］一五三頁をみよ。シェルティングのいう「パトス」は、バーガーが批判したのとは違った意味で注目に値する。ヴェーバーはたしかに情熱的に方法論に取り組んだ。その理由は、しかし、「埋め合わせ」でも「責任倫理への要請」でもなく、旧科学のスタンスに対する挑戦であり、一つの改革案の提示であった。後段第五節をみよ。
(24) Tenbruck, 1959. p. 581. テンブルック［一九八五］二八頁。
(25) Tenbruck, 1959. p. 582. テンブルック［一九八五］三〇～三一頁。
(26) Tenbruck, 1959. p. 626. テンブルック［一九八五］一三九頁。
(27) Burger, 1987, p. 7. バーガー［一九八九］一五四頁。
(28) Burger, 1987, p. 7. バーガー［一九八九］一五四頁。
(29) Cf. Burger, 1987, p. 7. バーガー［一九八九］一五四～一五五頁をみよ。リンガーによれば、バーガーのテンブルック批判が公刊されたあと、テンブルックは自分のテーゼに修正を加えた。「興味深いことに、バーガーの立場は、テンブルックによる最近の論文の主旨とも一致している。自分の以前の接近法をまったく捨て去ることはないが、テンブルックは、ヴェーバー方法論を、現在では、その体系のなかで一貫的、かつ中心的な要素と認めている。」(Ringer, 1997, p. 62.) さらに、ヴェーバーは、歴史学への自然主義の侵入にたいして、防波堤の役割を果たしたというテンブルックのテーゼも修正を施されている、とリンガーは指摘する。「テンブルックが現在は認めているように、ヴェーバーは、また、ドイツの歴史学的伝統を、経済的、社会的条件の変化の考慮にまで、拡大した。歴史分析の伝統的手法は、新しい統合的史実を取り上げるべく、そして、かつては無視していた社会的および構造的論点を主張するべく、適応しなければならなくなった。」(Ringer, 1997, p. 62.)

(30) Cf. Henrich, 1952.

(31) Burger, 1987, p. 10. バーガー［一九八九］一五八頁。

(32) ヴェーバーとリッカートの学的継承関係の評価にかんしては、たとえば、阿閉［一九八一］二二七〜二三三頁をみよ。この関係にかんするヤスパースの低い評価は、有名である。その意味にかんしては、阿閉［一九八一］二三八頁、向井［一九九七］六〜七頁をみよ。また、Hennis, 1987, pp. 184-186. ヘニス［一九九一］二二一〜二二三頁もみよ。

(33) Rickert, 1929. ハインリッヒ・リッカートの主要著作については、Rickert, 1924b の邦訳、リッカート［一九八一］に付された「巻末主要著作目録」をみよ。

(34) 「人類史にかんする不幸な奇習は、その個々の部分については、かなりの手腕で考察されて来たにもかかわらず、だれもそれらをひとつの全体にまで統合しなかったことであり、それらが互いに関連し合う仕方を確かめようともしなかったことである。他のすべての重要な研究領域では、普遍化の必要性が一般にみとめられており、個別事実を支配する法則を発見するために、そのような事実から立ち上がろうという壮大な努力がなされている。しかし、これは歴史家の通常コースからは非常にかけ離れたことであり、彼らのあいだには、自分たちの仕事は、単に事象を物語ることだというおかしな観念が氾濫しているのである。」(Buckle, 1861, vol. I, p. 3.)。

(35) ロッシャーに代表される考え方で、ヴェーバーは「ロッシャーと歴史的方法」のなかで、リッカートの議論を応用し、批判する。後段第五節をみよ。

(36) 方法論の下位の位相として認識論があることを、バーガーは強調する。

(37) カントにしたがう西南ドイツ学派の論理主義的な認識方法で、対象は人間の認識フィルターを通じてのみ把握しうるという立場であり、フィルターの違いが自然科学と歴史の認識の違いをもたらすと考える。ヴェーバーもこの方法を採用する。ヴェーバー「認識論」の研究として、嘉目克彦［一九九四］六六〜七〇頁をみよ。

(38) Cf. Rickert, 1928, pp. 15-22, p. 30. リッカート［一九八八］(一九二七) 三一〜三六頁、三九頁以下をみよ。

(39) Cf. Rickert, 1928, p. 354. リッカート［一九八八］(一九二七) 一八〇〜一八一頁。リッカートおよびヴェーバーの認識論・方法論については、西谷［一九九〇］一六四頁、二二八頁以下をみよ。「概念構成の理論とその認識論的基礎をつなぐ部分において、すなわち価値関係の理論においてヴェーバーはリッカートと相違する。」（西谷［一九九〇］二三六〜二三七頁）。
(40) Cf. Rickert, 1928, pp. 366-371. リッカート［一九八八］（一九二七）一九三〜一九五頁、一九六頁以下をみよ。
(41) Cf. Rickert, 1928, pp. 371-378. リッカート［一九八八］（一九二七）二三六頁をみよ。
(42) Cf. Rickert, 1929, p. 35.
(43) Cf. Rickert, 1929, p. 34.
(44) Cf. Rickert, 1929, p. 36, p. 42.
(45) Cf. Rickert, 1929, pp. 42-43.
(46) Cf. Rickert, 1929, p. 23.
(47) Cf. Burger, 1987, p. 58, p. 62, p. 93. バーガー［一九九二］一二六頁、一三二頁、バーガー［一九九二］一五〇頁をみよ。
(48) Cf. Burger, 1987, pp. 30-31. バーガー［一九九〇］九二頁をみよ。
(49) Cf. Burger, 1987, pp. 115-116, pp. 120-121. バーガー［一九九四］七三〜七四頁、七九〜八〇頁をみよ。
(50) Cf. Burger, 1987, pp. 116-117. バーガー［一九九四］七四〜七五頁をみよ。
(51) Burger, 1987, p. 58. バーガー［一九九二］一二六頁。ヌーザーは、概念構成論に限定したバーガーによるリッカート／ヴェーバーの学的継承関係の確認を批判して、個々のケースではなく、総体としての継承関係の確認を主張し、次のように述べる。「バーガーが見たことは、ヴェーバーもこの関係（概念の普遍性の形式という問題）にかんして、リッカート理論がすでに用意していた手段を利用した、ということであるが、しかし、また彼が放置したことは、ヴェーバーの中心的概念（価値関係、理解、理念型）の哲学的地平を反省し、哲学的に基礎づけるということである。そのさいまた、取り上げられるべき問いとは、無前提な価値という仮定の反省的地平へと通じるリッカートの思考様式が、どのように、ヴェーバーの中心的概念で再認されるかという問いである。」（Nusser, 1986, pp. 84-85.）。
(52) Cf. Weber, 1973, p. 190, pp. 192-193. ヴェーバー［一九九八ａ］一一一〜一一二頁、一一七〜一一八頁をみよ。
(53) Weber, 1973, p. 104. ヴェーバー［一九五五ｄ］七〇頁。

(54) Weber, 1973, p. 73. ヴェーバー［一九五五d］九頁。
(55) Weber, 1973, p. 290. ヴェーバー［一九六五］二一一頁。
(56) Weber, 1973, p. 156. ヴェーバー［一九九八a］四五頁。
(57) Cf. Burger, 1987, p. 62. バーガー［一九九二］一三一頁をみよ。
(58) Cf. Burger, 1987, pp. 65-66. バーガー［一九九二］一三五～一三六頁、cf. Weber, 1973, p. 171. ヴェーバー［一九九八a］七四頁をみよ。
(59) Weber, 1973, pp. 4-5. ヴェーバー［一九五五c］一四～一五頁。
(60) Weber, 1973, pp. 5-6. ヴェーバー［一九五五c］一五～一六頁。
(61) ヴェーバーは、法則論的定式化に関しても、価値関係的であると述べる。後段第五章第四節をみよ。
(62) Cf. Burger, 1987, p. 79,80. バーガー［一九九二］一三二頁、一三三頁をみよ。
(63) Burger, 1987, p. 115. バーガー［一九九四］七三頁。
(64) Burger, 1987, p. 116. バーガー［一九九四］七四頁。
(65) Cf. Burger, 1987, p. 116. バーガー［一九九四］七四頁をみよ。
(66) Cf. Burger, 1987, p. 31. バーガー［一九九〇］九二頁をみよ。
(67) Burger, 1987, p. 116. バーガー［一九九四］七五頁。
(68) リッカートによれば、普遍概念は、若干の下位の共通的構成要素を結合して出来上がる。しかし、各構成要素の密度の差は、問題とはならない。なぜなら、要素は、さらに下位の要素から構成され、この手続きが順次続く。そして、それは、もはや分析できない原子的単位へたどり着き、今度は、逆にこの単位の組み合わせとして、さまざまな具体的現実が説明されるからである。リッカートは、これを「究極」自然科学と呼んだ。彼は、この構想を社会科学における普遍概念にも適用する。ヴェーバーの悩んだ要素の程度差は、リッカートによれば、同一の単位の量の差に還元された。これは、まさに社会現象の自然科学であり、ヴェーバーは、この方向への社会科学の発展には消極的であった。ヴェーバーは、社会科学の質の問題、有意味性に固執した。量的に本源的な単位は、結局無意味となる。したがって、そのような単位に概念を還元することは、彼にとっては、できない。ヴェーバーは、社会科学における普遍概念にかんし、若干の意味のある共通な要素を結合してつくられるという立場を堅持した。とすれば、密度差の問題は、依然として生じる。意味の世界にこだわれば、問題は振り出しに戻るのである。

(69) Cf. Burger, 1987, p. 123. バーガー［一九九四］八三頁をみよ。

(70) Burger, 1987, p. 117. バーガー［一九九四］七五頁。

(71) ヴェーバーは、リッカートのように、究極の単位に現実を分解して、その数量的変化で現実を説明するという考えをとらなかった。ところが、ヴェーバーは、共通要素の結合としての普遍概念というリッカートの構想に固執した。しかし、この概念論は、要素の密度の違いという問題を引き起こす。われわれは密度を異にした要素にたいして明確な心的イメージをもつことはできない。したがって、概念像をもてない。同一密度の要素についてしかイメージをもてないのである。現実にかんするイメージをもつとすれば（現実定義）、不明確なイメージしかもてない。明確なイメージをもつとすれば、現実にかんする概念ではなくなる。では、何にかんするものか。イデア界にかんするものである。ヴェーバーは、リッカートの概念枠組を放棄することなく、後者を選択した。

(72) 「概念」とその媒体である「述語」および指示物である「対象」との関係については、また、概念の「本質」に関しては、その反対物との対照性においてのみ認識可能だということについては、下田［一九八二］二七〇～二七二頁をみよ。

(73) Burger, 1987, p. 123. バーガー［一九九四］八三頁。

(74) Burger, 1987, p. 123. バーガー［一九九四］八三～八四頁。

(75) Burger, 1987, p. 120. バーガー［一九九四］八〇頁。

(76) Burger, 1987, p. xv. バーガー［一九八九］一四七頁。

(77) Cf. Burger, 1987, p. xvi. バーガー［一九八九］一四七頁をみよ。

(78) Burger, 1987, p. xv–xvi. バーガー［一九八九］一四七頁。

(79) 理念型のモデル的解釈については、Cf. Burger, 1987, p. 176ff. バーガー［一九九六］一二八頁以下をみよ。

(80) Cf. Burger, 1987, p. 178. バーガー［一九九六］一三〇頁をみよ。

(81) Burger, 1987, p. 9. バーガー［一九八九］一五六頁。

(82) Burger, 1987, p. 10. バーガー［一九八九］一五七頁。

(83) Burger, 1987, p. 9. バーガー［一九八九］一五七頁。

(84) Burger, 1987, pp. 9-10. バーガー［一九八九］一五七頁。

(85) Burger, 1987, p. 9. バーガー［一九八九］一五六頁。

(86) Burger, 1987, p. 10. バーガー［一九八九］一五七頁。

(87) ヴントは、歴史が扱う人格に関し、それは、自然とは異なる創造的なものであり、そのように合成されうると考える。あえて比喩的に解釈すれば、1＋1＝2ではなく、＝3にも、＝4にもなるという意味であろう。精神科学は、したがって、この創造的なるものを取り扱うことで自然科学と異なると主張する。ヴェーバーは、この創造的なるものは、研究者が自らの価値を、付着させるがゆえに起こることであって、ヴントの言うように、事物そのものに内在する性質ではないとしてヴントを批判する。文化発展も、それはわれわれが発展、進歩として、ある傾向を評価したからにほかならない（Cf. Weber, 1973, p. 49ff. ヴェーバー［一九五五c］一〇五頁以下をみよ）。

(88) ミュンスターベルクは、客観化科学である自然科学にくらべて、精神科学は主観化科学であって、それは総体としての複合的統一物をあつかうゆえに、解明することはできないと主張するが、ヴェーバーは、自然科学も複雑な統一体から、その関心と種類に応じて、法則と言うものを抽出してきているのであって、歴史は、逆に、複雑なものから理解できるもの、われわれの関心にとって意義のあるものを、その関心にしたがって抽出してくる学科であり、したがって、抽象という手続きにかんするかぎり、自然科学と文化科学のあいだになんらの区別もなく、対象が統合物であるからといって、それが文化科学の独自な性質などではないと、ミュンスターベルクを批判する（Cf. Weber, 1973, 70ff. ヴェーバー［一九五五d］五頁以下をみよ）。

(89) 自然科学の経験にたいする歴史の特徴とは、ゴットルによれば、「認識されるものについての推論」（Weber, 1973, p. 98. ヴェーバー［一九五五d］五七頁）である。しかし、推論は思考的な連鎖であるから検証されえない。ヴェーバーによれば、ゴットルの長所は、人間の行為を内側から説明しようとしたことにある。だが、推論は合理的な解明に服し、解明が、ゴットルの仮定に反して、自然科学の仮説と論理的に同様な意味で、絶えず経験による検証を採用することは、一般に自明である（Cf. Weber, 1973, 98ff. ヴェーバー［一九五五d］五七頁以下をみよ）。

(90) 精神科学にとって重要なことは、リップスによれば、対象への感情移入であって、これは他人の感情の自己の精神における再現、「模倣」である。ヴェーバーによれば、これは体験の次元に属す。また、クローチェによっても、歴史の独特な性質は、対象を直観できることにある。しかし、これも同様に、体験されるものであって、認識の次元に達していない。「自己の体験ですらこれを思惟的に把握しようとするときには、すでに、単純に『模写』されるのではない。」(Weber, 1973, p. 110. ヴェーバー［一九五五ｄ］八三頁）科学において、体験は、かならず判断を通過して概念として提示される。したがって、感情移入や直観は、歴史の特徴ではありえない。

(91) マイヤーは、集団現象、類的なもの、共同体、階級、国民の発展などの法則的なものが科学の唯一の目標であるという主張を退けた。これは正しい。その反対に、偶然的なもの、意志の自由、理念の人間行為への影響などを歴史の対象とした。しかし、意志の自由は解明できる。なぜなら、われわれが、このうえもなく経験的自由の感情を抱いてなす行為は、それが、「合理的にすなわち心理的、物理的〝強制〟や情熱的〝感情〟に左右されることなく、また明確な判断が〝偶然〟くもらされることもなく、遂行されたと我々が意識するような行為」(Weber, 1973, p. 226. ヴェーバー［一九六五］一一八頁）だからである。また、マイヤーは、法則と現実を分けながらも、法則を規則として認識せず、彼にあっては、「抽象概念である一般的なるものはまたまた歴史の背後で作用する力として実体化される。」(Weber, 1973, p. 230. ヴェーバー［一九六五］一二四頁）マイヤーは、後世への影響を歴史的意義と考え、この意義を対象のなかへ実体化するが、この影響を意義があるとしたのは、われわれの関心であって、対象に内在するものではけっしてない。

(92) シュタムラーについては、本節後段をみよ。

(93) Cf. Burger, 1987, p. 102ff. バーガー［一九九三］三〇八頁以下をみよ。

(94) Cf. Burger, 1987, pp. 181-182, pp. 264-265 n. 2, pp. 265-266 n. 5. バーガー［一九九八］二四九頁、二七五〜二七六頁、二七六〜二七七頁をみよ。

(95) 「ヴェーバーの学問世界は、その方法論についてみても、リッカートと同一の次元にあるのではないが、しかもそのリッカートの〝論理学〟は最大限に利用したという仮説がひきだせるだろう。」(安藤［一九六五ａ］一六五頁）。

(96) Rickert, 1926a. リッカート［一九七〇］（一九三九）。Rickert, 1924a. リッカート［一九七六ａ］もみよ。後者の付論として翻訳されている。Rickert, 1926b. リッカート［一九七六ｂ］もみよ。

(97) Rickert, 1924a. p. 51. リッカート［一九七六ａ］八五頁。

(98) Rickert, 1924a. p. 93. リッカート［一九七六a］一三八頁。

(99) Cf. Rickert, 1924a. p. 18. リッカート［一九七六a］四五頁をみよ。

(100) Cf. Weber, 1973, pp. 125-126. ヴェーバー［一九五五d］一一五～一一六頁をみよ。

(101) 浜井［一九八二］一六〇頁をみよ。

(102) Weber, 1973, p. 8. ヴェーバー［一九五五c］二〇～二一頁。

(103) Weber, 1973, p. 11. ヴェーバー［一九五五c］二七頁。

(104) Cf. Weber, 1973, p. 64. ヴェーバー［一九五五c］一三三頁をみよ。

(105) Cf. Weber, 1973, p. 139ff. ヴェーバー［一九五五d］一四三頁以下をみよ。

(106) 川上［一九九三］二九頁、浜井［一九八二］一八七頁をみよ。樋口も、ヴェーバーがその他の領域におけると同様、学問的領域においても脱呪術化を敢行したとし、そのモチーフは、ニーチェから継承したと述べる。「ヴェーバーが『呪術的世界』から『近代世界』（法則、規則が支配する）への移行と関連する、『世界の計算可能性』（Berechenbarkeit der Welt）というニーチェの準拠枠に即して、官僚制（行政）、法、規律、資本主義を支える技術的労働手段などといった具体的な研究領域に、それら〔文化と計算可能性および規則（Regel）〕を巧みに変容させつつ適用したことは、明らかであるように思われる。」（樋口［一九九八］二四頁）。

(107) Weber, 1973, p. 69. ヴェーバー［一九五五c］一四三頁。

(108) Cf. Weber, 1973, p. 132. ヴェーバー［一九五五d］一二八頁をみよ。

(109) Weber, 1973, p. 131. ヴェーバー［一九五五d］一二三頁。したがって、ヴェーバーの理解社会学は、社会現象にかんする自然科学ではないし、ハンス・フライヤーがいうような「歴史的世界の自然科学」とはいいきれない。そうである、という立場にかんしては、富永［一九六五］二三頁をみよ。フライヤーは、述べる。「マックス・ヴェーバーは、社会学的理念型の自然科学的法則把握との類似性を確認することを、決しておそれない。その社会学は、――リッカート的意味において、したがって、純粋に理論的に理解したばあい――歴史的世界の自然科学となる。」（Freyer, 1930, p. 191）。

(110) Stammler, 1924. また Stammler, 1927. シュタムラー［一九三二］もみよ。

(111) Stammler, 1927, p. 35. シュタムラー［一九三二］四八頁。

(112) Stammler, 1927, p. 39. シュタムラー［一九三二］五三頁。

(113) Cf. Weber, 1973, p. 336, pp. 349-350. ヴェーバー［一九八二c］一五〇頁、一六五～一六六頁をみよ。

(114) 外的規則性の定式物である唯物史観を批判するなら、シュタムラーが当然「述べるべきはずであった」(Weber, 1973, p. 427, n. ヴェーバー［一九六八d］一二頁) ことを、ヴェーバーが代わって述べた。向井によれば、「シュタムラー論文」の意義は、ヴェーバーが「自然」という観念を明確に定義したことにある。「彼〔ヴェーバー〕は、『シュタムラー論文』において『自然科学の決定的な標識』を求め、自然を『意味なきもの (das Sinnlose)』と定義し、われわれが『それについて意味を問わないとき、ある事象は「自然」となる』という。さらに、彼は意味を主観的意味と客観的意味とに分ける。そして彼は、法学や論理学や美学などの規範的な、すなわち教義学的＝概念分析科学は客観的意味を探求するのに対して、社会科学は社会的行為の『主観的意味』を『理解』し、行為の因果連関を意味連関として探求することを目指す、と説く。そして、リッカートの『価値関係』に代わって、『意味関係 (Sinnbezogenheit)』とか『意味的関係 (sinnhafte Bezogenheit)』が社会科学の決定的特質として登場する。いまや、主観的には『解明』、客観的には『意味』が社会科学的認識の決定的なカテゴリーとなるのである。」(向井［一九九七］四一三頁) 向井の主張から推論すれば、ヴェーバーは、「シュタムラー論文」執筆以前には、文化科学の規則性についての定式化にかんし、動揺していて、この論文の執筆を契機に「意味」というカテゴリーを発見したことによって、その目途がついたということであろう。したがって、それまでのヴェーバーは、文化科学をすぐれて現実科学によって代表していた。しかし、「意味」の規則性を解明しつつ定式化すれば、それによって「理解社会学」が成立する。向井は結論する。「ヴェーバーは意味のカテゴリーにおいて社会科学の最終的カテゴリーを見出す。……そして、彼の最後の科学論的論考であり、彼の科学論のエッセンスを盛った『社会学的基礎概念』は、『意味』のカテゴリーの論理的分析をもってはじまるのである。」(向井［一九九七］四一三頁)。

(115) Cf. Weber, 1973, p. 565. ヴェーバー［一九七二b］三九頁をみよ。ヴェーバーの方法論文が、最終的に「理解社会学のカテゴリー」『社会学の根本概念』に発展して行くことに関しては、中野［一九八三］をみよ。

(116) スメルサーは「ウェーバーの理念型は、たくさんの具体的経験的諸事例からの調査、帰納的推論、選択という過程から生み出された一般的な経験的構成物だった」(Smelser, 1976, p. 122. スメルサー［一九六六］一四五頁) として、意味の問題を見逃している。

(117) 『ロッシャーとクニース』を通じてウェーバーが引き出したものは、〝歴史的関心〟および〝歴史の人為性〟であり、それを支えるものは〝意味論〟であった。」(安藤［一九六五a］一七七頁)。

(118) 油井は、「個体概念」、「個別的理念型」、「普遍的理念型」のあいだのヴェーバーの動揺を指摘し、「ウェーバーは社会学を普遍化的科学として、規定し」たが、その概念を「理念型の抽象性を高め、一義性において規定しようとしたにとどまったこと」で、それは「一般理論」としては「きわめて中途半端な性格にとどまっている」という。さらに、この欠点を改良したものが、パーソンズの「準拠枠」であると主張する。油井［一九九五］二四一～二四二頁をみよ。

(119) ヴェーバーの歴史方法論について、ロッシは、「社会科学は歴史認識との関係から開放された」といい、ケインズ、パーソンズ、レヴィ・ストロースの成功を上げ、ヴェーバー方法論が今日参照されることは、「維持され難いテーゼ」であって、「この方法論はまさにただ歴史家に対し今日もなお有効な理論を示すことができる」という。Cf. Rossi, 1987, p. 56. ロッシ［一九九二］六六頁をみよ。

(120) ディルク・ケスラーによれば、「前者の〔歴史的〕理念型は、どちらかといえば、特定の歴史的諸現象の文化意義にねらいを定めており、後者の〔社会学的〕理念型は、……時代を越えた体系性をもっていた。」(Käsler, 1979, p. 182. ケスラー［一九八二］二二〇頁)。

(121) レイモン・アロンは、理念型を三種類に分類するだけでなく、ヴェーバーの昇華を「様式化」といいかえ、三種の理念型の共通項は「経験的内容」を越えた「人間的実存」を「再構成する」ことだと主張する。Cf. Aron, 1967, pp. 202-204. アロン［一九八四］二七二頁以下をみよ。

(122) 高城は、高城［一九八六］三二頁で、パーソンズのヴェーバー批判を紹介し、普遍的理念型と個別的理念型が、ヴェーバーでは区別されていないこと、したがって、歴史的個体と個別的理念型との区別が曖昧で、後者がフィクションではなく、実体化される傾向にある、と指摘する。ところで、パーソンズ自身は、普遍的および個別的理念型を、その上で操作できるようなさらに一般的な行為の理論体系を構築する。Cf. Parsons, 1949, pp. 618-619. パーソンズ［一九七四］二二六～二二七頁をみよ。浜井は、普遍的理念型と個別的理念型を、理想型[1]と理想型[2]にわけ、これをヴェーバーの「両義的性格」に帰し、さらに、ヴェーバーは、後年、普遍的理想型の方へ重点を移すと述べる。浜井［一九八二］二三四頁、三〇五頁をみよ。これにたいし、下田は、理念型を二つに区別し、類的特徴を高昇したものを類的理念型、「発生的性質」を高昇したものを個別的理念型とし、ともに、高昇が理念型のメルクマールであると考える。下田［一九八二］二六二頁をみよ。

(123) 社会学的理念型と歴史的理念型との関係の研究史については、大林［一九九三］一三一頁以下をみよ。

(124) 「平均型」にたいするヴェーバーの「理念型」を、スミスやマルクスの概念論にしたがって「現実型」として統合、再構築すべきである、という意見がある。高島［一九七五］三一四頁以下をみよ。また、ヴェーバーの理念型が、そのフォーマルな定式化にもかかわらず、「……現実の具体的な歴史過程のなかに現れることもある」として、理念型が現実への実存型に移行することを、稲上は指摘する。稲上［一九七四］九五頁をみよ。

第二部　資本主義像の更新

第四章　ヴェーバーにおける「資本主義」——その「楕円的」資本主義把握——

一　二つの資本主義像の対立

本章の表題が示しているように、以下で論じる問題は、ヴェーバーと「資本主義の精神」についてのものではない。もちろん、それも取り扱うが、主要な目標はヴェーバーの「資本主義」概念の問題にある。ヴェーバーと資本主義という問題を設定すれば、当然「プロテスタンティズムの倫理と資本主義の『精神』」[1]が思い起こされ、問題の展開は、その方向で進むであろう。[2]事実、この論文での歴史的逆説の証明は、近代資本主義成立についての以前の常識に多くの反省をせまるものであり、近代の産業資本の独自性を浮彫りにしているといってよい。ヴェーバーにおける資本主義という問題に進むばあいでも、この論文の理解が大前提とならなければならない。だから、われわれは第二節で、この論文を「宗教社会学論集序言」[3]とともに最低限考察するつもりである。本章における問題の限定上、必要なかぎりでそこにおいて得られた結論を要約すれば、以下のようになる。つまり、禁欲的プロテスタンティズムのなかの反営利的な労働倫理が「資本主義の精神」という営利的な労働エートスへと転化し、このエートスが他に類をみない生産的資本主義をつくった、と。彼が主張したいことは、近代資本主義が、その他諸々の資本主義とは異なり、財生産に基礎を置くものであること、そしてそれは営利の社会的禁止（＝労働の社会的奨励）から生まれたということである。おそらく、ヴェーバーは当時の資本主義のなかに存在する職業義務という倫理の終末を発見し、それを歴史的に遡行することにより、まず倫理と営利が相互に浸透し合っている「資本主義の精神」を発見し、ついで反営利的な宗教的生産倫理すなわち「プロテスタンティズムの倫理」に至りついたのであろう。反営利的とは労働奨励的という意味であるから、生産的といいかえてよいものである。だから反営利的な生産倫理を発見することによって、はじめてわれわれは産業資本主義（近代資本主義）の独自性とその由来を十分認識できたといえるわけである。なぜなら、営利の解放がまず商人資本主義を創り出し、それが漸次、生産的性格をもつようになるとは、彼は考えないからである。とにかく、彼のテーゼが、そのような通説的な資本主義成立史にたいする実証的批判であることは明らかである[4]。「人類の歴史とともに古い」営利欲の全面的解放は、近代資本主義をけっしてつくらない、というのである。また財生産に基づかない政治寄生的な資本主義や遠隔地貿易資本から、近代産業資本主義をはっきりと区別し、むしろ、その独自性を認識すべきだ、というのである[5]。

　ところが「プロテスタンティズムの倫理と資本主義の『精神』」やその他『宗教社会学論集』所収の諸論文をさって、ひとたびわれわれが『経済と社会』、『経済史』、『古代農業事情』といった文献[6]に踏み込むやいなや、様相は一変すると、われわれは考える。われわれが『宗教社会学論集』で得た上記の資本主義像は、ここでは、生産にもとづかない資本主義をもふくめた諸資本主義のなかの一つにすぎなくなっている。このことは、資本主義定義の軸が生産からむしろ営利へと移行してゆくことと関係する。たとえば、『経済史』での基本的な分析枠組は近代資本主義成立史というかたちはとりつつも、むしろ営利 vs 家計という二分法である。『経済と社会』では、いまのべた産業資本は、「前期的資本[7]」と同列にならび、広義の資本主義のなかの一類型にすぎない。また『古代農業事情』では、純粋に経済的観点に立つならば、つまり流通経済的営利という観点に立つならば、古代の流通経済のうちかなりの部分を「資本主義的」と特徴づけて不都合はないといっている。一般に、これらの文献では産業資本と前期的資本をはっきり区別する「生産」という視点が著しくうすれ、むしろ、資本主義を「営利」という視点でくくるというほうにつよいアクセントが置かれているのである。つまり、営利活動のなかに資本計算的（＝コスト計算的）なものがあり、それをまず資本主義とよび、そのなかで財生産と市場における販売に指向するものを近代資本主義と呼ぼうというのである。ここでは近代資本主義は、政治寄生的な、また遠隔地貿易的な資本主義をもふくめた資本主義一般のなかに含まれるかたちになっていて、『宗教社会学論集』におけるように、二つの資本主義をはっきりと分別するかたちにはなっていない。概念構成は生産主導から営利主導に移行しているのである。『経済と社会』におけるこのような資本主義像は、われわれが上でみた『論集』での資本主義像とは大きくくい違うのは明らかである。生産にもとづく産業資本主義こそ、時空的に世界のどこにも存在しなかったすぐれた意味での資本主義であり、その独自性を強調しなければならないという立場は、どこへ行ってしまったのであろうか。近代資本をその他の前期的諸資本と同一平面で論じたり、営利という同類項でくくったりしてもいいものであろうか。このような疑問が生じる。というのは、そのような営利主導による資本主義認識では、資本主義にかんするきわめて平板な理解に終始してしまうからこそ、ヴェーバーはかの「プロテスタンティズムの倫理と資本主義の『精神』」を執筆したと考えざるをえないからである。(8) しかしながら、『宗教社会学論集』と『経済と社会』とのあいだに存在する資本主義像のくい違いは、ヴェーバー自身における研究史上の意見の変遷として解決することはできない。ある時期を画して、彼の見解が前者から後者へ、また後者から前者へ移行したというような形跡は存在しない。だとすれば、二つの矛盾する資本主義像のあいだには何らかの納得できる連関があるのではないかという思いが浮んできて不思議はないだろう。ここでわれわれは、ヴェーバーの二つの資本主義像は相互補完的に理解すべきではないかという仮説に、行きつくのである。以下の論述はこの仮説を論証

する。(9)

二 『宗教社会学論集』の資本主義像――自由な労働の合理的組織をもつ市民的な経営資本主義――

われわれは、以下ヴェーバーの二つの資本主義像を、それぞれ『宗教社会学論集』と『経済と社会』とに代表させて取り出してみたい。最初に前者である。このなかで、ヴェーバーの資本主義像の剔出にかんして重要と考えられる部分は「宗教社会学論集 序言」と「プロテスタンティズムの倫理と資本主義の『精神』」である。(10)その理由は、『論集』におけるその他の論文は後者の論文を際立たせるという意図のもとに執筆・構成されている、ということである。また、ヴェーバーがその資本主義概念について、とくに定義的にふれているのは前者の「序言」(11)である。そこでまず、「序言」における彼の資本主義定義を他の著作とも照合しつつ敷衍してゆく。(12)ここでヴェーバーが主張していることは、結論的にはつぎのようにいえる。つまり、経済行為が「ともかく、営業成果の貨幣評価額と営業元本の貨幣評価額の比較へと現実に指向していること」(13)、これを資本主義と定義するならば、資本主義という概念に含まれる経済行為は何も西欧近代に独自なものではない。しかし、西欧近代は、そのような資本主義とは異なった独自な近代資本主義を生みだしたのである、と。いいかえれば、資本主義とは資本計算(＝コスト・ベニフィット勘定)に指向した、すなわち自らのリスクで資本投下を行うところの営利行為であるが、近代資本主義はそれに加えて、何よりもつぎのような、他の資本主義にはない特徴をもっている、ということである。すなわち、「自由な労働の合理的組織をもつ市民的な経営資本主義」というのがそれである。ヴェーバーは、自分にとって中心問題は「形態だけは変化しているが、到るところに見られる資本主義活動そのものの展開といったことではなくて」(14)、このような諸特徴をもった近代資本主義の成立であり、これからそれを解明したい、と主張しているのである。そこで、われわれとしては、『論集』でのヴェーバーの資本主義像を具体化するため、上記の定義で傍点が付されている個所を敷衍、説明する。「自由な労働」、「市民的な」、「経営」そして傍点は付されていないのだが、前後の文脈から考えてむしろもっとも強調されている労働の「合理的組織」である。

まず「自由な労働」にかんしてであるが、ヴェーバーはこれを労働地位（一定のサーヴィスにたいする報酬として存在している、労働利用機会）にたいする専有（報酬の独占的保持）が欠如している状態と定義する。[15] 自由な労働においては、個々の労働者は双務契約にもとづいて、自由に労働力を売り、したがって独占的でない、規制のない労働市場が成立する。自由な労働に対立する状態は不自由労働であろう。このばあい、労働地位は労働者の所有者によって専有されることになる。極端の事例は完全奴隷（譲渡可能）であり、ややゆるやかなものとして隷民（土地とむすびついてのみ譲渡可能）である。一方の極端である自由労働から他方の極端である不自由労働までのあいだには、無限な度合の半自由労働が中間形態として存在しうるであろう。自由労働が存在するばあいにのみ、完全な労働市場が存在するのであるから、労働者の所有者に労働地位が専有される度合が高まるにつれ、労働市場は不完全となってゆくであろう。これが、労働者の所有者が労働地位を専有しているばあいである。ところで、反対に労働者自身がその労働地位を専有（独占的保持）するばあいがある。たとえば、中世の鉱山労働者の団体による労働地位の専有、ツンフトによる専有などが典型であるが、専有の極端なばあいには組合により労働者の人数が制限されたり、労働の支出形態の統制的な固定化が生じたりする。したがって、やはり労働の自由市場は成立することがない。もちろん、専有度の減少につれて、独占的労働統制は弱まり、反対に自由労働市場成立の可能性が増大してゆくことはいうまでもない。二つの極端の中間には無限の事例が存在する。[16] それでは、なぜ自由な労働、すなわち自由な労働市場の成立が重要かといえば、それは、このような基礎の上にのみ資本計算（コスト計算）が可能であり、資本主義の発展が可能となるからである。「ここに『自由なる労働』とは、自己の労働力を自由に市場で売ることが法的に許されているのみならず、経済上かくせざるをえない人々が存在することをいう。かくのごとき無産の、したがって自己の労働給付を売らざるをえない階級がどこにもない場合は、……資本主義の発展が不可能となる。自由労働の地盤の上で初めて合理的資本計算は可能である。というのは、この場合においてはじめて、形式上自由意志により、しかも実際上は飢餓の笞杖に強制されて、身を売るところの労働者が存在する結果として、生産物に対する原価が、定額労賃によって、前以って一義的に計算しえられるようになるからである。(17)」

近代資本主義においては、このような「自由な労働」が合理的に組織されているのであるが、以下に述べる合理的組織とは近代的工場における独自な労働の分割と結合といいかえてよい。ヴェーバーは、近代的工場経営と近代的でない仕事場経営を峻別する。それでは、仕事場経営のスペシフィクムとは何であろうか。仕事場(工房)においては、労働者(奴隷であろうと、ツンフト仲間であろうと)は一つ屋根の下に集められ、同質労働をするだけで、労働が工程別に分割され、異質な専門化が行われ、そのうえで労働の再結合がなされるということはない。すなわち、仕事場生産の場合は、「多くの労働者が並存し、彼らはすべて自立して、同一種類の生産物を産出した(18)」のである。だから、ヴェーバーのいう労働の合理的組織とは、いわゆる単純協業に照応する概念である。それでは、ヴェーバーが労働の組織化をとくに強調する理由は何なのであろうか。仕事場生産にたいする工場生産の特質は、工程別専門化と異質労働の結合であり、そののち、はじめて完成品が産出されるところにある。ということは、工程は相互に緊密に結合し合っているのであるから、労働者も合理的な割合で各工程に割当てられているはずである。したがって、労働者を任意な数だけ雇用ないし解雇するということは、工程の相互連関性を破壊し、経営を破壊してしまうことになるがゆえに、不可能である。これにたいし、労働者の集積にすぎない仕事場生産は労働者の数を任意に増減しうることは明らかである。労働分割と結合という相互連関性がない以上、労働者はいくらでも増せるし、減らせることになる。仕事場(エルガステリオン)は「あたかも鉛塊を分割するように任意に分割することができる。なぜならばこの仕事場は、……労働者の集積であってなんらの専業化もおこなわれていないものにほかならず、特殊化のおこなわれている労働組織ではないからである。[19]」仕事場のこのような性格こそ、持続的経営という工場の性格（ヴェーバーはこれを強調したいのである）とするどく対立するものである。仕事場はいくら巨大であろうと仕事場である（「ニューベリーのジャック」）。工場はいくら零細であろうと工場である（スミスの「ピン・マニュファクチャー」）。問題は労働の分割（専門化）と結合が存在するか、しないかであって、労働者の頭数ではない。そして、この意味での工場を、ヴェーバーは合理的労働組織と呼んだ。[20]

近代資本主義とは、自由な労働の合理的組織をもつ市民的資本主義であるが、この市民的とはなにか。ヴェーバーにおいて、「市民的」とは経済的しかも市場的という意味で用いられる。[21]経済的とは、政治的に対立する概念である。つまり、市民的資本主義とは一方で、あくまで平和な営利機会に指向し、「交換の可能性を利用しつくすことによって利潤の獲得を期待する[22]」ところに成り立つような経済行為である。だから、この「経済的」に対立する「政治的」資本主義と対照することができる。「徴税請負的な資本主義企業」や政党資金、戦費などの「資金調達的な資本主義企業」は、政治という支柱を不可欠とするわけであるから典型的な政治的資本主義である。これらも資本計算をともなう以上、資本主義的ではあるが、経済的ですらないのだから、市民的というには程遠い。だとすれば、投機的な「商人的資本主義」や「高利貸資本」などは、一応、経済的という要件を満たしているのだから市民的であろうか。否である。なぜなら、市民的とは、一方で経済的であるとともに、他方では市場的でなければならないからである。市場的とは、日用品中心の商品市場へ指向するということにほかならない。それも、生産と消費に直結した小商品市場である。ヴェーバーによれば、資本主義の商品市場的性格（だから市民的性格）は、西欧の中世工業都市から形成されたという。中世都市は、手工業者たちの職業別ツンフトの拠点である。彼らは周囲に広がる農村と一線を画し、工業製品の独占的生産・販売の特権をもっている。したがって、彼らは都市を中心とした局地的な市場において、自分たちの工業製品を農村からの農産物と交換していたのであり、中世都市が存在するところには局地的な農工分業が存在している。つまり必需品中心の商品市場が存在する。「中世の市民層の関心――少数の大都市は例外。少数の大都市は海外との諸関係を商業や植民を通じて利用する――は、局地的ならびに局地間の商品販売を平和的に拡張する方向にむけられており、その事情はずっとかわらない[23]。」これが中世都市の市民的性格である。ヴェーバーはいう、「》市民《は中世においては当初から》ホモ・エコノミクス homo oeconomicus《である[24]」と。この性格は、時代とともにますます増大する。都市と農村との農工分業の漸次的増大（市場の拡大）によって。中世都市から明瞭に現われてくるような、中小の商品市場を通じた平和的な営利機会の利用、これが市民的ということの意味である。

最後に、「経営資本主義」の「経営」について述べる。ヴェーバーによれば、経営とは「一定の種類の継続的目的行為[25]」のことをさす。だからもう一方で、経営資本主義に対立する概念として、当座的な資本主義企業が想定できる。ヴェーバーは、近代西欧に独自な経営資本主義にくらべると、時空を問わず存在した資本主義は基本的に当座的な性格をもち、経営的性格をもたないと考える[26]。当座とは、どういうことであろうか。あまねく存在する資本主義の活動の動機は、営利そのものである。つまり金儲けである。これに最適な方法は、たとえば、その時々にブームとなっている商品、その他偏在する営利の機会に手を出すことであろう。だが、ブームは一時的で、やがては消え去るものである。企業活動はいったん停止する。だが、そのばあいには、他のブームへ乗り移ればよい。企業は、はじめから一定種類の目的行為をめざしてはいない。このようにして、ブームからブームへと企業活動を乗り継ぐことにより、営利をめざすこと、これが「冒険者的」また「商人的」資本主義の特徴であり、したがって、その活動は経営的・技術的観点からみて、当座的、不連続的性格をもたざるをえない。このような時間的連続性とともに、技術的連続性というものが、経営のもう一つの本質である[27]。つまり異質労働が相互に結合され、しかもそれが物的生産手段（＝固定資本）と継続的にむすびつく、ということである。結合のこのような物的必要性が経営を永続化の方向に進ませ、したがって、固定資本の割合を増加させうる。経営資本主義は、固定資本に投資し、それを安定的な市場からの利潤を通して長期にわたり継続的に回収しようとする（生産経営）。これは利潤をもとめて狂奔し、固定資本に投資しない冒険者型資本主義とは、きわめて対照的である。ところで、このような近代の経営資本主義の成立はどのような歴史的連関によるのだろうか。

つぎに、労働組織の起源と営利の抑制の問題に移る。「序言」につづく「プロテスタンティズムの倫理と資本主義の『精神』」においてヴェーバーが強調したことのうち、ここでとり上げる事柄には二つある。第一は、労働組織という近代の資本主義に独自なるものは、歴史的には、通説のごとく営利欲の解放に附随して成立してくるものではないということである。反対に、禁欲的プロテスタンティズムの倫理のもつ反営利的性格――すなわち労働義務的性格――が、専門職業へとひたむきに従事する人間類型を大量につくり出し、このような人間たちが、はじめて、分割され結合された労働組織の運営を可能にしたということである。(28)いかに「ひたむき」であったかにかんして、ここでその事例を示すわけにはいかないが、なぜひたむきであったかについては指摘できる。つまり、プロテスタントにとって救いは――いいかえれば、選ばれたものとしての自己確信は――自己の職業労働への専念と等号で結ばれていた。聖意にかなうものとしての職業義務の思想は、明らかに宗教改革の産物であり、ヴェーバーは、この思想のいわば世界史的意義を強調する。世俗的日常労働の尊重という思想は、中世にも古代（後期ヘレニズム時代）にさえも、萌芽の状態であるとはいえ、存在した。しかし、「次の一事は無条件に新しいものであった。即ち世俗的職業の内部における義務の履行をおよそ道徳的実践のもちうる最高の内容として重要視したこと、これである。このものこそが、その必然の結果として、世俗的日常労働に宗教的意義を認める思想を生み、そうした意味での職業概念を最初に作り出したのである。(29)」各人の世俗的職業労働、すなわち分業にもとづく職業労働の成果が交換を通じて「隣人愛」の実現に貢献するという、ルターの思想は周知であろう。ところで第二に、合理的労働組織の成立にかんして、カルヴィニズムの「隣人愛」は、ルター派をさらに決定的な点で前進させた。つまり、ルターによってはじめてつくり出されはしたが、彼のなかでは不確定にとどまっていた思想――神の栄化にかんしては、職業労働への献身的従事を最優先順位と考えるとする思想――を、カルヴィニズムのばあいは、いまやその倫理体系の中心にすえたのである。さらに重要なことは、職業を通した隣人愛の思想は、カルヴィニズムのばあいには、独自な事物的、非人間的な性格を帯びるにいたったということである。

「『隣人愛』は――被造物でなく神の栄光への奉仕でなければならないから――何よりもまず lex naturae（自然法）によってあたえられた職業の任務を履行することのうちに現われるのであり、しかもそのさい、それは特有な事物的・非人間的な性格を、つまり、われわれを取り巻く社会的秩序の合理的構成に役立つべきものという性格を、帯びるようになる。(30)」

労働組織成立の観点からいえば、職業義務という思想の重要性もさることながら、それにおとらず重要であったのは、ここで指摘された職業遂行の事物性・非人間性であった。人間的情誼への顧慮を受け付けず、特定した目標に向かって、技術的に最良の方途や実際的な確実性・合目的性を尊重する合理的な態度、そういう意味で非人間的な態度、これこそ近代に独自な「職業人」の態度であり、カルヴィニズムは職業義務の思想と同時に、組織労働の運営にとって不可欠なこのような人間類型をもつくり出したのであった。

さて、このような経済的職業人が労働組織に組み込まれ、生産物を市場で交換するやいなや、営利の処遇という問題が彼ら自身のなかで起こってくることは、商品世界が存在したかぎり、必然であった。職業人を形成する禁欲は「資本主義の精神」へと転化する。この転化を媒介したのは、ヴェーバーによれば、バクスターの職業にかんする原則である。バクスターは職業の有益の程度、したがって神によろこばれる程度の基準を三つあげる。それは、「第一に道徳的基準であり、つぎに、それの生産する財の『全体』にたいする重要性という標準であるが、さらに第三の観点として私経済的『収益性』がつづくのであり、しかも実践的にはこれがもちろんもっとも重要なもの」であった。[31] つまり、有益な職業実践から得られた正当な営利は、隣人愛の成果として認められるだけでなく、その獲得にはげまなければならない目標となった。このようにして、宗教的倫理の隙間にわずかに入り込んだ営利心が、倫理のなかで正当裏に自己増殖を始める。それとともに、倫理という宗教的色彩が薄れはじめるのは、事物の自然であろう。宗教的基礎づけが欠落し、意識されなくなったところに典型的な「資本主義の精神」が現われ、それがあのフランクリンの処生訓である。[32] ここでは正直、勤勉、質素といった世俗的倫理の実践と営利の獲得が、分かちがたく結び合っていて、しかも宗教的色彩は、もはや存在しなくなっている。ところで、この営利心は、その自己増殖をこの段階で停止することはなかった。営利欲求は、この世俗的倫理にさらにくい込み続けてゆく。宗教的生命に満ちた一七世紀は、貨幣利得に関する「パリサイ的な正しさ」[33] とヴェーバーが評した功利主義を、次の時代に遺産として残したのであった。時代がさらに下り、産業革命の開始に至れば、いいかえれば勝利をとげた資本主義が機械装置の基礎のうえに立った時には、自己増殖を続けた営利は倫理のすべてを食べつくしてしまい、そのときに至れば、こんどは逆に、倫理とは無縁な営利活動が開始され、「スポーツの性格」を帯びた営利競争が始まると、ヴェーバーは結論する。[34]

これが、ヴェーバーによる営利の倫理への、いわば浸蝕過程である。しかし、ここで注意したいヴェーバーの論点のもう一つは、営利の抑制である。たしかに、この過程は営利の倫理的奨励（資本主義の精神）に至るのではあるが、それでは、近代資本主義における営利と非合理的資本主義における営利との対立はどこに存在するのであろうか。この対立は、一方が無際限の営利欲なのにたいし、近代資本主義の営利欲は、道徳的倫理に媒介された営利心であるということが、もちろんいえるであろう。[35] それに加えて、「資本主義の精神」は、たしかに営利の積極的奨励ではあるが、同時に非合理的資本主義の営利欲と比べたばあいには、むしろ営利の合理的抑制といえるのである。

「無際限の営利欲は決して資本主義と同じではないし、ましてや、資本主義の『精神』と同じではない。資本主義は、むしろ、そうした非合理的な衝動の抑制、少なくともその合理的な調節とまさしく同一視さるべきばあいさえありうるのである。[36]」

つまり、「営利せよ、営利せよ」とはいっても、それは営利へ向かってやみくもに走り回ることではなく、むしろ正当で適正な産業利潤の獲得を意味し、利潤量の増加といっても、機会に乗じて価格をつり上げるような利潤獲得ではなく、正当な商売の拡大を通しての利潤量の増加を目標とする種類のものであった。非合理的資本主義が関心を示したのは、これと正反対の方向（類型的にとらえれば）であったのはいうまでもない。

三　『経済と社会』の資本主義像——資本計算にもとづく営利的な流通経済的な資本主義——

われわれは、つぎに『経済と社会』における資本主義像の考察に進むが、そこでの主要な論点は、営利と家計である。われわれは前節で『宗教社会学論集』の資本主義像をみた。そして、そこでの像こそヴェーバーの真に強調したい資本主義像であるというのが、通説である。われわれは、これが限定的に正しいと考える。では、無限定に正しくはないという理由は、どこにあるのか。

いいうることは、前節におけるように、資本主義を合理的（近代的）なものと非合理的（前期的）なものに分割し、両者を絶対的に対立させて構成する資本主義概念では、ヴェーバー解釈という観点からいって、一つの困難が生じる、ということである。すなわち、この資本主義概念では、ヴェーバー社会学の両輪の一方である『経済と社会』を十分に理解しつくすことができない。できる部分は、もちろんある。しかし、『経済と社会』における動かしがたい事実とは、二つの資本主義を断絶的に対立させるような概念構成とは全く異なるもう一つの概念構成法が存在する、ということである。以下、このことを論証する。最初に、『論集』における資本主義像との齟齬の実例を示す意味で、『経済と社会』の資本主義像をヴェーバー自身が要約したと解釈できる『経済史』における「資本主義」について取り上げてみたい。

ヴェーバーは、『経済史』において、一切の経済の二つの根本類型は「営利」と「家計」であるという。家計とは、経済行為が自己の欲望充足をめざして行われることをさす。また営利とは、経済行為が利潤チャンスを、しかも交換による利潤獲得チャンスをめざして行われることをさす。われわれの問題上重要であるのは、営利のほうである。さて、営利活動を担う組織は企業とよばれる。企業（資本主義的）とは、交換によって利潤を獲得しようとして市場機会を指向して行われる営利経済のことである。このような企業には、当座的なものと持続的（経営的）なものがある。企業の目標は、もちろん収益である。すなわち、費用として要した金額よりも大きい金額を最終的に獲得すること、である。このような計算を資本計算という。資本計算が一般的になると、生産と財の交換はこれに指向するようになる。[37]ヴェーバーは『経済史』において、企業活動についてこのように述べているのだが、このなかの持続的経営というものは、その内容にかんするかぎり、「自由な労働の合理的組織をもつ市民的な経営資本主義」のことである。なぜなら、財生産と交換が資本計算に基づいて行われるという必要条件が満たされているからである。ところで、われわれの関心というのは、このような彼の資本主義および近代資本主義にかんする概念構成は、前節での構成とは次の意味で全く異なるということである。すなわち、ここでの概念構成はむしろ、経済的営利一般の意味をまず限定し、ついで市場的営利を限定し、これを近代資本主義と考えるという形式をとっている。いいかえれば、資本主義の本質を企業（すなわち資本計算）にみて、それに加えて企業のなかで近代に独自な企業の本質を財生産（すなわち経営）にみよう、と彼は論理展開する。『論集』における資本主義の強調符は経営（生産）であったのにたいし、ここでのそれは、企業（営利）である。資本主義一般と近代資本主義とのあいだの深い断絶を強調し、営利の否定からはじめて労働制度が生まれ、これこそ近代に独自なるものであるという基調はここでは全く希薄となっている。むしろ二つの資本主義は、営利を基調に連続的に繋がっているかのごとく定義しているのである。

いま少し事例を示したい。ヴェーバーが資本主義の概念について考察している個所に『古代農業事情』の「序説」がある。彼の論旨は、カール・ビューヒャーとエドアルト・マイヤーの論争を調停するという意図のうえに存在する。ビューヒャーが古代社会の経済構成を本質的には〝オイコス〟であると規定したのにたいし、マイヤーはむしろ〝資本主義〟としてとらえようとする。一部感情的となった論争を解きほぐすために、ヴェーバーは二人の用いるオイコスおよび資本主義という概念を定義し直すことから議論を開始する。ここで問題としたいのは、資本主義概念のほうである。ヴェーバーは、定義というものは自由になされてよいものであるが、際限なく自由になされてよいものではないといい、資本主義について、次のように限定する。

「問題は》資本主義的《という概念をいかに限定づけるかにある。この限定づけが種々さまざまにおこなわれうることは当然である。しかしどのように限定づけをおこなおうとも、つぎの一事だけは間違いないものと考えてよかろう。それは、いやしくも術語というものがなんらかの識別的価値を持たなければならないとするならば、》資本《のもとに理解さるべきものはつねに私経済的》営利資本《でなければならない、ということである。いいかえれば、資本とは財貨の流通裡で》利潤《の獲得に用いられる財でなければならない、ということである。それゆえともかくも経営が》流通経済的《基礎をもっていなければならない。換言すればすなわち、一方において生産物が（すくなくともその一部について）取引の対象となるということ、他方においてさらに、生産手段が取引の対象であったということ、この二つの条件が存在していなければならない。(38)」

ヴェーバーのこのような資本主義定義には二つの意味がある。第一点は、「人格法的な支配をうけている者をたんなるレンテンの源泉、貢納の源泉、手数料の源泉、として領主《グルントヘル》が利用するいかなる形態も、資本という概念にはふくまれない」(39)ということである。このばあい、領主は土地と農民を財産として利用し、そこからレンテン（利子）を獲得している。すなわち、資産を家計的に利用している。領主がレンテンを引き上げ、収入を増やそうと配慮しても、その計算はけっして、資本計算という範疇には属さない。それはむしろ、家計計算である。なぜなら、土地も農民もともに自由な取引のうえにはなく、したがって、それらは資本財ではないからである。ここでは資本主義（＝営利）は、家計という経済行為と鋭く対比させられているということ、これがまず第一点である。第二点は、上で指摘された諸条件が満たされるばあいには、たとえ不自由な労働を使用したとしても、経営は、経済的に見たばあい、資本主義的である、ということである。「購買奴隷をもちいておこなう経営……であって、自己の所有地または賃借した土地においておこなわれる経営は、経済的にみたばあいもちろん》資本主義的《経営である。なぜならば土地と奴隷とは自由な取引の対象であり、うたがいなく》資本《であるからである。(40)」したがって、ここで資本主義という概念が要求することは、資本計算があるか否かということにつきるのであって、とくに近代に独自な（たとえば、自由労働を必須条件としてもつ）生産様式としての資本主義ということではない。反対に、それが指示するものは、企業としての資本主義といってよいだろう。ヴェーバーが主張したいことは、資本主義は自由な労働の合理的組織をもつ市民的経営企業であるばあいもあるが（近代のように）、また不自由労働、すなわち購買奴隷を使用し、ある程度の合理性まで到達した労働組織をもつ企業であるばあいもある、ということである。つまり「資本主義」だけをとってみれば、この概念は、彼においては近代を特別に限定する（自由労働にもとづく経営）ようには使用されてはいないということ、これである。ヴェーバーはつぎのようにいう。

「今日では、》資本主義的経営《という概念を、……》自由人の《労働をもってする永続的大経営、という方向において解釈するのが通例となっている。なぜならば、このような経営様式こそ、近代》資本主義《独自の社会問題を発生させている当のものだからである。そこでこの立場にたって人々は古代にたいして、》資本主義的経済《の存在およびその支配的意義を否定しようとした。

しかしながら、もし人々が、》資本主義的経済《という概念をつぎのように理解するならば話は別である。すなわちこの概念を、他人の労働を》自由人《労働者との契約によって利用するという特定の資本利用方式に理由もなしに局限するのでないならば、したがって社会的視点をもちこむのでないならば、そしてこの概念を純経済的内容のものと考えるならば、そしてこの概念を取引の対象としての所有物が私人によって流通経済的営利のために利用されるばあいにいつでも通用させるならば、古代史のすべての時期――そしてまさに》最も偉大な《時期――がきわめて強度に》資本主義的な《特徴をもっていたということはまったく確実である。(41)」

以上のように、ヴェーバーにおける資本主義は、この『古代農業事情』においても、上記の『経済史』におけるのと同様である。すなわち、資本主義とは営利として家計に対比される経済行為であり、そのうちで資本計算を――ここでの用語では、生産物と生産手段が資本財として調達されるとされている――ともなう経済行為なのである。このような企業としての資本主義にはやはり、不自由労働を利用する形態もあり、自由労働を利用する形態もある。また労働組織をもつもの、もたないもの、もつもののなかでも合理的な労働組織、あるいは非合理な労働組織をもつものなどが存在しうる。さらに市場へ志向しているか、政治へ志向しているか、経営は当座的であるか、持続的であるかなどの指標が加わる。そして近代資本主義は、「自由な労働の合理的組織をもつ市民的な経営」企業である、と彼は規定する。それは、企業という側面では人類の歴史とともに古い企業と同じであるが、経営という技術的連関をもっていて、商品市場へ志向し平和的な交換で利潤を獲得しようと努め、しかも自由労働という労働制度を用いる、と定義される。[42]要するに、家計にたいする営利という枠組みをまず基礎において、それからこれを近代資本主義に向かって、段階的に規定してゆく、という論述方法を採用している。概念構成は、したがって営利主導であって、経営資本主義も経営企業という側面が前面に出されている。『経済と社会』においても、まさにこのことが指摘できるのである。

ヴェーバーにとって資本とは何かという問題にかんして、『経済と社会』から資本財と商品の区別を論じている個所を、さらに取り上げてみたい。[43]ヴェーバーは、家内工業、氏族工業、部族工業などの生産物が種族間で販売されるばあい、それらの生産物は、資本財とは区別された意味での商品であるという。その論理は以下である。まず、これらの工業における生産物は、欲望充足を目的に生産されたものであり、家計的な財である。そののち、これらのうちの余剰分が営利獲得をめざして種族間で販売されたとしても、生産と販売は、資本計算という観点からみて、偶然的にすぎない。つまり営利獲得へ関係している販売であっても、この販売は「貨幣獲得機会を前もって評価するという指向をもちえない」[44]種類のものである。そのような商品には、合理的な資本計算が原理的に欠如していると、彼は考える。「しかるに、旅行してまわる職業的な商人になると、かれらの売るのが自分の商品であれ、コメンダ契約による商品であれ、またゲゼルシャフト的にあつめられた商品であれ、そこにはじめてほんらいの資本主義的要素がはいってくる。」[45]コメンダは当座的企業という性格をもつものではあるが、はじめて資本計算が経済行為に原理的にはいり込んでくる。だから、これは資本主義（企業）の萌芽形態といいうる。ヴェーバーによれば、農業部面にかんしても同じことがいえる。領主制的にレンテ源として利用された人間は、領主の資産であって資本ではない。これにたいし、上でみたように、購買奴隷を経営において労働力として利用するばあい、人間は資本財である（近代の労働者も同様）。つまり、後者は資本主義的経営といいうる。なぜなら、奴隷市場が一方で存在し、他方で生産物市場が存在する結果、経営における事前のコスト計算、資本計算が可能となるからである。(46) つまるところ、『経済と社会』のヴェーバーにとって重要なことは、経済行為が欲望充足をめざし、家計的に行われるか、利潤をめざし、営利的に――合理的なばあいは資本計算をともないつつ――行われるか、の区別である。経営的か、否かという観点は背景にしりぞく。この区別が終了したのち、営利のなかで資本計算が原理的になるばあいは、その経済行為を資本主義的と名づけるのである。

このように、ヴェーバーは資本主義をあえて「会計的に」(47) とらえることによって、『経済と社会』のあの「『資本主義的』営利指向の典型的な方向」という個所が執筆できたのだと、われわれは結論する。そこでは、六つの資本主義的営利の方向が述べられている。(48) そして、それらを「資本主義」と規定しているのは生産的であるか、否かではなく、資本計算的であるか、否かである。したがって、合理的な近代資本主義といえども、商人的投機資本主義、戦費融通の目的をもつ資本主義、プランテーション経営による資本主義、徴税請負的資本主義、高利貸資本主義および近代の金融資本など非合理的資本主義のなかの一類型にすぎない。というのは、これらはどれも資本計算に立脚した営利活動という性格をもつものだからである。したがって、それらはすべてたんなる営利衝動ではなく資本主義である。もちろんヴェーバーは、合理的資本主義と非合理的資本主義との相違に強く注意をうながしている。(49) だが、前者は自由労働にもとづく経営という性格をともなうが、資本主義（＝企業）であって、自由労働経営（生産）という観点では対立するが、資本主義（企業）という観点では同一範疇に属する。近代資本主義は経営企業ともいえるし、企業経営ともいえる。しかしながら、資本主義という用語に定義に限定して、それは何かと問うならば、それは「企業」とい

うことである。(50)

四　新たな概念装置としての Flüssigkeit および Übergang
——流動的対立、あるいは緊張と移行——

われわれは第二、三節において、ヴェーバーの二つの矛盾する資本主義概念構成を確定したが、その対立の論点を整理してみる。『宗教社会学論集』での資本主義は、「自由な労働の合理的組織をもつ市民的な経営資本主義」であった。これは、生産力的資本主義といいかえることもできよう。すなわち、富のたんなる移転による営利獲得といういみでの「前期的資本」ではなく、富の創造による営利獲得という意味の産業資本主義である。(51)『論集』では、ヴェーバーは、後者の資本主義を非合理的・前期的資本主義にきびしく対立させ、真に資本主義といえるのは前者のみであるとしたことは、上で考察したとおりである。これにたいし、『経済と社会』の資本主義像は、全く異なっていた。そこでの資本主義規定のメルクマールは、資本計算をともなう営利か、この計算をともなわない営利か、ということであった。資本計算をともなうというのは、原価《コスト》計算を企業家が意識しているか、していないかということである。(52)だから、『経済と社会』での資本主義規定においては、『論集』では決定的であった生産による営利とか富の創造による営利というメルクマールは、原理的問題とはならなくなっている。経営資本主義も、資本計算をともなうものとして、その他の経営的でなく、非市場的な資本主義とともに、同じ資本主義の一類型である。前節で例としてあげた種々の資本主義は、資本計算という視点で同列に——対立なしに——ならんでいるかのようである。このような二つの異なる資本主義概念構成は、ヴェーバーにおける研究過程上の矛盾なのか。そうでないとしたら、何らかの論理的一貫性があるのか、というのがわれわれの問題である。

論理的一貫性が存在し、それは新たな概念装置から了解できるというのが、われわれの主張である。つまり、『宗教社会学論集』での対立も実は、合理／非合理二つの資本主義の分断ではなく、『経済と社会』の資本計算という観点による諸資本主義の同列化も、合理／非合理という対立なしの同列視ではないということである。これはどういうことか。ヴェーバーによれば、二つの資本主義は絶対的に――つまり、分断的に――対立しているのではなく、「流動的に」対立しているという。したがって、そこには「緊張」と同時に、中間形態を通した「移行」が考えられるとされる。ヴェーバーは『論集』の「序言」においても、合理的、非合理的という二つの資本主義の対立をさまざまな観点から、強調したあとで次のようにいう。

「このような相違（対立）は、もちろん、絶対的であるかのように考えてはならない。政治を指向する（とりわけ、徴税請負的）資本主義からでも、古代地中海地域や古代オリエント、さらにまた（旧――訳者）中国やインドでは、合理的な持続的経営がたしかに生まれており、その簿記は――ごくわずか断片的にしか知られていないが――『合理的』な性格のものだったようである。さらに、政治を指向する『冒険者』的資本主義は歴史上、合理的な経営資本主義の発生過程ときわめて密接な関係をもっており、近代の諸銀行はたいてい戦争遂行を動機とするそのような政治的な営業から生まれてきている。……つまり、対立といっても、両者の関係はもちろん流動的なものだった。が、対立はたしかに存在したのである。[53]」

絶対的対立（すなわち、分断）というのなら理解しやすい。なぜなら、近代資本主義は生産様式としての資本主義であって、他の生産様式に寄生し、そこでの剰余労働の転化形態として前期的利潤を抽出するたんなる資本一般とは、経済学的性質を全く異にするといえるから。しかし、流動的対立ということになると簡単ではない。この方法の理解

には、ヴェーバーに固有な概念論の理解が前提となる。(54)

ヴェーバーの用いる概念装置について、まず模式的に述べてみたい。一般に、概念は一義的であるべきだと考えられる。すなわち、日常言語は多義的であるが、概念は、そこから出発して、その言葉の核心を徐々に厳密に再定義しようとする。こうして日常用語は、学問用語として有効になる。だから、一つの概念には一つの意味の核が対応しているのである。これが一般的な概念のイメージであろう。ところが、ヴェーバーが「流動的対立」、「移行」あるいは「緊張」と規定するときに用いる概念装置は、一つの概念に二つの正反対の意味の核が対応する種類のものと考えられる。たとえてみると、前者の概念のイメージは、円とその中心と考えることができよう。このばあい中心とは、意味の核（本質）であって、円周は意味の限界である。つまり、中心から円周までは概念のもつ意味の範囲であって、円周はその限界である。だから、これを超えると、その対象はもはやその言葉では表現しえなくなる。これにたいし、ヴェーバーの用いる概念は、復中心的な楕円概念である。円周と意味、中心と意味との関係は、上の円概念と等しい。ところが、この概念装置には、楕円的であるがゆえに、その中心は二つ存在する。したがって、意味は、二つの異なる核心に向かって定義されることになる。しかも、二つの意味は、ある一点で決定的に対立するように定義されなければならない（なぜなら、対立しない定義を行うとしたら、それは円概念だからである）。しかし、異なる二つの意味の核心は、楕円という円周で包囲されているかぎり、全く別の二概念、つまり、楕円の二つの中心が離れだし、ある地点で楕円が耐きれず分離し、二つの円概念になってしまうということになるわけではない。楕円であるかぎり、反発力とともに求心力も働くのである。(55)

さて、ヴェーバーは、資本主義についてもこのような概念装置を念頭に考えているのではないか。近代資本主義と非合理的前期的資本主義との関係は、われわれが上で円概念と名づけた概念装置で考えれば、疑問は湧かない。二つの資本主義は、構造上全く別ものであるから、近代資本は、その意味にしたがって定義され、また前期的資本は、その意味にしたがって定義される。二つの概念は、相互に離れ合って、二つの全く別種の概念として存在する。これにたいし、複中心的な楕円的概念を用いて考えれば、一方の核に近代資本が、他方の核に非合理的・前期的資本が定義されることになる。ヴェーバーにおいては、二つの資本主義は、円概念におけるように二つの全く別の（分断的）概念とは考えられていないと、われわれは主張する。これらは、一つの楕円のなかの二つの極限形態である。それでは、楕円として二つを近づけ合っている力はなにかといえば、それが前節で考察した「資本計算」である。非合理的資本といえども、たんなる営利衝動ではなく、そこには資本計算が存在していた。この計算が原理的に存在しない営利活動は、ヴェーバーのいう資本主義ではない。しかし、資本計算という相互を近づけ合う力だけでは二つの中心はいずれ一つになってしまうだろう。そのばあい、近代資本主義と前近代資本主義との緊張という問題も消滅してしまう。これは、われわれの採る立場ではない。そこで、二つを対立させ合う力はなにかといえば、それは生産的・市場的（つまり、商品市場的）という観点である。近代資本は、資本主義企業であるが、生産的かつ市場的経営資本主義であるのにたいし、非合理的資本は、生産的でなく市場的でない冒険者型資本主義である。この観点において、二つは鋭く対立して融和することはない、とヴェーバーは規定する。しかし、どちらにも資本計算が存在し、したがって資本主義的であり、家計的な営利とは、このかぎりで、異質である。資本計算的という性格で接近するが、商品市場という性格では対立し合っている。逆に商品市場の観点で対立しているが、資本主義的営利という観点では同盟し合っている。このような対立的相互連関を、ヴェーバーは「緊張」と呼んだ。つまり、近代資本主義と前期的資本とは緊張関係にある。ヴェーバーは、二つを all or nothing の関係としてとらえてはいないのである。

さらに彼は、両者が流動的に相互移行すると考える。流動的であり、移行しているという意味は、円概念のばあいに示したように、二つのものが、異質で相互連続性がないというのではなく、対立関係にありつつも、二つのものは連続しているという意味である。たとえば、われわれは、しばしば半自由人、半所有状態、半資本主義という概念を研究上使用せざるをえない。そのばあい、半自由人とは、完全自由人とはいえないが、さりとて完全奴隷ともいえない状態、半所有というのも、所有と非所有との中間状態である。また、半資本主義的とは、資本主義的と非資本主義的との中間状態をさすといってよいだろう。つまり、対立する二つのものの性質を半分ずつ備えた状態として、半何々を用いているわけである。あえて数量化すれば、完全なかたちの資本主義を一〇〇％とすると、半資本主義的は五〇％ということになろう。とすれば何も「半」に——すなわち五〇％に——限定する必要はないのではないか。完全な自由人を一〇〇％自由人とし、完全な奴隷を一〇〇％奴隷とすれば、五〇％という半自由人（したがって半奴隷）という中間形態だけではなく〇％から一〇〇％まで、自由人度あるいは奴隷度を連続的に、切れ目なく確定できる。(56) そして、その連続のなかの任意の数箇所に特定の名称を付けることができる。対立するもののあいだの連続的なつながりということ、しかも純粋型においては、二つは類型としてもっとも鋭く対立しているということ、これがヴェーバーのいう「緊張」であり、「流動的移行」の意味するところである。

ヴェーバーが、経営資本主義と冒険者型資本主義の対立は、絶対的なものではなく、両者の関係は「もちろん、全く流動的なものであった」というのも、まさに、この事態をさしている。前者は生産的市場的（つまり、商品市場的）である。純粋型のばあい一〇〇％そうである。後者はこの性質をもたない。純粋型のばあい一〇〇％もたない。しかし、生産度また市場度（商品市場度）は、半という五〇％の中間状態をふくめて、さまざまな度合が指定可能であろう。二つは、全く対立していると同時に、また流動的に移行しているのである。理念型とは、この行論のかぎりで、一〇〇％の純粋型のことである。われわれは、それを用いて現実の資本主義の偏差を識別する。(57)

以上の論述で、経営資本主義と冒険者資本主義の流動的移行および対立、緊張という事態は、図式的には明らかになったと信じる。またヴェーバーは、両者を極限的ケースとする複中心的な楕円概念そのものを、資本計算という観点から資本主義という用語で包括していたことも明らかになったと思う。だが、ここで誤解してはならない点は、このような資本主義概念から、ただちに資本主義が、歴史的にいって、やはり流通の地盤から誕生した、と結論することである。非合理的・冒険者的資本と経営的・生産的資本とが連続的に移行しているととらえれば、どうしてもこの考えを歴史に投映し、遠隔地間の古い商品流通から資本が誕生し、それがしだいに生産過程をつかみ、近代的産業資本に成長すると推論してしまうだろう。もちろん、ヴェーバーはけっしてそのようには考えていない。これは『宗教社会学論集』の全叙述で明らかである。それでは、二つの資本主義の境界は全く流動的であると結論づけて、移行の側面（すなわち、資本計算、企業の側面）を強調する『経済と社会』での把握と、両者の断絶の側面（すなわち、経営の側面）を強調する『論集』での把握とは、どのような積極的連関があるのだろうか。われわれは「エートス」論視点と「形態」論視点のどちらを優先すべきなのか。いいかえれば、『経済と社会』と『宗教社会学論集』との連関は、いかなるものか。どちらかが彼の基本的な著作で、他方は補足的であるとはけっして考えられない。『経済と社会』と『宗教社会学論集』は、やはりヴェーバー体系の両輪である。ここまでの行論においては、資本計算の側面をあえて強調してきたが、もちろん、われわれは『論集』における次の指摘を基本的に重要と考えるものである。

「掠奪的な営利と工場経営による営利というようなまったく異質的なことがらを同一の範疇に属せしめたり、さらにまた、およそ貨幣利得追求の努力すべてを、同じ営利でも他の形態とは対立の関係に立っているような〔厳密な意味での――訳者〕資本主義の『精神』と同一の名称でよんだりすることは、私にはどうしても当をえたことは考えられない。というのは、後者のばあいには、概念の厳密さがまったく失われてしまうし、前者のばあいには、何にもまして、他の営利の諸形態と比較しつつ西洋の資本主義に独自なもの〔たとえば、労働組織のことである〕を浮彫りにしうる可能性が失われてしまう、と私には思われるからである。(58)」

問題を解くカギは、前段で引用した「対立といっても、両者の関係はもちろん流動的なものだった。が、対立はたしかに存在したのである」ということばの後に続く個所にある。すなわち、

「合理的な労働組織を創り出したのは、大発起業者や金貸たちではなく、また……金融的・政治的資本主義の代表的な担い手、つまりユダヤ人などでもなかった。それらを成しとげたのは、（類型的にとらえれば！）それとはまったく別の人びとだったのである。[59]」

ヴェーバーはここで、理論的にみれば、二つの資本主義は対立しつつも流動的に移行しうるし、資本計算という側面では同一範疇に属すと示唆したあと、合理的労働組織つまり近代経営資本主義の起源は、歴史的にみれば、営利の伸長とは全く別な系譜をもっている、と言明しているのである。反営利的勤労から営利の精神への転化の道がそれであって、われわれはそれを第二節でみた。

結論を総括すれば以下のようになるであろう。反営利的労働による「隣人愛」をめざした行為に、その証明としてバクスターのあの収利性への積極的評価が加わり、この指標こそが生活実践上、最重要となるにつれ、倫理という円と営利という本来離ればなれであった二つの円は、接近を始める。このばあいの倫理とは、産業労働すなわち経営であり、営利とは、資本主義すなわち企業活動のことである。プロテスタンティズムが、フランクリンの「資本主義の精神」にまで到達し、[60] さらに近代資本主義が、この精神の支柱を、もはや必要としなくなったとき（産業革命の開始時）、接近しつつも互いに独立していた二つの円は、一つの楕円を形成するに至る。生産的エートスが支柱として近代資本主義に作用を及ぼさなくとも、生産力の体系としての資本主義は自己回転を開始し、一方に資本家を、他方に労働者を自分自身で再生産するに至ったとき、近代資本主義は、今度は営利の体系、資本計算の体系として、非合理

的資本主義とともに、復中心的な楕円的資本主義コスモスを形成することになった[61]。

ところで、さらに二つの中心が接近したならば経営としての資本主義は結局、企業としての資本主義に埋没してしまい、単一中心の円になってしまうであろう[62]。だが、二つの資本主義の間には生産（商品市場）という対立の観点が、依然として一方で働いているのであって、これが二つの中心を二つの中心たらしめているのである。非生産的営利にたいする対立は、プロテスタンティズムの成立以来、倫理と精神が担ってきたのであったが、近代資本主義が自らの足で立って以来、いまでは機構がそれを担っている。人びとは、もはや倫理を意識する必要はなく――生産的営利を意識する必要はなく――、ただ営利獲得を意識するだけで、それは生産的でありうるようになった。というのは、近代資本主義は機構上生産的であるのだから。ここに至れば、近代資本主義も資本計算をともなう経営企業ということになり、なぜヴェーバーが、それを企業として、『経済と社会』においては、一括して論述したかが了解できるであろう。ヴェーバーによれば、営利活動は、純粋な競争意識となり、「スポーツの性格をおびることさえ稀ではない[63]」のである。「精神のない専門人、心情のない享楽人。この無のものは、かつて達せられたことのない人間性の段階にまですでに登りつめた、と自惚れるのだ」という言葉は、営利の獲得のみにゆきついた体制を、しかもそれだけでも生産力的な近代経営資本主義を念頭におくばあいにのみ――すなわち、資本計算の観点からその他の諸資本主義と一括して論じうるばあいにのみ――十全なる意味をもってくる。『経済と社会』の企業資本主義像から、『宗教社会学論集』の経営資本主義像を見直すことの意義は、「プロテスタンティズムの倫理と資本主義の『精神』」全体の叙述から見て、いかにも唐突な感のあるこの最後のことばの意味をより深く理解することにある、といえる。

注

（1） Weber, 1920, pp. 17-206. ヴェーバー［一九五五a］［一九六二a］。アルヒーフ論文と『論集』改訂論文との比較対照訳として、Weber, 1920, pp. 17-206. ヴェーバー［一九九四］をみよ。

（2）研究史の質と量にかんしても、「資本主義の精神」論のそれは、ヴェーバー経済社会学の一環としての「資本主義」論にたいして圧倒的である。いいかえれば、「経済学者」としてのヴェーバーにたいし、思想史家としてのヴェーバーが圧倒的に一般的だ、といえる。問題関心のこのような偏りは、天野［一九七二］で明白である。そこでは「方法論者」、「資本主義の精神論者」ヴェーバーの比重が「経済学者」ヴェーバーにくらべて圧倒的である。厚東は、ヴェーバーの「資本主義」と「資本主義の精神」とを概念的に峻別して、次のように述べる。「『資本主義の精神』が存在しない場合、『資本主義』を自生的に生み出すことはできないが、しかし完成品として外から輸入しうる可能性は排除されてはいない。」（厚東［一九九五］四三頁）さらに、次のようにも述べる。「『資本主義』はひとたびできてしまえば、自生的発展を可能にした『資本主義の精神』は必要ではなくなる。完成された資本主義は、『資本主義の精神』なしに円滑に作動することが出来るからである。『資本主義の精神』には、完成品としての資本主義のあり方を規定する力はない。たぶん完成された資本主義も、円滑に作動するために、独自の人間的基礎を必要とするかもしれない。それはかつての『資本主義の精神』とは根本的に異なるものである。その『精神』は、もしかしたら、『資本主義』を完成品として外から成功裡に輸入することを可能にする条件と密接な関係を持つものかもしれない。」（厚東［一九九五］四三頁）。

（3）Weber, 1920, pp. 1-16. ヴェーバー［一九七二a］五～二九頁。

（4）通説的な考え方の基本線はこういうものである。すなわち、「貨幣経済の発達」により勢力を伸長してきた商人資本は、広汎な手工業者、職人を、原料と販路の独占により、また原料や道具の前貸により、自己のもとに従属させる。ここに「問屋制前貸」という制度が誕生することになる。このような支配、従属関係がいっそう強化されるに至ると、小生産者たちは、ついには原料と道具の所有権を失ない、賃金労働者となる。このような人びとが、問屋制前貸人の経営する職場に集められ、「マニュファクチャー」が生まれる、と。つまり商業資本から産業資本への成長となる。たとえば、宇野［一九七四］五四～六一頁をみよ。最近の「第三世界論者」のあいだでも資本主義成立の基本線の問題は、依然として争点となっている。上の立場を代表するものとして、たとえば、Wallerstein, 1979, pp. 1-36. ウォーラーステイン［一九八七a］一～四七頁をみよ。だが、ウォーラーステインは、産業資本が商業資本の手を借りず、独自に成長する説をも容認し、二つの説の統合の方向に進む。後段第五章をみよ。

(5) ヴェーバーのこのような考え方を強調し、純化したのは大塚久雄である。大塚[一九六九d]、大塚[一九六九e]をみよ。もちろんヴェーバー自身も、このような考えを世界史的枠組みで補強している。これが『宗教社会学論集』である。Weber, 1920, 1921a, 1921b. ヴェーバー[一九五五a][一九六二a][一九六八a][一九六八b][一九七二][一九七二a][一九九四]、[一九六八c][一九八三][一九六二b][一九六四a]。「第三世界論」者として、この立場をとるものに、Brenner, 1977, また、Laclau, 1971, がある。柳澤は、「……大塚の農村工業論は、その後、経済史研究上の概念装置として、多くの研究者によって注目され、経済史の分析手段として定着し、最近では特に『プロト工業化』論とのかかわりにおいて、新しい展開を示している。」(柳澤[一九九八]一九二頁)と述べ、近代的産業資本の原基形態を農村工業にみる「大塚の農村工業論」と「プロト工業化」論を統合する方向性を示唆するが、後者は、非国民経済的(世界システム的)接近法にもとづく構想であり、このような統合の方向へ前進すれば、大塚農村工業論は、その国民経済的接近法からいって、崩壊する可能性がある。

(6) Weber, 1972. ヴェーバー[一九五四b][一九六〇a][一九六〇b][一九六二c][一九六四b][一九七五a][一九七〇][一九七四][一九七六a][一九七七][一九七五b][一九八七]。本稿でとくにとりあげたいのは、第一部第二章の「経済行為の社会学的基礎範疇」(ヴェーバー[一九七五b])である。さらに、Weber, 1923, ヴェーバー[一九五四a][一九五五b]および Weber, 1924a, ヴェーバー[一九五九]もとりあげる。とくに後者の「序説」における資本主義定義が、われわれのばあい重要である。

(7) 大塚がマルクスから継承した用語法であり、ヴェーバーの「非合理的資本主義」(Cf. Weber, 1972, p. 95ff. ヴェーバー[一九七五b]四三八頁以下をみよ)とほぼ同義であると考えてよい。大塚[一九六九a]、大塚[一九六九c]四七頁以下をみよ。

(8) 事実、『経済と社会』におけるような資本主義の概念構成は、資本主義成立史における通説的立場と一見強い親和感をもっている。営利の全面的解放の過程と近代資本主義成立史とをパラレルに考える立場は、資本主義というものを、おおよそ『経済と社会』の営利主導型資本主義と同じイメージで考えている。だからといってヴェーバーは通説の立場をとっていたと考えるのは、全くの誤解である。反営利的な労働倫理こそ、はじめて伝統主義的でない結合労働を生みだし、これこそ近代資本主義のメルクマールであるとする『宗教社会学論集』がその明白な証拠となっている。したがって、どうしてもこの二つの主著作のあいだの何らかの関連を明らかにしなくてはならないのである。このような問題意識は、コールバーグによっても確認されている。「このような資本主義の『非合理的』および『合理的』形態の議論は、ヴェーバーの根本的な経済形態にかんする類型学の再構築を完成させる。分業の技術的側面の、工業および農業生産の労働組織の、経済行為の類型の、資本主義の新古典派的モデルの、そしてこの資本主義さまざまな形態の分析が提供するのは、分析的に可能で経験的に与えられた志向観点からみて、社会学的に意義のある経済行為の規定を目ざす詳細な関係枠組みである。ヴェーバーの普遍史的分析にとっての、この次元の中心的意義は、同時に、階級状況や経済倫理といったかつて言われてきたテーマに局限された議論の不完全性を明らかにする。」(Kalberg, 1987, p. 127.)。

(9)『経済と社会』における資本主義像にかんしては、阿閉［一九七六］一二四〜一三六頁、青山［一九五〇］六一〜一二二頁などをみよ。しかし、両著作とも『宗教社会学論集』における資本主義像をふくみ込み、二つの資本主義像の連関を解明するという方向にすすんではいない。これにたいし、水沼は「二種類の資本主義的行動様式の対抗」にかんして、「M. Weber が『資本主義』を近代の資本主義に限定して近代以前のそれをその用語法から除外しなかったことの方法的意味が注意をひく」として問題展開の戸口までできている。水沼［一九七三］一一〇頁をみよ。問題展開に一歩立入ったものとして、住谷［一九七〇b］をみよ。田村は、「ヴェーバーが、『工業資本主義 Industriekapitalismus』に対置して、『金利資本主義 Rentenkapitalismus』あるいは『政治的には、労働者階級の繁栄と国家の自由な制度とのなかに不倶戴天の敵をみる独特の保守的な対内資本主義 Binnenkapitalismus』、という言葉を使って批判した意味は、貨幣経済的・市場経済的発展が産業に投資されない資本蓄積のありかたであり、市民的自由を抑圧し前近代的要素を温存させてしまう『資本主義』にほかならない。保守派がプロイセン国家権力に頼って推進しようとする社会政策は、その目標とは反対にこのような『資本主義』をもたらすほかはない。これが、『アルヒーフ』の人々の批判なのである。したがってここで問題とされているのは、利潤追求を目的とする自由な企業体制という意味での一般的な広い『資本主義』概念ではなく……」(田村［一九九三］三六四頁)、と述べ、ヴェーバーの資本主義像をすぐれて近代固有のそれに見る。しかし、われわれの問題意識が問題にするのは、田村が認める「一般的な広い『資本主義』概念」を、ヴェーバーが『経済と社会』において、「営利経済」という概念にまで構成し、さらにこれを、「家計」と「営利」という二分法にまで精錬し、詳細な分析を行っていたという事実である。広義の資本主義は、ヴェーバーにとって負の価値判断以上の意味があったと、われわれは解釈する。

(10) これらに「プロテスタンティズムの教派と資本主義の精神」を加えることは、もちろん可能である。なぜなら、この論文は『倫理』の補完という意図のもとに構成されているからである。Cf. Weber, 1920, p. 207, n. ヴェーバー［一九六八a］八五〜八六頁をみよ。

(11) Cf. Weber, 1920, pp. 1-16. ヴェーバー［一九七二a］五〜二九頁をみよ。

(12) 基本として照合してゆくものとしては、Weber, 1972, pp. 31-121. ヴェーバー［一九七五b］二九五〜四八四頁。Weber, 1924a, pp. 1-45, pp. 253-278. ヴェーバー［一九五九］一〜七四頁、四五八〜五〇二頁。また、Weber, 1923. ヴェーバー［一九五四a］［一九五五b］である。

(13) Weber, 1920, p. 6. ヴェーバー［一九七二a］一三頁。

(14) Weber, 1920, p. 10. ヴェーバー［一九七二a］一九頁。

(15) Cf. Weber, 1972, pp. 69-73. ヴェーバー［一九七五b］三八六〜三九三頁をみよ。また、Cf. Weber, 1923, pp. 11-12. ヴェーバー［一九五四a］二八〜三二頁をみよ。

(16) ヴェーバーの展開した労働地位の専有論は、したがって、マルクスの「二重な意味で自由な」労働者という考え方を深化したものと解釈することができる。ヴェーバーの自由な労働とは、これを一方の極として、一面では、労働地位が当の労働者以外の他人によって専有されているような不自由な労働が対し、これから「自由」であるということ、他面では、労働者の団体により、労働地位が保護されているということから「自由」であるということ、これらの二重の意味での「自由な労働」である。そして、ヴェーバーが強調することは、他方の極である不自由労働から一方の極である自由労働までは、その程度において、連続的に移行していて、けっして自由か不自由か、というEntweder-oderの関係ではないということである。他方の極端から不自由度が漸次減少してゆき、それがゼロに達したとき、二重の意味での完全自由労働が誕生し、したがって完全自由労働市場が成立する、とヴェーバーは考えるのである。この方法の応用であるが、二者択一的でない所有、ある一つの財についての二者間の所有度の割合、所有と非所有のあいだを量の連続としてとらえる概念が「専有」である。ヴェーバーの専有論の研究としては、たとえば、川島［一九七三］をみよ。

(17) Weber, 1923, p. 240. ヴェーバー［一九五五b］一二一〜一二二頁。

(18) Weber, 1923, p. 121. ヴェーバー［一九五四a］二五八頁。

(19) Weber, 1924a, p. 9. ヴェーバー［一九五九］一六頁。
(20) 労働の専門化と労働の結合のほかに、ヴェーバーにおける「工場」の概念には、機械と機械的な動力源の使用などがあるが、それらとならんで彼がとくに強調するのは「固定資本」の有無である。これの意義については後段をみよ。
(21) Cf. Weber, 1924a, p. 260ff. ヴェーバー［一九五九］四七二頁以下をみよ。
(22) Weber, 1920, p. 4. ヴェーバー［一九七二a］一一頁。
(23) Weber, 1924a, p. 263. ヴェーバー［一九五九］四七六頁。
(24) Weber, 1924a, p. 262. ヴェーバー［一九五九］四七五頁。したがって「市民」とは「都市貴族」に対比される概念である。都市貴族はもっぱら周囲の農村への力による支配にもとづく「レントナー」であったのにたいし、市民は中世においてさえなによりも「生産者」であった。
(25) Weber, 1972, p. 28. ヴェーバー［一九七二c］八九頁。
(26) Cf. Weber, 1920, p. 6. ヴェーバー［一九七二a］一三～一四頁をみよ。
(27) Cf. Weber, 1972, pp. 63-64. ヴェーバー［一九七五b］三七二～三七三頁をみよ。技術的カテゴリーとしての経営については、大塚［一九六九g］をみよ。
(28) この論点についてはすでに周知のものとなっている。蔭山［一九七七］七七頁以下、住谷［一九七〇a］七一頁以下、大塚［一九七七］二二頁以下などをみよ。
(29) Weber, 1920, p. 69. ヴェーバー［一九五五a］一一一頁。
(30) Weber, 1920, pp. 100-101. ヴェーバー［一九六二a］三六頁。
(31) Weber, 1920, p. 175. ヴェーバー［一九六二a］一八七頁。
(32) Cf. Weber, 1920, pp. 31-32. ヴェーバー［一九五五a］三九～四二頁をみよ。
(33) Weber, 1920, p. 198. ヴェーバー［一九六二a］二三六頁。
(34) Cf. Weber, 1920, p. 202ff. ヴェーバー［一九六二a］二四四頁以下をみよ。
(35) 大塚［一九六九f］一一五頁をみよ。
(36) Weber, 1920, p. 4. ヴェーバー［一九七二a］一〇頁。

(37) Cf. Weber, 1923, pp. 6-7. ヴェーバー［一九五四ａ］一五～一七頁をみよ。
(38) Weber, 1924a, p. 13. ヴェーバー［一九五九］二四頁。
(39) Weber, 1924a, p. 13. ヴェーバー［一九五九］二四頁。
(40) Weber, 1924a, pp. 14-15. ヴェーバー［一九五九］二六頁。
(41) Weber, 1924a, pp. 15-16. ヴェーバー［一九五九］二七頁。
(42) このように述べたからといって、われわれは、古代資本主義と近代資本主義が本質的に同じものであると解釈しているのではない。ヴェーバー自身も二つの資本主義は決定的に異なるものであり、マイヤーのように、古代と近代を媒介なしに同一視するのは行きすぎであると考えている。そして、古代と近代ではどこが決定的に相違するのかと、自らの議論を進めるのである。問題は、その論法であって、企業としての資本主義に、さまざまな規定を段階的に付加してゆき、最後に近代資本主義に至るという彼の論法である。近代資本主義という実体がまずあって、その特徴を模写しているのではない。したがって、彼の論法によれば、古代資本主義と近代資本主義の中間にたとえば、不自由（あるいは半自由）労働の合理的組織をもつ資本主義といった、二つを分断してしまい、別個の概念として構成してしまっては宙に浮いてしまうような中間形態が、明確に規定できるということなのである。これにたいし、近代の独自性を強調する部分の展開を考察したものに、安藤［一九七二］、住谷［一九六九］二五四～二八六頁、大塚［一九六九ｇ］四四三～四五二頁などがある。
(43) Cf. Weber, 1972, pp. 89-90. ヴェーバー［一九七九］四二六～四二八頁をみよ。
(44) Weber, 1972, p. 89. ヴェーバー［一九七五ｂ］四二七頁。
(45) Weber, 1972, p. 89. ヴェーバー［一九七五ｂ］四二七頁。
(46) Cf. Weber, 1972, p. 89. ヴェーバー［一九七五ｂ］四二七～四二八頁をみよ。
(47) Cf. Weber, 1972, p. 50. ヴェーバー［一九七五ｂ］三四二頁をみよ。
(48) Cf. Weber, 1972, p. 95f. ヴェーバー［一九七五ｂ］四三八頁以下をみよ。さらに注意深くみると、資本主義的営利の方向としてあげられている六つの類型は、生産的市場的という観点から政治的非市場的という観点に向かって、順をおって配列されているのがわかる。したがって、両極は鋭く対立している。しかし、同時にこの対立は連続的に「移行」しているのである。ヴェーバーの用語法では「流動的」な「対立」関係にある。『経済と社会』の類型化されたカズイスティークは、すべて、切れ切れの類型ではなく、何らかの対向する観点のあいだで連続していて、徐々に対立して、最後に一番するどく対立するように配列されている。ヴェーバーは、明らかにこのことを自覚し、方法的に使用している。だから、類型とは切れ目なく連続している現実を、あえて切り離し、人為的に固定した概念である。この方法を理解しないがために、ヴェーバーの方法は、しばしばたんなる類型学であって、変化がとらえられないと誤解されるのである。

(49) Cf. Weber, 1972, pp. 96-97. ヴェーバー〔一九七五b〕四三九〜四四一頁をみよ。

(50) 近代の財生産をともなう市場資本主義も、それをともなわない至る所にかつて存在し、なお存在する非市場的資本主義も、ともに資本計算的な営利の体系としての「資本主義」類型の仲間であるということについて、ヴェーバーはつぎのようにいう。「資本計算を行う営利経営がすべて、市場で生産手段を購入しかつおなじく市場で生産物〔または最終サーヴィス〕を売るという意味での『二重の』市場指向を有していた、また有している、というわけではない。徴税請負および種々のかたちの金融は資本計算をともなっているが、生産物を売るということはない。……これらは、市場指向的でないが資本計算指向的な営利なのである。」(Weber, 1972, p. 53. ヴェーバー〔一九七五b〕三四七〜三四八頁) だから、ここから問題になる対立は、生産か流通か、ないし市場が非市場か、ではなく、資本計算ないし資本利用か家計計算ないし財産利用か、である。家計と区別された意味での営利、そのなかでも資本計算をともなうものを資本主義的営利と規定し、それを生産と市場という観点でさらに区別しているのである。したがって「資本主義的」とは、直接に「近代的」、「生産経営的」ではない。この定義の仕方の意義については、後段第四節をみよ。

(51) 式でしめせば、G－G'あるいはG－W－W'－G'というのでなく、G－W－P－W'－G'ということで、利潤とは、流通から生まれるものではなく、生産過程から生まれる生産的利潤であるということを、ここでは指摘したい。

(52) コストを意識することのない営利(家計の余剰分を営利販売するばあいの家計的営利)は、ここでいう「資本主義的」性格はもたない。

(53) Weber, 1920, p. 8, n. ヴェーバー〔一九七二a〕一七頁。「このような対立……」の個所はこの邦訳では「このような相違……」となっている。原語はGegensatzつまり、最後の「つまり、対立といっても……」以下の個所のGegensatzと対応している。また、Weber, 1920, p. 8. ヴェーバー〔一九六八b〕七七頁もみよ。

(54) 「流動性」、「移行」、「緊張」といった考え方のヴェーバー体系における意義については、大塚の指摘がある。大塚〔一九六六〕五三〜五四頁、大塚〔一九七五〕八四〜八五頁をみよ。

(55) ヴェーバーが「流動性」ないし「相互移行」、「緊張」などについて、方法論としてまとめて述べている個所はない。それらは実証的、理論的分析のさいのおりおりに文脈にそくして述べられているだけである。ここでは前で引用した個所のほかにたとえば、Cf. Weber, 1972, p. 578, p. 192f. ヴェーバー〔一九六〇a〕一四〇頁、ヴェーバー〔一九七五a〕五一三頁以下をみよ。後者の個所では一方の核である「慣習」から「諒解律」へ、さらに「諒解律」から他方の核である「法」の移行が指摘されている。ヴェーバーがそこで主張することは、「慣習」、「諒解律」、「法」が、それぞれ静的な実体として存在し、そのようなものを学的に精錬したものが概念であると考えるのは間違いだ、ということである。むしろ模写的には把握しえない一連の動的な流れが事実として存在し、それをわれわれの関心によって——分析用具としての価値を考慮して——人為的に固定したもの、したがって固定力がなくなればふたたび、動的になるもの、そういうものとして概念をイメージしているのである。前者の個所では有名な支配類型間の流動性と移行が問題にされている。第一の対立と移行は「官僚制」（合法的支配）と「家父長制」（伝統的支配）である。官僚制は明確な権限による行政であり「怒りも興奮もなく」sine ira et studio 支配する。家父長制は官僚制の対極に位置し、ヘルは競合力が存在しないばあいには、個人的動機、感情で無制限に行動しうる。つまり「恣意」という視点からみると、官僚制と家父長制という二つの核はもっとも鋭い対立関係にある。恣意が希薄になるにつれ、家父長制は、家産制に移行し、ほとんど双務契約的になると封建制となり、極北として官僚制が現われる。恣意の視点からみて、対極に位置するこの二つも、支配の「日常性」という視点をもちこむならば、同極に位置してしまう。両者はともに日常的支配である。この対極にあらわれるのが非日常的支配すなわち「カリスマ的支配」である。これが第二の対立である。日常的支配と非日常的支配の二極も「カリスマの日常化」を媒介として相互移行的である。支配の三類型の対立関係は、およそ以上のような二重の対立になっているといってよいだろう。「これら一切の組織原理が流動的であり相互移行的であるという事情に注目しておく必要があることは、いうまでもない。それらの『純粋型』というのは、あくまでも、単に、分析にとって特に価値のある・欠くことのできない極限的ケースとみなされるべきものである。これに反して、歴史的現実はほとんど常に混合形態をとって現われ、極限的ケースの間を動揺してきたし、また今でも動揺している。」（Weber, 1972, p. 578. ヴェーバー〔一九六〇a〕一四〇頁）。

(56) たとえば農業部面における労働者の自由という観点からみれば、完全なる自由剝奪の状態として「購買奴隷」が存在し、そのつぎに、地代徴収、隷属要求、裁判の三権を同一領主が専有している「農奴」が位置し、さらに地代のみを納める「隷農」までゆきつく。つまりその自由度は連続的に上昇してゆく。連続はさらに続くであろう。たとえばグーツヴィルツシャフトにおける「ラシーテン」から、事実上、自由を獲得した「ヨーマンリー」までこの連鎖は続き、最終的には法的にも完全に自由・独立な「農業者」に至りうる。要するに本来連続しているものを敢えて断ち切ったものが類型概念である。

(57)　Cf. Weber, 1972, p. 578. ヴェーバー［一九六〇ａ］一四〇頁をみよ。伝統的支配のなかの一方の極限ケースである「家父長制」から――「家産制」という重要な中間ケースを通して――他方の極限ケースの「封建制」まで、主人と従属者との対立は流動的である。家父長制では、土地所有を武器に従属者にたいして主人が一〇〇％生殺与奪の権をもつのにたいし、封建制まで至ると、関係は、双務契約とほとんど同じまでに至る。主人の人格的権力は〇％になる。両者は、ほとんど異質なものとして対立している。しかし、依然として伝統的な支配という枠組みのなかにある。同じことが救済財をもとめる行為にも存在する。一方の極限としての現世逃避的「冥想」から現世内的冥想、さらに現世外的禁欲を通して、他方の極限である現世内的「禁欲」に至るまで対立は、全く流動的である。われわれは、このような流れを人為的にせきとめて、類型概念を固定するのである。また、このような方法が政治倫理の領域に適用されると「責任倫理」と「心情倫理」の鋭い緊張関係となる。両者は、同じく倫理でありながら、その向かう方向は正反対であり、互いに移行しつつも極限ケースでは、全く相いれない。つまり、「ときには、現実態における――もちろん――一切の質的な対立も究極においては、個々の要因の混合する割合という、なんらか純粋に量的な差異として捉えることが可能だということを……いっそう強調せざる」（Weber, 1920, p. 265. ヴェーバー［一九七二ａ］八〇頁）をえないのである。

(58)　Weber, 1920, pp. 4-5, n. ヴェーバー［一九七二ａ］一二～一三頁。

(59)　Weber, 1920, p. 8, n. ヴェーバー［一九七二ａ］一七頁。

(60)　この段階では、資本主義的「営利」と「資本主義の精神」は、近づきつつはあるが別々の独立した存在である。「古プロテスタンティズム」に営利が徐々に侵入してきたことで、後代からみれば、二つの円は接近を始めていたのではあるが。

(61)　『論集』と『経済と社会』との鋭い対立は、前者が近代資本主義をその完成過程においてとらえようとしているのにたいし、後者は既存の完成体としてとらえているところにある。たとえば、住谷［一九七〇ｂ］二六七頁以下をみよ。したがって、一方は、企業でありながら、なぜ経営的性格をもっているのか、その系譜はどこなのかという意識に貫かれているのにたいし、後者は、生産的経営的ではあるが企業として行動している、その側面では近代以外の資本主義と異なる範疇ではないという意識で貫かれている。「精神」論視点の資本主義論と「形態」論視点の資本主義論といってもよい。ヴェーバー自身、ラッハファールへの反批判において、この二つの言葉を用い、「倫理」論文では私は、「精神」論だけをあつかったといっている。そして体制論としての資本主義について『古代農業事情』の参照をもとめている（Cf. Weber, 1910, p. 199. ヴェーバー［一九八〇ａ］一〇〇頁以下をみよ）。この体制論的側面を営利と家計との二分法まで仕上げた著作が、『経済と社会』第二章である。

(62) 古代資本主義も冒険者資本主義も近代経営資本主義も、二次的な規定を無視して、要するに「資本主義」にすぎない、と考える立場。

(63) Weber, 1920, p. 204. ヴェーバー［一九六二ａ］二四六頁。

第五章　世界史、資本主義、方法にかんするヴェーバー／ウォーラーステイン＝モデル――単一社会科学論からの考察――

一　経済システムの盛衰史観

システムとは、「多くの要素が互いに関連を持ちながら、全体として共通な目的を達成しようとしている集合体」[1]である、といわれる。あるいは、もっと簡略化して、若干の要素が関連し合って、全体として一つの目的をめざす単一体、といったほうがよりふさわしいかもしれない。というのも、システムという考え方は、社会の増大する複雑化に対処し、簡略化を図るため、必要に促されて出てきた発想法だからである。機械の複雑さは、その部品数の二乗に比例するという。部品が二倍に増加すれば、複雑度は四倍に、四倍に増加すれば、一六倍に増加する、というようにである。われわれの社会を機械にたとえれば、その部品数は算術級数的に増え続けていて、したがって、その複雑さは幾何級数的に驚異的に増大しているに違いない。不幸にして、人間の頭脳は、この複雑さを部品という単位から一つひとつ解き明かし、全体の構築にまで到達するには、その能力が小さすぎる。そこで、この錯綜を整序し、簡素化する必要が生じる。つまり、要素一つひとつの究明から全体を描き出すのではなく、個体としての統一原理をまず発見し、統一性の維持のためには、最低限、要素のどれとどれが不可欠であるのかを究明するのである。このような接近方向の逆転、個々の事物からの把握ではなく、全体からの把握が、システム分析といわれる方法である。(2) これは自然科学や工学から起こってきた発想法ではあるが、近年、人間科学、社会科学にも急速に受容されるようになり、さらには、歴史学にも適用されるに至った。というのは、学問の複雑さ（専門化）が驚異的に進行した結果、――概念数の二乗に比例するかもしれない――伝達性という観点からすれば、どうしてもその簡略化、すなわち全体からの把握（統合化）が必要となるためである。歴史領域にかんし、そのようなシステム把握を開始したひとりに、イマニュエル・ウォーラーステインがいる。(3) 彼の学問的射程は、政治領域にも及ぶが、本章で限定的に扱う領域は、従来から暗黙の前提とされてきた歴史観と方法論にたいする彼の挑戦にかんするものである。

ウォーラーステインの「近代世界システム」という構想は、二つの既存の代表的歴史観にたいし、その基本的研究態度への根本的反省をせまるものである。その一方は、歴史の最終産物として歴史法則の定式化をめざす発展段階論的（マルクス主義的）歴史観であり、他方は、最終産物として、いわば実物の復元をめざす伝統的な実証主義的歴史観である。ここでいう発展段階論的歴史観とはさらに、歴史現象の本質には不動な発展法則が内在し、その発見こそ科学者の唯一の任務であるという前提にもとづいている。それゆえ、意義あるものは歴史法則であって、個々の史実は、発見された法則の例証物としての役割をもたされるにすぎない。最重要なものは、法則化された理論図式である。これにたいし、実証主義的歴史観とは、「事実をもって語らしめる」という言葉に象徴的に表現されるように、まず、個々の史実を収集し、そののち、それらを総和することにより、理論図式という人工物を超えた事物そのもの、すなわち実物を復元しようとつとめる。最重要なものは、個々の史実、および事物、実物であって、法則という人工物ではない。このような二種の前提が、さまざまな亜種をともなうが、歴史観における基本的対立といってよいだろう。(4)

ウォーラーステインは、「世界システム」という構想により、まず前者にたいし、次のように批判する。たとえば資本主義社会、つまり近代の資本主義的「世界経済」は、歴史内在的な発展法則の所産として、いいかえれば、特定の生産力水準に特定の生産関係が発展法則的に結合して自然発生した生産様式として、理解されてはならない、と。彼によれば、資本主義は、単一のシステム、厳密な意味の歴史体（構造）と考えられるべきで、矛盾の発生↓蓄積↓爆発の螺旋運動体ではあるが、法則的発展の一段階と考えられるべきではない。したがって、その個性的発生史が究明されるべきであり、その発生と終焉を一部にふくむ普遍的歴史法則が究明されるべきではない。つまり、資本主義の個体としての特徴こそが認識されるべきである。(5) 他方、後者について彼が批判するには、資本主義社会は抽象化された内部矛盾をふくむ再生産的円環モデル（構造）として提示されるべきであり、たんなる史実の個々の集積、加算によってはその特徴は提示されえない。収集された事実は、「システム」という統合的単一構造にまで抽象されなければならず、そのようなモデルを事実によって検証し、その妥当性を証明しなければならない。つまり、事実（現実）の加工を経た人工物としての概念（「システム」）の認識が歴史学の目標でなければならない(6)、と（〝事実〟ではなく、〝概念〟をもって語らしめよ）。ウォーラーステインは、このような両面批判的な動機をもって、単一のシステム（モデル）としての「近代世界システム」という新しい構想を提案する。

ウォーラーステインのこのような批判にたいし、発展段階論的歴史観の立場からは、個々の事実収集を整理して普遍法則を、とくに歴史発展にかんする普遍法則を定式化しないような学問は、いたずらに個物を偏愛するにすぎない個性記述学なのであって、科学という段階にまで到達してはいないという反批判が、当然予想される。他方、実証主義的歴史観の立場からは、システム視点からする構造分析によっては、本来の歴史研究、すなわち、確実な史実にもとづいた実証的研究および理論化されえない細部にまでわたる個物そのものの究明は実行しえないのであって、結局、それは歴史研究ではなく、歴史がかった社会学理論の研究にすぎないという反批判が、当然予想される。もし、批判、反批判の上のような総括が許されるとしたら、彼のシステム論的アプローチは、発展段階論的歴史学の自明の前提と実証主義的歴史学の自明の前提を、ともどもに否定した実体のない、たんなる揚げ足取り的提案なのか、――もちろんそうではないと、われわれは推論するのだが――それとも、ある実質的内容と論証をともなった新たなアプローチなのか、ということは、考究にあたいする。(7)

そのことを証明するため、本章においてわれわれは、ヴェーバーの社会学を利用する。一見すると、世界システム論のウォーラーステイン体系と資本主義「精神」論のヴェーバー体系は、無関係であり、さらには相容れないように思われる。ウォーラーステイン自身、著作の要所で、(8)ヴェーバーのプロテスタンティズム・資本主義精神テーゼを、下部構造規定的な立場から批判さえしている。しかも、その論調はかなり通俗的といってよく、これは、彼が「精神」論文のヴェーバーから直接には学恩を蒙っていないことをしめすものである。このかぎり、二人は別人といってよい。だが、その原因は、ヴェーバー体系の全体像を、「プロテスタンティズムの倫理と資本主義の『精神』」のみをもって代表させるという、われわれとウォーラーステインが共通にもっていた一種の学的偏向にもとづいている。しかしながら、たとえば「『精神』」を単独論文としてではなく、晩年の『宗教社会学論集』のなかの一論文として、再理解してみたばあいのヴェーバー体系についてはどうであろうか。(9)『論集』においては、「『精神』」は、唯物史観批判という論調を脱け出し、近代西欧社会の個性的成立史というヴェーバー的問題へ改訂された。この観点を明確にしたヴェーバー体系は、不思議なことに明らかに、単一の近代システムを前提するウォーラーステイン体系とみごとに重なり合うと思われる。さらに、固有にヴェーバー的体系と考えられる晩年の講義『経済史』においては、またその前身であるといってよい『古代社会経済史』においては、用語上も(世界帝国、資本主義など)、事実上も(封建中世の商業および産業性の強調など)、発想上も(市民革命ではなく絶対王制以後を近代とみる立場など)、ウォーラーステイン体系と根本的な諸点で重要な一致が存在することは明白である(10)(後段第三節をみよ)。

さて、この一致の承認は、ヴェーバー研究にたいしても重要な一石を投じるものと、われわれは考える。なぜなら、

『精神』」中心の従来のヴェーバー像を去って、『宗教社会学論集』の「序文」、とくに『経済と社会』「第二章」のヴェーバーをもって、その全体像と措いてみることを、この一致はわれわれに強いるからである。つまり、特殊近代的な経営資本主義の専一的支配こそが、近代社会体制にとって本質的であるとする観点を去って、それを近代的産業資本と旧来からの、流通に寄生する商業的・利子生み的資本との有機的結合であるとする観点を、強いるからである。このヴェーバーとウォーラーステインを比較するならば、ヴェーバーがいかに事実上、ウォーラーステインのいう単一の「社会システム」[11]的、すなわち統合個体的発想をしていたかが見えてくるはずである。異なるところは、ヴェーバーは近代社会に関する個々の史実を原始星雲の状態で収集し、晩年にそれらを個体的「システム」として把握できたという点である。したがって、ヴェーバーの歴史観を体系化しようとしても、その輪郭はとらえにくい。それにたいし、ウォーラーステインは、「近代世界システム」という概念から出発し、個々の史実でそれを例証するという逆の手順を採用しえた。その結果、彼の「近代システム」概念は、いかにも人為的にすぎ、強引な印象をあたえるかわりに、その輪郭は明解なのである。それゆえ、もしこの二つの体系を重ね合わせたとしたら、つまり、ヴェーバーによる史実を、ウォーラーステインの方法で読むとしたら、より陰影に富む近代経済社会の理解へと到達しうるのではないかと、われわれは考える。そして、その理解は、従来からのマルクス学的な発展段階論的な理解でもなく、逆に実証史学的な史実偏愛的な理解でもない「単一なるもの」[12]ないし「単一システム」としての理解となるはずである。

ここに興味深いことは、ウォーラーステインもヴェーバーも、歴史の本質を追求するなかで、「個体」[13]といい、「単一システム」といいつつ、要するに、特定の経済システムは、ただ独特な史的構図のなかで、生まれ、興隆し、衰退するという歴史観を発見したことである。彼らが拒否したことは、ある社会がどのような発展法則のなかで、生まれ、成長・成熟し、矛盾し、それにより、さらにつぎなるものに転化するのかにかんする認識を歴史とみることであった。いいかえれば、歴史対象を発展傾向の素材にすぎぬものとして把握することであった。この立場からすれば、歴史の使命とは歴史法則、歴史理論を定式化することに尽き、実証史学はそのための史料収集・記述といった予備的段階、予備作業にすぎないであろう。しかし、この立場には、そのような法則が、実は、一つの特定の「関心」にもとづいて定式化されるものであり、したがって、それが唯一の真理でも現実の本質でもない——可能な真理の一つにすぎない——ということを忘れてしまう独善への危険が、明らかに存在する。彼らが他面で拒否したことは、対象を限りなく正確に模写しようという実証偏愛史学の欲求である。これは、事物の状態、その沿革や推移を物語として、あるがままに復元しようとする。この立場からすれば、歴史には法則や傾向はありえず、なぜならば、対象は無限に複雑な様相をおびていて、理論では統合できない複雑さで互いに関連しているからである。たしかに、この立場は上のような独善をまぬがれてはいる。しかし、ここには概念的認識の放棄への危険が存在する。ところが、現実にはこの二者は奇妙な共棲関係にあり、史料は後者が独占し、理論化は前者が独占し、相互に領域不可侵を守るという悪分業が成立しているのである。(14)

これにたいし、個体ないしシステムの定式化を語の厳密な意味で、歴史とみる立場はどうか。この立場は、歴史＝発展法則定式化説を、さまざまな史的過程を何らかの共通項によって整序した成果であり、したがって、実際それは歴史過程にかんする理論であると規定する。歴史は、そのようなものではなく、いわば現実にできるだけ接近しようとするものである。ということは、やはり歴史とは、現実の復元であり、記述であり、物語なのであろうか。法則を発見するという唯一の学問的加工の前段階にすぎぬものなのであろうか。誤解してはならない。歴史は現実への接近を超え、さらにより遠くまで進む。いわば現実から遠ざかる。ここで定義される歴史は、現実の特徴を、それが実際にもっている以上に誇張する。独特でない特徴は捨象する。つまり、現実のカリカチュアをつくる。こうした正反対への方向への学的加工をあえて実行する作業が、歴史である。これがヴェーバーやウォーラーステインの歴史的方法である。(15)では、誇張された個性を認識するという作業に、果たして何らかのメリットがあるだろうか。法則は、それを知れば、応用することで役に立つ。史実は、新たな法則を作るため、これまた役に立つ。個体の強調された認識は何の役に立つのか。これが最大の問題であろう。しかしながら、彼らがほんとうにたとえば近代を個体として問題にしているのかどうかを確かめてみる必要があろう。そのあとで第四節において、個体把握としての歴史と理論と政策の三分野の関連を考察してみたい。

二　大塚／ヴェーバーから接近したウォーラーステインの歴史観および資本主義像

ヴェーバーとウォーラーステインの類似性を討議するためには、まず、後者の歴史観を構成することが必要である。このために、ウォーラーステインとは対照的な歴史観を前提し、近代社会の成立原因についても対照的な見解を提示した大塚久雄の研究を比較の水準とする。というのは、この対照性の提示により、ウォーラーステインの(1)発展段階論に対する独自性と(2)近代資本主義成立問題に対する独自性が、浮彫りにされるためである。また、大塚の経済史研究は、一つのヴェーバー解釈という意味も含んでいて、次節で提示する新たなヴェーバー解釈の対極でもある。したがって、この二人を比較するための前提としてもふさわしい。

大塚は、生産様式の発展段階として、アジア的、古代奴隷的、封建的、資本主義的様式が継起的に生じる、というパースペクティブを前提する。[16] さらに、封建制と資本主義との間に明確な一線がひかれ、それ以前を前近代的、以後を近代的生産様式と規定する。前近代の各様式においては、経済生活は「土地」を共同で占有することで維持されるのに対し、近代の、とくに資本主義的生産様式では、それは個々人による「商品」の生産（労働力商品もふくむ）により、維持される。[17] 階級関係についてみれば、(1)「アジア的生産様式」においては、労働主体は、血縁的基礎にもとづき、村落を形成し、農業を中心とした自足的単位が一方に存在する。他方、王を中心とする行政機構は、帝国全土に拡がる各村落をピラミッド型に支配し、帝国維持という目的のため必要生産物を各共同体に割り当て、生産させた（tax）。つまり、帝国は一個の家計となった（家産官僚をもつ「普遍的隷従制」）。(2)「古代奴隷制的生産様式」においては、共同体は血縁にもとづく村落ではなく、農民かつ軍人である市民の集住体という性格をもつ「都市」である。また、これらを統轄する帝国は存在しないがゆえに、一つひとつが都市国家である。統一帝国の不在のゆえ、互いに覇権を競う都市国家は、戦役を通じて奴隷狩りを行ったが、これは、すなわち中産的市民の奴隷と奴隷所有者への分解にほかならない[18]。これらのことが、奴隷的生産様式と規定される所以である。(3)「封建制的生産様式」においては、共同体は、やはり、「村落」である。また、これを支配する従士団をともなう領主は、各村落からさまざまな形態での地代（rent）を取り立てた。しかし、ここに(1)との決定的な相異は、農民の自立性である。つまり、ここでの農民は、かれらの「保有地」を事実上所有するに至ったということである[19]（自留地農民と領主との対立）。さて、(4)近代の「資本主義的生産様式」においては、土地の占有体である「共同体」は崩壊している。経済生活は「商品」の生産・交換によって維持される。したがって、共同体的人間は自立的個人に移行する。個人の一方には、生産手段を所有し、生産を指揮する資本家が、他方には労働力を商品として販売する労働者が立つ。

　重要なことは、大塚が以上の各生産様式を発展系列のうえで想定していることである。もちろん大塚によれば、一地域、一国において各段階が継起的に発生するというのではない。それらは次々に繁栄の場所を移しながら、前の文明が接しうる辺境の地で、前段階の文化を継承しつつ、次段階がより高度な社会へと歴史発展してゆく、と想定される[20]。

　「近代ヨーロッパにおける資本主義の成立というわれわれの当面の視点から眺めるとき、……世界史上の大きな……流れがおよそ次のような形をとることは、周知のことといってよいと思う。すなわち、古代オリエントで専制諸国家という姿をとって現われた貢納制社会→古典古代の地中海周辺におけるギリシャ、ローマなどの奴隷制社会→中世ヨーロッパとくにガリアを中心として展開された封建社会→近代西ヨーロッパとりわけイングランド、ネーデルランドを起点として生誕し拡延するにいたった資本主義社会、という世界史的発展の段階的進行である。[21]」

では、生産様式や社会構成体の段階的発展の原動力は何か。それは人間の意識改革をもふくんだ生産諸力の発達である。特定の生産諸力は特定の生産関係と結合し、生産様式として経済生活を支えるものだが、再生産過程において生産諸力の側面が自然発生的に発達し、現在結合しているものとは別の生産関係を求めるようになる。ここに、旧い生産様式の中に新しい生産関係の萌芽が生じ、新しい生産諸力と新たな地域で、順調に結合し、新たな生産様式、社会構成体を創設することになる。この現象が、上であげた四つの生産様式において順次生起し、世界史の単線的な流れ、直線的な発展系列を形づくる、と大塚は想定する。[22]

このような歴史観を、ウォーラーステインは「発展段階的パースペクティブ」と名づけ、それにたいし自らの「世界システム的パースペクティブ」を提唱する。ヴェーバーとの最初の類似である。[23]

ウォーラーステインによれば、歴史は現在までに三種類の生産様式（＝システム）をもった。第一は、「互恵的―血縁的生産様式」（reciprocal-lineage mode）である。既存の用語に翻訳すれば、原始共同態、あるいは生産力の未開ないし牧畜段階と表現すべきであろう。ここでは、初歩的かつ限られた仕事分担にもとづいて、生産者同士が生産物を互恵的に交換することによって生活が維持される。この様式の主要な資源は人間そのものである。したがって、各集団の存続は、出産の制御に依存する。また、生産の過剰は、若者の長老支配からの逸脱を誘発し、支配の危機を誘きかねない。それゆえ、不平等はそれほど大きくはならない。このシステムの物理的大きさは小さく、経済上の境界と政治的文化的境界は一致している。その意味で「ミニ・システム」といえよう。また、戦争、自然災害、征服、余剰ストックの欠乏からくる分裂などにたいする抵抗力が弱く、システムの生存力もやはりミニである（総じて六世代ぐらい）、と彼は想定する。[24]

このように短命に終わるミニ・システムにたいし、時間的に長期にわたり存在し、空間的にも広大にわたるシステムが、「世界システム」である。これには二つのものがある。世界システムには、単一の分業が存在し、複数の文化集団が存在するが、政治的統一があるばあいと、ないばあいがある。前者を「世界帝国」といい、後者を「世界経済」という。[25]

「世界帝国」（world-empire）が、彼のいう第二の生産様式である。周知の用語法では、これは、貢納制社会、あるいは農業段階（そして〝社会主義〟）であろう。帝国は、農業余剰が発生した段階の生産様式であり、この余剰が手工業者と支配階級を維持する。それゆえ、互恵的生産様式よりも生産技術上は進歩しているといえる。ここでは財は農民や手工業者により、あるいは互恵的にあるいは市場的に交換される。余剰は貢納（tribute）として強制力をもって支配集団に収集され、それがまた行政官僚層（administrative bureaucracy）に上納（redistribute）される。ミニ・システムとの差異は、不生産的階級が登場することであり、類似はどちらも最大限の生産を望まないということである。というのは、貢納の収集を監督し、上納を受けるものは同一人物、つまり官僚層であって、それゆえ、生産の増大は収集の時点での貢納の「先取り」（pre-emption）を誘発し、官僚層の勢力伸長の結果としての政治不安を誘くからである。したがって、必要を超える生産は、それ自体としては成長せず、技術革新も求められない。つまり、固定した収集額が直接生産者に通達される（＝ノルマ）。支配層は生殺与奪の権を生産者に対し持っていたが、彼らの窮乏にかんしては大いに配慮することとなった。なぜなら、支配層の安定（fixed）収入は生産者からの安定収奪に、それはまた安定生産にもとづいていたからである。窮乏は望まれずして起ったに過ぎない。帝国内には農民、遠隔地商人、官吏、手工業者などさまざまな集団が存在し、規模の点でも互恵―血縁様式よりもはるかに大きい。重要なことは、しかし、帝国としての政治的統一が存在することであり、これは官僚層が王権を侵蝕し、地方分権→封建化という事態が生じたばあいでも、残存するのである。このシステムは新石器時代以後、最近まで存在した。その生存は一定の周期をもつ。収奪が始まり、その額が順調に拡大する間はよいが、増大する官僚制維持コストが収奪額を超える時点があり、その後このシステムは収縮に向かうのである（政治循環）。帝国は、ミニ・システムを統合し、また排出しながら拡大と収縮を繰り返すのだが、これが、両システムが何千年来共存できた理由である。ウォーラーステインは例として、ローマ、ビザンティン、中国などをあげているが、エジプト、オリエントの専制国家などももちろん含まれるであろう。(26)

第三のシステム、「世界経済」は前二者とは、生産様式として全く異なる。世界経済とは、単一の分業が支配し、多様な文化が存在する世界システムであるが、しかし、それは統合的政治構造を欠いている。それゆえ、余剰は「市場」を通じてしか再分配されえない。したがって、このシステムは「資本主義的」である。たとえば、古代地中海、ハンザなどの広域商業圏を、そして近代資本主義を、われわれは想起すべきであろう。

このシステムの基本矛盾は、売り手と買い手の思惑の衝突から生じる。売り手は高く売ろうとし、買い手は安く買おうとする。ここでは安定は目標ではない。より多くの利潤こそ目標である。生産者は、より多く、より安く生産し、その結果を利潤として実現しようと目論む。このことが技術革新を促す。ところで、買い手は労働の自由、生産要素の自由、市場の自由を要求する。これに対し、売り手にとっては、独占（unfreedom）が望ましい。自由と不自由の結合が資本主義的世界経済の特徴である。この矛盾が、ここでは政治・文化・社会関係のすべてに投影しているのである。この矛盾のうえで、より多くの生産がもはや利潤をもたらさず、欠損をもたらす上限が存在する。システムがこの閾に到達した後、システムは収縮する。ここでの循環は、帝国におけるような政治循環ではなく、経済循環である。世界経済においては、富の分配の不均等は、世界帝国におけるよりもはるかにはげしい。帝国では従順なる生産者は最低限の生活を保障される。これは政治の鉄則である。それにたいし、ここでは最大利潤を求めるため、窮乏も利用されうる。世界経済では、生産者は余剰の生産者としてはより優れているにもかかわらず、その消費者としてはより劣っているのである。このような世界経済は歴史上生まれては消えてきた。その生存期間は一世紀以内である。理由は、それが容易に「世界帝国」へと転化してしまうためである[27]。

留意されるべきことは、以上の三つの生産様式が発展段階説のように継起的に生じるのではないということである。ウォーラーステインによれば、これらは、相互に伝達可能な認識を得るための概念であり、重要性を測るためのモデルであり、測定に先立つ概念装置であり、世界史の復元ではない[28]。では、その内実はどういうことか。世界経済は世界帝国のはざまで歴史上しばしば発生し、消滅を繰り返してきたという事実認識と発展段階論の否定を総合して考えてみれば、彼にとって世界史は世界経済と世界帝国のせめぎ合いであり、モザイクであり、いいかえれば、それは生産諸システムの盛衰史である。

「歴史的にみて、世界経済は非常に脆い制度であり、その生存期間はせいぜい一世紀以下であり、それゆえ、持続的で資本拡大的システムになる機会をもたなかったのである。それは、各地域の脱落を阻止する政治機構を欠いており、ゆえに、世界経済はつぎつぎと生まれたが、大体は崩壊したのである。あるいは、そうでなければ、分業の範囲を被うほど拡大した一国家のため、その世界経済は世界帝国へと改編され、資本主義的様式の発展は、急速に再分配—貢納制的生産様式へと変換されるのである[29]。」(訳文変更)

システムの盛衰が、「世界システム的パースペクティブ」が暗黙に前提する思想である[30]。そのうえで、「ヨーロッパ世界経済」は、その他の世界経済一般とは全く異なる独自性をもつ、つまり世界史上初めての発生であるという認識が加わる。彼は、この世界経済をヨーロッパ封建制の成立と特別に関連づける。[31] ウォーラーステインも封建制から資本主義への移行を問題とする。発展段階説を放棄したいま、どのようにして彼は、移行過程を説明するのか。

さて、ここでもウォーラーステインの移行説とは対照的で、ヴェーバーの一解釈でもある大塚の移行説にたち帰って、コントラストを強調してみる。大塚によれば、近代資本主義成立の原因を追求する代表的な見方には、二つのものがある。一方は、封建的自然経済の束縛から人間が解放され、したがって営利に目覚めることになり、貨幣経済が浸透し、そこから商業資本が最初に発生し、そののち、この資本が産業部門を包含することで産業資本（近代を特徴づけるもの）が成立する、という見解である。大塚はこれを「解放説」と呼ぶ。もう一方の説は、中世末期に修道院のなかで生まれた労働倫理（のちの industry）が、一般人の日常倫理に影響をおよぼし、さまざまな営利衝動へと向かう人間の欲望を勤労にもとづく営利のみにとじ込め（禁欲させ）、この結果、産業的利潤のみを得ようとする産業資本が、商業資本を打ち倒しつつ、成立し、ここに近代資本主義が誕生する、と主張する。大塚はこれを「禁欲説」と呼ぶ。[32]

大塚によれば、解放説は不十分である。第一にそれは、近代資本主義の担い手の社会的系譜について正しくない。彼らは近代以前に普遍的に存在する「前期的」商人たちの間から出自したのではない。むしろ、かれらによる問屋制支配のもとにあって、のちにこれを克服しつつ成長した「中産的生産者層」の間から出自しているのである。産業資本主義のモデル・ケースといえるイギリスにおいては、後者が前者にたいし完全なる勝利をおさめたからこそ、「資本主義」発達が順調であった。これにたいし、後進資本主義国（ドイツ、日本など）においては、前者の優勢を後者がくつがえせず、その発達は奇型的である。[33] 第二に、資本を営利獲得と特徴づけるならば、このような資本は近代に特殊なわけではなく、むしろ、「歴史とともに古い。」近代資本主義の特徴は何よりも、それが産業的なところにあるのであって、ヴェーバー流にいえば、それは「賤民資本主義《パーリア》」ではない。解放説は二つの別種の資本主義を区別しないばかりか、前者にむしろ本性をみようとする傾向がある。近代資本主義の特徴は、そのような古い営利欲の否定と産業労働の奨励にあるのであって、表面上全く逆に、勤労の量が貨幣の量で測られているにすぎない。つまり、営利はあくまで手段であった。これが固有な産業社会を生んだ原動力としての思想である。ヴェーバーとともにいえば、「近代資本主義の崩芽は……資本に徹底的に反対の経済学説が公然と支配した地域に求められるべき」である(34)。

この整理から帰結する資本主義像は、近代経済社会に決定的な要素は平和的交換にもとづく経営資本主義であって、それ以外の掠奪原理にもとづく商業資本、またヴェーバーのいう「帝国主義的資本主義」は、奇形的な形態であり(35)、資本主義がモデル的に成長すればするほど、経営的傾向は強まるし、逆にいえば、後者が強力なほど、その社会は近代社会から遠ざかり、前近代的ないし封建的となる、というものである。つまり、資本主義をイギリス型からの偏差において分析しようとする。労働力にかんしても、近代労働の特徴は自由労働であって、強制労働(ポーランド「再版農奴制」、南米・アメリカ南部「奴隷制」)は、偏向的である。ないし、それらは消え行く残存物であるとされる。したがって、大塚説は、近代社会を近代的資本/自由労働の専一的支配と規定しようとする。その他の資本も残存しているが、それはいわば脇役にすぎない。しかしながら、イギリスのインドといい、アメリカの奴隷制といい、ポーランドの農奴制といい、イギリス地主階級といい、掠奪原理は脇役ではなかったのではないか。二つの原理はまさに近代で愛憎相なかばする関係に、つまりアンビヴァレントな関係だったのである。この状況を上の整理は一気には説明しえない。

ウォーラーステインは近代資本主義の成立と現況をどうみるか。資本主義は、世界帝国の特殊な形態である封建制から発生した、と彼も述べる。封建ヨーロッパでは一三世紀以後、領主は実質収入の深刻な減少になやまされていた。原因は黒死病の蔓延と実質賃金の上昇であり、農民一揆の頻発と領主間の戦役である。ヨーロッパが、あれほど分権化されていなかったとしたら、帝国の再編へと向かいえたであろう（ヨーロッパ以外での通常の道）。しかし、強力な帝国はここには存在しなかった。存在したのは、支配層（領主層）の新しい発想であった。つまり、「市場」を利用する新しい剰余収奪の可能性をさぐるという構想であった。この試みは成功し、支配層の実質収入を上昇させたのである。ここに絶対主義国家群が誕生し、したがって「資本主義」が誕生したのである。(36)

「資本主義の起源は、地主的封建貴族層にたいする新興集団、都市ブルジョアの勝利にあるのではない。それはむしろ、領主の資本主義的生産者への転進と考えられるべきなのであって、支配者層にかんしては、本質的な連続がみられるのである。(37)」（訳文変更）

イギリスもふくめた資本主義ヨーロッパは、このようにして誕生したと彼は結論する。彼はここから、どのような資本主義像を引き出したのであろうか。

ウォーラーステインによれば、したがって、資本主義の成立は工業部門ではなく、農業部門に求められなければならない。農業の資本主義化が工業の資本主義化を促したのである。(38)剰余収奪の新たな型態を考え出した領主層は、ヨーロッパ世界経済のなかで三種類の労働管理方式を押し進めた。第一は西インド諸島・スペイン領新世界・ポーランドにおける強制労働制である（「換金作物栽培のための強制労働制」）。ここから、奴隷・農奴および植民地企業家・新領主階級が形成された。彼は、これらの地域をヨーロッパ世界経済における辺境部と呼ぶ。この対極に位置する労働管理方式が、北西ヨーロッパ（イギリス・北フランス）の「ヨーマン経営」である。これは自由労働にもとづいた農業資本主義である。ここから、さらなる階級分解を通して大借地農と農業労働者が誕生した。そして、領主層は、いわゆる近代的資本主義的地主となり、増収を確保した。彼は、ここを中核部と呼ぶ。上の二つの中間に位置するものが、南ヨーロッパ（イタリア・南フランス）で採用された分益小作制である。すなわち、小作人―寄生地主制度である。彼は、ここを半辺境部と呼ぶ(39)。つまり、領主層は、世界市場を利用して自らを資本主義的に再編し、その結果、中間形態をふくめて自由労働と不自由労働を対極としてもつヨーロッパ世界経済、「近代世界システム」が発生したのである。したがって、近代における不自由労働は、封建的残存物ではない。

「ひとつのシステムを支配する『生産関係』はただひとつであり、それがシステム全体を規定しているのだ、ということこそが重要なのである。……確かに『自由な』労働こそは、資本主義を規定する基本的な特質である。しかし、だからといって、あらゆる生産活動が自由な労働に依拠していなければ、そのシステムを資本主義と称してはならない、というわけではないはずである。自由な労働とは、『世界経済』の中核に位置する諸国の熟練労働者の管理形態なのであって、同じシステムの辺境におけるより熟練度の低い労働者の管理に用いられたのが強制労働なのである。資本主義の真髄はまさに両者の結合にこそある、というべきである。労働がどこでも自由になれば、社会主義が到来するはずである(40)。」

つまり、ウォーラーステインの分析法は、自由労働と不自由労働とが五〇％ずつに結合しているところを、中間点としてのイタリア・南フランス型資本主義として置き、そこからプラス方向へ偏ったものを、イギリス型・アメリカ型とし、マイナス方向へ偏ったものをポーランド型・新世界型とし、その度合を測るのである。大塚は、一〇〇％自由労働のイギリス型・アメリカ型資本主義を極限点として置き、そこからマイナス方向へ偏ったものとしてドイツ型・日本型・植民地型を置き、その度合を測るのである。ヴェーバーの分析法は、後者から前者へ移行していた。

三　ウォーラーステインから接近したヴェーバーの歴史観および資本主義像

ヴェーバーが世界史を発展段階として考えていなかったことは、周知であろう。では、彼は歴史の流れをどのように想定していたのであろうか。通説によれば、彼は想定しなかった。そのような発想法を放棄して、近代資本主義の個性的成立にかんする因果連関の究明のみに分析をしぼったと理解されている。通説的には、世界史の流れというような全体論的な思考は排除されなければならず、認識関心（近代資本主義の成立）に文化意義上、該当するものだけを、無限に多様な現実から、概念の助けをかりて、認識することができるのみである、というのが彼の発想法である。[41]にもかかわらず、そのような概念を集め、体系づけるためには、歴史にかんするなんらかの原始イメージが必要なのではないかと、われわれは考える。いわば研究への導きの糸が要るのであって、それなしには研究が開始されないと考える。たとえば、原始共産制↓奴隷制↓封建制↓資本主義↓社会主義といったような歴史にかんするなんらかの想定が存在するはずである。ヴェーバー自身も、この発展イメージを無意味なものとはいっていないのであって、これを現実そのものと混同していることを批判しているだけである。ヴェーバーは、もちろんこの図式を前提しない。それでは何を前提していたのか。このような発展とは正反対のもの、つまり、歴史的盛衰である。何の盛衰か、経済行為の類型の、たとえば家計と営利の盛衰である。家計とは、経済活動を、効用や欲望の充足を目的として運営することである。したがって、家計においては、王のオイコス、村落、都市、党などの団体による計画経済が原則となる。営利とは、自由および不自由な労働を用いる個別企業が、市場において収益性（利潤）を追求しつつ、経済活動が運営されることをいう。企業は流通経済的に連絡し合う。前者は、古今東西の社会主義をふくみ、後者は古今東西の資本主義をふくむ。ヴェーバーによれば、この二つが全経済生活の根本類型である。[42]そして、この二つのものは、独自な歴史的構図から誕生、繁栄し、相互に対立して、覇権を競い合い、せめぎ合うこともあれば、自身の内部矛盾で崩壊することもある。そのような両者の交錯が、歴史をつくっているといえる。したがって、全歴史は営利と家計の出没過程であり、すなわち根本類型の盛衰史である。(43) このような原始モデルをもって、ヴェーバーは史実へ向かう。(44)

ところで、彼によれば営利と家計の盛衰一般のなかで、ヨーロッパ近代に起こった営利経済の出現だけは、世界史上、特別に独自なるものだった。つまり、歴史的であった。正確にいえば、それが独自であるとすれば、その要因はなにかと問う。

家計とは、ウォーラーステインの用語に翻訳すれば、「世界帝国」となる。そこでの支配機構である貢納制も、ヴェーバーのいう家産制と正確に一致する。それは、ウォーラーステインが、家産制の完全な形態をすぐれた意味での世界帝国といい、その欠陥のある形態、つまり分権化した形態を封建制ということからもわかる。(45) これは家産制にかんするヴェーバー定義と内容も形式も等しい。ウォーラーステインによれば、さらに、世界帝国はつねに内部から「世界経済」――ヴェーバーのいう営利経済――を排出する傾向をももつ。また、これは世界帝国によりふたたび統合される傾向をもつ。したがって、歴史上、世界帝国と世界経済は統合と排出を繰り返してきたわけである。つまり出没を繰り返した。歴史的興亡である。(46) 「長期の一六世紀」ヨーロッパも、その前の特別な世界帝国（封建ヨーロッパ）から、世界経済を排出した。もちろん、この世界経済もふたたび世界帝国へ統合される傾向をいったんは示した。しかし、今度の世界経済――ヨーロッパ世界経済――は、その他多くのそれとは異なり、生命を保ったばかりか（ウォーラーステインによれば、他の世界経済の平均寿命は一世紀ほどであった）、拡大しつつ、地球を全面的に覆い、今日も生きつづけている。それが「近代世界システム」の独自性である。

「近代世界に特徴的なことは、生き続けるような資本主義的世界経済の出現である。実は、生き続ける以上のことをなしとげた。それは繁栄し、全地球を覆うまでに拡大し（また、それにともない残存するミニ・システムと世界帝国を死滅させ）、そして、天然資源の利用における技術的・環境的『解放』をもたらしたのである。[47]」（訳文変更）

さて、ヴェーバーも、ウォーラーステインも、歴史の発展段階説ないし単線的方向での進化説を否定したことの意義はどこにあるのだろうか。そして、対極としての盛衰説を採用したことの意義はどこにあるのか。それは、彼らが歴史学の最終目標について、法則の定式化を拒否することにある。もし、発展段階の定式化をもって、歴史学の目標とするならば、その目標は歴史法則の発見ということになり、法則にたいする歴史の独自性は存在しない。歴史の存在意義の否定にたいする伝統的な反論は、歴史を現実過程の復元ないし記述とみる説であるが、これでは、それゆえ歴史は学的加工の前段階を意味するものだ、という再反論に耐ええない。そこで、歴史は物事の特性を、現実を超えて、逆に誇張する、すなわち現実のカリカチュアを創るというところまで議論は進む。しかしながら、この論理にまで進むまえに、発展というイメージが歴史認識から払拭されていなければ、歴史はいつまでも法則を求め、世界史の理論を追求するであろう。逆に、歴史を盛衰史と想定することで、そのような心理的障害が消え、はじめて個性的誕生の究明という問いかけが起こりうるのである。なぜなら、歴史が営利と家計一般の交錯であるという認識から、はじめて、あの家計とこの家計との差異はどこか、あの営利とこの営利との差異はどこか、という問いが、そもそも起こるからである。今度の資本主義のその他のものにたいする特性はなにか、今度の社会主義のその他のものにたいする特性はなにか、というように。ウォーラーステインによれば、「ヨーロッパ世界経済」は、以前の世界経済とは異なり、並はずれて長大な生命をもつものである。[48] ヴェーバーは、「近代資本主義」を以前のもの一般に比べて、財生産にもとづく特別なものであるとした。では、そもそもなぜ歴史に、法則ではなく特性を求めなければならないのか。

その問題は、第四節において議論することにし、次の問題は、ヴェーバーが上記の新たな歴史構想にもとづいて、「プロテスタンティズムの倫理と資本主義の『精神』」を改訂したことである。一九二〇年における改訂の要点とは、(1)論文自体の論旨には、彼は変更を施さなかったということ、そして、(2)一九〇四年においては、たんに資本主義と表示されていた個所に「近代」ないし「近代に固有な」という言葉を付加したということである。(49)安藤は、このことを解釈して、近代経済にかんして、たんなる営利追求という資本主義一般を論じるブレンターノ、ラッハファールとの論争——そして、マイヤーとの——を通じて、ヴェーバーは自らの資本主義概念が、実は近代資本主義にかんするものであったということを明確に意識し出した結果だとする。つまり、ヴェーバー自身も資本主義一般から出発し、徐々に近代資本主義論を彫琢していったのにたいし、彼らは、ついに資本一般に終始したと。(50)われわれは、改訂を逆に解釈してみる。ブレンターノ、ラッハファールとの論争は、ヴェーバーにとっては、彼らの誤解に対処すれば解決するものであった。なぜなら、文脈からいってヴェーバーは最初から(一九〇四～五年時点)明確に近代／産業資本主義の成立を問題としていたからである。彼が問題としたのは、いわば生産関係としての資本主義であって、他の生産関係に寄生して利潤を注出するだけ資本一般ではなかった。商業ではなく、組織労働をともなう資本主義こそ当然、問題だったのである。ヴェーバーを転換させたのは、エドアルト・マイヤーの古代社会論である。マイヤーは、工場・プロレタリアート・銀行など近代的な概念を古代にかんしても使用し、古代にたいし完全なまでに近代を投映させた。この立論はヴェーバーに衝撃を与え、『古代農業事情』を起筆させたが、そこでは表面上は、マイヤーを批判する論調をとっている。しかし、実はこの批判は、マイヤーの行きすぎを訂正しているだけである。つまり、ヴェーバーは以前の古代＝オイコス説をすて、マイヤーの古代＝資本主義説を根底において受け入れた。(51)ただ、マイヤーほど、そこに近代を投映するのは誤解を招く、といっているのである。(52)これ以後、ヴェーバーは、資本主義とは当然近代の、生産関係としての資本主義であって、その他の利潤追求は商業にすぎないという一九〇四年時点の観念を放棄した(53)。その結果、商業としてしかかえり見られなかった行為は資本主義として把握され直し、政治的蓄財についてさえ資本主義概念を適用するに至り、ここに非合理的資本主義概念が確立されたのである。さらに、合理的・非合理的資本主義を一括するものとして、「営利」という概念が発見され、その対立物としての「家計」なる概念が組み立てられる。その結果、営利と家計の対立図式にもとづく独自にヴェーバー的な体系が誕生し、これが『経済と社会』の経済社会学を執筆させる原因となった。この視角から一九二〇年の「『精神』」の改訂が行われた。つまり、自分の立論について何らの変更も必要とはしないが、そこで言っていた資本主義は近代資本主義のことに過ぎないのであると。このように彼は自分の議論を限定したのである。ヴェーバーは、たしかに改訂で近代資本主義を意識した。だが、彼は、はじめて近代を意識したのではなく、はじめて非近代的資本主義を確定したのである。

「合理的資本主義対商業」という対立図式を捨てたのちのヴェーバーにとって、近代世界はどう映じたのであろうか。一九〇四年時点の図式においては、商業でさえ——いわんや政治的蓄財や植民地営利は——資本主義とはいえないのであるから、近代世界が資本主義化したということは、完全な合理的・経営資本主義化を、またその専一的支配を——といわないまでも近代資本主義と封建的残存物との確執を——意味した。しかし、一九二〇年の改訂においては、政治的蓄財や植民地営利をも資本主義にふくめるという概念革命(54)にもとづいて、営利対家計という枠組みが確定し、中世から近代世界への転換、すなわち近代世界の資本主義化とは、家計から営利への交替劇であるという認識が獲得された。だが、今回の転換には史上はじめてのところがある。それは、営利経済の一部が、生産力化しているというところである。このことにかんしては、プロテスタンティズムの倫理や資本主義の精神が——中世都市や近代国家などとともに——その助長の一端を受けもったと、ヴェーバーは主張する。それゆえ、譲渡原理や掠奪原理にもとづくような資本と平和交換の原理にもとづくような資本とのアンビヴァレントな結合が近代世界にかんするヴェーバーのイメージである。ヴェーバーは、前者を「帝国主義的資本主義」と呼び、後者を「平和主義的資本主義」と呼ぶ。古代の流通経済は資本主義的であったが、それは掠奪原理に重点をおくものであったことは証明されていると信じる。(55)同様に、ヴェーバーは掠奪資本主義の近代における発言権を明確に認める。しかも、それは完全に資本主義とされる。

「それ〔帝国主義的資本主義〕は租税請負人、国家債権者、国家の御用商人、国家により特権を与えられた海外貿易資本家や植民地資本家の資本主義的利害関心なのである。かれらの利潤チャンスは徹底徹尾、政治的強制権力の、それも膨張をめざす強制権力の直接的搾取にもとづいている。政治共同体の側からする海外『植民地』の獲得は、住民を強制的に奴隷化するか、さもなければ土地にしばりつけること……によって、かれらをプランテーション企業労働力として搾取し、(これは大規模にはおそらくまずカルタゴ人により組織され、全く大々的には結局南米におけるスペイン人、アメリカ南部諸州におけるイギリス人、インドネシアにおけるオランダ人によって組織された)、さらにこれらの植民地との貿易やおそらくは海外貿易の他の部分を力づくで独占するためのおびただしい利得のチャンスを、資本主義的利害関係者に与えるのである。(56)」(傍点は引用者)

たしかに近代世界は、このような資本主義に対立する平和的資本主義をはじめて知った。しかし後者は、資本主義の一方の極として前者と対立しつつ存在しているだけであって、前者に勝利したわけではなく、しかも二者は勢力拮抗の関係にある。「帝国主義的資本主義の利害関心がいかなる経済的対重を見い出すかは、何よりもまず平和主義的な傾向をもった資本主義的利害関心にたいする前者の収益性の割合いかんに依存する(57)」にすぎない。平和的資本主義の勢力が優勢であるかぎりは、それは掠奪資本主義を押えていることができる。しかし、「このような『帝国主義的』膨張傾向は、たんに『通商の自由』を目ざすにすぎない平和主義的膨張傾向に代って、またもや現れてくる趨勢にある。この平和主義的膨張傾向が優勢を占めたのは、私経済的な欲望充足の組織が最適度の資本主義的利得のチャンスを、平和的な――少なくとも政治権力によって――独占されない財貨交換の方向へ推移させていた間だけであった。『帝国主義的』資本主義は古来政治に対する資本主義的利害関係の、またこれと共に政治的膨張欲の正常的形態であったが、この種の資本主義の全般的な復活はしたがって毫も偶然の結果ではないのであり、近い将来に対しそれに好都合な予測がなされるにちがいないのである。」(58)（傍点は引用者）ヴェーバーは、こうして両資本主義の対抗的同時存在をもって近代経済社会の本質と結論する。

平和原理にもとづく資本主義は、ウォーラーステインの言葉でいえば、第二節で提示したように「自由な労働」にもとづく資本主義であり、掠奪原理にもとづく資本主義は、「強制労働」にもとづく資本主義である。そして、ウォーラーステインも、近代資本主義体制の本質を両者の結合にみる。

「多くのひとが論じるには、資本主義の典型的な特徴とは、すべての労働および土地を商品として全面的に利用することであり、すべての生産活動を剰余価値の創造と領有〔自由労働の搾取〕へと志向させることである。だが、いかなる点においても現在にいたるまで、実際にはこのような典型的な特徴が専一的な特徴となったことはなかった。そのようなものは、たしかに確実に、より支配的となって来た。だが、資本主義的世界経済を実際に特徴づけているのは、自由な労働および土地と『不自由な』労働および土地との結合である。」(59)（訳文変更）

自由労働にもとづき、生産を志向するような資本主義は、近代においてはじめて問題とするにたるほど成長してきた。しかし、近代体制の特徴とは、資本主義に関するヴェーバー／ウォーラーステイン＝モデルによれば、自由な資本主義と不自由な資本主義との勢力拮抗にある。二つの接合こそが近代営利経済の他のそれとは異なる独自な特性である。

ところでヴェーバーは、一方の自由な資本主義、すなわち自由労働を合理的に組織化して生産に充たらせる資本主義を、近代西洋はとにかく知ったがゆえに、そののちに到来するかもしれない家計、すなわち社会主義も合理的・生産的・組織的なものであろうと予測する。「工場規律から近代社会主義は生まれてきた。いたるところ、あらゆるところに、あらゆる時代あらゆる国々に、多種多様な社会主義が存在した。だが、近代社会主義の特質はこの基盤のうえでだけ可能なのである。[60]」彼はここに、社会主義一般のなかで近代社会主義の特性を発見した。ヴェーバーはさらに、合理的労働制度の完全な発達に、生産の国家的組織化をみ、社会の総体的官僚制化を予測し、これが民主主義にたいする重大なボトル・ネックとなると予測した。それゆえ、官僚化にたいする対抗手段が考案されるまでは、社会主義に与しなかったことは周知であろう。

ウォーラーステインはこれを受けて、自由な経営資本主義の完成を逆に解釈した。自由な資本主義の確実な成長を、経営者・生産者による上からの組織化、管理化と予想せず、あるいは、そのように解釈せずに、市場を通じた消費者による下からの生産の統合と解釈しようとする。

「資本主義的世界経済は、四・五百年の生存のあとも、依然として自由市場、自由労働、土地の限嗣相続の廃止、無制約な資本流通を実現してはいない。また、いずれそうなるとも思われない。なぜなら、私が思うには、資本主義的生産様式の本質は、生産要素の部分的自由化にこそあるからである。真の自由（生産要素の自由流通をふくめて）が実現されるのは、実は、社会主義的世界政府においてのみなのである。これこそ、マルクスの『必然の領域から自由の領域』への移行という言葉の根底にひそむ意味なのである。[61]」（訳文変更）

これを果たして社会主義と呼ぶべきか、あるいは、特別な社会主義としての世界政府の特性なのか、いかなる詳細においてそうなのかについて、ウォーラーステイン自身もいまだに明確にしてはいない[62]。われわれの展開は、第七章で行う。

四　ウォーラーステインの単一社会科学論からみるシステム科学論者ヴェーバー

残された問題は、なぜ個性究明を使命とする歴史方法が、既存の「事実をもって語らしめる」実証論的歴史方法や、歴史法則志向の発展段階論的歴史方法に交代されなければならないかについてであった。その理由は、個性化的歴史方法のみが人間の判断能力を向上させうるからである。つまり、この歴史方法は複数の個性の特徴を定式化し、それらへの「〝評価の〟……〝着眼点〟[63]」を価値分析し、それらのあいだに存在する個性の優劣について価値議論し、最後に、個々人が諸価値にかんして最終的に自らのプラス・マイナスの価値判断を向上的にくだせるように促すことができる。そのような作業ならば、発展段階論的方法も実証論的方法も実行しているではないかとの反論が予想されるが、実は決断してはいないと、われわれは考える。たとえば、マルクス主義史学は、最高の価値として社会主義という価値を選択したように一見思われる。しかしながら、この価値は自然法則的必然としての価値であり、歴史過程に内在的な唯一絶対の真理である。万人が認めなければならない決断ならば、それは決断ではない。複数の真理のなかから、一つをあえて選択して、はじめて決断である。したがって、法則歴史学は、決断ということを誤解している。他方、事実の写実から一歩も出ようとしない実証歴史学は、決断についての放棄へと通じる。実証偏愛的な歴史方法は、決断を人間の傲慢として退ける。しかし、人間は、そもそも価値間に序列をつける存在である。禁止されるべきことは、一つの序列を他人に強要することにすぎない。だが、そのためには自分の内部で十分に決断しておかなければならない。このことなしには、ひとは数に頼らざるをえず、これが序列の押しつけ、他人への強要の原因となりうる。実証偏重的方法が、このような純粋に自分に志向する防衛的な決断をも放棄するとしたら、それが一見決断を実行しているようにみえたとしても、それはひるがえってコンセンサスへの迎合となる。[64] これにたいし、個性化的方法は、自立的判断と密着不可分である。なぜなら、われわれが歴史的事物の特徴を浮彫りにしようとする作業（真実の復元でもなく、内在的法則の発見でもなく）と、それについてプラス・マイナスの価値判断をする作業とは、反省してみれば、実は全く同時的工程なのであるから。特徴化するとき、かならずわれわれは判断している。何々は他に比してかくかくの特徴（個性）をもつ、そこがプラス的価値、あるいはマイナス的価値をもつ、というように。

このような歴史方法をかりに承認すると仮定すれば、次に問題となるのは、これと、理論および政策との関連如何である。

ウォーラーステインによれば、理論・歴史・政策は三つの分離した学問活動ではなく、本来、「単一の[65]」活動である。経済学、社会学、人類学、政治学、地理学、歴史学などがとくにイギリスで開発され、しかも比較的せまい意味で用いられ、大学の学部や学会を形成し、さらに国民規模で活動するようになったのは、一九世紀以後のことにすぎない。すくなくとも啓蒙期の終わりまでは、三つの分野が分離・孤立したものであるとの考え方は、非常に奇怪なものに違いなかった。一九世紀にはいって、学問とは帰納法を用い、普遍法則を発見する法則定立的な活動であるという通念が採用されはじめたのである。これには物理学の当時における圧倒的な優位が影響していたことに、うたがいの余地はない。このような潮流が一九世紀的実証主義といわれるものである。この考え方は、イギリスの地位の衰退という状勢にもかかわらず、生きつづけ、一九六〇年代に至ってはじめて、アカデミー内外で根本的な改革にさらされることとなった。[66] 彼は、科学のこのような分離状況を学問の本来の姿とは考えない。

ウォーラーステインの改革案は以下のものである。現在、学科として承認されているさまざまな社会科学は、本来分離したものではありない。学問は、分析装置と一般化レベルがそれぞれに異なっている諸学科が、あるヒエラルキーを形成しているような全体などではない。諸学科は単一のテーマと向かい合う。便宜上、学科区分は必要である。しかし、それはけっして、認識論上の区分ではない。事実、学科内のへだたりは、学科間のへだたりと同じように大きい。また、植物学や動物学は、第二次大戦後は、生物学に統合されてしまった。その生物学からも、今度は新たな学科が誕生しているのである。区分とはこのような運動を内蔵する区分である。この運動は学問の不確かさを意味するものではなく、反対に、学科の統合と排出こそ学問の健全性の証明である。[67]

学問が単一の素材をあつかうことを承認し、単一社会科学的アプローチを承認する人びとでさえ、「社会科学」（理論的）は一般化とモデル構成を使命とし、「歴史」は具体化と個別化を使命とする、二つの別の学科であると想定するであろう。しかし、「社会科学」も「歴史」も単一の活動である。これをウォーラーステインは「単一の歴史的社会科学」と呼ぶ。その理由は簡単である。一方で、ひとは個別化を用いずして一般化しえない。なぜなら、すべての一般化は個別化された後の一回的素材から実行されるからである。また他方、ひとは一般化なくしては、個別を認識しえない。なぜなら一回かぎりの特別の出来事は、繰り返し起こる出来事の逆算だからである。ひとは、一方の仕事においては、特定の事象がなぜ、どのような原因の連鎖から生じたかを探求するであろうし、他方の仕事においては、事象における類似パターンの定式化を目標とするであろう。しかし、二種類の活動を、二つの孤立した学科にまで固定してしまうことは、これらの活動の知的統一性を犠牲にしてしまう。ちなみに、もっともすぐれた学者の研究はみな、二者の統合である。[68]

さらに、ウォーラーステインは「歴史的社会科学」と「政策学」とのギャップをも、「ドラスティックに」[69]せばめようとする。すべての歴史的社会科学の概念枠組みは、つまるところ政策的選択の関数であり、価値自由な社会科学などは存在しない、と彼はいう。[70]「すべての『真理』言明は、ひとがそれを暫定的な真理といおうと、発見的理論といおうと、一つの価値言明なのである。[71]」実際、すべての概念が、研究者や専門家の観念やデータ操作から発生するのではない。反対にほとんどの概念は、現実界への関与者たちによって構築される。研究者がそれらの価値を認識するのは、通常もっとも遅いのである。「私は、徒らに『象牙の塔』に反対しているのではない[72]」と彼は言明する。歴史的社会科学と政策（政治）との統合的連絡を主張しているだけであると。この連絡は、客観性からの逸脱ではなく、かえって、それへの唯一可能な道である。さらに、価値選択の土台を、彼は状況に置き換える。「客観性とは、社会的世界の諸力の全体性を、正確に反映した仕事の総体ベクトルでしかありえない。[73]」それを超越した絶対的な何ものかではない。だから、「客観性とは、全社会システムの一関数である。[74]」したがって、「『真理』は変化する。社会が変化するがゆえに。[75]」彼は、真理を価値の関数と定義する。

「真理は、もはや『本来それがあるがごとく』といったように、理論的には把握されざる対象（たとえこれを努力目標と考えるとしても、私には全くナンセンスに思える）とは定義されない。また、断片的で数量的な理論の総計とも思えない。真理とは、社会界にかんする、そういうものであったし、そういうものであるし、そういうものであるだろうという、われわれの時代からみて意義のあるひとつの解釈である。[76]」（以上訳文変更）

ところで、上に提示したように、彼の科学方法論は、ヴェーバーが『客観性』で使用した議論と形式内容とも著しい類似性を示す。ウォーラースティンの議論が『客観性』を超えるメリットの一つは、ヴェーバーがそこで、客観性は主観性に依存するといったその客観性を、真理は、と言い換えたところにある。真理が主観性に依存するかどうかは、ヴェーバーにおいては不明である。つまり、彼はヴェーバーよりも、学問的妥当性の基礎をより明確に主観に依拠させ、その基礎としての実体という観念を再生不可能なまでに削除した。ウォーラースティン科学論においては、真理は複数あり、真理数、イコール、関心数である。[77] メリットのもう一つは、ウォーラーステインによれば、「歴史的社会科学」と「政策」が依拠し合う、いいかえれば、歴史と理論がともに「政策」に依存する、と明言したことである。この点では、ヴェーバーは動揺していた。彼が主張するには、政策（関心）は、まずもって、「歴史的個体」の選択を規制し、その歴史が理論装置を規制する。それゆえ、「われわれが推し進めようとする社会科学は、ひとつの現実科学である」[78] と述べ、社会科学をすぐれて歴史において代表させようとする。したがって、関心は歴史という回り道を通って、理論を規制していた。関心が直接、理論を規制するかどうかについては、『客観性』時点では、あいまいである。ウォーラーステインは、政策は歴史ならびに理論を、ともども直接に規制すると明言した（図-Iを参照せよ）。

図-I　ウォーラーステイン図式

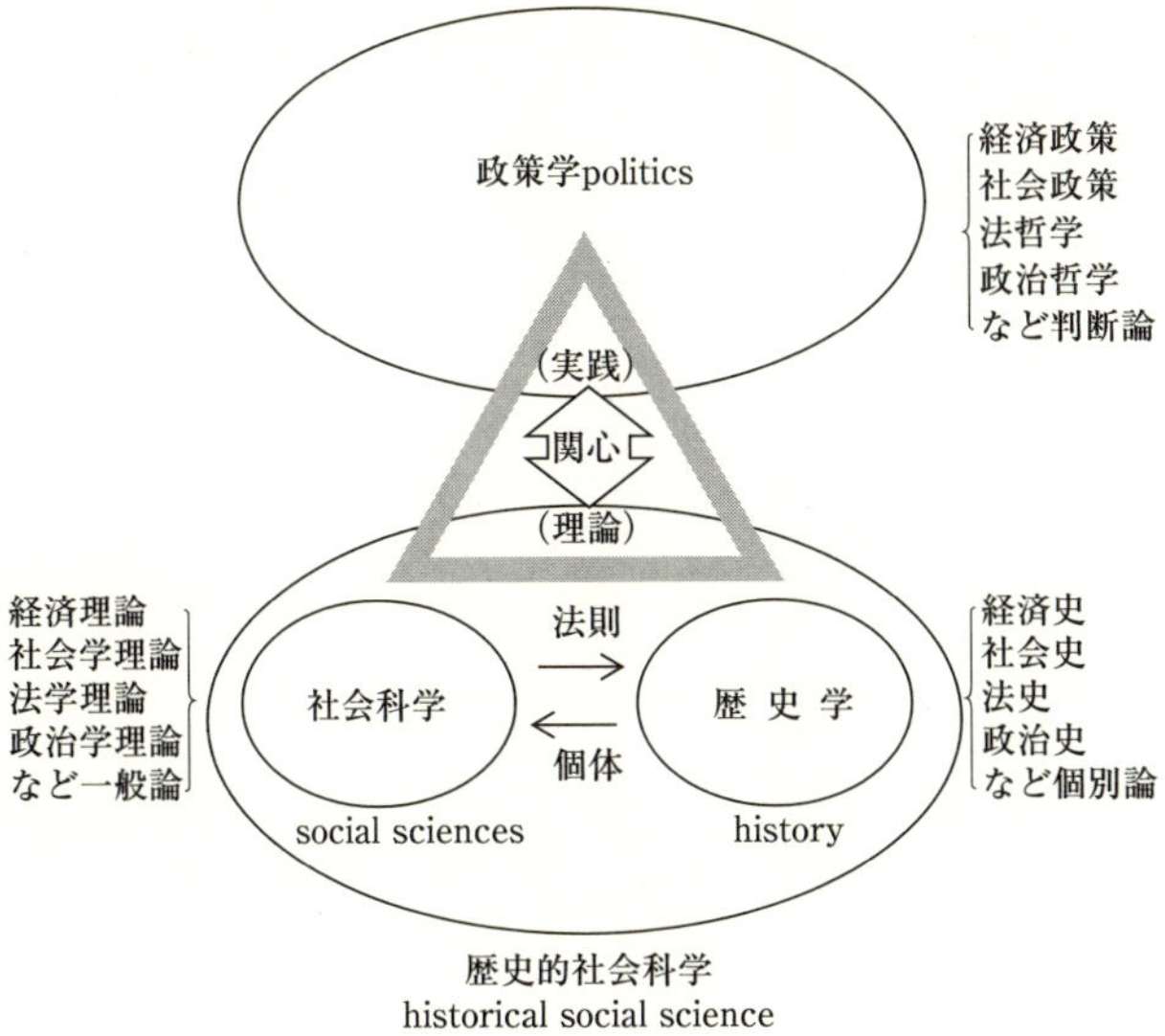

＊政策学・社会科学・歴史学が unidisciplinary な single social science を形成する。

では、ヴェーバー科学論を、ウォーラーステイン的に再解釈できないだろうか。それはでき、しかも興味深いのである。

ウォーラーステインにおける「歴史」および「社会科学」は、ヴェーバーにおける「現実科学」（のちの「歴史学」）および「法則科学」（のちの「社会学」）と同一である。ウォーラーステインの「政策」は、『客観性』にあるとおり、ヴェーバーの「社会政策」である。周知のように、歴史（個体学）は個別論的な特徴言明を行い、社会学（理論学）は一般論的共通言明を行う。この意味で、二者は科学加工上の対極に位置する。しかし、一方の存立は他方の存在があってのみ可能であった。なぜなら、個体の特徴化は、一般論を事実に適用し、それに包括しえない部分の強調にあったからであり、普遍性の定式化は、多数の個体を収集し、共通化する活動だからである。この意味で、歴史と理論は不可分離に連絡し合っている。[79] 政策とは、ヴェーバーによれば、「理想の提示」[80]の科学であり、意欲の学である。それは、「何が」問題であるべきかを指示する関心の学となりうる。初期・中期において、彼は、この「何が」を「どの歴史的個体が」と、おもに想定していた。[81] 最後の方法論的著作『社会学の基礎概念』において初めて、理論分野にも積極的に適用した。「行為はいかにして成立するか、いかなる動機が行為を規定するか〔一般論の定式化〕、このような問題を提起しうるためには、われわれは、たしかに、まず〔注意せよ〕つぎのことを知らなくてはならない。……どんな行為が重要であるか〔関心〕ということを。……いかなる類型的な『行為』〔つまり、理論〕が分析にとって重要であり、かつ問題となるかを〔関心〕このような分析〔定式化〕に入る前に〔注意せよ〕知らなくてはならない。〔H・リッカートの意味における『価値関係性』“Wertbezogenheit”[82]〕」と述べ、関心が理論に直接に関係することを確認したのである。何が問題かの「何が」は、「どの個体が」、だけではなく、「どの範囲内の法則」が問題となるべきなのか、にも拡大された。こうして、晩年ヴェーバーにおいては、歴史・理論・政策は単一の円環システムを構成することになったのである。したがって、最晩年のヴェーバー科学論構想においては、政策は関心の学として、歴史にたいして、「どれが」個体化されるべきかを指示する一方、他方で理論にたいし「どこが」法則化されるべきかを指示する。また、理論は、一方で、政策にたいし、政策立案のために、理論・法則を提供し、他方、歴史にたいし、因果究明のために理論・法則を提供する。さらに歴史は、理論にたいし、共通性の定式化のため、個体・特徴体を提供し、政策にたいしては、プラス・マイナスの価値判断のため、個体・特徴体の意義分析を提供する。このように理論・歴史・政策はそれぞれ同一の重要性をもつ不可欠な要素としてウォーラーステイン科学論構想と同じく、単一科学、単一システムを形成することになった（図-Ⅱを参照せよ）。

この結論の意義は、たんに、三者が一つの円環を成したということだけにあるのではない。その第一は、ヴェーバーにも依然として残っていた社会科学における歴史優位の思想が、このような単一システムの構築によって完全に消滅するということである。政策↓歴史↓理論という三者の上下関係は、解消される。その第二は、ウォーラーステインのばあいそうであったのだが、政策と歴史的社会科学という二者間の連絡ではなく[83]、政策・理論・歴史の三者間の連絡となったということである。すなわち、理論と政策との回廊、とりわけ理論から政策への固有な回路が、明確に承認されることによって、「政策立案」という問題が合理的な議論にもとづいた論争という形態をもつことができる。政策と歴史的社会科学の連結を提唱するウォーラーステインのばあい、重点は、もっぱら、関心が対象の選択を規制するということに置かれていた。認識の制約性ないし真理の制約性の観点が中心であり、政策立案、近い現実への対処の

図-Ⅱ　ヴェーバー図式

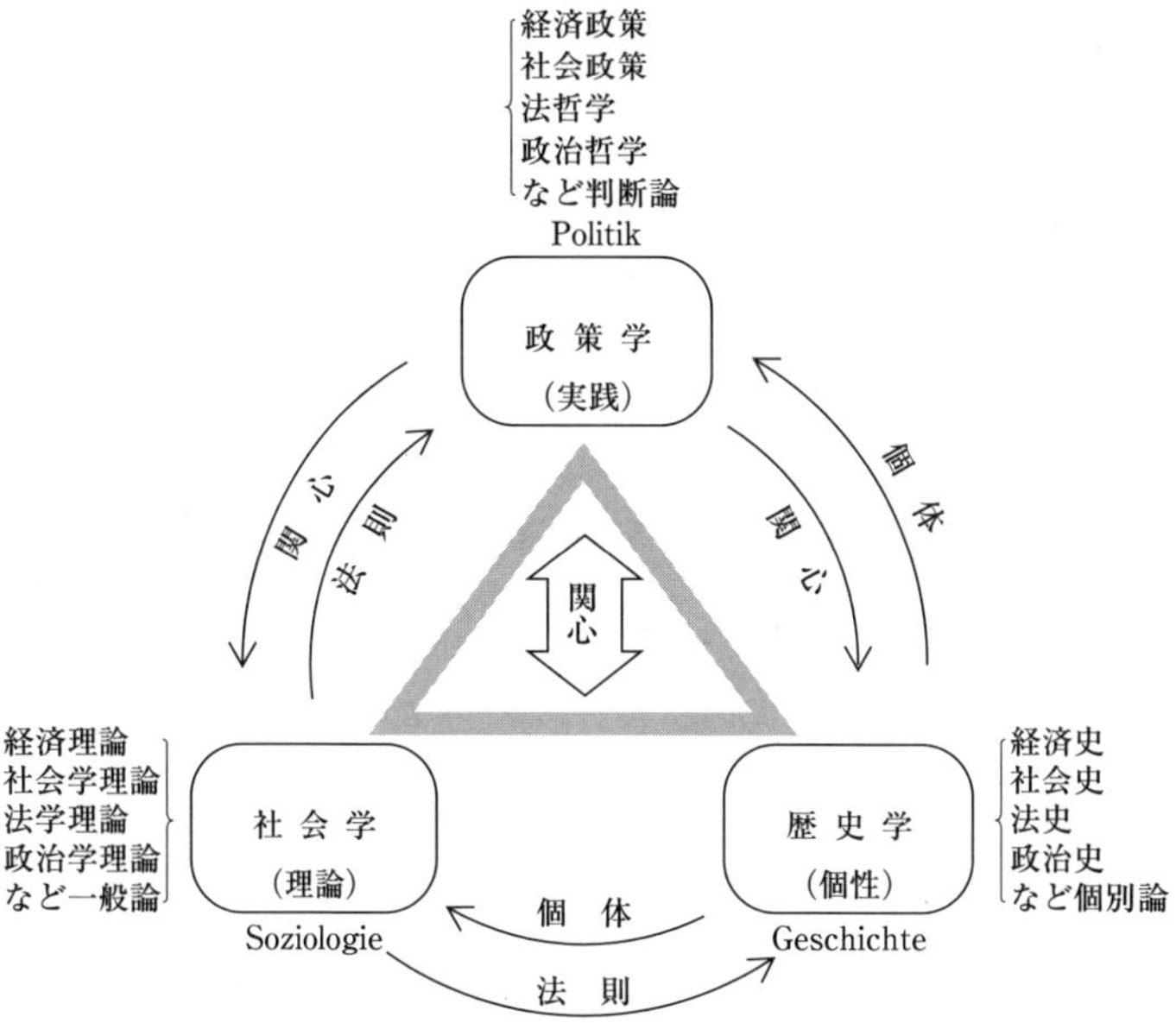

＊政策学・社会学・歴史学がやはり単一のトリニティーを構成する。

問題は、ともすれば、疎んじられている。それにたいし、この構想は、実現手段選定の合理性も組み込まれていて、さらに、判断の多様性への根拠も組み込まれているのだから[84]、その哲学にかんしていえば、われわれをして、現実へのトライ・アンド・エラーへの途へ進ませるであろう。

注

(1) 大村［一九七二］一三頁。
(2) 大村［一九七二］一三～一八頁。システムとは、このように統合的単一化を前提にした考え方であり、社会システムもたんなる通時的一般社会理論ではない。ウォーラーステインのように特別の含意で使っている場合は、とくに留意が必要である。
(3) その歴史叙述、歴史理論を提出したものとして、Wallerstein, 1974, 1980, 1989. ウォーラーステイン［一九八一a］［一九八一b］［一九九三a］［一九九七a］をみよ。しかし、その理論のスケルトンをより明確にうち出したものとしては、論文集 Wallerstein, 1979. ウォーラーステイン［一九八七a］［一九八七b］のほうであろう。
(4) この問題を中心的にとりあげた人びとは新カント派であり、またマックス・ヴェーバーである。たとえば、Cf. Weber, 1973, pp. 146-214. ヴェーバー［一九九八a］をみよ。この問題にかんする綿密な研究として Burger, 1976, 1987, バーガー［一九八九］［一九九〇］［一九九一］［一九九二］［一九九三］［一九九四］［一九九五］［一九九六］［一九九八］［一九九九］をみよ。
(5) Cf. Wallerstein, 1979, pp. 142-144. ウォーラーステイン［一九八七a］一九四～一九五頁をみよ。
(6) Cf. Wallerstein, 1979, p. 36. ウォーラーステイン［一九八七a］四二～四三頁をみよ。
(7) ウォーラーステイン理論の革新性を評価するものとして次のものをみよ。川北［一九八二］［一九八三］、伊豫谷［一九八二］［一九八四］、望月［一九八一a］［一九八一b］、角山［一九七九］。彼を評価しつつも、批判的なものとして、山本［一九八八］をみよ。また、邦訳の書評として、大西［一九八二］をみよ。
(8) Cf. Wallerstein, 1974, p. 152ff. ウォーラーステイン［一九八一a］二三二頁以下をみよ。

(9) この際、「『精神』」にヴェーバーが大改訂を施したことは、安藤の研究によって明らかとなった。安藤［一九六八］、［一九七一］。また、この改訂の意味について安藤は、次の研究を発表している。安藤［一九七二］［一九七五］［一九七六］［一九七七］［一九八〇］。これらにおける安藤の論旨とは、ヴェーバーにとって、近代資本主義という意識は一九〇四年時点ではいまだ明確には存在せず、一九〇九年の『古代農業事情』において、はじめて自覚的に誕生し、それが一九二〇年の『精神』」大改訂に繋がった、というものである。以下で本章が論証したいことは、逆に⑴一九〇四年時点では、彼にとって資本主義が近代資本主義であることはあまりに自明であり、それゆえ近代という付加語をつけるにおよばなかったということ、⑵エドアルト・マイヤーのオイコス論批判によって、彼ははじめて非近代的（古代）資本主義を意識させられ、それを資本主義として承認し（それまではオイコス説）、それが『古代農業事情』における概念拡充に結果したということ、⑶それゆえ、一九二〇年の改訂では近代という付加語をつけて自らの議論に正確を帰し、かつ相対化した、ということである。

(10) ヴェーバーをウォーラーステインと統合し、再解釈するという問題設定は、姜によっても確認されている。それは、「いわば『新たな文化問題の光』に照らし出されるウェーバー像の蘇生という課題」（姜［一九八六］八二頁）であり、そのプログラムは、「ウェーバーの比較宗教‐文化史ないしは社会学の全体像を、各文化圏（キリスト教、儒教、ヒンドゥー教、イスラム教の文化圏）ごとの個性的特徴について解明し、しかも各々の文化圏を自己完結的な単位とは見做さず、むしろそれらを、『従属理論』や『世界システム論』が切り拓いた『近代世界システム』の構造的編成とその展開という全体の場に位置づけること」（姜［一九八六］八二頁）である。ヴェーバーは、生産様式としての近代資本主義と他の生産様式に寄生する非近代的資本主義を別個のものとしてとらえ、前者にこそ資本主義の本質をみようとするのではなく、逆に、両者を本質的に同一の資本主義というカテゴリーに属するものとしてとらえ、そのなかで二つが二重の中心として、一方は平和交換原理にしたがい、他方は掠奪原理にしたがうものとして対立し、かつ引き合うといった、いわば〝連星〟のイメージでとらえていると考えるものに、鈴木［一九八二］〔本書第四章に所収〕がある。また、両資本主義を広狭・濃淡というイメージでとらえようとするものに住谷［一九八三］がある。本章はこのような認識のうえで、さらに、両資本主義を「営利」経済として一括し、「家計」すなわち社会主義に対立する概念としてとらえ、この二分法にもとづくヴェーバー社会主義論の戸口にまで至ろうとするものである。

(11) Wallerstein, 1974, p. 7. ウォーラーステイン［一九八一a］九頁。

（12）　Weber, 1973, p. 171. ヴェーバー［一九九八ａ］七四頁。

（13）　ヴェーバーが前提とした「歴史的個体」の起源にかんしては、とりあえず、Cf. Rickert, 1926a, p. 51ff. リッカート［一九七〇］（一九三九）九八頁以下をみよ。

（14）　理論と歴史のこのような閉塞状態をヴェーバーがどのように認識し、これを乗り越えるような自分の社会科学体系をいかに構築していったかにかんしては、鈴木［一九七八］〔本書第一章に所収〕をみよ。本章は理論と歴史の二分法に、さらに政策が加わることによって、理論・歴史・政策のトリニティーがどのように相互に要素として関連し、単一科学的（ユニ・ディシプリナリーな）アプローチという共通な目標に、システムとして向かっているかを明らかにしようとするものである。

（15）　後段第四節をみよ。

（16）　大塚［一九六九ｂ］九頁をみよ。

（17）　大塚［一九六九ｂ］一八頁をみよ。

（18）　「逞しい成長を開始したばかりの古代諸都市は、アテーナイでも、ローマでも、いわば中産の『市民』たちが『都市』共同体の中核を形づくっていた。そのような『市民』は一般に自己所有の耕地でだいたい二、三人あまりの奴隷を使役してみずから耕作にしたがっていたといわれている。ところで、戦争の捕虜、したがって購買奴隷の数が増大するに伴って、そのような『市民』の一部のもとには、しだいに一層大きい奴隷の集積が形づくられていった。」（大塚［一九六九ｂ］一四頁）。

（19）　大塚［一九六九ｂ］一七頁。

（20）　大塚［一九六九ｃ］一六九〜一七三頁をみよ。

（21）　大塚［一九六九ｃ］一七一頁。

（22）　大塚［一九六九ｃ］一七三〜一七四頁をみよ。

（23）　Cf. Wallerstein, 1979, p. 155, pp. 51-52. ウォーラーステイン［一九八七ａ］二一三頁、六九頁をみよ。Chirot & Hall, 1982 もウォーラーステインとヴェーバーとの関係を指摘し、さらに、ウォーラーステインの依拠する「イデオロギー的勢力」を好まないからといって、世界システム論を無視してはならないし、また好むからといって、その重要性は「イデオロギー的立場」にもとづくのではない、といっている。Cf. Chirot & Hall, 1982, p. 103.

（24）　Cf. Wallerstein, 1979, pp. 155-156. ウォーラーステイン［一九八七ａ］二一四頁をみよ。「ミニ・システム」、「世界帝国」、

「世界経済」の三種の社会システム、および「社会主義的世界政府」の骨子にかんしては、Wallerstein, 1984, pp. 147-158. ウォーラーステイン［一九九一］一三五〜一五四頁をみよ。また、ミニ・システムの詳細にかんしては、Meillassoux, 1975. C・メイヤスー［一九七七］をみよ。われわれの関心からいえば、とりわけ、cf. Weber, 1923, pp. 40-59, pp. 127-129, pp. 174-176, pp. 208-212. ヴェーバー［一九五四ａ］九七〜一三六頁（農業について）、二六七〜二六九頁（工業について）、［一九五五ｂ］三〜五頁、六九〜七六頁（商業および貨幣について）をみよ。

(25)　Cf. Wallerstein, 1979, p. 156. ウォーラーステイン［一九八七ａ］二一五頁をみよ。

(26)　Cf. Wallerstein, 1979, p. 156ff. ウォーラーステイン［一九八七ａ］二一五頁以下をみよ。cf. Weber, 1823, pp. 59-70, pp. 117-123, pp. 176-177. ヴェーバー［一九五四ａ］一三六〜一五七頁（農業）、二五二〜二六〇頁（工業）、ヴェーバー［一九五五ｂ］五〜六頁（商業）をみよ。これらの記述はすべて、不自由労働を労働力として家産制的に、また年貢源として封建制的に利用することにかんするものであり、ウォーラーステインのことばでいえば、「世界帝国」における労働利用の形態にかんするものである。

(27)　Cf. Wallerstein, 1979, pp. 159-160. ウォーラーステイン［一九八七ａ］二一九〜二二〇頁をみよ。近代の「世界経済」の誕生過程と構造については、cf. Weber, 1923 p. 82f, p. 148f, p. 195f, p. 229f, p. 238f. ヴェーバー［一九五四ａ］一九五頁以下（農業）、三〇一頁以下（工業）、ヴェーバー［一九五五ｂ］三八頁、一〇三頁以下（商業および貨幣史）、そして、一一九頁以下をみよ。つまり、ヴェーバーの『経済史』の構成は、ウォーラーステインの三分法（ミニ・システム、世界帝国、世界経済）とほとんど正確に対応している。資本の国際性と国家の重要性についてヴェーバーとウォーラーステインのあいだに「明らかな一致」があるとしたのは、Collins, 1980. である。だが、「国家の分析を中心にすえること」にかんしては、ヴェーバーのほうが進んでいるとして、両者の統合という構想へは向かわず、対立点を強調し、ヴェーバーに軍配を上げてしまっている。Cf. Collins, 1980, p. 940.

(28)　Cf. Wallerstein, 1979, p. 36. ウォーラーステイン［一九八七ａ］四二〜四三頁をみよ。歴史的個体という観点をともなわない経済体制の類型学にかんしては、cf. Heilbroner & Milberg, 1988, pp. 6-12. ハイルブローナー／ミルバーグ［二〇〇〇］二八〜三九頁をみよ。

(29)　Wallerstein, 1979, p. 160. ウォーラーステイン［一九八七ａ］二二一頁。高橋は、世界システム論における世界分業の単一的整合性よりも、世界システムにおける諸生産様式の接合構造を、むしろ重要視する。「ウォーラーステインの資本主義世界システム概念は、単一の分業という単位からなる。単一の分業システムというからには、内部の運動法則に論理的不整合があってはならない。この点で、異質の諸社会を統合する諸生産様式の接合理論とは異なる概念装置といわねばならない。……中核・半周辺・周辺の三層構造論は『再編成と再生産』というシステムの動態を準備する装置ではあるが、各々の労働管理様式の内的構造の分析に欠けるという難点を持つ。つまり、周辺の接合構造に対する分析装置が欠けているのである。」（高橋［一九九八］四〇頁）歴史理論にかんするマルクス、ヤスパース、A・ヴェーバー、ダニレフスキー、クローバー、M・ヴェーバー、サーリンズ、ウォーラーステイン、トインビー、フランク、サーヴィス、アミンなどの構想にかんしては、小林多加士［一九九一］をみよ。

(30) ウォーラーステイン体系の根底にある思想をこのように想定するしかないと、われわれは考える。もし、世界規模でミニ・システム→世界帝国→世界経済→世界政府という世界史の流れを想定するならば、それは発展段階説の従属派バージョンになってしまうであろう。そうであるなら、ユニークな conjuncture という発想などはいらないはずである。発展段階論的アプローチを再考しようとする構想の一つにレギュラシオン理論がある。山田鋭夫は、ボワイエとともに、発展とはたんなる成長ではなく構造的・制度的変化であることを確認し、「レギュラシオン理論とは、じつは歴史的・国民的に多様な『発展様式』を問う経済学だ」と述べる。さらに、山田はいう。「『発展なき成長』の新古典派理論でもなく、『社会主義への発展』しか眼中にない伝統的マルクス主義でもなく、あるいは世界資本主義を『発展と低発展』（開発と低開発）の二分法でしか見ない従属理論でもなく、レギュラシオン学派こそは資本主義のうちに多様な発展様式を析出し、そのような諸発展様式の通時的交替として資本主義の歴史を捉え、またそのような諸発展様式の共時的競合として現代世界を把握しようとしている。」（山田鋭夫［一九九三］一七五頁）すなわち、山田は、種々の理論を通時的に、共時的に発見手段として用い、歴史と現代を分析する。だが、この手法は、分析的有効性はもつが、パラダイムの構築とはならないであろう。われわれが本章でウォーラーステインとともに試みたことは、新しい分析法の発見ではなく、新しいパラダイムの構築である。

(31) ウォーラーステインは、近代資本主義が、世界帝国の特殊型としてのヨーロッパ封建制という独自な conjuncture（史的状況）から生まれた、と考える。これは、ヴェーバーのいう Konstellation（史的布置）であり、彼もそのことを認めている。Cf. Wallerstein, 1979, p. 141, p. 143. ウォーラーステイン［一九八七a］一九二頁、一九四頁。リッカートおよびヴェーバーにおける Konstellation 概念の研究としては、 cf. Burger, 1987, p. 33, pp. 77-78, p. 79, p. 86. バーガー［一九九〇］九五～九八頁、［一九九二］、一二九～一三〇頁、一三二頁、一四〇～一四一頁をみよ。

(32) 大塚［一九六九d］四二一～四二三頁をみよ。

(33) 奇形的であるが、資本主義的発展であることにかんしては、大塚［一九七三］一一頁以下をみよ。

(34) 大塚［一九六九d］四四一～四四三頁をみよ。

(35) つまり、資本主義以外の生産様式に寄生する前期的資本である。大塚［一九六九a］五二一～五二三頁をみよ。

(36) Cf. Wallerstein, 1979, pp. 161-162. ウォーラーステイン［一九八七a］一二三頁。

(37) Cf. Wallerstein, 1979, pp. 161-162. ウォーラーステイン［一九八七a］一二三頁。

(38) Cf. Wallerstein, 1974, p. 126. ウォーラーステイン［一九八一a］一六一頁をみよ。デュプルシスは、プロト工業化論者の立場によりつつ、資本主義の成立にかんして、世界システム論を念頭に、次のように指摘する。「農村の、家計上の、また地方的変化に注目することによって、歴史家の一団により『工業化以前の工業化』と命名された諸研究が論じたのは、ヨーロッパの資本主義的発展が、深く農村地帯にその根をもち、農家の全成員が、市場向け物資の生産に従事していた……ということである。技術革新に先立つ大規模な組織再編があったということを強調することで、そのような説明が前提しているのは、また、資本主義の勃興が、ひとつの出来事ではなく、ひとつの過程として理解されなければならないということである。」(Duplessis, 1997, p. 11.) これは一見、大塚の資本主義成立にかんする農村工業起源説と相似するが、誤解してはならない。デュプルシスは、述べる。「過去二、三〇年間に、『プロト工業化』として知られる接近法は、新たに豊かな洞察と解釈を提出してきた。経済史家フランクリン・メンデルスによって最初に定式化されたプロト工業化は、農民製造業者の遠隔地向けの、たいてい国際市場向けの商品生産によって、特徴づけられる〔傍点引用者〕。それは、局地的消費向けの伝統的な農村産業から成長したが、それからは区別されるものであった。」(Duplessis, 1997, p. 206.) 大塚の国民経済的＝局地的接近法にたいして、プロト工業化論の国際分業的＝遠隔地的接近法は、むしろ、世界システム論的接近法と親和的であり、その一部を補完できる。

(39) Cf. Wallerstein, 1974, p. 87, p. 88, p. 90, p. 103, p. 107ff. ウォーラーステイン［一九八一a］一二四～一二五頁、一二六頁、一二九頁、一三九頁、一四四頁以下をみよ。

(40) Wallerstein, 1974, p. 127. ウォーラーステイン［一九八一a］一六二頁。最後の言葉の重要な意味については、後段第七章をみよ。ホートンは、「世界システム的」接近法を認めつつも、封建制から資本主義への過渡期に関しては、国民経済的接近法のほうが有効であり、ウォーラーステイン自身、過渡期を分析する際には、一国的手法を使っていると指摘する。「たとえば、一六世紀から一七世紀の過渡期にかんするウォーラーステイン自身の実質的分析は、ヨーロッパ主導で登場した世界システムの外生的な影響よりも、特定の主要な国民諸国家内部における内生的な発展のほうに、はるかに重点を置いているように見える。それゆえ、ウォーラーステインの世界システム的視点においてさえ、過渡期という初期の段階では、それ以降に比べ、国際関係からの国内的影響は重要性を持っていない、と想定してよいであろう。」(Holton, 1985, pp. 208-209.)

(41) たとえば、独自にヴェーバー的と思われる『経済史』の構成につき、大塚は「ヴェーバーの社会科学方法論からの当然の帰結として、彼の学問的業績は結局断片的、非体系的たらざるをえなかったというような……指摘は或る意味ではたしかに正しいものを含んでいるのであって、たとえばマルクスの体系的諸著作を念頭に思い浮かべつつこの書物を読んでいくならば、おそらく誰人もそれを感得されるだろうと思う。しかし、このことはけっして、ヴェーバーの社会科学的諸業績が、およそ如何なる意味においても体系的な性格を欠如しているというようなことにはならないのである。むしろ私は、まさに逆のことが考えられねばならぬとさえ思っている、つまり……無限に複雑な史実を一定の問題的視覚から整然と組みたてつつすべてを『近代西欧における資本主義の成立』という深みへ注ぎこませてゆく、おおよそこのような構想によって本書の全叙述がささえられている〔傍点引用者〕」（大塚［一九六九h］三八四～三八五頁）といい、マルクスに比すような意味での体系性を欠き、ヴェーバーを歴史家と結論するが、そのような意味の別の体系はまさに存在し、それが経済社会学を、ないしは『経済と社会』そのものを、ヴェーバーをして書かせたのである。

(42) Cf. Weber, 1923, pp. 1-7. ヴェーバー［一九五四a］三～一九頁をみよ。

(43) ヴェーバーがすべて概念を、年代を無視して用いるのは、歴史にたいし盛衰イメージを、未分化なかたちとはいえ、もっているからであると、われわれは想定する。歴史とともに古い資本主義と近代資本主義、古代奴隷制とアメリカ近代奴隷制、古代エジプト社会主義と近代社会主義などの並置は、近代を浮彫りにするため、近代以外を背景に加えたという消極的な操作ではない。「ヴェーバー体系」は通時的な資本主義、奴隷制、社会主義などを基本とし、人間がいるかぎり、それらは起こったし、起こるし、起こるだろう、と主張する。個性的で通時的なものの交錯がヴェーバー体系である。不変なものの究明が『経済と社会』であり、これをヴェーバー体系の根とすれば、『宗教社会学論集』の個性究明はその花であろう。

(44)　ミュラーが Mueller, 1982. のなかで述べるには、営利と家計の二分法は後年のヴェーバー体系の他方の中心となり、したがって「『プロテスタンティズムの倫理』と『資本主義の精神』というヴェーバー思想の唯一の中心」(Mueller, 1982. p. 165.) は、これに差し替えられてしまった。この命題によって、この論稿はヴェーバー経済社会学、さらには『経済と社会』のヴェーバーにたいし、すぐれた導入をあたえるものである。ただここでは、上の二分法が依然として、概念装置として理論的な思考レベルで想定されている。しかし、本章はこれがヴェーバーの深層的な歴史イメージであるという仮説にまでこの命題を拡大したいと思う。

(45)　Cf. Wallerstein, 1979, p. 158. ウォーラーステイン〔一九八七ａ〕二一七～二一八頁。

(46)　これにたいし、同じ従属論者とはいえサミール・アミンは、Amin, 1979, p. 15ff. アミン〔一九八三〕一二頁以下において、アンドレ・G・フランクは、Frank, 1978, p. xiii. フランク〔一九八〇〕xiv頁において、ともに単線傾向の発展的諸段階を、歴史にイメージしている。ただし、この傾向の発現の舞台は一国から世界規模へと移しかえられているのであるが。したがって、ウォーラーステイン理論の主要概念である conjuncture（ヴェーバーのいう Konstellation）なる概念は存在理由をもたない。すべては発展理論でかたづくのである。発展法則的でない一回的システム変革の意義をみとめたことこそ、すなわち歴史法則によりかからない人間の意欲の尊厳をみとめたことこそ、彼らにたいするウォーラーステインの差異性である。山本は、コンドラチェフの長期波動論とウォーラーステインの「長期の一六世紀」構想との類似性を指摘し（山本〔一九八八〕九五頁）、ウォーラーステインの歴史理論を循環的タイプの歴史理論と規定する。しかし、山本のこの解釈では、ウォーラーステインの「史的システム」という性質が脱落してしまうであろう。なぜなら、歴史過程にかんする循環的観念は、歴史にかんする循環法則史観に通じ、歴史的に独自な構図ないし布置状況（conjuncture）という発想とは相容れなくなるからである。ウォーラーステインによれば、史的システムは均衡を維持しながらも、生成・発展・死滅する。新たなシステムは、歴史的にのみ生成する。ウォーラーステインの歴史理論は、循環史観ではなく、個性的な興亡／盛衰史観である。したがって、歴史的個体としてのシステムという視点が、彼にとっては重大な意味をもつ。

(47)　Wallerstein, 1979, p. 160. ウォーラーステイン〔一九八七ａ〕二二一頁。テイラーは、ウォーラーステインが、大航海時代のさまざまな古地図を、なにゆえ掲げるのかという疑問に対し、それを、歴史的社会科学のための新しい地理学的地平の構想と規定する。テイラーはいう。「地理学は、地表の内容を記述する経験的な企画として発展した。この本質的な記述的目的は、一九世紀はじめに『統計学』と共有され、そのとき地理学会と統計学会が、ときには連結しつつ、誕生した。しかし、『統計学』という用語そのものが、国家中心的な偏向を脱したのと同様、地理学においては、地域的地理学を形成することで、国家間の政治的枠組みという拘束を打ち破るという純粋な試みがなされた。これは、地表を、国家ごとではなく、環境的指標にもとづいた『地域』によって、説明しようと試みた。この企画は、現在信用を失っている環境決定論にもとづいたものであったにもかかわらず、それはまさに、その時代に発展していた体系的社会科学の国家中心の前提と際立った対象を提供した。……もちろん、われわれが、伝統的な地域的地理学を復活させることが出来ないのは、われわれが、専門的『宇宙社会科学』を、新しい地理的接近法として用いられないのと同じである。しかし、われわれは、地表を記述するという原義における地理的接近法をまさに必要としている。新たな歴史物語は、既存の社会的認識を掘り崩し、新たな地理学を必要としている。……進歩の歴史的地理学は、世界経済の重要な拡大が、すべての競争者を、漸次的に、緩慢にまた急速に排除していた一五〇〇年ごろまでの、さまざまな歴史的システムの、盛衰の地理学に取って代わられなければならない。……きわめて簡単にいえば、世界システム論の新しいカテゴリーは、必然的な接近法として、歴史的社会科学の建材として、『新しい地理学』を必要としているのである。」(Taylor, 1986, pp. 285-286.)。

(48) 「資本主義的世界経済」の第二の局面 (1600-1750) ――ウォーラーステインは、「B局面」ないし「収縮」の局面とも呼ぶ――を叙述したものが、『近代世界システム』第二巻である。「一六〇〇年から一七五〇年にいたる時期は、いわば収縮の時代ではあったのだが、システムの立場からすれば、建設的な意味もあった。」(Wallerstein, 1980, p. 26. ウォーラーステイン［一九九三a］二七頁)「一七世紀は『危機』ではなくて、不可欠なチェンジ・オブ・ペースの時代だった……。」(Wallerstein, 1980, pp. 33-34. ウォーラーステイン［一九九三a］三五頁)「一服の時代、ないし不安の時代、再調整の時代であったことはまちがいない。」(Wallerstein, 1980, p. 18. ウォーラーステイン［一九九三a］一八頁) したがって、第一の局面 (一四五〇～一六〇〇) は、「拡大」の局面であり、それは『近代世界システム』第一巻で扱われた。拡大↓収縮↓拡大であるから、第三巻 (Wallerstein, 1989. ウォーラーステイン［一九九七a］) は、「拡大」局面の説明となっている。このような構成は、一国的景気変動説の世界経済的バージョンといえる。一四五〇年以降、資本主義は単一のものとして、世界規模で誕生し、そのなかで単位としての国民は、中核国と辺境国へと分解し、それらが単一の景気変動に服してきた、というのが「世界システム的パースペクティブ」の含意である。ある国で資本主義経済が誕生し、それが各国へ伝播し、各国経済の集合として世界資本主義が成立するという観念への、これは鋭い反定立である。

(49) 安藤［一九七七］五八〜五九頁、安藤［一九八〇］三二頁をみよ。

(50) 「ウェーバーのマイヤー批判をモジッて言えば、それは古代を近代化しすぎたことへの反省であった。……初期のウェーバーが……古代と近代の間に平行性をみたことは自然であったろう。だが彼の鋭い感覚は、両者の差異をも見逃させなかった。……ウェーバーの近代化論は、古代、近代平行観が完全に清算されないうちは、……形成されない。」（安藤［一九七五］九四頁）。

(51) 「古代の古典期の大奴隷財産は、ロードベルトゥスが考えたほどの程度においてオイコス的であったのではけっしてなく、また私自身も以前にそう解釈しがちだった程度においてオイコス的であったのでもなかった。この点マイヤーおよびかれの学派の幾人かの者（グンメルス）の見解を正しいとしなければならない、と私は考える。」（Weber, 1924a, p. 11. ヴェーバー［一九五九］二〇頁）。

(52) 「古代に資本主義〔資本所有〕の語を無制限にもちいることには問題があるのである。」（Weber, 1924a, p. 16. ヴェーバー［一九五九］二七頁）。

(53) 「この〔資本主義という〕概念を取引の対象としての所有物が私人によって流通経済的営利のために利用されるばあいにいつでも通用させるならば、古代のすべての時期……がきわめて強度に》資本主義的《な特徴をもっていたということはまったく確実である。」（Weber, 1924a, pp. 15-16. ヴェーバー［一九五九］二七頁）。

(54) 住谷［一九八三］一三三頁以下をみよ。

(55) 安藤［一九七二］二〇八頁以下をみよ。

(56) Weber, 1972, p. 524. ヴェーバー［一九五四b］二〇〇〜二〇一頁。

(57) Weber, 1972, p. 525. ヴェーバー［一九五四b］二〇二頁。

(58) Weber, 1972, p. 526. ヴェーバー［一九五四b］二〇三〜二〇四頁。資本主義認識にかんするヴェーバーとウォーラーステインとの一致については、とくに、資本主義の国際的性格という問題を中心に、コリンズによっても確認されている。「ここでは、〔ヴェーバーと〕ウォーラーステインとの一致は明らかである。ヴェーバーは、ウォーラーステインの中核、半辺境、辺境という段層をもつ世界システムという輪郭は、強調しなかったが、ヴェーバーは実際、軍事的に覇権を競い合う国家間を移動する資本の中心的意義を示し、また彼は、ウォーラーステインと比較して、これが資本主義にとって有利に変換されるメカニズムについてのより詳細な分析を与えている。」(Collins, 1986, p. 43.)。

(59) Wallerstein, 1979, p. 149. ウォーラーステイン〔一九八七a〕二〇二頁。したがって、「資本主義的世界経済」の本質は、自由な経営資本主義と掠奪資本主義との複合にある。『近代世界システム』第三巻は、この論点に詳しい。第二期拡大期の世界経済は、「外延部」を「辺境部」としてシステムの枠内へ「組み込んで」ゆくが、その際、「前貸」制度を梃子に、「辺境部」では強制労働を実施した。これに対し、「中核部」の労働形態は、自由労働のままに残された。いずれも、もっとも効率の良い利潤追求という意思決定に導かれての措置であった。つまり、奴隷制とは、発展段階説上の古代に特有なものではなく、一つの史的システム、「資本主義的世界経済」の「辺境部」における実行可能な利潤追求の一形態なのである。この把握によれば、通常の発展段階説では説明できない近代世界における広範な奴隷制の存在を説明できるであろう。次の言葉を参照せよ。『「組み込み」とは、……特定の地域における何か重要な生産過程が、『資本主義的世界経済』の分業体制を構成する商品連鎖の一環として、不可欠になることを意味する。」(Wallerstein, 1989, p. 130. ウォーラーステイン〔一九九七a〕一五七頁)「大量の小生産者を従属させることが、決定的に重要であった。このことに成功するもっとも簡単で効果的な道は、債務奴隷制である。」(Wallerstein, 1989, p. 153. ウォーラーステイン〔一九九七a〕一七五頁)「前貸金は、しばしば労働者となりうるかもしれない人物の家の戸口に投げ入れられたのである。」(Wallerstein, 1989, p. 160. ウォーラーステイン〔一九九七a〕一八一頁)「この統合〔組み込み〕の過程では、経済的意思決定の単位が大きくなり、――つねにというわけではないが、しばしばプランテーションのかたちをとった――、労働強制の度合いも高まった……。」(Wallerstein, 1989, p. 167. ウォーラーステイン〔一九九七a〕一八七頁)。

(60) Weber, 1924b, p. 501. ヴェーバー〔一九八〇b〕四五頁。星野は、ルアードの「国家なき社会主義」を紹介し、新版の世界社会主義は空想ではないと述べる。「『国家なき社会主義』は、他方で、世界社会主義を志向する。現代のように、国際的なコミュニケーション・ネットワークや国際的な機関の出現によって、国家間の不平等や貧困をメディアから知ることができる。そういう状況では、これまでの国民国家の枠内での態度は時代錯誤的になりつつあるし、世界システムというグローバルな視野に立った『高度のレベルでの政治的義務』を考えることがユートピア的ではなくなっている。したがって、国際的なコミュニケーション・ネットワークや、さまざまな国際機構を媒介した社会組織の形成が可能になっている……。」（星野［一九九七］一六七頁）。

（61）　Wallerstein, 1979, p. 134. ウォーラーステイン［一九八七a］一八二～一八三頁。ウォーラーステインは、近代世界システムにおける思想状況にかんして、啓蒙主義に起源をもつ普遍主義と蒙昧な人種主義―性差別との対立および補完と規定する。この二つは、基本的には対立関係にあるが、普遍主義が行き過ぎて、平等主義に到達することを阻止するため、普遍主義は、人種主義と性差別を利用する一方、人種主義と性差別が行き過ぎて、カースト主義に到達することを阻止するため、人種主義と性差別は、他方で、普遍主義を利用する。「支配層と中間層がシステムを合法化する基礎として利用する普遍主義―能力主義と、労働力の大多数を構造化するために利用する人種主義および性差別との結合は、非常にうまく作用している。」（Wallerstein, 1988, p. 8.）このような現況の打開にかんし、彼はいう。「だが、近代世界システムの一般的矛盾が、システムを長期的構造的危機に陥れるとき、後継システムへの探索のもっとも先鋭なイデオロギー的-制度的地点は、実際、普遍主義と人種主義-性差別との緊張の高まりのなかに、二つのジグザグの激化のなかにある。問題は、この対立のどちらが、ある意味で、勝利を握るかということではない。なぜなら、それらは互いに緊密、かつ概念的に関連し合っているからである。問題は、イデオロギーとしての普遍主義も、イデオロギーとしての人種主義-性差別も用いない新たなシステムを、いかにしてわれわれが開発するかということである。これは、簡単なことではないが、われわれの仕事である。」（Wallerstein, 1988, p. 9.）ウォーラーステインはこのように述べ、後継システムにおける基本理念にかんし、明確な青写真をいまだ提出するには至っていない。とはいえ、彼は、能力主義的普遍主義には否定的であるが、実質的平等をともなった普遍主義-平等主義には、一定程度の理解を示しているように思われる。すなわち、普遍主義を極限にまで押し進めることで、「ある人々は、人種（ないし、それに類するもの）や性別が、まったく問題にならない仕事の役割分担や報酬にかんする真の平等状態を完成させようとするかもしれない。人種主義の行き過ぎとは異なり、普遍主義の行き過ぎを行うには、手っ取り早い方策はない。というのも、普遍主義への法的、制度的障害だけでなく、人種差別という体内化された構造をも排除しなければならないからであり、それは必然的に、少なく見積もっても、一世代を必要とする。むしろ、普遍主義の行き過ぎに抵抗するほうが、たやすいことである。人種主義と性差別の制度的装置を暴露する試みが始められたときはいつでも、人はたんに、普遍主義それ自体の名において、いわゆる後ろ向きの人種主義を非難しさえすれば、事足りるのである。」(Wallerstein, 1988, p. 9.) 姜は、世界経済における基軸的な分業の所産としての人種およびエスニック・グループと主権国家の所産としての民族(国民)とを分別し(姜[一九九四]一九九頁)、次のようにいう。「世界経済における分業の展開とともに階級が文節化され、インターステイト・システムの成立とともに人種や民族(国民)、エスニシティなどの『人民』が規定されるにつれて、さまざまな被抑圧集団が地域的に集中し、『反システム運動』がそれぞれの『地政文化』に応じて、展開されてきた。」(姜[一九九四]二〇九頁)そして、「一九六八年をリハーサルとする一九八九年以後の変化は、社会主義の連鎖的な倒壊をともなっていたがゆえに、『反システム運動』としての社会運動の意義は地に墜ちてしまったような様相を呈している。それにかわって再び民族的運動が、宗教的復興主義と交錯しながら、『民族の復讐』として台頭してきそうな雲行きである。」(姜[一九九四]二〇九頁)国民国家の世界国家への統合傾向が進行し、国民国家間の紛争が終息するのと平行して、人種、エスニック・グループ間の紛争が世界規模で登場してくるであろうと、われわれも予想する。

(62) ウォーラーステインは、将来の社会システムである「社会主義的世界政府」の特徴について、「要するに、社会主義的生産様式は、資本主義世界経済のイデオロギー的仮面であった合理的で自由な社会という目標を達成することを目指している」(Wallerstein, 1984, p. 157. ウォーラーステイン[一九九一]二五一頁)と述べ、社会主義の意義を、近代資本主義社会で提唱された理想の真の実現形態というところに求め、このことで、その方向性は、シュムペーターの社会主義論に接近している。さらに、資本主義的世界経済における中産階級の意義にかんし、「世界的にみれば、この階層は、おそらく全人口の七分の一を越えたことはない。……『資本主義的世界経済』を構成する諸構造体に生きる人口の八五パーセントは、五〇〇年ないし一〇〇〇年まえの労働者と比べても、より高い生活水準に到達しているとはいえないことは明白である」(Wallerstein, 1995, pp. 123-124. ウォーラーステイン[一九九七b]一七二頁)と述べ、マルクスの窮乏化説が、今もなお正しいと示唆する。富永は、ウォーラーステインを念頭におきつつ、世界社会と世界国家の形成について、次のようにのべる。「『世界社会』という語の使用については、『社会』という語を最高のキイ・ワードとする社会学の観点からは、慎重でなければなりません。厳密にいえば、世界の国境がなくなった状態、あるいは少なくとも世界連邦が形成された状態にならなければ、世界社会という語は使えません。遠い将来において、そういうことが実現するかもしれないにしても、現在のところではそれはまだ夢物語であるにすぎません。しかしそれにもかかわらず、一五世紀いらい現実に一貫して、国民社会と国家を超える国際関係の形成が行われてきた事実に、目を向けることは必要です。」（富永［一九九六］一七五頁）「現代は地域社会が国民社会の範囲を超えて、世界社会の形成に向けて動き出している時代である、ということは言えますけれども、世界社会という社会システムが、すでに確立されているとは言えない、としなければならないでしょう。」（富永［一九九六］一七八頁）富永は、また、村落共同体の解体過程と国民国家成立との平行関係を指摘する（富永［一九九六］一六九頁）。われわれは、この傾向性を延長して、国民共同体の解体過程と世界政府成立との平行関係を指摘する。

(63)　Weber, 1973, p. 246. ヴェーバー［一九六五］一四七頁。

(64)　価値問題を避ける史実偏愛的史学に修正が加えられた立場が、価値の問題を正面からとりあげ、各時代、各個性に固有の意義を承認し、理解する、いわゆる「歴史主義」の立場である。ところで、ここでの立場は、歴史主義からの一層の飛躍である。各固有性を承認し、理解した後、さらにそれらのあいだに個人の資格で優先順位をつけるべきであり、実は、それが史実の選択と加工を規制している、といっているといえよう。非歴史主義的社会科学に反対する気運は、第二次大戦後のアメリカでは、「歴史社会学者」の間で盛り上がり、彼らはヴェーバー的伝統かマルクス的伝統の中にいた。「かれらが行った仕事は、『科学的』というより『歴史主義的』であった。……かれらの仕事は、法則（例えば近代化の）の検証、修正、定式化を主に目指していたのではなく、むしろ、複雑で変化している諸現象を説明したり、それらを一般的パターンの光に当てて解釈したりするため、一般的規則《ルール》を利用した。」（ウォーラーステイン［一九九六］八八頁）たとえば、cf. Skocpol, 1984. スコチポル［一九九五］をみよ。

(65)　Wallerstein, 1979, p. vii, p. ix. ウォーラーステイン［一九八七a］iii頁、v頁。

(66)　Cf. Wallerstein, 1979, p. viii. ウォーラーステイン［一九八七a］v頁をみよ。

(67)　Cf. Wallerstein, 1979, p. ix. ウォーラーステイン［一九八七a］vi頁をみよ。

(68)　Cf. Wallerstein, 1979, pp. ix-x. ウォーラーステイン［一九八七a］vi～vii頁をみよ。さらに彼は述べる。「実際に存在する認識の仕方は、法則定立的なものでも個性記述的なものでもなく、正しいように思われる唯一の認識論は、史的システムがもつ中間湿地帯的な概念のなかに存在する。……複雑なものにかんする科学とは、本来曖昧なものを最善を尽くして叙述する科学のことなのである。」（Wallerstein, 1991, pp. 271-272. ウォーラーステイン［一九九三b］三九一～三九二頁）。

(69)　Wallerstein, 1979, p. x. ウォーラーステイン［一九八七a］vii頁。

(70) Cf. Wallerstein, 1979, p. x. ウォーラーステイン［一九八七a］vii頁をみよ。見られるように、彼はヴェーバーの「価値自由」を旧い「価値中立性」という意味にとっている。しかし後段をみよ。また、彼は、価値中立性を装った普遍主義を批判して述べる。「われわれは、いかなる普遍主義も歴史的に偶然のものだ認識する。……多元主義的な普遍主義のみが、われわれが生活しており生活してきたところの社会的現実を、その豊かさにおいて把握させてくれるだろう。」（ウォーラーステイン［一九九六］一一四～一一五頁）。

(71) Wallerstein, 1979, p. x. ウォーラーステイン［一九八七a］vii頁。

(72) Wallerstein, 1979, p. xi. ウォーラーステイン［一九八七a］viii頁。

(73) Wallerstein, 1979, p. xi. ウォーラーステイン［一九八七a］ix頁。

(74) Wallerstein, 1974, p. 9. ウォーラーステイン［一九八一a］一四頁。

(75) Wallerstein, 1974, p. 9. ウォーラーステイン［一九八一a］一三頁。

(76) Wallerstein, 1979, p. xii. ウォーラーステイン［一九八七a］x頁。

(77) 歴史的真理についても、彼は完全に当代の関心に依存させる。「過去は、まさに『いまある』がごとく語れるのみなのであって、あったがごとくには語れないのである。」（Wallerstein, 1974, p. 9. ウォーラーステイン［一九八一a］一二～一三頁）。

(78) Weber, 1973, p. 170. ヴェーバー［一九九八a］七三頁。

(79) Cf. Weber, 1973, pp. 559-560. ヴェーバー［一九七二c］三二～三三頁をみよ。

(80) Weber, 1973, p. 157. ヴェーバー［一九九八a］四七頁。

(81) ほとんど晩年（一九一八年）の著作である「社会学および経済学の『価値自由』の意味」においてさえ、彼は、「音楽史の中心的な問題は、近代ヨーロッパ人の関心（「価値関係性」！）の見地からは、何といっても次のようなものであろう。すなわち、その他のどこにおいても音楽の合理化は……正反対の道を歩んだのに、何故ヨーロッパにおいてのみ……和声音楽が展開されたのか、という問題である」（Weber, 1973, p. 521. ヴェーバー［一九七六b］六八頁）といい、依然関心をすぐれて歴史的価値関係の意味で使っている。

(82) Weber, 1973, p. 557. ヴェーバー［一九七二c］二九頁。

(83) ヴェーバーも『客観性』時点では、ウォーラーステインのように考えている。

(84) というのは、歴史と政策との連絡において、歴史は多数の個体の長所を提出し、十分に理解させたうえで、政策に判断を求めるからである。歴史は可能な判断材料を集め、可能な判断を政策に求める。もちろん、立場の相違は残ろうが。

第三部　政治思想のベクトル

第六章　ヴェーバー政治思想とユートピア的発想法――「アダム・スミス問題」進展――

一　ヴェーバーと政治学者アダム・スミス

本章は、マックス・ヴェーバーの政治思想を考察する。ヴェーバー政治論は、その政治的立場ばかりか、隠された本能的内核がわずかに見えかくれしている点において、他の純学問的著作、方法論・社会構造論・歴史叙述などとは全く異なる問題をはらむものである。学問的著作と接するばあいには、彼の問題設定と事実検証がわれわれの課題であるのにたいし、政治論に向かうばあいは、かれの立場への動機理解と批判が課題となる。(1)だが、ヴェーバー政治論を批判および評価なしにあつかうことも、もちろんできる。たとえば、ヴェーバー政治論文を網羅し、再構成することにより、彼の政治思想の統一像を完成させるという方向である。(2)また、ベンディックスに代表されるような方法もある。これは、ヴェーバー文献のみにもとづいた統一像ではなく、彼が生きた時代や社会を中心にして、それらをヴェーバー文献と結合させ、理解することで、その発言のより深い含意に到達しようとするものである。(3)第一の作業は研究の絶対条件である。また、第二の作業も、ヴェーバーの時事的発言のアクセントを偏向なしに理解するうえで不可欠のものである。ただ、これら二つの究明のものたりなさは、それらが、あくまでヴェーバーに即してヴェーバーを評価しようとする意図にある。どちらもヴェーバー政治思想の評価を目標にしているのだが、それは、ヴェーバー政治論解釈の延長線上におのずから浮上してくるものだという信念にもとづいている。これは、いわばヴェーバー政治思想を祖述する作業であり、この視角からは、それにたいする自分流の批評は方法上、提示できない。するどい評論を加えるには、やはり明確な立場を最初におき、そこを起点として自在にヴェーバーの著作を取捨選択しても許されると、われわれは信じる。(4)

たとえば、モムゼンは、民主主義という立場から、ヴェーバー政治思想は、その主張どおり民主主義的であったかを問題にした。(5) また、濱島は、マルクス主義の立場から、ヴェーバーは社会主義者でありうるかを問題にした。(6) われわれは、このような方法に準拠するものであるが、濱島のヴェーバー批評が高踏的となった原因は、彼がヴェーバーは最終的には加担しない社会主義を前提とし、それのみでヴェーバー批判を行ったことにある。活発で有意義な討議は、多少立場が接近していることが必要であろう。その意味で、本章では、ヴェーバー自身が提唱する議会主義・民主主義・自由主義そのものにたいし、果たして彼は一貫していたのか、また、それらにたいする自身の基礎は堅固であったのかという問題を、彼の方法観・人間観・政治観という観点から考察する。(7)

ヴェーバー政治思想のなかの民主主義・自由主義論を特定の立場から批評する手続きとして、われわれは、同感の思想にもとづいて民主主義と自由主義を基礎づけた思想家としてのアダム・スミスを、ヴェーバーとの対比の一方として使用してみる。スミスは『国富論』の著者として経済学者として認知されるか、『道徳感情論』の著者として倫理学者として認知されていて、政治思想家ヴェーバーとの全面的対比には適当ではないという印象があるかもしれない。しかし、われわれはそう考えない。スミスをまず経済学者、つぎに倫理学者とみなすことは、スミスの社会科学体系を全体として問題にするうえでは、疑義がないとはいえない。

ところで、スミスの体系にかんして、われわれは以下のような仮定のうえで議論する。アダム・スミスの社会科学体系とは法学体系である。『国富論』は、スミスによる広義の法学体系のなかでの行政（police）・歳入・軍備を課題とする法学の応用部門であり（狭義の法学とは、法哲学、法解釈学、法史をさす）、現代の用語法における経済学が中心に論じられているが、それはむしろ国家学の一部であり、統治政策の経済版として執筆された(8)。スミスが『国富論』を、たんなる経済分析の書とは想定していなかったことはもちろんであるが、彼が法学者から徐々に経済学者に変身していったという見解にも、疑問がある。そうではなく、広義の法学の基礎部分、すなわち正義（justice）・司法・立法を論じた部分のあとに続く法学体系の第二部として、つまりは法学体系の応用の書として『国富論』を想定していたはずである。したがって、スミスの社会科学体系は、『道徳感情論』と『国富論』の二本柱から構築されると前提してはならない。むしろ、『道徳感情論』と『法学講義』との二本柱から構築されると前提しなければならない(9)。『法学講義』は、第一部の正義論と、第二部の治政論という完成以前の「国富論」とで構成されるのであるが、第一部はスミスの死により出版されなかった、という見解をわれわれは仮定する。『道徳感情論』は、だから『国富論』への基礎篇なのではなく、『法学講義』のための基礎篇である。法学が国家権力で強制できる正義や行政について、法律的に問題にしているのにたいし、『道徳感情論』は、法律で強制されるべきではないが、道義的に強制されなければならない行為を問題にしているのである。したがって、アダム・スミスは経済学者・倫理学者なのではなく、倫理学者・法学者、さらに解釈すれば、政治学者である。このようなスミスの全体像、社会科学体系は、ヴェーバー社会科学体系と全面的な対比の地盤にたちうるであろう。

さて、政治学者ヴェーバーを政治学者スミスと対比することは、彼の政治思想の理解にかんして何らかの利点があるのだろうか。ヴェーバーにおける国民主義の位置の問題にかんし、それは有益な方法である。なぜなら、この対比作業によって、ヴェーバーの国民主義を祖述するのではなく、価値分析的に問題点を摘出できるからである。ヴェーバー政治論における最大の問題は、やはり彼の議会制民主主義と自由主義と国民主義との関係にある。ヴェーバーをナショナリストと前提して、その政治論に接近するとき、彼の議会主義・民主主義・自由主義は、統一的理解から漏出してしまう。逆に、リベラリストを前提し接近するとき、国民主義が漏出してしまう。どちらの接近法によっても、ヴェーバー政治思想の統一像は望めない。この二つの価値がヴェーバー思想のなかでいかに関係しているかは、スミスの政治思想との対比によって明らかになると、われわれは確信する。

二　ヴェーバーの達人倫理説とスミスの同感理論

ある人間の政治思想を考察するばあい、そのひとの人間観を最初に理解することがカギである。ヴェーバーは自分の人間観をとくに表明しているわけではないが、彼の宗教社会学のなかには、その人間観が吐露されていると推測できる部分があり、そこは彼の政治哲学と緊密に関連しているばかりか、それを形成する原型ともいえるものである。つまり、そこはヴェーバー政治思想の無意識の核といえる。

ヴェーバーによれば、人間の宗教心は、万人に一様であるとは観察されず、事実上信心深い集団と信心浅い集団とにわかれる。さらに、前者からは宗教的エリートとよばれる一群が排出される。これらの小数者を、ヴェーバーは宗教的「達人」と呼ぶ。彼らは、宗教倫理を解釈し、大衆に告知しうる能力者集団である。彼らのみが真に神の言葉を代弁しうる。また、彼らこそ、危険をおかして——宗教倫理はつねに現世の常識とは対立するから——神と対話しているがゆえに、その宗教意識をヴェーバーは「英雄的」と換言する。彼らは宗教的カリスマである。

「およそ宗教の歴史においては、つねにその発端から、人間の宗教的資質の不平等性という重要な経験的事実がみられる……。最高の評価を与えられた宗教的救済財……は、だれにでも到達できるものではなく、それを所有することは一つの『カリスマ』であった。こうしたところからして、すべての強烈な宗教意識にあっては、カリスマ的資質の差別に応じて一種の身分的な分化を生みだす傾向が生じてくることになった。すなわち、『英雄的』ないしは『達人』的宗教意識が『大衆』的宗教意識と対立することになったのである。[10]」

宗教的達人と大衆の対立の構造はどのようなものか。一般大衆は実際上、宗教的音痴であるがゆえ、宗教的倫理にたいし本来、積極的な関与はできない。宗教的達人ないし英雄の解釈した倫理に服するか、そこから逸脱するかのいずれかの方策しか残されていず、日常の側からの自らの要求を提出して、倫理主体になるような基盤は、時間的にも能力的にも存在しない。ヴェーバーの見解では、カリスマ性が証明されるかぎり、宗教倫理の設定は少数エリートの専権事項である。

「達人的宗教意識と大衆的宗教意識のあいだに一定の関係ができ上ってくると、……具体的な達人的宗教意識自体の特性が『大衆』の生活様式の展開にとっても、……ひじょうに深刻な意味をもつものとなってくる。というのは、達人的宗教意識がそもそも実践上『垂範的』な意義をもった……からである。[11]」

ところで、英雄・達人という概念にカリスマ的「指導者」という概念を代入したと仮定すれば、この議論はヴェーバーの「指導者民主主義」の宗教版といえる。したがって、逆もまた真である。ヴェーバーは、このような権威主義的宗教論パラダイムを、その政治論に意図せずに応用した。ただし、反権威主義的な禁欲的プロテスタンティズムにかんするヴェーバーの傾倒を思い起こさなければならないが、この思想は彼の政治論に――全く不可解であるが――

十分には浸透していないという命題が、本章の主張である。

さらに、このパラダイムは、事実としての人間の宗教行為にかんする科学的認識というだけにとどまらない。ここには一種の価値的方向性が隠されている。つまり、認識というより、信条の表明である。彼は人間を、指導するものとされるものとに、あえて分割しようとする。[12]二者が一体であるばあいでさえ、相違のわずかな差異を選択し、それを拡大、強調する。彼は、中庸という立場を、未分化の混沌と想定する。人間は、その立場、行動においてすぐれて一義的でなければならず、極限的でないことは立場上の不誠実と考える。そのばあい、個々人の諸立場同士は、当然対立、抗争することになり(全く同じ立場は二つとは存在しないのだから)、これが人間社会の宿命的事実と前提される。ヴェーバーにとっては、これが現実であり、このように行動しなければならないのである。

「私は率直にものを言います。ものごとを極端にまで押し進めます。私にはほかのやりかたができません。[13]」

「実際、……『現世』に住む人は、多数の価値系列……のあいだの闘争以外のものをもともと経験することができないのです。そのような人は、これらの神々のいずれに、またはいつ一方の神に、いつ他方の神に仕えんと欲し、仕えるべきかを選ばねばなりません。しかしそのときには、彼はつねにこの世にある神にたいする闘争に、あるいはいくつかの他の神々にたいする闘争にはいるのです。[14]」

しかしながら、民主主義とはこのような達人や英雄による統治形式ではなく、現実的、日常的に行動する常識的な普通人による統治形式であり、それが望ましく、それに確信をもつという自然的信念から発生するものである。ヴェーバーにおいては、このような常識人は、つねに極限人(英雄と大衆)に分裂させられ、統治形式は「指導者民主主義」に変換されてゆく。上の発言におけるヴェーバーは、知識人と教養人の層と一般大衆とに社会が分裂したアジアと、現実的に行動する大衆の関心を重要視したヨーロッパとの対比を指摘するヴェーバーとは、奇妙な齟齬を示している。だから、上記のような微分的人間観を政治領域に投影するばあい、自然的基礎をもつ民主主義には到達しえない。(15)

では、スミスの人間観はどうであろうか。スミスは人間に、ヴェーバーが達人的宗教倫理において要求したような極端な倫理や良心を要求しない。誤解してはならないことは、人間にとって本来は厳格な良心が必要であるが、普通人にたいしそれを要求するのは無理であり、実行可能性を考慮に入れれば中程度の良心が妥当な達成点である、とスミスは言明したのではないということである。反対に、厳格な良心というものは、むしろ偽善であり、思い上がりにすぎないと言明する。

「……非常に多数のわれわれの同胞が悲惨な状態にあるのに、われわれが幸福を感じているからといって絶えずわれわれを非難している……女々しい陰惨な道徳家達〔がいるが〕、……このわざとらしい同情を……好んで装う人々は、一般にある種の気障な感傷的な悲しみの顔付きをしているにすぎず、そのような悲しみは心の奥底に達するようなことはなく、ただわずかに顔付きとか話し振りとかを不相応に陰気にし、不愉快にする上に役立つにすぎないのである。(16)」

スミスによれば、自然は、人間のなかに公平な第三者としての良心を、生来的に装備させているのであり(17)、立場を異にする人々をも含めた大多数が了解しうる同感可能な良心こそ、ひとが発達させなければならない唯一の徳である。「われわれの全然知らない不幸に対してこのように極端な同情を示す(18)」ような良心は、自然の共鳴を軽視するがゆえ、人間社会の統合原理ではありえず、それをかえって分裂と崩壊に誘導する。

ヴェーバーにとって英雄と大衆の対立構図がたんなる事実認識でなかったように、また、スミスにとっても「公平無私な観察者」はたんなる事実認識とはいえない。それは一つの当為から出発した概念であると解釈しうる。極端な良心や悪意は、その性質上、自分のなかで勝手な自己増殖をする傾向がある。スミスはそれを、万人が共鳴しうる基準点にまで誘導し、修正しようとする。感情の自己暴走は、それが無意識的な確信をともなうがゆえに、慎重な自己抑制に服すべきであるという。

「非常に幼い子どもらは何ら自己統制力をもっていない。……子どもは常にあらん限りの声を絞り出して泣き叫ぶという暴力手段に訴えて、自分の乳母なり両親なりの注意をできるだけ促そうとする。……その子どもが生長して学校へ通うとか、あるいは自分と同じくらいの子ども達と一緒になって遊ぶような年頃になると、その子どもはたちまち仲間の子どもたちが何ら自分の両親の示してくれたような寛大な偏愛を示してくれないことに気づく。その子どもは自然に仲間の気に入ろうと欲し、またかれらに憎まれたり軽蔑されたりすることを避けようとする。……そしてその子どもはたちまち、自分がそうすることができるのは、単に自分の憤怒ばかりでなく、あらゆる自分の他の情感をも、自分の遊び仲間や友達連中がそれで喜ぶらしく思われる程度にまで緩和させる以外に方法のないことを発見する。(19)」

その人間観にかんしては、ヴェーバーは「誠実」という観点から、ひとに純粋なるものを要求し、平均的発想法を排除し、極限的発想法を要求しようとする。ヴェーバーにとっては、中間的発想法は意味混濁的であり、未分化状態と映じる。これにたいし、スミスは「同感」という観点から、病的な両極端を排除し、他人と自分とを接触させることによって、自分の感情を普遍的な共鳴点にまで、引き上げ、引き下げようと構想する。スミスにとっては、極限点は人間社会の崩壊の点であり、中点こそ統合の点である。

「諸君はもしや逆境に陥っているのではないだろうか。もしそうだったら、……親友達の寛大な同情にしたがって自分の悲しみを調整してはいけない……。赤の他人、すなわち諸君の不幸に関して何事も知らず、何らの心配もしない人々といっしょに生活せよ。……

諸君はもしや順境に立っているのではないだろうか。もしそうだったら諸君は自分の幸運の悦楽を……取り巻き連中の間だけに閉じ込めておいてはいけない。すなわち、諸君と何の関係もない人、諸君の価値を諸君の幸運で判断せず、諸君の性格や行為だけで判断できる人のところを常に訪問しなければならない。[20]」

以上、ヴェーバーとスミスの人間観を解釈したのであるが、[21]それらは根底において、彼らの方法観に重大な影響をおよぼさずにはいなかった。

三　ヴェーバーの限界主義的思考法とスミスの自然主義的思考法

達人と平均人にかんする一方でヴェーバーの、他方でスミスの人間観から派生した極限と中点という論点は、また、彼らの方法論においても決定的な役割を果たしている。ヴェーバーにおいては、極限的思考法は、その科学方法論、とくに概念論に投影される。スミスにおいては、中点的思考法は、その論証方法のなかに投影される。スミスにとって、その論証の起点である「自然」は、中点にこそある。

ヴェーバーが固有に使用する概念の特徴は、それが理念型であることであり、理念型とは実物の各特徴の純粋化および強化、すなわち、それらのイデア化である。[22] そのために彼が用いる手順は、特徴の「誇張」であった。実物というものは、実験的に、ないし概念的に使用するばあい、そこに含まれる夾雑物が究明に副作用を及ぼす。科学者および研究者はこれを排除するため、それがそれであるための最小限の条件まで、実物を純粋化する。だが、ヴェーバーはさらなる手順として、同じ実物の、それがそれである条件を最大限「誇張」する。こうして、人為的に純粋化され、強化された概念、これが理念型であった。このさい、ヴェーバーは誇張作業を極限に至るまで行う。理念型が極限概念であるといわれるゆえんである。それは、特徴をなるべく際立たせるというのではない。その限界まで、つまりその限界を越えると性質が他のものになってしまう、その点まで誇張するのである。

「思考によって構成されるこの像は、歴史的生活の特定の関係と事象とを結びつけ、考えられる連関の、それ自体として矛盾のない宇宙〔コスモス——訳者〕をつくりあげる。内容上、この構成像は、実在の特定の要素を、思考の上で高めてえられる、ひとつのユートピアの性格を帯びている。[23]」

ヴェーバーによれば、これ以外の概念は無意味である。それらは、共通特徴を集合してつくる類概念と、実物を克明に模写しようとする記述概念に代表されるが、ヴェーバーはこれらを研究上、第二義的なものと規定する。

「歴史的思考の上記の総合を、一番近い類と種差という図式にしたがって『定義』することは、無意味である。……そうした概念を、その構成部分に、たんに『記述的に分解する』ことも、同様に不可能であり、あるいはたんに見かけ上可能であるにすぎない。というのも、そうした構成部分のうち、いかなるものを、本質的なものと見なして取り出そうとするのか、これこそまさに問題だからである。[24]」

いいかえれば、ヴェーバーにおいては、現実は完全な混沌であり、そこから意味ある概念像を構築するには、なんらかの人為的な意志が必要となる。なぜなら、この混沌は無秩序であり、それを平均したり記述したりしても、われわれは有意味な概念を獲得しえないからである。混沌を処理するには、選択→誇張→理念型という人為の途しかありえない。ヴェーバーは、この現実観をその社会観に無意識に置き換えた。社会は、もともとこのようにアモルフであるがゆえ、唯一意味を担える「英雄的指導者」が、そこから本質的な要素を選び出し、それを強調することによってはじめて有意味な国民性が形成されると。したがって、これ以外の方法では、民主主義もただの衆愚政治に陥ってしまうのである。

だが、現実はこのような全くのアトランダムの混沌であろうか。むしろ、一定のかたよりをもつような混沌と考えたほうがよいのではないか。さらに、このかたよりは、かなり長期にわたって不動であると仮定する。また、これを延長して、人間が別種の生物に移行しないかぎり、すなわち人間がホモ・サピエンスであるかぎり、このかたよりは不動であると仮定する。そしてこの状態を「自然」状態と定義する。自然をこのように定義したばあい、この認識は、自然主義的誤謬とは批判されないであろう。このように想定すれば、平均を構成するばあいも、まず両極端を排除し、かたよりを発見したうえで平均化すればよい。このばあいには、平均は単純平均ではなく、本質平均である。有意味な平均である。このイメージを政治観に投影したばあい、平均的大衆は思想なき愚民ではなくなる。彼らは有意味な星雲状態にある。それは、特定問題にかんするその時点での判断の集約点である。政治家の指導力も、それは教導力ではなく、このような意味での星雲状態を個々の惑星にまで形成する能力と解しうる。

スミスの方法原理を事物に内在する実体としての「自然」ではなく、人間であるかぎりは承認せざるをえないものとしての自然に変換したばあい、自然とは、事物にかんする、われわれにとっての有意味で不動の平均値であるから、その本質でもある。たとえば、かれの自然価格は、さまざまな市場価格の自然な平均値であるとともに、本質——人為で強引に定めたものではない——価格でもある。自然価格というのは、「いわば中心価格《セントラル・プライス》であって、そこに向けてすべての商品の価格がたえずひきつけられるものなのである。さまざまな偶然の事情が、ときにはこれらの商品価格を中心価格以上に高く釣り上げておくこともあるし、またときにはいくらかその下に押し下げることもあるだろうが、……これらの価格はたえずこの中心に向かって動くのである。」[25] 彼のいう「事物自然の成り行き」[26]も「自然的自由」[27]、「自然的秩序」[28]も、自然かつ本質的という意味である。スミスによれば、それはさらに適切なものでもある。

「人間は自然に……愛すべきものになりたいと欲する。あるいは愛の自然にして適切なる対象でありたいと欲するものである。人間は自然に……憎むべきものになることを恐れる。あるいは憎悪の自然にして適切なる対象であることを恐れる。人間は……称讃に価いすることを欲する。あるいは……称讃の自然にして適切なる対象であることを欲する。人間は……非難に価いすることを恐れる。あるいは……非難の自然にして適切なる対象であることを恐れる。[29]」

道義心や正義にかんしても、その理由づけには自然的基礎が重要なのであって、心の自然な論理に対抗するような無理な正義を、法律で強制したり、無理な良心や共感を喚起させたりする道義心や正義を唱導しても、それは人間の自然的感情により仕返しをうけるだけである。[30] このように、スミスは自然という方法原理を用いることにより、物事や論理の自然な集約点を発見しようとする。ヴェーバーが誇張という方法原理を用い、物事や論理の自然的一体性を分解し、さまざまな限界点を発見しようとするのにたいし、それは好対照をしめす。中点は、スミスには意味の適切なる自然点であり、混沌の点ではない。反対に、ヴェーバーにとっては、ここは意味の乱婚場であり、最大の混沌点であった。

ところで、ヴェーバーの方法的限界主義はまた、その政治論にも重大な影響をおよぼした。とくに、その民主主義と議会主義論にたいし、それは重大となった。ヴェーバーは晩年「風変りな民主主義者」[31]になったといわれるが、その原因は、彼の民主化・議会化論がイデア的・理想的と思われると同時に、自然的基礎を欠いているからであった。それにたいし、スミスの自然的自由の秩序は、それをもっている。

ここで問題をあらためて、ヴェーバー政治論の中心問題を提示し、そののち、その意義をスミスの観点から批評したい。

四　ヴェーバーにおける国民主義および議会主義の射程

本節では、ヴェーバー政治思想の三つの主要な論点とその相互関連を論及する。それらは、国民主義、議会主義および民主主義である。ヴェーバーは、フライブルク大学就任演説において頂点に達するその政治発言の初期段階においては、汎ドイツ協会の会員に名を連ねていることからも示唆されるように、右翼的な立場から出発したが、そののち協会を脱退し、病気回復後の中期からはリベラルなナショナリストとして活動し、かつ論じ、第一次大戦と時を同じくした晩年には、ウルトラ議会主義者、民主主義者となるという数奇な履歴をもっている。ひとは、このような大きな振幅にわたる政治的変身を統一的には理解しえないか、たとえ理解しうるとしても、帝国主義期リベラリストの運命的苦悶であり、やむをえない変節である、と規定する。または、初期を無視し、中期および後期のリベラリストとしての側面に焦点をしぼり、終始一貫した完全な民主主義者、リベラリストと断定する解釈も存在する。本節では、前・中・後期を通じて根底にひそむヴェーバー的立場とは何であったか、また、その変節の原因は何であったのかを、われわれの仮説で解明してみる。

ヴェーバー政治論の第一の支柱である国民主義からその性格を究明しよう。ヴェーバーのいう国民主義は、文化・経済・統治・領土にかんする自然な国民的統合政策とは解釈しえない。ここで自然というのは、その国家の世界戦略とは無関係なという意味で用いる。そのばあいの国民主義は、民族自決権にもとづく小国民主義である。ヴェーバーが国民主義を語るばあい、それは根底において明らかに、地政学的な世界戦略を根本にすえた権力政治的傾向を内包するものである。想定された国民は、一つの勢力共同体であり、その地球的展開を使命とするような指導的国民であり、いわばそれは大国民主義である。だから、彼はスラブ、ゲルマン、ラテン、アングロ＝サクソンという人種について語り、それらの人種間にある勢力構図に深い関心をもつ。ヴェーバーにとって国民主義の問題は、明らかに諸国民が一国一票で平和裡に自己を主張できるか否かではない。拡大国民、民族、人種間にある気質やしきたりの違いが[32]、いかに維持され発展していくか、自国の文化を成功裡に拡張できるか、他の人種からの自民族の伝統を侵害されることがないか、それを防ぐための最適手段は何かが、まさに政治論の問題の中心である。ヴェーバーが「リベラル・インペリアリスト[33]」と呼ばれるゆえんも、このような大国民主義に、彼がコミットし続けたことに原因がある。

この大国民主義はまた、生まれながらの素朴な愛国心の発露と考えてはならない。ヴェーバーにとってそれは、ドイツ国民の歴史的自覚の有無にかんする問題である。ドイツ国民は世界史の道程にかんして、その規模からだけでも責任を負っている。さらに、ドイツは地理的にヨーロッパの中央に位置し、諸国民の確執の舞台であらざるをえない。したがって、ドイツは責任国家であるほかはない。これにたいしスイスは、その規模からいって他国に脅威をあたえることはない。そこは中立国でありうるし、世界史の責任はかの国の肩には架っていない。ドイツは権力国家として責任をすすんで担うのである。それはドイツ民族の歴史的責務である。

「権力国家として組織された民族に向かって発せられる要求は、免れることはできません。世界権力——すなわち究極的には、未来の文化の特性を決定する力——が、一方ではロシアの官吏の規則と、他方ではおそらくラテン的な『理性』が混じっているアングロサクソン民族の『社会《ソサエティ》』の慣習とのあいだで戦わずして配分されるなら、未来の世代、特にわれわれの自身の子孫は、デンマーク人、スイス人、オランダ人、ノルウェー人に責任を負わせはしないでしょう。……わが国は権力国家ですから、したがって、あの『小』民族とはちがって歴史のこうした問題のなかで自分たちの力に物を言わせることができるのですから、両強国が全世界を覆うのを防ぐという歴史にたいする、つまり後世にたいする厄介な義務と責務は、小民族ではなくわれわれにかかっているのです。」(34)

ヴェーバー政治論の第二の支柱は議会主義である。彼によれば、議会とは何よりもまず、「支配される人びとの代表機関」(35)である。政治家が一見、権力の化身と誤解されるとしても、彼らは本質的に、被支配者の代表である。では、本質的な支配者とはだれか。それは行政官である。ヴェーバーによれば、近代国家の特徴とは、支配手段——武力と情報——の国家官僚による独占であった。この独占を打開するための抵抗の手段こそ、近代議会の存在理由である。近代国家は理念的に社会契約にもとづいているがゆえに、近代の国家機構の発達と議会の発達とは平行する。ここで重要なことは、被支配者による抵抗は、選出された政治家が、官僚行政にただ文句をつけるという無力な段階にとどまってはならない、ということである(36)。選出された政治家が行政の頂点および主要ポストを占め、全官僚(彼らは公選されるばあいもあり、公選されないばあいもあるが、ここでは非公選の)を指揮監督しなければならない。これはつまり、被支配者である国民が、議会を通じて、支配者である官僚を逆に支配し返し、そのことで円環的回路が完成し、支配=被支配の関係が原理的に消滅する、という論理と解釈してよいであろう。この意味でヴェーバーは、近代議会が人民の抵抗の手段である、と指摘する。ここは、ヴェーバーのいわゆるリベラルな側面である。

ヴェーバーにおいてはしかし、議会の機能はこれにとどまらない。それはまた、すぐれて「指導者選出の場」[37]でもある。議会は人民意志の集合場や統合場、問題解決の場にとどまってはならない。それは議会の第二義的な性格である。彼にとって、議会はあくまでも政争の、つまり闘争の場である。ヴェーバーには、政治という字句の後半の治は、本質的にふさわしくない。むしろ政治は政争に行きつく。議会でこそ白日のもとに雌雄が決し、指導者としての資格が審査される、と彼はいう。もっとも好ましくない状況は、官吏の昇進と政治力の増大が平行する官僚政治である。ヴェーバーの解釈によれば、この状況がビスマルク以来のドイツの病根であった。ドイツの内外政策は闘争本能を欠く昇進偏執狂によって攪乱されている。とくに対外政策にかんしていえば、ドイツは列強間の序列を駆け昇らなければならない。そのためには強力な指導力をもち、闘争本能をもった指導者が、ぜひ必要である。それを選び出せる所が活動的議会である。しかるに現状は、面従服背の官僚を叱る無力な議会があるだけである。官僚を指揮する指導者は生まれず、外交は闘争力を欠き、列強レースでドイツは後塵を拝すのである。だが、強力な議会と指導者と外交が実現すれば、「政治的に成熟した……『王者の民族《ヘレン・フォルク》』」[38]としてドイツは世界史のゆくえを左右できる。

「国家指導は、『行政』にかかり切りになるべきだ、『政治』は素人の片手間の仕事であるべきだとか、官吏の副業であるべきだなどと空想している国民は、世界のなかでの政治を断念し、将来は小国の役割に甘んずるがよかろう。スイスのカントンやデンマークやオランダやバーデンやヴュルテンベルクのようにである。」[39]

問題を整理すると、以下のようになる。ヴェーバー政治思想のなかにはドイツの世界的地位をさらに向上させようとする国家至上主義と規定してよいほどの国民主義、政治を力のプラグマのみで動かそうとする権力至上主義が存在すると同時に、官僚的政治を議会主義化することによって、被支配者の政治参加を追求しようという民主主義へ向かう姿勢も発見できる。このような矛盾する二つの方向性を一貫的に解釈しようとする試みは、さまざまである。濱島によれば、この矛盾は、帝国主義段階にあえて自由主義を接ぎ木しようとした自己矛盾である。[40] モムゼンにとっては、権力政治家こそ真のヴェーバーの姿であり、その議会主義は世界的権力政治という目的への手段である。[41] アロンによる、自由主義からする権力政治批判は正鵠を射たものであるが、その解釈からは議会主義的側面は除外されている。[42] 山田高生はこの矛盾を、ヴェーバーにおける対外政治の対内政治にたいする優位として解決しようとする。[43] ドロンバーガーにとって、これは「悲劇のアンビヴァレンス」であるが、ヴェーバー自身は、やや権力政治的側面へ足を踏みはずす。[44] ビーサムは、議会主義者ヴェーバーをバランスのひとと積極的に評価するが、指導者民主主義にかんしては、それは議会と市民的自由の犠牲を意味するという。[45] 上山は、この矛盾をヴェーバーの宗教意識と政治の葛藤ととらえ、最終的には彼の中で信仰が優位的地位を占め、そのことからの議会主義的側面が勝ると解釈する。[46] アブラモフスキーの解釈は、議会主義者ヴェーバーのすぐれた定式化であるが、権力政治家ヴェーバーを無視している。[47]

われわれの推論では、権力政治家ヴェーバーも議会主義者ヴェーバーもともに真面目なものである。したがって、どちらか一方が他方の手段であったという解釈は、公平な解釈とは思えない。「アンビヴァレンス」という解釈は、両者が同時並存しているという事実の指摘を越えるものではなく、両者の相互連関にかんしては何も述べていない。二人のヴェーバーは、同次元において統一的に理解されなければならない。そのためには、ヴェーバーにおける権力政治家という「体質」と議会主義者という「傾向」とを、いったん分けることが必要である。そのあと二者を統一する。いいかえれば、ヴェーバー思想を面積（体質）と接線（傾向）において解釈する。体質だけを問題とし、傾向を無視したり（モムゼン）、傾向だけを問題とし、体質を無視したり（アブラモフスキー）してはならないと、われわれは主張する。

図-Ⅲ

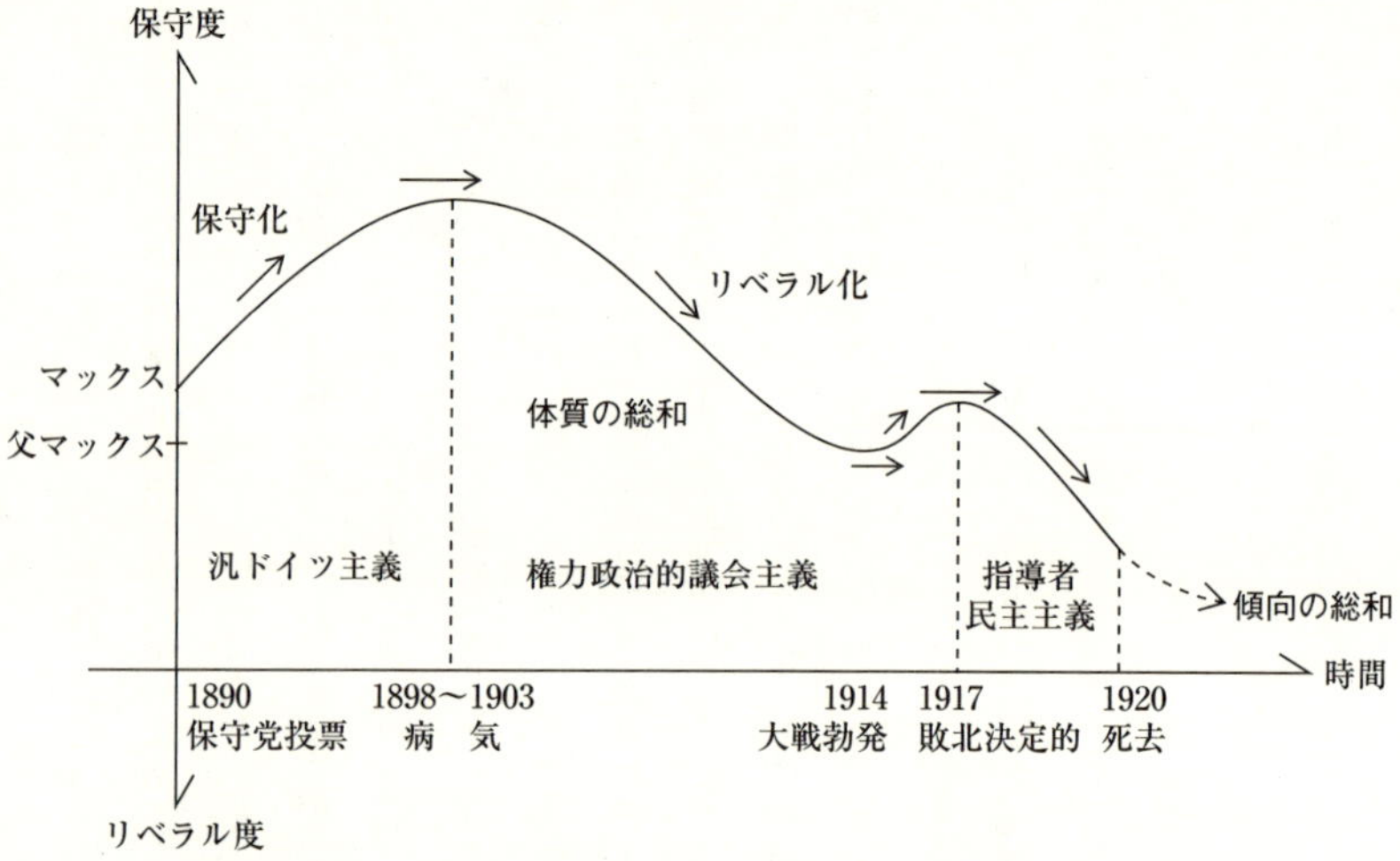

＊　接線の傾きは、その時点での保守化・リベラル化の方向性を示す。
＊　横軸からの距離は、保守度を示す。
＊　横軸と曲線で囲まれた面積は、保守体質であることを示す。
＊　リベラル領域は、その体質がないので使われない（ただしリベラル方向性はある）。

ヴェーバー政治思想を接線の方向性（傾向）からみれば、病気をさかいにして、彼は明らかに右から左に、汎ドイツ主義者から民主主義者に転向している。ヴェーバーは国民自由党の代議士であった父ヴェーバーよりもさらに右からキャリアをはじめ、病気まえには、公然と汎ドイツ主義を語る（『国民国家と経済政策』）。接線の角度は鈍化してはいるが、病気までは上昇的である。病気以後、彼ははじめて民主主義と真剣にとりくむのであり、かたむきもはじめて下降しはじめ、彼の政治思想はリベラルな傾向をもちはじめる。それはロシア革命論での官権国家批判によって開始され、第二帝制の似而非議会主義批判に発展してゆく。だが、面積の総和（体質）としてみると、その体質はつねに保守領域にあり、権力政治家であることを放棄してはいない。傾きは、第一次大戦の勃発時には一時的ながら上昇傾向をしめすが（開戦時の発言などを想起せよ）、敗色濃厚になると今度はただちに下降する。そして、一九二〇年に突然の死をむかえるのだが、体質の総和としては、彼はついにリベラル領域に足を踏み入れることはなかった。だが、方向だけは病気以後総じて、また真剣にそこへと定められていたといえよう（図-Ⅲを参照せよ）。

彼は最後まで、自然的な民主主義者にはなれなかった。しかし、なろうとしていたと推察できる。つまり、ヴェーバー政治論とは、ドイツ帝国の国土として教育された人間が、民主化の道程を歩んできた軌跡であり、民主主義へのヴェーバーの心の旅路である。彼がさらに生き長らえるとしたら、政治をあれほど粗野に力に基礎づけるのをやめたであろうか。彼はリベラル域にはいったであろうか。はいったと、われわれは仮定したい。ナチスの登場までヴェーバーが生存していたら、彼はそれにたいし、どのように対抗したであろうかというシミュレーションは、興味深いものである。しかし、ナチスが政権を掌握したのちにも、力のみを信じ、これを征伐するためには、もっと強力な指導力が必要であると発言するとしたら、それは無謀であろう。そのときは、自然的正義の出番である。だが、ヴェーバーの人間観のなかにも、方法観のなかにも、自然的正義がしめる場所はなかった。それは彼にとって、無意味か、未分化の状態でしかなかった。次節は、ヴェーバー思想に欠けていたこの問題について論じる。

五　アダム・スミスと法自由主義

ヴェーバーがその政治思想の傾向において、リベラル領域をめざしていたとはいえ、体質的には終生、保守主義の領域にあったこととは対照的に、スミスは傾向において保守領域の向かうこともあるが、体質的には終生、リベラル領域にあった。また、ヴェーバーが分極的人間像をもち、極論的思考法に固執したように、スミスは求心的、統合的人間像をもち、自然的思考法を守った。本節では、スミスの人間観と方法観とが、その政治思想にどのように反映したかを考察する。

スミスは『グラスゴウ大学講義』を一部と二部に分け、二部を『国富論』として生前に公刊したが、一部はついに公にされなかった。ここで重要なことは、『国富論』がスミスの法学体系の後半部分にすぎないという認識である。(48)いまかりに、『法学講義』をスミスの国家学体系と名づければ、その後半は経済理論・経済政策を扱っているのにたいし、前半は法理論・法政策を扱っている。では、そこでスミスが主張したかったことは何か。後半部の哲学が経済自由主義であることと平行して、前半部の哲学は法的自由主義である。経済自由主義に対応しつつ、それは、すなわち法にかんする国家の非干渉主義であり、軽法律主義（説得および制裁をおもに利用し、できるかぎり法律の適用を控えるという意味での）である。あらゆる事柄を法律で規制しつつ社会を運営してゆくのではなく、事物の自然の論理（同感）にゆだねようとすることである。スミスも社会存立のために、最低限の正義が要ることは認める。だが、彼は正義から恣意性を完全に削除した。そうしなければ、正義同士の争いが起こることを、彼は洞察したのである。スミスは、そのような政争から正義を救済する。

正義は、道義とは異なり、強制力をともなう徳目である。それは異論の余地なきものでなければならない。たとえば、それは思想にかんするものであってはならない。それは、財産や生命の保護・保安にかんするものに限定されなければならない。(49)それ以外のものに国家が、特定の正義感から干渉してはならない。正義とは、教導ではない。正義とは、防衛である。

「その遵守如何が、われわれの意のままに自由に任されておらず、権力によってそれを無理に強制することができ、それに違反することは報復感の、したがってまた刑罰の対象になるところの別種の美徳が存在する。この美徳がすなわち正義である。(50)」

「報復感は防衛のために、そしてただ防衛だけのために、自然がこれをわれわれに与えてくれたように思われる。それは正義の安全弁であると共にまた罪なき人に対する安全保障でもある。[51]」

法自由主義はスミスの刑罰論のなかに明確に現われる。刑罰の是認や軽重は、ホッブズ以来、公益という観点から基礎づけられる。しかし、スミスはこれを斥ける。なぜなら、公共の利益という論拠を認めることによって、その大義のもとづいて、時の権力が自由に、事物の自然に反した法をつくり出せるようになるからである。法が公益をつくり出せるという法思想は、法の自信過剰に転化し、その行く先は法万能主義、重罰主義であり、重国家主義である。『国富論』において明文化されているように、スミスは経済自由主義をかかげて、経済にかんする重国家主義、すなわち重商主義を批判した。これと平行的に、その法律論においては、法自由主義をかかげて、法にかんする重国家主義、すなわち重法主義を批判する。[52]

法自由主義は、一方では、法への国家の非干渉、軽法律主義として現象するが、その内的論理は、他方では、刑罰の基礎を公益から社会的同感に移すことにつながる。つまり、刑罰の種類と重さを、公平無私な多数の観察者が是認しうる最低の程度に厳格に制限せよ、その結果、量刑も最小限の程度にせよ、ということである。利害関係者の立法は、相手に敵意をもち理解をもたないから、不自然なものとなり、したがって罰則も多く、量刑も重くなる傾向をもつ。冷静なる観察者の同意による立法は、逆に、相手双方に思い込みをもたず、社会的理解にもとづくゆえ、自然であり、したがって罰則も少なく、量刑も軽くなる傾向をもつ。たとえば、思想の不穏当などは、そもそも何が不穏当なのかでまず一致できないのだから、法で規制するにはおよばない。

「侵害は、観察者の報復感を自然に喚び起すが、犯罪者への刑罰は、冷静なる観察者がそれについてゆけるかぎりで、合理的である。これこそ、刑罰の自然なものさしである。注意さるべきことは、刑罰の、まずもっての是認が公益に基礎づけられてはならないということであるのだが、ふつうはそれが基礎と考えられてしまっている。被害者の報復感への同感こそ真の原理なのである。[53]」

スミスはこうして、法を、したがって統治の根拠を、万人の同感に基礎づけた。彼は絶対的正義や統治の効用理論の陥穽にはまることをまぬがれ、民主主義を自由主義に基礎づけえたのである。ヴェーバーに完全に欠如していたものは、この社会的同感の論理である。したがって、彼は民主主義を効用に基礎づけ、それを体現するものとしての指導者を必要とすることになり、その民主主義は指導者民主主義とならざるをえなかった。

国際政治の理念にかんしても、スミスはヴェーバーと対照的な理念をいだいていた。ヴェーバーにおいては、国際政治は、平時でさえ、実際上は実力の問題であった。人間同士の闘争に終わりはないという認識が、彼の哲学となっている。スミスにおいては、それは、有事のときでさえ、法律問題である。世界権力というパイの、権力の量にしたがった配分ではないことはいうまでもない。戦争とは、国家間の紛争が机の上で解決しえなくなったばあいの非常手段である。だから、戦争という明らかな実力行使は、一種の強制執行と考えられる。それは、憎悪の対決ではなく、法的紛争であるため、戦争は終結と利害調整という机の上の議論に、実行中でも回帰しようとする可能性をもつ。さらに、国際政治は、自国文化の世界史上の責任問題ではない。戦争を文化上の覇権の問題などと考えていたらどうなるか。文化は幼い時点で形成されるもので、血となり肉となっているものである。それは感情の問題であって、論理の問題ではない。もし、力の優劣で、自分の文化が裁かれたらどうなるか。裁く方は昂奮し、裁かれる方は憎悪に燃えることになろう。結果は絶滅戦であり、統制されない殺戮である。これは戦争ではない。

「一般的にいえば、裁判所への提訴理由として適切たるものが、戦争の根拠でもある。一国が、他国の財産を侵害したり、他国の人民を死に至らしめたり、彼らを投獄したり、また傷害があったばあい彼らに正義の行使を拒否したりしたばあい、……その恢復が拒絶されたなら、そこには戦争の根拠がある。また、契約の不履行と同様、一国から他国へ負債があるばあい、支払いが拒絶されたなら、戦争の理由がある。(54)」

さらには、諸国民は永遠の闘争関係にあるというヴェーバーの公理は、いかにも野蛮にすぎる。もちろん、諸国民は競争をし、その関係はいいときもあり、わるいときもある。また、どの国にとっても他国の成功は、ねたましいものである。だからといって、万人間の永遠の闘争を援用し、それを国際関係の原理にまで昇華し、常時、自国の優位を確保しなければならないとはどうしたことだろうか。このような哲学は、結局、相手の損は自分の得という原理に転化し、自国の優位を相手国の損失で実現しようという行動を誘発する。敵意の均衡は悪均衡である。したがって、このような哲学は変更されるべきであろう。相手の得は自分の損ではない。それは、巡りめぐって自分の得である。相方の損得はけっして、反比例関係にはない。むしろ、それは比例関係にある。一般に、自分によくしてくれる人に、悪くする人がいようか。相手国によくしたばあい、自国が悪くされることがあろうか。

「フランスとイギリスは各各たがいに相手方の海軍力ならびに陸軍力の増大を恐れる理由を幾分持っているが、しかしそのいずれかの国が相手方の国内的幸福と繁栄、相手の国の農業の発展、相手の国の工業の発展、相手の国の商業の発展、相手の国の港湾の安全と多数、あらゆる自由学芸や科学における相手国の熟達に嫉妬を感ずるならば、このような偉大な国民の沽券にかかわることはたしかである。このような諸事実はすべてわれわれが現に生活しているこの世界の真の改良である。このような事実によって人類は利益を蒙り、またそのような事実は人間の本性を高尚にする。そのような諸改良の点において各国民は自ら他に抽んでようと努力しなければならぬばかりでなく、人類愛にもとづいて、それらの点における近隣の国民の優越を妨害しないで、かえってこれを助長するように努力しなければならない。このような諸改良はすべての国民間の競争の適正なる対象であって、国民的偏見もしくは嫉妬の対象ではない。(55)」

スミスとヴェーバーの政治思想を対比してわれわれが得た結論は、両者がともに自由主義および民主主義を追求したにもかかわらず、ヴェーバーはその人間観、方法観にもとづいて、それを極限形態で実現しようと試みたのにたいし、スミスはその人間観、方法観にもとづいて、それを、公平な社会的同感点において求心的に実現しようと試みたということである。この原因の一つは、両者の概念観のちがいにあった。ヴェーバーは自由主義を「理念型」として追求した。それは純粋であり、矛盾のないよう組み立てられてはいたが、どこにも存在しない「ユートピア」であった。また、彼の民主主義論はたしかに首尾一貫していたが、その特異な人間観ゆえ、人びとの自然的同感、支持から基礎づけうるものとは、はるかにかけ離れたものとなった。それは、ドイツの新興エリート層が強国ドイツを実現するための道具であった。それは、エリートが運営する指導者民主主義であった。いったん投票した指導者に、ホッブズが主張するように、運命まで預けることが、果たして民主主義といえるだろうか。指導者は国民意識の、その時点における納得点の代行人であり、雇われの身ではないのか。ヴェーバー政治思想によれば、そうではなかった。指導者とは、大衆に抗して自国の存在性を死守すべき責任あるカリスマであった。こうして、ヴェーバーの民主主義論は、その完成度の高さにもかかわらず、ドイツの拡大主義を阻止する政治思想とはなりえなかった。(56)

スミスの自由主義は、どこにも存在しないユートピアではなかった。それは、人間という種のなかに基盤をもつ自然から発生する。それは、力づくで実現すべきものではなく、ひとが無理な論理展開をやめ、平均的程度まで自己を抑制できるならば、そこへと収斂してゆく求心点であった。それは「自然にして適切な」性格のものであった。また、スミスの自由主義は、複数の「無私な」観察者という人間観に裏うちされたものであった。それはカリスマ的熱狂にもとづくものではない。それは広汎な大衆の社会的「同感」という納得感に基礎を置くものである。したがって、それは安定的である。ちなみに、われわれはスミスの思想を、彼は自分の時代の価値を、他の時代のそれへの顧慮なしに、自然にして適切と考えていたのでもなく、自然的秩序が実現されればおのずから社会は完全になるというほど楽観的でもなく、また、彼にとっての自然とは、事物に内在する実体ではありえず、人類であるかぎりのわれわれにとっての自然という意味に再解釈するのだから、この解釈を自然主義のファラシーと規定するにはおよばない。このような方法観、人間観にもとづいて、スミスは正義という暴れ馬の調教に成功した。彼は正義をなんらかの理想状態への教導という観念から解放した。正義とは特定の当為であることをやめた。それは、身の安全と財産の保全であり、防衛であり、それを越えてはならぬものとなった(57)。このような正義概念の組み換えにもとづくスミスの民主主義は、人びとの自己目的となれた。ヴェーバーの民主主義が、結局、一政治手段であったのと、それは対照的である。

注

(1)　ヴェーバー政治思想にかんする研究は、近年めざましい勢いで進展している。以前は、政治論関係の文献のほとんどは、ヴェーバー学問論と政治論との関係を、つまり価値判断からの自由と政治的実践の問題をあつかったものであった。厳密にいえば、これはヴェーバー方法論の文献であるが、『ヴェーバー全集』がその政治論から重点的に発刊されていることも手伝って、ヴェーバー政治論研究は、充実を超えて、膨大となってきている。ヴェーバー自身の著作としては、とりあえずWeber, 1924b, 1971 [1921], 1984, 1989b. ヴェーバー［一九八〇b］［一九八二a］［一九八二b］［一九六九］［一九九七］［一九九八b］をみよ。

(2)　ヴェーバーの歴史社会学の紹介に重きがあるが、Abramowski, 1966. アブラモフスキー［一九八三］をみよ。Honigsheim, 1968. ホーニヒスハイム［一九七二］は、ヴェーバーの折々の政治的発言を、マリアンネの『ヴェーバー伝』とは異なった視角から記録している。

（3） すぐれたものとして、Bendix, 1962. ベンディクス［一九六六］をみよ。もちろん政治論をあつかうばあい、社会状況や批判を全くなしですますわけにはいかないので、これは程度問題である。時代状況の分析とヴェーバー政治思想の評価にはいり込んだものとして、Löwenstein, 1965. レーベンシュタイン［一九六七］、Ilse Dronberger, 1971. をみよ。かなりヴェーバー批評に近づいたものとしては、Beetham, 1974. ビーサム［一九八八］をみよ。

（4） 上山［一九七八］は、ヴェーバーと学界政治の問題というかたちをとりつつ、その政治思想にかんする重要な著書である。しかし、ヴェーバーとは政治的に何者だったのかという素朴な疑問への解答は、この書からは提出されていない。上山は述べる。「ウェーバーには、マキャヴェリズムと違って、政治的なものと宗教倫理的なものの限界の認識があって、これが手放しの権力礼賛を封じている。彼にとってはあらゆる手段というものが権力意思への政治のためにあるのではない。いいかえると、権力を守ったり、権力を高めるということがそのまま『最高の価値』ではなく、それは政治の世界での『最高の価値』である。したがって、われわれは、ウェーバーの権力思想をたんに、マキャヴェリ、ホッブズの思想系列に位置づける訳にはいかない。」（上山［一九七八］三〇二頁）この論理を延長して推論し、権力への意思とは反対に、経済的、精神的、肉体的弱者のために宗教的立場から救済を与えるというのが、ヴェーバーの究極的立場だったのであろうか。しかし、この解釈にたいしても、それはヴェーバーにとって「最高の価値」ではなく、宗教の世界にとっての「最高の価値」である、といえることになってしまう。したがって、結論的には、ヴェーバーの人権思想をたんに、たとえば、フリードリッヒ・ナウマンのような思想系列に位置づけるわけにはいかないと、われわれは誘導される。ここで、われわれは再度、振り出しに戻され、ヴェーバーの政治的立場とは何だったのかという単純な問いに答を与えることができない。何者かでない人間はいないはずであり、ヴェーバーの場合もそうであろう。そうでなければ、いわゆるニヒリストに行き着くのではないか。「社会政策学界」とヴェーバーについては、中村［一九九九］、米沢［一九九一］をみよ。中村は述べる。「政治が道徳でないとすれば、社会政策もまた道徳ではない。将来の人間をつくる社会政策も、一貫した政治意思に出るものでなければならない。するとここでの『人間』すなわち近代市民の育成とは、政治的な市民すなわち『国家市民』の育成、『国民形成』ということになる。これが謂うところの『政治的教育事業』である。そこでは、ビスマルク帝国の『臣民』をば『市民的国家』の『国家市民』につくりかえ政治の主体とする、すなわち『政治的に成熟』させる、これが目指されているのである。それゆえ人間形成政策は、『臣民』政治の客体のままに眠り込ませる保守的な『社会安定化』政策ではなく、将来の政治を担う『国民形成』政策とならねばならぬ。これがドイツ社会政策の『新しい行きかた』を『世界政策』に同調させて掴もうとするとき得られるものである。」（中村［一九九九］四二五〜四二六頁）上のように、中村は、ヴェーバー政治思想の意義を、臣民から国民への人間改革あるいは「国民形成」というところにみる。この結論を承認したうえで、われわれはさらに、ヴェーバーの主張した国民形成・国民主義は、「開かれた」国民主義であったか、「閉じられた」ものであったかを討議したい。開かれた国民主義とは、ここでは、国民統合を最終目的とせず、世界連合への人類の統合の手段とみなすような国民主義を指す。そのような発想は、一九〜二〇世紀の転換期に生きたヴェーバーにとっては、空想的であり、二一世紀からみた結果論に基づく議論であるとの批判が予想されるが、必ずしもそうはいえない。すでに、フリードリッヒ・リストは、つぎのように述べていた。「哲学は未来と全人類とのために次のことを要求する。諸国民相互のますますつよい接近、戦争の全力的な回避、国際的に法が支配する状態の樹立と発展、現在国際法と呼ばれるものから国家連合法への移行、精神上および物質上の国際交流の自由。最後に、法規のもとでの全人類の結合——すなわち世界連合 Universalunion。」（List, 1959, p. 32. リスト［一九七〇］四五頁）この議論は、直接には覇権主義的な重商主義を批判したものであるが、次の言葉も参照せよ。「それは、制限は手段にすぎず自由こそ目標なのだということを認識していない。それは国民だけをみてどこにも人類を見ず——現在だけを見てどこにも未来を見ないで、ひたすら政治的かつ国民的であり、そこには哲学的洞察——世界主義的意図が欠けている。」（List, 1959, p. 33. リスト［一九七〇］四六頁）後段第四節をみよ。ミッツマンは、ヒューズの接近法から影響を受け、彼の提唱した精神分析の歴史への応用をヴェーバーに適用し、Mitzman, 1970. ミッツマン［一九七五］をあらわし、精神分析的個人史の領域を切り開き、ヴェーバーを「リベラル・インペリアリスト」と規定する。

（5）　Cf. Mommsen, 1974a [1959]. モムゼン［一九九三］、［一九九四］をみよ。この書は、ヴェーバーがのちのナチ体制にたいして遠い礎石としての役割を果たしているという大胆なテーゼで、研究史に一つのふし目をつくった。「ヴェーバーが心に描いていたのとはまったく異なる形態においてではあるが、一九三三年という年は、『マシーンを伴う』カリスマ的・人民投票的な指導者支配を出現させた。しかしながら、民主主義的制度の意味の極端な形式主義化と結び付いたところの、カリスマ的指導者支配に関するヴェーバーの説が、ドイツ人民をして一人の指導者、その限りではまたアドルフ・ヒトラーに心から自発的に歓呼・賛同させる上において、部分的にせよ与って力があった点は、正直のところ認めざるを得ないであろう。」(Mommsen, 1974a [1959], p. 437. モムゼン［一九九四］七二六頁) だが、モムゼンは後年、Mommsen, 1974b, モムゼン［一九七七］において上のテーゼを弱め、二者択一をせまられれば、ヴェーバーは自由主義的だとしている。「ひとはヴェーバーの問題を、たぶん次のような公式に盛り込むことができよう。大政治家のカリスマへの訴えは、普遍的な官僚化傾向を前にして、『開かれた社会』を将来のためにも取っておく、そのための唯一の対抗策であった、と。ここにわれわれは、より高次の次元において、自由主義的民主制の根本原理に帰り着いたヴェーバーを見出す。それは個人の自由の主張という根本原理であり、実践的には個人の主導性を発揮する場の主張である。」(Mommsen, 1974b, pp. 68-69. モムゼン［一九七七］八七頁) また、Mommsen, 1974c, pp. 93-94. モムゼン［一九八四］一二三〜一二四頁もみよ。Hughes, 1961, ヒューズ［一九七〇］は、ヴェーバーの保守的・右翼的体質を、また、彼がプロセイン予備役将校としての地位にきわめて因襲的な誇りをもっていたことを、はやくも指摘した。「〔ヴェーバーには〕その生涯を通じて、父からの影響の痕跡は拭いがたいものがあった。彼は学生時代のビールを飲み決闘をするといった生活をのちには恥じるにいたったけれども、分別盛りの成人となっても、名誉が傷つけられたと考えたときには相手に決闘をいどもうとしたことがあるし、自分のプロイセン予備役将校としての地位にきわめて因習的な誇りをもっていた。父の政治的見解をかれはけっして採用はしなかった。その出発点においては父よりも右翼的で、もっと保守的かつ国民主義的《ナショナリスティク》であり、その到達点ははるかに左翼的、きわめて風変わりな民主主義者の立場であった。しかもかれは、その政治的発言の尊大な——いやまったく、粗野な——性質、またかれがドイツ国民の偉大さを死にいたるまで力説しつづけたその非妥協的態度という点において、父に負うところのものをはからずも露呈しているのである。」(Hughes, 1961, p. 291. ヒューズ［一九七〇］一九七〜一九八頁) 彼らの長所は、ヴェーバーの右翼的指向が若年期のはね上りや当時の社会状況ゆえではなく、深くその内面に根ざすものであり、一つの汚点であると言った点にある。本章は、『国民国家と経済政策』に代表されるような初期のヴェーバーの保守的な政治的発言と『新秩序ドイツの議会と政府』に代表されるような後期ヴェーバーの革新的な政治的発言との関係如何の問題、いいかえれば、政治的発言における「マックス・ヴェーバー問題」を提起し、その解決に取り組む試論である。

(6) 濱島［一九八〇］。

(7) レイモン・アロンは、一九六四年のヴェーバー・シンポジウムで、その生涯に深い理解をしめしながらも、ヴェーバーの力のみに頼る政治論を社会的ダーウィニズムと難じ、自ら公言した自由主義を、自ら裏切っていると批判する。「彼は、ドイツとフランスとの双方を襲っていたプロパガンダの興奮に、力を貸しませんでした。けれども彼は、国民国家が、政治的な社会の最高の形態であるということを、疑ったことはありません（おそらくこの形態は今日でもなお、克服されていないのです）。とにかく、この点においてもまた、彼はやはり時代の子でした。強国の権利と義務についても、また権力政治の外交上のルールについて、彼の述べた意見は、彼の同時代人と、異なるものではありませんでした。」（Aron, 1971, p. 99. アロン［一九七六］一九四頁）「私はもうひとつの異議を唱えます。マックス・ウェーバーは、ドイツ民族の権力価値関心を、究極の目標として設定したために、彼は、一種のニヒリズムに陥ったのではなかったか、というのがそれであります。国民の権力は、文化の威信を増大させるのであって、文化の質を高めるのではありません。このことはウェーバーが主張しているとおりです。この考えに従っても、やはり国民の権力は、究極の目標になりうるのでしょうか。国民の権力は、すべてが捧げつくされるべき神なのでしょうか。……国民の権力というものが——その国民の文化がどのようなものであろうと、その国民を支配するものが誰であろうと、またこの支配者がどんな手段を用いようとも——最高の価値であるとしますならば、マックス・ウェーバー自身も、ぞっとしてはねつけたであろうものを、われわれもまた否定できるというのは、一体なにものの名においてなのでしょうか。」（Aron, 1971, pp. 98-99. アロン［一九七六］一九三頁）国民の権力と権力政治が究極の価値であることに、あくまで固執するならば、われわれは、それをはねつける根拠を失う、とアロンは主張する。われわれの立場は、アロンの結論を承認したうえで、ヴェーバーの権力政治にもとづく国民主義は、世界主義あるいは地球主義（グローバリズム）によって乗り越えられるべきだ、というものである。ヴェーバー政治思想研究は、この方向で進められるべきではないか。いいかえれば、アロンの批判は、ヴェーバー自身が真剣にとり組まねばならぬものである。本章は、ヴェーバーが自由主義を掲げながらも、なぜ、保守的・右翼的体質からの完全な脱出ができなかったのかの究明に貢献したいと考える。

（8）『グラスゴウ大学講義』（Smith, 1896, スミス［一九四七］）の重要性をみとめ、「法学者スミス」を発見し、法学体系としてのスミスの社会科学体系を指摘したのは、内田義彦［一九六二］である。この議論は、「本書〔『道徳感情論』〕の初版の最後の章句のなかで、私は、別の論文で、法律ならびに統治の一般原理に関する説明を与えるばかりでなく、それらの原理が社会におけるそれぞれの時代ならびに時期において蒙ったそれぞれの変革に対しても説明の努力を払うつもりである、と述べておいた。すなわち、正義に関する問題ばかりでなく、行政・国家の収入・軍備その他法律の対象になるものならどんな問題でもこれを取り扱うつもりであった。『国富論』のなかで、私はすくなくとも行政・国家の収入・軍備の問題に関する限り、ある程度までこの約束をはたした。〔傍点引用者、訳文変更〕」(Smith, 1976, p. 3 [advertisement]. スミス［一九六九］三七〜三八頁）というスミス自身の晩年の発言によると思われる。われわれが現在、経済学と想定している部分は、スミスによれば最後まで、法学の行政部門とみられていたのである。法律論にかんする大事業は、高齢のため果たせないかもしれないが、計画の変更はないと、さらに言っている（Cf. Smith, 1976, p. 3 [advertisement]. スミス［一九六九］三八頁をみよ）。だが、『経済学の生誕』という題にしめされるように、内田は法学という星雲状態からいかにして経済学が生まれるかを問題にする。のちの研究でも変わらない（内田・大野・住谷・伊東・平田［一九七〇］をみよ）。本章は逆に、スミスにそって法学体系の生誕を問題にする。

(9) したがって、いわゆる「アダム・スミス問題」とは、『道徳感情論』と『国富論』関係如何の問題として提出されるべきではなく、むしろ、『道徳感情論』と『法学講義』（のちに『国富論』に結実する「治政について」をふくむ）との関係の問題、道徳学と法学との関係の問題に変換されるべきであろう。われわれは、スミスの社会科学体系において、『国富論』の前部に、ほぼそれと匹敵する大著、法哲学、法解釈学と法史をあつかった著作、スミスの死によって果たせなかった大著があると考えねばならないと想定する。その構成をかいま見られるのが『グラスゴウ大学講義』（以下、『法学講義』と略す）なのである。Skinner, 1979、スキナー［一九八一］は、スミス社会科学体系への本格的体系研究であり、スミスの諸著作をいったん分解し、それぞれの概念ごとに、再度組み立て直している。しかし、スキナーの前提は、その意図にもかかわらず、いぜんとして、『道徳感情論』と『国富論』関係如何という「アダム・スミス問題」であり、『法学講義』は二者をつなぐ歴史記述篇と考えられていて、その意義にかんしては、『国富論』の習作という取り扱いを受けている。『道徳感情論』は、『法学講義』で無理やり『国富論』に接ぎ木される。たとえば、スキナーは以下のように述べる。『道徳感情論』が意図したのは、第一に、「人間のような自己中心的な生物が、……自分自身の情念から〔自分を〕守るために障壁をうち建てる方法を論証し、これによって人間はいつも『集団や仲間』のうちに見いだされるという観察事実を説明すること」(Skinner, 1979, p. 13. スキナー［一九八一］一六頁）であり、第二に、「四つの社会・経済段階をもつ歴史的分析は、政府の起源を本格的に考察し、……この議論を補足している。」(Skinner, 1979, p. 13. スキナー［一九八一］一六〜一七頁）したがって、「両者はどちらも……経済学に関係している。と同時に一方では、『道徳感情論』は、これらの分析のどちらもが依拠している心理学的諸仮定の説明を提供するものである。」(Skinner, 1979, p. 13. スキナー［一九八一］一七頁）つまり、スキナーによれば、『道徳感情論』は、人間が本来的に、交換性向を持ち、自然に分業に参加することを論証し、歴史事実でそれを後付けるものであり、だから、経済学の書としての『国富論』に発展する。また、『法学講義』にかんしても、スキナーは、『国富論』と比較した場合、『法学講義』に欠落しているものがきわめて多いということは明白であり、この事実こそ、重農主義に対するスミスの評価をひじょうに興味深いものにしているのである。なぜなら、とりわけ、『法学講義』に欠けている多くの論点は、スミスが重農主義的分析に賛同している論点だったからである」(Skinner, 1979, p. 123. スキナー［一九八一］一五八頁）と述べ、『法学講義』での欠陥は、のちにケネーとの交流によって埋められ、『国富論』に至って、是正されたと示唆する。スキナーは、『国富論』体系を超える意味でのスミスの社会科学体系があり、それを発見することを意図するが、その営為は、依然『国富論』体系の確認にとどまっている。スキナー自身、前掲したスミスの発言、すなわち、「私は別の論文において、法および統治の一般的原理に関する説明、ならびにそれらの原理が社会におけるそれぞれ異なる時代ないし時期において、単に正義（もしくは司法）に関する事柄だけでなく、行政、国家収入、軍備ならびにそのほか法の対象となるあらゆる事柄について蒙った種々の変革に関して説明を与えようと努力するであろう」(Smith, 1976, p. 342. スミス［一九七〇］七〇八〜七〇九頁）および「『諸国民の富の性質と原因に関する研究』のなかで、私はすくなくとも行政・国家の収入・軍備の問題に関する限り、ある程度までこの約束を果たした。そのほかに残っている問題、すなわち法律論に関しては、……この計画を全然放棄してしまわない……、また……この仕事をつづけたい希望を有する……」(Smith, 1976, p. 3. スミス［一九六九］三八頁）を留意し、そのうえで、新たなスミス社会科学体系を構築する意図をもつのだから、その結論が、発見されたスミス社会科学体系は、結局、『国富論』体系であったということの確認の域を出ないのであれば、われわれは失望を否めない。

(10) Weber, 1920, pp. 259-260. ヴェーバー［一九七二a］七〇頁。

(11) Weber, 1920, p. 261. ヴェーバー［一九七二a］七二〜七三頁。

(12) ヴェーバー自身、ルーデンドルフとの会話で感情が抑えきれなくなったとき、次のように述べたという。
「ルーデンドルフ：『それならば民主主義という言葉をあなたはどういう風に取っているのです？』

ウェーバー：『民主主義においては人民は自分の信頼する指導者を選ぶ。それから選ばれた者は言う。「さあ、今度はしゃべるのをやめて服従せよ。人民も政党ももはや自分に干渉することは許されぬ」と。』」（Weber, Marinanne. 1984, p. 665. ヴェーバー、マリアンネ・［一九六五］四八八頁）

ビーサムはこの発言を好意的にうけとり、衆愚的議会への「平衡力」（Beetham, 1974, p. 235. ビーサム［一九八八］二九五頁）と解釈するが、この解釈は一面では正しい。他面、ヴェーバーのこの発言には彼の政治的トラウマが吐露されていると考えるべきではないかと、われわれは推測する。後段第三節をみよ。柳父は、ウェーバーの大統領制について考察しつつ、その政治思想について、次のように結論する。「①ウェーバーは、ナチズムとの関係ではもちろん直接責任はなかった、というべきであろう。むしろウェーバーの『思想』はナチ的『グライヒシャルトゥング』とは、対決するはずであった。しかし、②ウェーバーの『指導者民主主義』が、シュミットやナチによって利用されえたのもたしかである。——そしてそうであればこそ、いまや、ドイツにおける『民主主義を支えうる合理的・市民的エートス』の不充分さの問題が、ウェーバーによって考慮されていないのが、あらためて惜しまれ、疑問となる。それは必ずしもモムゼンが問題にするような『基本的人権』の問題だけではない。むしろそれ以前に、独裁を阻止する歯止めとしての、醒めた、成熟した政治的理性のエートスをめぐる問題なのである。しかも一方でウェーバーは、カリスマ的な指導者民主主義に期待をかけすぎたように思われる。こうしてウェーバーの、ドイツ政治の未来への見通しの甘さが論難される結果になってしまったのである。」（柳父［一九九二］一七一頁）。

（13） Weber, 1924b, p. 400. ヴェーバー［一九八二a］八一頁。

（14） Weber, 1971, p. 145. ヴェーバー［一九八二a］一六四〜一六五頁。

（15） ヴェーバーの民主主義は、モムゼンにとっては「ドイツ世界政策への国内的前提をつくるための手段」（Mommsen, 1974a, p. 422. モムゼン［一九九四］七〇五頁）であり、ドロンバーガーにとっては「ビスマルクが始めた仕事を遂行するための条件づくりの手段」（Dronberger, 1971, p. 377.）にすぎない。

（16） Smith, 1976, pp. 139-140. スミス［一九六九］三〇五〜三〇六頁。

（17） 後段第三節をみよ。

（18） Smith, 1976, p. 140. スミス［一九六九］三〇五頁。

(19) Smith, 1976, p. 145. スミス［一九六九］三一四～三一五頁。
(20) Smith, 1976, p. 154. スミス［一九六九］三三一頁。
(21) 岡田［一九六七］は、スミスの社会科学体系とは何かを正面からあつかったものであり、『グラスゴウ大学講義』のスミス体系における重要性を明示している。しかしながら、この明示は、『講義』の第二部 On Polis（治政について）にかんしてにとどまっていて、第一部 On Justice（正義について）にかんしては、依然としてそれはスミス体系のなかで生かされることがない。したがって、『道徳感情論』の「公平な傍観者」は、抽象的平均的経済人として、もっぱら経済学的にのみ解釈される。『道徳感情論』は、そのため『国富論』のみへの序論という残念な位置づけを余儀なくされている。『道徳感情論』は、むしろ『国富論』を一部分とする『法学講義』（スミス社会科学体系）のための序論であり、近代的経済人の基礎づけの書にとどまらず、それをふくむ近代的法律人の基礎づけの書である。岡田［一九六七］三三～三四頁、三七頁、四八頁、五〇頁をみよ。
(22) ヴェーバーは理念型論のヒントをプラトンのイデア論から借りてきた可能性がある。理念型とは、一言でいえば、事物をイデアにおいて見ることである。プラトンにおいては、ある事物の真のイデアは、たった一つである。なぜなら、イデアは実体そのものだからである。ヴェーバーにおいては、ある物の真のイデアは、認識関心の数だけある。このちがいは、ヴェーバーがカントの批判主義を通過してきたからである。ヴェーバーは、科学活動の目標にかんし、真理の発見、いいかえれば、真理と科学的成果の一対一の対応という観念をほぼ捨て去った。ヴェーバーにとって、科学の目標とは、科学者の用いる認識手段によって事実を分析し、そのことで新しい地平、世界像を提示することである。真理は、発見されるのではなく、発明される。前段第三章をみよ。宇都宮は、ヴェーバーの批判主義に一定の限定を加える。「……重要な点は、ヴェーバーが、フッサールの範疇作用を直観（Anschauung）として考えるという見方を肯定していたということである。つまり、この見方こそ新カント派の立場とフッサールの現象学的立場とを分かつ点であったのである。すなわち、範疇作用が直観であるということは、感性的直観のうちにその基礎をもっているということであり、つまり範疇作用とはリッケルトが考えたように主観が認識対象をもつ際にはたらく、主観に備わった形式としてではなく、客観的実在のところにあるイデア的意味を主観のところで観取し構成するという能力として考えられているからである。それゆえ、この点に関しては、ウェーバーは新カント派（とくにリッケルト）よりも初期フッサールの立場に立っていたことがわかるのである。」（宇都宮［一九九九二〕二九六～二九七頁）。
（23）Weber, 1973, p. 190. ヴェーバー〔一九九八ａ〕一一一～一一二頁。
（24）Weber, 1973, p. 194. ヴェーバー〔一九九八ａ〕一一八～一一九頁。
（25）Smith, 1979, p. 58. スミス〔一九七八ａ〕九九頁。
（26）Smith, 1979, p. 360. スミス〔一九七八ｂ〕一〇頁。
（27）Smith, 1979, p. 651. スミス〔一九七八ｂ〕五一一頁。
（28）Smith, 1979, p. 572. スミス〔一九七八ｂ〕三七一頁。
（29）Smith, 1976. pp. 113-114. スミス〔一九六九〕二六五頁。
（30）だから、絶対的自然権にもとづいた法体系を実現すべきだとスミスは言うのではない。もしそんなことをすれば、人びとは自分の自然こそ唯一絶対の正義であるといって、自然的正義の名のもとに戦争がおきるであろう。これはルソーがはまった罠である。これを避けるため、スミスは、法は強制力をもつものだけに、万人が納得、「同感」できるもの、議論の余地なきもの、防衛的なもの（生命の安全と財産の保全）にかぎるといったのである。できるかぎり規制を少なくする、つまり、法自由主義、軽法律主義である。後段第五節をみよ。
（31）Hughes, 1961, p. 291. ヒューズ〔一九七〇〕一九八頁。
（32）Cf. Weber, 1971, p. 278ff. ヴェーバー〔一九八二ａ〕二九七頁以下をみよ。
（33）Cf. Mitzman, 1970, p. 136ff. ミッツマン〔一九七五〕一二七頁以下をみよ。Cf. Mommsen, 1974c, p. 32. モムゼン〔一九八四〕五四頁をみよ。
（34）Weber, 1971, p. 143. ヴェーバー〔一九八二ａ〕一六二頁。ヴェーバーのいう国民主義は結局、いわゆる健全なナショナリズムといわれるものと厳密に同じものとはいえない。後者の哲学は、民族自決というもっぱら防衛的な公理から出発している。彼には国民主義のこの共通項的なイメージは、現世的に可能なものとは思えず、英米の宣伝とみた。防衛的なものだからこそ、民族自決の原則にもとづく国民主義は、万人を納得させえ、共感をよびおこし、同感をえたのであるが。ヴェーバーは凡庸で無価値な国民主義を定義し直し、それを、世界権力のなかで発言権を確保できる大国をつくるという国家理性至上主義と、世界史の将来における自民族文化の拡張という強迫な責任をともなった文化拡大主義とに、再構成する。ヴエーバーのこのような政治志向が、彼の人間観と方法観にふかく根ざしたものであることを、われわれはすでにみた。リストは、「工業と貿易との力を借りて遂行される」（List, 1959, p. 39. リスト〔一九七〇〕五四頁）イギリス主導の「他の諸国民国家の屈服と従属とのうえに基礎をおく世界連合」（List, 1959, p. 39. リスト〔一九七〇〕五四頁）は、「結局野蛮だという点ではそれは〔ローマの〕昔に劣らない」（List, 1959, p. 39. リスト〔一九七〇〕五四頁）と認識しつつ、つぎのように述べる。「だから現在のところでは、国民国家の維持と発展と改善とが国民の努力のおもな対象であるし、またそうでなければならない。これは誤った利己的な努力ではなくて、理性的な、全人類の真の利益と完全に一致した努力である。というのは、それはおのずから、制定法のもとでの諸国民の究極的統一すなわち世界連合を成立させるからであって、しかもこの世界連合は、多くの国民が同等の段階の文化と勢力とに到達してその結果世界連合が連盟 Konföderation という方法で実現されるときはじめて、人類の幸福に役立つことができるのである。」（List, 1959, pp. 38-39. リスト〔一九七〇〕五四頁）誤解されてならないことは、リストにとっては、「国家市民」は、「世界市民」という目標のための手段だ、ということである。

（35） Weber, 1971, p. 339. ヴェーバー〔一九八二b〕三七一頁。

（36） Cf. Weber, 1971, p. 351ff. ヴェーバー〔一九八二b〕三八三頁以下をみよ。

（37） Cf. Weber, 1971, p. 340. ヴェーバー〔一九八二b〕三七一～三七二頁をみよ。小林 純は、権力国家の政治的責任に関するヴェーバー発言のスタンスについて、「こうした彼の態度は、権力ロマン主義的なものとは無縁である。……だから……権力国家と小民族とが成立したとしても、双方の価値の大小という問題などありえない」（小林 純〔一九九〇〕三六頁）と述べ、「ただ『権力』という独自な世界が、双方に異なる課題を与えることになるにすぎない。こうした冷徹な認識を前提としているがゆえに、ヴェーバーの発言は、『歴史に対する責任』、国民の『名誉と栄光』、小国の自由の保証、などの表現の与える印象とはいささか異なって、分析から展望に至るまであくまで現実主義者《レアリスト》のものなのであった」（小林 純〔一九九〇〕三六頁）と結論する。ヴェーバーは確かに現実主義者《レアリスト》であった。しかし、理想のない現実主義はありうるのであろうか。理想が存在し、その実現のために現実的可能性を十分考慮する、というのを現実主義と解釈したい。現実のない理想はありうるが、理想のない現実はありえない。このことを前提とするなら、ヴェーバーの理想とは何かと問わざるをえない。それは、自国民の世界的権力政治上の位置なのであろうか。ドイツ文化の世界的発言権なのであろうか。また、小林は、責任倫理について述べる。「……責任倫理は、講演〔職業としての学問〕の主題を超えて、政治のみならず、学問の、いやおよそすべての人間の実践における主体性の倫理ともいうべきものとなっている。」（小林　純［一九九〇］六〇頁）ここでも同様に、問題は、何のための責任かということであろう。何らかの心情があって、はじめて、それへの責任が生まれてくるのではないか。心情のない責任は、不毛のように思えるのだが。したがって、われわれは、ヴェーバーにおける理想と心情を価値批判せざるをえない。

（38）　Cf. Weber, 1971, p. 441. ヴェーバー［一九八二b］四七九頁をみよ。エイブラハムは、ヴェーバーの賤民民族《バーリア》概念と国民概念との同相性を指摘し、自国民の世界的地位にかんするヴェーバーの強硬な発言のうらには、劣等意識と優越意識のアンビヴァレンスが潜んでいたのではないかと推論する。「賤民民族《バーリア》テーゼの理論的真意は、……宗教社会学をはるかに超えるものである。それは、国民、種族集団、身分集団、集団形成、集団どうしの社会的統合（Vergesellschaftung）などにかんするヴェーバーの基本的理解と関係する。賤民民族《バーリア》と国民とは、ヴェーバーの思想においては、真に同相的である。前者は、国民的マイノリティーの、また集団的隔離のもっとも極端な例である。国民は、国民的マイノリティーにたいして、その規模において異なるに過ぎない。社会的隔離および賤民民族《バーリア》を特徴づける神話（『選民民族』および『人種的』運命への信念）にかんするすべての同一の視点が、ヴェーバーの国民の定義を形作っている。」（Abraham, 1992, p. 266.）「賤民民族《バーリア》概念および国民概念とのあいだの同相性が示唆しているのは、ヴェーバーがユダヤ人のなかに、何らかの彼自身の国民的矜持を見たということである。多分、彼が感じ取ったのは、彼のみた世界におけるドイツの地位とドイツや他の近代社会におけるユダヤ人の地位との類似性であった。これこそ、ドイツ国民の賤民民族《バーリア》としての地位は、とりわけ戦場での敗北の中で白日の下にさらされると論じた、一九一九年の言明の真意である。」（Abraham, 1992, p. 266, n. 93.）また、エイブラハムは、ヴェーバーの政治思想について、「リベラルで進歩的な価値が、ヴェーバーの『普遍史的』接近法を形成したという前提」（Abraham, 1992, p. 292.）があるが、「この前提は、間違い」（Abraham, 1992, p. 292.）であり、「ヴェーバーの著作を形成している社会観は、根底においては、近視眼的である」（Abraham, 1992, p. 292.）と主張する。

（39）　Weber, 1971, p. 289. ヴェーバー［一九八二a］三一〇頁。以上のように、議会主義にかんしても、ヴェーバーにおいては、その人間観・方法観に影響されて、議論を基本とするトライ・アンド・エラーの場という大多数が納得せねばならない同感点は、たんなる意味混濁的凡庸として拒否される。それは一方では、政治家の官僚との闘争場であり、他方では政治家どうしの権力をめぐる政争の場である。これは明らかに分裂の場であり、一部の政争マニアにとってはイデア的な流麗さをもつ議会像かもしれないが、だれも心の底から信奉することはないであろう。

(40) 濱島［一九八〇］一六八頁、一八五頁をみよ。

(41) Cf. Mommsen, 1974b, pp. 49-49. モムゼン［一九七七］六一～六二頁をみよ。雀部は、「モムゼンが『純粋な議会主義』としてイメージしている『民主主義』のコンセプトは、『自由な人民の自己組織』としての『議会』（人民代表）がその『執行委員会』としての『政府』を作り、『政府』に『政治の基本方針』を『指示する』というものである。これは、典型的な『自然法的民主主義』論に立脚する『議会絶対主義』の見解である……」（雀部［一九九九］三〇五頁）と述べ、モムゼンの存在と当為の結合を批判する。雀部によれば、これにたいし、ヴェーバーは、自然法的政治理論を放棄し、その政治的立場は、政治的機能主義にもとづく「議会制的君主制」（雀部［一九九九］四三頁）を選択した。この批判を承認したうえで、われわれは、政治的機能主義にもとづいた地球規模における議会制民主主義を、持続的に選択する。

(42) Cf. Aron, 1971. アロン［一九七六］をみよ。

(43) 山田高生［一九七二］一七一頁をみよ。

(44) Cf. Dronberger, 1971, p. 355, p. 377.

(45) Cf. Beetham, 1974, p. 238. ビーサム［一九八八］三〇〇頁をみよ。牧野は、モムゼン、ビーサムのヴェーバー政治思想解釈を確認・批判して、ヴェーバーの国民主義の本質にかんして、国民大衆の自立に焦点を絞る。その本質とは、「……人口層の国土への定着（故郷感情）を基礎としながら、同時に国民大衆のうちに存在する半ば原初的な『理想主義』を精神的文化の前提としての人格的自立へ高めていく――このことは国民の経済的権力のための合理的資本蓄積と結びつくべきものであろうが――というウェーバーの『国民形成』、そのための諸方策」（牧野［一九九三］四四頁）である。原初的な「理想主義」とは、牧野によれば、たとえば「『緩怠』Bremseという形で現れる労働者の連帯」（牧野［一九九三］一四二頁）であって、「『緩怠』とは、労働強化や賃金引下げに対して労働者が意識的に彼らの作業能率を引き下げるという現象である。」（牧野［一九九三］一四〇頁）しかしながら、「初発的にはそうした一般的な不満の表現として現れる労働者の連帯のうちからウェーバーは『理想主義的労働と理想主義的信念』――おのれの労働能力に裏づけられた同志愛――という、彼にとって合理的なものを発見したのである。」（牧野［一九九三］一四三頁）「自己の労働能力にもとづいて、しかもおのれの個人的利益を犠牲にしても仲間と団結すること、これこそウェーバーが『理想主義的労働と理想主義的信念』と呼んだところのものであろう。」（牧野［一九九三］一四〇頁）たんなる労働忌避から「緩怠」を自覚的に行使することへの転換、これがヴェーバーにおける原初的な理想主義から、人格的に自立した自覚的な理想主義への、労働者側にとっての国民的転換である。牧野の主張は、こう推測される。したがって、牧野は述べる。「ウェーバーにとって……考えられる途は、社会民主党内外に結集する社会主義的労働者大衆の『理想主義』をドイツの『国民』形成のために生かすこと以外にないであろう。」（牧野［一九九三］一六二～一六三頁）

（46）上山［一九七八］三〇二頁をみよ。

（47）Cf. Abramowski, 1966, p. 159. アブラモフスキー［一九八三］二〇六～二〇七頁をみよ。

（48）われわれは「法律論」と『国富論』でスミス法学体系（つまり『法学講義』において素描された体系）、法学体系と『道徳感情論』でスミス社会科学体系と名づけたい。しかし、全く逆の見かたもある。和田は、和田［一九七八］において、「この〔法と統治の一般理論を書くというスミスの〕壮大な計画は、……事実上『国富論』によって解明されて」（和田［一九七八］二七頁）いて、「そのものとしての『法学の理論』を書くことは、重複をさけようとするなら、おおかた不要になった」（和田［一九七八］二七頁）と言明するが、そのばあい『法学講義』のスミス体系における地位は希薄になり、また、スミス自身の晩年の発言とも矛盾することになる。田中は、田中正司［一九七六］において、「『グラスゴウ大学講義』……のもつ意義は、そこに経済学が含まれている点にあるというより、……分析の道具としての四段階論が経済学の成立を導くべき必然性をはらんでいた点に」（田中正司［一九七六］八七頁）あり、経済学誕生への不可欠なる、四段階論という「概念的枠組」を発見したスミス自身の勉強史上の重要な通過点と見る。論理上の通過点とみるのは、高島［一九七四］である。そこでは、『法学講義』の前半、正義論が仁恵論として『道徳感情論』につながり、後半、行政論がフェア・プレー論として『国富論』につながる、とされる（高島［一九七四］五二頁をみよ）。論理的「媒介者」（高島［一九七四］五四頁）としての『法学講義』である。しかし、スミスは『道徳感情論』の序文で「もう一つの著作」では、「正義」と「行政・歳入・軍備」（つまり「法学全般」）をあつかい、後二者については『国富論』で実現したといっているのだから、『国富論』は法学体系の部分的完成であり、『法学講義』は通過点や媒介者などではなく、スミス法学体系全体の草稿ないし習作とみるべきである。

（49）高島は、このようなスミスの正義観を「消極的」（高島［一九七四］四九頁）と評するが、この消極性を発見したことこそ、スミスをヒュームから分け、ひいてはルソーから分けるものと、われわれは解釈する。これにたいし、ブレイナーは、ヴェーバーの職業政治家にかんする責任倫理論を民主主義への不徹底さとして批判し、政治的信託の問題を、むしろルソーの直接民主主義論において解決すべきであると述べる。「大衆は、政治的目標を立てられず、またその実現への責任を負えないがゆえ、職業政治家が予見しうる皮肉な結果にたいし完全責任を負うようなヴェーバーのモデルと異なり、参加的民主主義モデルが前提とするのは、民主主義的市民と指導者とのあいだの責任の共有である。たしかに、ここには抽象的には解決しえない多くの緊張も存在するが。」(Breiner, 1996, pp. 231-232)「とにかく、ルソーによる一般意志にもとづく道徳的自律の見解なしには、われわれは、強力な民主主義を追求する動機だけでなく、知的正当性も見つけることはできないだろう。この二重のアイロニーが、政治的責任というヴェーバーの一貫主義者的倫理の冷静な力にもかかわらず、ラディカルな民主主義の意味の探索にかんしては、ルソーのモデルへと、つねにわれわれを回帰させる。」(Breiner, 1996, p. 232.)。

(50) Smith, 1976, p. 79. スミス〔一九六九〕一九一頁。

(51) Smith, 1976, p. 79. スミス〔一九六九〕一九一頁。

(52) したがって、スミスの法学体系とは、自由な統治と自由な行政から成り、それは自由主義法学である。

(53) Smith, 1978, p. 475. スミス〔一九四七〕二八六頁。

(54) Smith, 1978, p. 545. スミス〔一九四七〕四六八～四六九頁。

(55) Smith, 1976, p. 229. スミス〔一九七〇〕四八七頁。

(56) 佐野は、ヴェーバーの人権発言にたいして指摘する。「ヴェーバーを『親ユダヤ主義者』にすることはできないが、少なくともユダヤ人の人権に敏感であったことだけは間違いない。」(佐野〔一九九三〕三一一頁)。しかしながら、「確かにヴェーバーは人権感覚を持ってはいたが、その実現に対しては、どこまでも現実に即した思想家であった。言い換えるならば、現状において『可能なこと』と『不可能なこと』を冷静に見極める思想家であった。しかし、かかる思想が、ナチズムの法体制や人権政策に十分に対抗できたのかどうかは必ずしも定かではない。なぜなら、『不可能なこと』や『不可抗力』の名の下に、ナチズムの独裁や人権政策を容認し、沈黙することはいとも簡単であったからであり、かかる容認や沈黙が他ならぬ『ドイツの悲劇』を生み出したからである。」(佐野〔一九九三〕三一一～三一二頁)。

(57) 厚東は、ヴェーバーにおけるホッブズ的問題を指摘し、次のように述べる。「しかし、……〈ホッブズ問題〉がヴェーバー特有の変形を受けたものであったことも忘れられるべきではない。利害闘争の必然性の論理的帰結を見据えるさいに、ヴェーバーはホッブズ的な徹底化——万人の万人に対する闘争、それにともなう社会解体の論理的必然性には明示的で集約的な関心を示していない。というよりこうした徹底化の末に出会う『秩序の問題』は、ヴェーバーにあっては、ステロ化されたユンカー支配を打破しドイツを権力国家として強固にするといった秩序形成の実践的意欲の高圧の下に、曖昧化させられた、といった方が正確であろう。」（厚東［一九七七］一九六頁）「ドイツの権力国家化という『歴史的』課題は『どこから』『どこへ』の問いをいやすには、パースペクティブがあまりに短期的である。また、全人類の運命をあずけるには、あまりに国民的・局地的理想である。この短期的で局地的ビジョンと彼の尖鋭な歴史意識の間には大きな隔差がありすぎる。この落差ゆえに、ヴェーバーの歴史に対する責任感ないしパトスは空転し、当為の側面が露骨にむき出しになる。」（厚東［一九七七］一九九頁）。

第七章　市民社会論における「マルクスとヴェーバー」

——日本での「マルクスとヴェーバー」問題の視角　一九四五〜二〇〇〇——

一　「マルクスとヴェーバー」の対立——結合および総合から融合へ——

二〇世紀後半を通じて、わが国における経済思想史上の重要なパラダイムの一つは、「スミスとリスト」という枠組みであった。この枠組みの必要性は、採用されるべき国内政策および貿易政策の選択という問題から要請された。第二次大戦以前には、一方で、スミスおよびリストの経済学にしたがって、いかにして健全な中産的農民層を育成し、跛行的な日本の資本主義経済構造を農・工・商並立的な自足的経済構造へと是正するかという問題が、差し迫っていたと同時に、大戦後においては、他方で日本は、スミスの経済学にしたがって、海外市場重視の貿易立国として歩むのか、リストにしたがって国民経済を確立し、国内市場中心で国民の再生をめざすのかという現実の問題が差し迫っていた。(1)高度成長が軌道に乗るにつれて、日本経済が国際経済に復帰するにしたがい、「スミスとリスト」は「マルクスとヴェーバー」という枠組みへ変換されていく。一方で、労使問題の激化と日本の社会主義化への懸念、他方で、西欧資本主義とは異なる独自な経営形態をもつ日本資本主義の国際化へのさらなる対応という必要が、この新たな枠

組みを浮かび上らせた。(2)

「スミスとリスト」から「マルクスとヴェーバー」へという枠組みの変換の史的構図は、以下で考察する「マルクスとヴェーバー」という枠組みに特定の偏りを与えた。というのは、「スミスとリスト」という枠組みは当然、スミスの国際主義とリストの国民主義の対決の構図として了解されていたからであり、二者択一の政策的選択問題であったからである。したがって、そこからの推移として生まれた「マルクスとヴェーバー」という枠組みも、必然的に、マルクスとヴェーバーとの対決、マルクスの社会主義とヴェーバーの自由主義の対決の構図と了解された。この対決の構図のうえでさまざまな議論が交わされた。

方法論上の議論として、マルクスの流出論的な概念観および世界史における単線発展的歴史認識の是非にかんする問題が、ヴェーバーの理念型論や価値自由の議論および個体主義的歴史認識との対決課題として、さまざまに取り上られた。安藤は、マルクスの労働価値説を取り上げ、それは理論的仮説に過ぎず、ヴェーバーの理念型の一事例として解釈できるとした。(3)さらに、社会主義への自然法則的発展とそれを価値判断としても同時に肯定するマルクスの存在と当為の一元論的発想をヴェーバーの価値自由論を援用し、批判した。(4)

歴史理論の領域においては、マルクスの唯物史観の図式が争点となった。内田芳明は、ヴェーバーによる発展法則の理念型的解釈を援用し、唯物史観の図式を歴史への経済決定論であると批判する。(5)これに対しては、そのように主張するならば、ヴェーバー自身の理論図式を明確に提示すべきだという反批判が予想される。社会構造論においては、資本主義体制にたいして負の価値判断をしたマルクスにたいし、欠陥を認めたものの最終的には正の価値判断をしたヴェーバーとの対決の構図が提示される。最後に、両者の政治論においては、社会主義というボーダーレスな政治理念をもつマルクスにたいし、国民主義と権力政治という思想に終始したヴェーバーという対立図式が構成される。

その背後にマルクスの思想とヴェーバーの思想との対決という前提をもっていた「マルクスとヴェーバー」枠組み

は、その後、異なる展開を要請された。大塚・住谷は、両者の対決とは異なる「マルクスとヴェーバー」の枠組みを提案した(6)。それはマルクスとヴェーバーという対立の背後にマルクスとヴェーバーの統合という視点を追加するものであった。いいかえれば、マルクス体系とヴェーバー体系の重なり合う部分、共通する部分を追求し、このような統合体を社会科学における新しいパラダイムとして採用しようという意図にもとづく発案である。したがって、両者が重ならない部分が発見されるばあいもあり、これらの部分はマルクス、ヴェーバーそれぞれの独自な部分として積極的に保存された。内田義彦は、マルクスとヴェーバーを思想上の重複する部分と重複しない部分とに分別するという視座の両面性を肯定的に受容し、そのうえで、「マルクスとヴェーバー」という統合的枠組みにひそむ、「マルクスかヴェーバーか」という対立側面に力点を置く(7)。したがって、重複する部分の展開を強調する大塚・住谷の指摘にもかかわらず、総じて、「マルクスとヴェーバー」枠組みには、「か」という対立の観点が残存し続けているように考えられ、マルクスとヴェーバーという枠組みは依然として、われわれのめざすマルクスとヴェーバーとの融合という枠組みにまでは到達していないと結論しうる。

高島は、もう一つの新しい「マルクスとヴェーバー」を提案した(8)。それはマルクス体系とヴェーバー体系をスミスの自然主義的体系を架け橋として連結するという試みである。総合するのではなく、一つの媒介環によって、両者を繋ぐという構想である。さらに、望月の「マルクスとヴェーバー」は、マルクスとヴェーバーの重なり合う部分だけではなく、重ならない部分も含めて、この枠組みを発展させようとする(9)。この構想は「マルクスもヴェーバーも」と表現でき、マルクス思想とヴェーバー思想との合算ということであるが、たんなる合算にとどまってはならない。この方向をさらに進展させることが本章の目標である。むしろ、マルクスとヴェーバーの共通する部分を確定し、残されたマルクス独自な部分、ヴェーバー独自な部分を、それぞれ相手の論理で解釈する、すなわち、マルクスの独自性をヴェーバーにより認識し直し、ヴェーバーの独自性をマルクスにより認識し直す作業が実行されるべきだと考える。

これにより、「マルクスとヴェーバー」は一つの融合された社会科学上のパラダイムとなりうるであろう。

二　資本主義的生産様式と普遍的官僚制

マルクスの資本主義認識をもっとも端的に表わしている場所は、『資本論』における本源的蓄積の個所であり、近代経済社会の非人間性を分析したそこまでの諸章に加えて、その成立史の無慈悲さを「資本は、頭から爪先まで毛穴と言う毛穴から血と汚物をしたたらせながら生まれてくる」(10)という言葉で描写している。この表現は、社会批判というよりも、物神崇拝意識への呪いといったほうが適切である。さらにマルクスによれば、資本主義体制は人間の前史の最終段階を代表するものであって、(11)この体制が除去され、新しい社会体制が確立するばあい、はじめて人間は本史の領域へ入り込むことができるとされる。中少生産者の収奪者は、すなわち資本家は、ついに真の生産者、すなわち労働者により、ふたたび収奪されることになる。(12)

ヴェーバーの資本主義認識を端的に表わしている著作は、「プロテスタンティズムの倫理と資本主義の『精神』」であることに異議はないであろう。そこでは、資本主義の成立は、マルクスの主張とは反対に、中小の正直な生産者たちの勤労によって小資金が徐々に蓄積され、この営為が隣人愛の実践という禁欲的・宗教的な精神力によって助長される過程が詳細に説明される。(13)したがって、資本は何らの横領でも、盗みでもなく、小さな努力の積み重ねの成果であったとされる。(14)それゆえ、ヴェーバーによれば、資本主義は、善から生まれ、善へと行きつくのであろうか。彼は、予想に反して、それは善から生まれ、悪へと頽落すると結論する。この論文の最終の有名な個所で、彼は、現代の資本主義経済を「精神のない専門人」(15)が運営する悪の体制であると規定している。ヴェーバーによる善から悪への転換の論理は、資本主義が隣人愛という倫理的エートスを喪失して、たんなる利益追求の体制になってしまったというものであるが、論文前半のヴェーバーの感情移入的な説明と後半の厳しい体制批判とは、行論的にちぐはぐで、「精神なき専門人」として現代経済体制を批判している個所は、読者からみると、いかにも唐突の感をまぬがれない。[16]

この唐突感は、『古代農業事情』[17]が著されるまでは拭えなかったにちがいない。ヴェーバーは、この書物で初めて明確に資本主義体制への批判を官僚制批判として提出した。彼は、官僚制支配を一種の奴隷制支配と解釈し、この支配を古代社会の一般的特徴としながら、唯一の例外としてそれにローマの市民による市民的支配を対置させる。[18]市民の監督による国家官僚の制御こそ、彼の究極的価値の一つであった。しかるに現代の資本主義は、「官僚制的な」資本主義に変貌している。[19]ヴェーバーが感情移入できた体制は、市民的な初期資本主義であったが、それはいまや、精神のない専門家の運営する高度資本主義に転化し、そこで働く労働者は賃金奴隷そのものとなっている。[20]彼はのちに、官僚制支配の構図を社会全般に適用し、全般的官僚化の不可避な進行を指摘し、その進行を経済領域にとどまらず、学界、軍隊、国家まで拡大した。[21]経済領域における官僚制化が現代資本主義の指標であり、それを価値的に否とすることは、マルクスが資本主義を価値的に否としたことと内容的に等しくはないか。いまかりに、マルクスの「資本家」をヴェーバーの「専門人」（経済領域での）と置換してみれば、マルクスの呪いは、そのままヴェーバーの呪いと解釈できる。なぜなら、マルクスの本源的蓄積過程は、市民から生産手段が暴力的に少数の私的経済官僚へと収奪される過程と言い換えてよいからである。[22]マルクスもヴェーバーも同様に、それは再度、市民の手に返還されなければならないと主張する。

マルクスは、ヴェーバーの想定する産業的中産層として解釈しうる市民的な「小経営」について、「社会的生産と労働者自身の自由な個性の発展のための条件の一つである」[23]と承認していて、そこでは労働者と生産手段は、依然として分離されていない。彼はこの状態をそのまま美化するものではないが、生産者と生産手段の結合という理念が、高度資本主義の崩壊ののちに、高次な段階で再生するという。[24]したがって、マルクスは小経営的経済社会を善と判断していたと推論してよい。ところで、ヴェーバーが感情移入した初期の資本主義とは、マルクスの小経営的資本主義であると結論してもよいであろう。自営農民と自営商人・職人とのあいだの自由な市場交換社会が、初期資本主義であり、小経営的経済社会であった。マルクスは、この体制が資本家により暴力的に、その生産者と生産手段において、分離される過程を批判し、ヴェーバーも同様、この体制が官僚制化によって分離されると批判した(25)。マルクスは、否定の否定として、それらが大規模な生産形態で労働者の手に再結合されることを願望し、ヴェーバーもそれが市民の意志によって制御されることを願望した。つまり、両者の願望は実質的には同一である。われわれは、第三節において再び、この問題を論じるであろう。

三　唯物史観と宗教社会学

マルクスの歴史認識は、いわゆる唯物史観の図式にしめされていると前提される。それは、アジア的、古代的、封建的、近代ブルジョア的などの生産様式が、次々と自己展開を繰り返し、最終的に社会主義体制へと進化するという発展段階説である。さらに、この進化は世界的、自然法則的、かつ単線的方向性を内包すると主張される(26)。この運動の原動力は、各生産様式を構成する二要因、生産力と生産関係との矛盾であって、直接生産者の日常における生産行為の反復によって成長した生産力が、それを包摂しきれなくなった生産関係を脱ぎ捨て、次に誕生する、より大きな生産力を包摂しうる高次の生産様式へと自ら脱皮すると主張される(27)。

ヴェーバーが、このように定式化されたマルクスの唯物史観を執拗に批判したことは、有名である。彼は、世界史上で、このように単線的な進行が実証される事態は存在しないと結論する。しかし一方で、この唯物史観の論理は構造的に一貫しているがゆえに、この進化の論理を歴史発展の理念型として、史実にたいして索出的に使用することは有用であり、実り多いと指摘する。(28)他方、生産力と生産関係の矛盾が自然法則的に歴史的進歩に向けて自己発展するという論点にかんしては、ヴェーバーは自身の概念機能説の立場から、実念論的・流出論的概念論の亜流として斥けた。ロッシャー批判と同じ手順で、それはヘーゲルからの後退でさえあると主張する。(29)

ヴェーバーの歴史認識を端的に提示する著作の一つに『経済史』(30)がある。そこでの彼の構想は、世界史をまず、近代社会と前近代社会の二つに分け、前近代社会の状態を、農業史、工業史、商業・貨幣史という三つの視点から構造的に考察するというものである。また、それら三史を統括する視点は、本来、本源的共同体の内部で互恵的に営まれるはずの経済生活が、共同体を崩壊させないかぎりで、いかに、支配と被支配との関係、いいかえれば、経済的格差が発生するか（たとえば本源的農業共産制↓領主制・奴隷制）というものである。つまり、共同態の解消要因が農業史、工業史、商業・貨幣史において検証される。そして、なぜ西洋においてのみ、共同体の解体が最終的に実現したのか、とくに歴史領域にかんしていえば、共同体の解体物としての資本主義がなぜ西洋においてのみ成立したのか、という問題が提起され、彼はそれに自分の解答を提出する。ヴェーバーの『経済史』は、このように、分析的・論点優先的であって、世界史は実体としてどう発展してきたか、発展するのかという問いは提起しない。領主制は、ツンフトは、ギルドは、西欧では、中国では、インドでは、それぞれどのような特徴をもつかと問題を提起し、しかもそれらの構造の比較分析となっている。これを常識的な意味での歴史といいうるかどうかは措くとして、このような接近法を史的構造論と呼んで奇異とはいえない。ところで、ヴェーバーのこのような歴史把握は、マルクスのそれと全く異質なものなのであろうか。(31)

近年の研究によれば、マルクスの歴史観とは、本来的に生産様式が次々に自己展開し、必然的に社会主義に到達するといったたぐいのものではない。(32)彼は、歴史にたいし索出的方法を使用し、その視点は労働と所有の一致という視点である。マルクスはこの一致を探索しに歴史を旅する。彼はそれをまず、本源的原始共同体に発見し、それらが徐々に分離してゆく過程を追求し、ついで、それを小経営の中に再発見し、原蓄により、それらが完全にしかも最終的に分離される過程を記録し、近代社会の成立を確認する。(33) そして、労働と所有の再統一が可能な生産様式として、社会主義体制を彼は提案する。したがって、あえて発展段階を定式化すれば、それは、本源的共同体（アジア的、古代的、ゲルマン的）→農奴制および奴隷制→資本主義→社会主義である。(34) しかし、これは歴史の必然的・普遍的な発展法則などではない。また、マルクスの提示した生産様式を、ミニ・システム、世界帝国、世界経済、世界政府という各類型として把握し、それらはそれぞれ生成、発展、消滅を経過する個別的経済システムであると規定し、さまざまに生成・消滅を繰り返すなかでも、特別に一五世紀の大西洋圏において発生した世界経済システム（近代資本主義）は、どのような史的構図からもたらされたものかと問う方法が、マルクスの発想であったという主張もある。(35)

このような解釈としてのマルクス歴史観は、マルクス主義的常識としての発展史観とは異なり、むしろ、問題論的な歴史分析である。労働と所有の一致の源流を求め、それを歴史のなかに探し、それを高次の規模で、資本主義的生産力を附加したうえで、再興するという意図をもって行われた歴史分析である。(36) 類型論的システム分析としての解釈にもとづけば、マルクスの問題は、なぜ近代西洋においてのみ生産者と生産手段の分離が完成されたのかという問いに行きつく。(37) このような接近法も、また史的構造論でいいうるであろう。このような歴史観は、ヴェーバーのそれと本質的に等しい。

マルクスの歴史観におけるもう一つの論点は、その社会構造論である。マルクスによれば、すべての社会構成体において、経済的下部構造が社会の基礎的な土台を構成し、その上に法的、政治的、イデオロギー的付加物が上部構造としてそびえたつ。そして、経済的生産の現場である土台の形態が、上部構造の形態を一元的に決定すると主張される。いわゆる経済決定論である。(38) さらに、経済的土台は、日々の経済行為の反復により、生産関係と生産力との間に矛盾を蓄積し、一定の時期に爆発的変革を自然法則的に引き起こし、つぎの新たな形態の土台へと自動転化する。この変革にともない、新しい経済的土台に照応した新しい形態の上部構造が創設されることになる。[39]したがって、物質的生産（下部構造）が、人間の意識（上部構造）を決定するのであり、その逆ではない。

このような経済的決定論にたいして、初期のヴェーバーは激しく反発した。[40]晩年には彼は、社会的上部構造を、法・政治・宗教・経済などの諸領域に分別し、各領域はそれぞれ固有の法則性をもちつつ、自律的運動に服すと主張した。[41]それらの固有の規則性を定式化したものが、法社会学であり、[42]政治社会学、宗教社会学、経済社会学などであった。だが、各領域が独自の法則性をもち、独自の運動をするというだけでは、特定の社会構造論への批判ではありえても、一つの独自の社会構造論とはいいがたい。したがって、初期のヴェーバーは、とくに宗教領域に重点を置き、それがその他の各領域にたいして、規定的で決定的な役割を果たすと論じた。[43]つまり、意識が物質的生産を規定するのであって、その逆ではない。このことを検証した論文が「プロテスタンティズムの倫理と資本主義の『精神』」といってよい。この時点でのヴェーバー構想においては、唯物論にたいする唯心論的視点が前面に出ていたことは否めない。マルクスとの対決姿勢が優勢であった。[44]しかし、後年、ヴェーバーは、その主張を修正して、経済領域の決定的重要性を承認し、社会全体は基本的には、経済領域によって規定されると結論し、歴史の転換期においてのみ、宗教ないし理念が歴史の方向性を決定し、いったん方向性が決定されれば、その方向にそって経済的利害が改めて、社会全体を規定すると結論した。[45]ヴェーバー社会学が理念と利害の社会学といわれる所以である。こうして、彼の歴史理論は、歴史の転換期の論理を含めて、マルクスの社会構造論とほぼ等しく変換された。[46]

だが、マルクスは、資本主義経済の自己展開が自動的に――自然法則的に――社会主義を形成すると想定していたのであろうか。マルクスの思想は、ドイツ観念論、フランス社会主義、イギリス経済学の三要素から構成されるといわれる。この三つはそれぞれ別の源泉をもっている。彼の構想を推論してみれば、ドイツ観念論研究という原始星雲状態から、まずフランス社会主義の思想が理念として確定され、この理念の実現が現代においていかにして可能かを、イギリス経済学の研究を通して探究するというものであったと推測される。経済学の研究、資本主義経済の研究を通し、自動的に社会主義への展望がたち現われてきたのではないと、われわれは考えたい。

このような発想手順がマルクスにあったとすれば、それが彼の歴史観に投影しなかったとは考えがたい。つまり、資本主義的発展は自動的には社会主義をつくり出さない。反対に、社会主義という理念が想定されたかぎり、近代における既存の資本主義体制という条件のなかで、どれとどれがこの次の社会主義で利用しうるのかと、マルクスは問う。彼は条件をさがした。そして、それはあった。それは大工業制度であり、近代的プロレタリアートであった。このような逆方向の論理にしたがって推論すれば、たしかに資本主義は社会主義への条件をつくった。われわれは、これをマルクスのレトリックとみたい。つまり、近代資本主義は近代社会主義を条件づける。いいかえれば、資本主義は、社会主義の条件を生みだす。このような推論が許されるとすれば、歴史の転換点においては、やはり、人間の意識、主体性というものが決定因にならざるをえない(47)。これを担う集団がプロレタリアートであろう。しかも、彼らをアモルフな集団から救済するには、教導者が必要となるかもしれない。したがって、マルクスも、歴史の転換期には、理念が優先、先導すると考えていたと推論してよい。とすれば、二人の歴史観は、同一のものと考えておかしくはない。

四　社会主義と民主主義

マルクス、とりわけエンゲルスによれば、資本主義経済の最大の欠陥は、生産の無政府性にある。このため一方で、近代経済では多くの物質的無駄が発生し、そのもてる生産能力を十分に活かしきることができず、他方で労働者は、経済社会の恒常的機械化傾向にともない、貧困と失業にあえぐ。したがって、新たな経済体制としての社会主義は、生産を集中管理して、経済社会の財の無駄をはぶき、全生産能力を出しきることによって、物質的富裕を確保しなければならない。そのためには、計画経済がもっともよい選択肢である。中央計画局が全生産を統括し、消費量を算定し、これにもとづいて生産現場に生産を指令し、生産物を国家に納入させ、これを必要に応じて、消費者に配給する体制である(48)。計画経済は、また指令経済である（全社会＝一工場）(49)。理論どおりに事態が進めば、生産と消費との齟齬はなくなり、失業も貧困もなくなるであろう。

統治体制にかんしていえば、国家は、支配階級の人民への抑圧手段であるから、これは廃棄されなければならない。しかし、資本主義体制が革命によって打破されても、掃討作戦が残されている。したがって、反革命勢力が完全に根だやしにされるごく短期間にわたっては、労働者組織および前衛隊による監視体制が必要である。これは依然として抑圧装置としての国家ではあるが、できるかぎりすみやかに廃止されることになり、共産主義社会という無国家体制が実現するだろう(50)。

ヴェーバーによれば、流通経済的でないこのような社会主義経済は、家計の一種であり、計画経済的な欲望充足経済である(51)。それは、貨幣計算、資本計算（コスト計算）を基本的には知らないから、資本主義的経済にくらべて、その意味で合理性（計算可能性）を欠く。消費財、生産財は、交換のための指標がなく、交換行為は、概算、目分量でしか遂行しえない。したがって、この経済体制では、めざす理想とは反対に多くの非能率、非効率を甘受せざるをえない。生産、消費は多大な無駄を生むことになり、これはまた、必要労働時間の延長と自由時間の減少をもたらすであろう。

労働者階級の団結、プロレタリア独裁にかんしても、ヴェーバーは疑義を提出する。ヴェーバーによれば、マルクス主義理論の想定に反して、現時点における階級構成の進展は、一方における多数の団結した労働者の形成と、他方における少数の資本家の形成という方向には向かっていない(52)。自分自身を労働者階級の一員とは意識しないホワイトカラー層の伸長などにより、労働者は、万国はおろか、一国内においても団結方向へとは進んでいない。たとえ労働者の組織が、政権についたと仮定しても、事態はかんばしくない。その場合においてさえ、生産組織は依然、企業官僚という専門家に支配されざるをえず（彼らの目標は依然収益である）、労働者は専門知識の不足から、彼らを指導、監督できない。また、国家官僚には、法人税にもとづく税収の増加という利害関心が存在し、彼らは低賃金・高物価に利害を感じるはずである。そのばあいには、団結した官産複合体が団結しない労働者に対立することになろう。(53)

ヴェーバーによる社会主義批判の正しさは、ソ連の歴史が実証した。だが、マルクス本人の社会主義像は、果たして上記のような類のものだったのか。望月によれば、それはマルクスをレーニンに引き寄せた解釈であり、マルクス本来の社会主義像とは異なると結論される。(54) たしかにマルクスには、エンゲルスという朋友もあり、一方でレーニンにつながる思想的一面をもつ。だが他方で、彼はプルードン的発想を批判的に保持していた。それは全社会＝一工場の社会主義ではなく、自主的な協同組合の連合としての社会主義構想である。結論的にいえば、マルクスは、レーニンとプルードンとを対極とする座標軸上の中間領域の立場を選択した。彼がプルードン的発想を保持していたということは、そのフーリエ、オーエンへの共感によって証明できよう。したがって、ここでは、マルクスの社会主義像を試行的に、プルードン的なものとして想定してみたい。他方、マルクスは、サン・シモンの産業主義に影響されていたことも、事実である。この観点がのちに、彼の生産力主義に結実する。彼の科学技術への賞賛は、サン・シモン的発想の展開といえよう。したがって、マルクスは、プルードンとサン・シモンを融合させようとしていたのではないか。近代社会で開花した科学技術的生産力を協同組合的に制御しうる体制、それを社会主義ないし共産主義とイメージしていたと、われわれは想定する。

政治体制にかんしていえば、共産主義的無国家状態の前段階としての「プロレタリア独裁」の期間も、きわめて短期間の事態と想定していたのではなかろうか。何十年もそれが続くというのなら、そのような体制は崩壊しているにちがいないという事実も、現代中国史の教訓である。むしろ、問題なのは、巨大、複雑化した生産装置と行政装置をいかに、国家的にではなく、市民的に統御できるかという課題であろう。マルクスは、資本主義の巨大生産力は将来の社会においても引き継がれるべきだと主張する。巨大な生産力を発生させるには、分業と専門化はさけられない。労働者がその業務にいくら習熟しようとも、彼は業務の一部分にしか精通できないであろう。したがって、管理部門をその業務とする者の支配が発生するだろう。この問題を解決する手段としては、市民およびその代表による審査制がありうる。生産や行政の決定を定期的に、受益者が判定し、査察し、監督し、必要があれば、改善命令を下す独立の制度である。このような制度により、管理者は、審査という制裁を考慮しつつ仕事をしなければならず、非管理部門従事者は、専門知識をもつ代理人を通して、行政装置を統御できるだろう。

ヴェーバーは、生産者および消費者が市場に志向し、価格を基準に自己の行為を決定するような体制を資本主義と名づける。これにたいし、価格機構を用いないで、財の生産・分配を行う指令経済を社会主義とする。さらに彼は、社会主義を二つに分類し、一方を、レーニン型の国家による統制的・計画経済的社会主義と定義し、それを生産者社会主義とよぶ(55)。他方は、プルードン型の協同組合的な計画経済であるとして、これを消費者社会主義と定義した。生産者社会主義にかんするヴェーバーの評価は、説明したように否定的なものであった。つまり、現代のような複雑で巨大な生産機構の下にある経済体制の利点を保存するとすれば、価格メカニズムを撤廃することは現実的ではない。なぜなら、価格制度は財の最適配分を達成し、無駄を最小にすることを可能にするからである。そのかわりのデメリットとしては、生産管理者は、充足に向けた社会的統御という何らかの実質的目標追求をかいくぐって利潤という形式的目標の追求を、すなわち最大交換価値の達成をめざす。社会主義か資本主義かを問わず、官僚化された組織にとっては、形式的目標追求が最優先であり、実質的目標追求は、最後尾である。剰余生産量の追求は、低賃金の施行に等しい。生産官僚が、専門情報を独占しているかぎり、消費者はもちろん、中立的である政府にとってもその統御は困難であろう。

これにたいし、消費者社会主義とは、消費組合が、生産物の品目、数量を自主的に決定し、これを生産機構に指示する体制である。[56] 生産者社会主義が最大の交換価値をめざすのとは反対に、消費者社会主義は、最大の使用価値の達成をめざす。最大の欲望充足を目標にかかげるものが消費者社会主義である。このさい問題となるのは、消費組合によって正しい欲望を押しつけられるのではないか、一人ひとり異なる欲望を無理なく糾合することは果たして可能か、といったことであろう。このような問題を生じさせない何らかの制度的保証が必要となろう。最大の欲望充足を目標とする実質的合理性は、おそらく、内容的に詳細には定義できないものである。なぜなら、欲望の形態は万人に一様ではないからである。われわれは、企業内、団体内に選挙制度を導入し、各役職者の従業員による選出を発案する。そして、これと株主総会との調整が必要となろう。消費者社会主義の実行にさいして、企業・組織内の議会制民主主義の導入という選択肢がありうるであろう。[57] 社会主義とは、横からの（社会的）規制ではありえても、縦からの（国家的）規制ではありえない。マルクスにとっての資本家と労働者との利害対立の構図は、ヴェーバーにとっての生産という形式的合理性の追求と生活という実質的合理性の追求との利害対立の構図である。ヴェーバーの用語法は、より抽象的であるため、その射程は異なるが、内容的には重なる。

ヴェーバーによれば、近代の国家行政の特徴を表わすものは、官僚制度であった。[58] 官僚制は、そのすぐれた能力にもかかわらず、大きな欠陥をもつ。すなわち、それは実質的目標を代表できないということである。[59] マルクスも同じく、硬直的な官僚制の弊害を指摘している。[60] ヴェーバーは、官僚制の欠陥の原因を、官僚たちが、選挙によらず任官試験によって採用され、かつ、テニュアー（終身雇用権）を保証されているというところに求める。終身雇用権は、人気投票に左右されず執行の中立性を守るというポジティブな側面もあるであろう。しかし、試験採用は、実質的目標を参照せず、ただ形式的国家目標のため人民を愚民視するという結果につながる。その伝記によると、ヴェーバーは、アメリカ旅行において、アメリカの国家機構においては、役人は基本的に、試験採用ではなしに、公選されるということにショックを受けたようだ。彼はまた、トクヴィルの本にも深く感銘している。それによれば、アメリカでもすべての公務員が選挙されるわけではないが、アメリカの中でも先進地域（北部）では、公選される割合が高く、後進地域（南部）では、試験採用が多いとする。[61] ヴェーバーの提唱した人民投票的指導者民主主義も、基本的には、アメリカ大統領制をモデルにしたものであろう。[62] それらは総じて、国家運営を真に実質的目標に沿って執行するための制度的提案である。国家を運営する者は、現代国家においては公務員であらざるをえない。しかし、彼らは人民それ自体であるべきだ。彼らは、公衆によって定期的に審査されなければならないという発想である。この発想が、裁判制度に適用され、陪審員制となる。[63] 陪審員制度においては、専門官僚である裁判官は判決を下さない。有罪か無罪かを決定するのは、無作為に選ばれた市民による陪審員である。その意味で、それは民主的裁判制度である。

経済領域における陪審員は、消費者である。消費者団体によって統合された消費品目を生産団体に生産させるという方式が必要となろう。これにより、生産の無政府、いいかえれば、生産の形式的合理性はもとより、生産者主導による消費の統制を防止すること、いいかえれば、生産の実質的合理性を確保することができよう。もちろん、消費団体の暴走を防止する方策として、消費動向を決定する委員の公選制、すなわち、委員がつねに自由な選挙によって、最終消費者によって審査されることが必要である。落選への心理的圧力のみが各人の行動を正させることは、時代を超えた真理であろう。裁量権とは、本来的には、選挙人の側に属すものであろう。

五　個体的所有と実質的所有——形式的私的所有との調和——

社会主義社会では、生産手段は社会的所有に移行し、公共物となるといわれる。このことが人びとから実質的所有を剝奪することを想像させ、社会主義を敬遠させている原因である。マルクスにおいては、近代社会における所有と社会主義における所有の違いは、前者においては、私的所有が優位であり、後者においては、社会的所有が優位であるということにある。われわれは、ヴェーバーの形式的合理性と実質的合理性との概念的対立を拡張して、資本主義社会においては、形式的所有が優位を占め、社会主義社会においては、実質的所有が優位を占めると規定する。[64] したがって、将来的な所有の問題は、実質的観点からみて、不合理な形式的所有が実施されているばあい、これをいかにして是正するかという問題である。[65] 実質的合理性と齟齬のない私的所有は、廃止する必要はなく、反対に、それと齟齬のある社会的所有は廃止する必要がある。[66] 一般に国家所有の財産が多い国は、たとえ経済規模が大きくても、国民に富裕感が少なく、私的財産が多い国は、経済規模が小さくとも、国民に富裕感が多い。国が富めば、民は貧しく、民が富めば、国は貧しい。もちろん、後者が基本となるべきであるが、ある程度の国家財産は必要となる。一方で、この種の財産を人民的所有から遊離させないための方策として、それを選挙されない専門の官僚に操作させるのではなく、選挙された公務員に管理だけをまかせ、つねに市民による査察下におくことがのぞましい。他方、何らかの方策によって査察下に置かれた民間企業の私有財産は、もはや私有財産ではない。問題は、だれがこれらに所有権を付けているかではなく、だれがこれらに利用権があるかということである。これらの方策を生産手段一般に適用すれば、それを生産手段の「個体的所有」ないし実質的所有といってもよいであろう。

注

(1) 「アダム・スミスの経済学は、リストに従えば、将来はじめて与えられるべき条件を現に与えられたものとして世界経済の秩序を構想したところにその誤謬が存していた。ところでこのような理想状態……の構想は、発展の最後の段階に到達している英吉利にとっては現実性を持ち政策的に有利であったが、その他の国々、……にとっては……夢想」(大河内[一九六九]三五七〜三五八頁)であり、そのなかに日本も入ると一般的に考えられていた。

（2）「私は『封建制から資本主義への移行』という視角と、それに底礎する『スミスとリスト』という認識の枠組みを包摂して、なおさらに、……『資本主義から社会主義への移行』の視角ならびにそれにまつわるいろいろな問題状況をも十分に含み入れ得る認識の枠組みとして、『マルクスとヴェーバー』という問題視角の形成と拡充が、現時点ではどうしても必要であると考えた。」（住谷［一九六八］一一七頁）。

（3）「マルクスの労働価値説は、ウェーバーが精緻に展開した理念型理論をもって説明するときにのみ成立しうるものであることは、ほぼ明らかになったであろう。自然主義的実体法則として認識せんとするときには、……価値説は成立し得ない。」（安藤［一九六五a］七四頁）。

（4）「敗戦とともに、……マルクス主義はスターリン型マルキシズムという形で言わば新生し、……新しい権威となった。……歴史の客観的認識のうえに客観的意味までもが科学によって与えられるようになった。だが歴史法則というもの自体が一つの価値観点である。」（安藤［一九七九］三六六頁）。

（5）内田芳明［一九七二］九〜一〇頁。さらに、内田芳明は、「思想史的な特殊問題意識として、『ヴェーバーとマルクス』というテーマが、まさに『ヴェーバー的問題』として展開されうる可能性も現実性も必要性もそこ〔後進的資本主義国〕にはある……」と述べ、「マルクスとヴェーバー」という問題は、必然的に「マルクスかヴェーバーか」という択一的問題に転化し、その解決は、ヴェーバー的枠組みによってのみ可能だという方向性が示唆される。内田芳明［一九七二］一七頁をみよ。

（6）「いったん……経済学ないし経済社会学の分野から歴史の広い領域に出てきますと、マルクスとヴェーバー両者のものの見方、つまり歴史観は、じつは興味深い交錯――重なり合いと距たり――を示すことになる。」（大塚［一九六八］七三頁）「ヴェーバーの『社会学』はマルクスの理論を否定したというよりは、それを相対化しつつ摂取して、その認識の視野を広めることに貢献した。」（大塚［一九六六］九四頁）。

（7）「『マルクスかウェーバーか』ではなくて『マルクスとウェーバー』だという形に還元すると、『マルクスとウェーバー』における『マルクスかウェーバーか』的要素……がおしながされてしまって、検出できなくなる。」（内田義彦［一九八八］六〜七頁）。

（8）「問題は単に『ヴェーバーとマルクス』ではなく、また単に『ヴェーバーかマルクスか』でもないことはもはやあきらかだ。問題の原点はどこにあるのか。……それはスミスによって代表されるイギリスの古典でなければならないというのが私の答えである。……それ〔その理由〕はスミスが近代市民社会の総体把握を成しとげることに成功した最初の、しかも最も魅力に富む人物だったからである。」（高島［一九九七］三九八頁）。

（9）望月は、「……マルクスを見直す作業にいくつかの重要な示唆を与えてくれたのが、……マックス・ウェーバーであった」とし、「かれのマルクスの読みかたに……関心を抱きかつ学ぶものである」という。望月［一九七三］一四～一五頁をみよ。

（10）Marx, 1983b, p. 788. マルクス［一九七二c］四三三頁。さらにマルクスは、「一方には勤勉で賢くてわけても倹約なえり抜きの人があり、他方にはなまけもので、あらゆる持ち物を、またそれ以上を使い果たしてしまうくずどもがあった」（Marx, 1983b, p. 741. マルクス［一九七二c］三五七～三五八頁）という、ある意味では大塚／ヴェーバー的な資本主義成立説を揶揄し、「本源的蓄積の諸方法は、他のありとあらゆるものではあっても、どうしても牧歌的ではないのである」（Marx, 1983b, p. 742. マルクス［一九七二c］三五八頁）と結論する。

（11）「ブルジョア的生産諸関係は、社会的生産過程の敵対的な、……形態の最後のものである。……だからこの社会構成をもって、人間社会の前史はおわりをつげるのである。」（Marx, 1981, p. 9. マルクス［一九七二］一四～一五頁）。

（12）たとえば、マルクスの次の言葉をみよ。「前には少数の横領者による民衆の収奪が行われたのであるが、今度は民衆による少数の横領者の収奪が行われるのである。」（Marx, 1983b, p. 791. マルクス［一九七二c］四三八頁）「今度収奪されるのは、もはや自分で営業する労働者ではなくて、多くの労働者を搾取する資本家である。」（Marx, 1983b, p. 790. マルクス［一九七二c］四三七頁）「資本主義的私有の最後を告げる鐘が鳴る。収奪者が収奪される。」（Marx, 1983b, p. 791. マルクス［一九七二c］四三八頁）。

（13）ヴェーバーは、フランクリンの言葉を引用し、時は貨幣であり、信用は貨幣であり、支払いのよい者は万人の財布の主人であり、勤勉と質素が成功の元であり、正直な男が信用を増し商売で成功するとして、典型的な資本家を描く。Cf. Weber, 1920, pp. 31-32. ヴェーバー［一九五五a］三九～四二頁。また次の言葉もみよ。「われわれがこの『吝嗇の哲学』に接してその顕著な特徴として感ずるものは、……自分の資本を増加させることを自己目的と考えることが各人の義務であるとの思想である。……これを犯すものは愚鈍であるにとどまらず、一種の義務忘却をおかすものとされているのである。このことは何にもまして事柄の本質をなしている。」（Weber, 1920, p. 33. ヴェーバー［一九五五a］四二頁）。

(14) この解釈は、ヴェーバーの資本家像の大塚によるパラフレーズであって、ヴェーバー自身は、中小生産者をこれほどバラ色には描かない。ヴェーバーは、資本主義精神の持ち主たちを、労働義務思想の重圧に押しつぶされ、強迫されていると考えると、われわれは強調したい。

(15) Weber, 1920, p. 204. ヴェーバー［一九六二a］二四六頁。

(16)「近代資本主義精神の、……合理的生活態度は、……キリスト教的禁欲の精神から生まれでたものである。……フランクリンのばあいには、宗教的基礎づけがすでに生命を喪って欠落しているにすぎない。」（Weber, 1920, pp. 202-203. ヴェーバー［一九六二a］二四四頁）さらに、ヴェーバーは続ける。「〔近代経済組織の、強力な〕世界秩序たるや、圧倒的な力をもって、その歯車装置の中に入りこんでくる一切の諸個人……の生活を決定しており、……運命は不幸にもこの外衣を鋼鉄のように堅い外枠と化せしめた。」（Weber, 1920, p. 203. ヴェーバー［一九六二a］二四四～二四五頁）。椎名は、「宗教社会学が神学ではない以上、宗教社会学の神が神学の神と異なるということ、そのことだけを神学的に批判してみても、あまり意味はないであろう。しかしながら、宗教社会学が、禁欲的プロテスタンティズム――たとえばカルヴィニズム――神学の神とは明らかに異なる神の像を刻みながら、それがまさにカルヴィニストの神なのだと主張するとすれば、問題はまったく別であろう。……神学や宗教思想のもつ『固有の法則性』、『国民性を形成する力』（ヴェーバー）とは、経済の影響等に対する教義の順応性にあるのではなくて、まさに逆に、教義の首尾一貫性（不変性）にある。」（椎名［一九九六］ⅰ頁）と述べ、ヴェーバーの宗教社会学の方法を批判する。しかしながら、宗教の社会学が宗教の教義学でないのは、法の社会学が法の教義学（解釈学）でないのと同じである。法典では、そう規定されているが、その規定は、現実にはどのように用いられているかを考察するのが法社会学である。経典では、そう規定されているが、その教義は、現実にはどのように用いられているかを考察するのが宗教社会学である。したがって、椎名のヴェーバー批判が教義上からの批判ではなく、現実の社会意識上からの批判であれば、はるかに有効性のあるものとなったであろう。

(17) Weber, 1924a. ヴェーバー［一九五九］。

(18) しかるに、「今日のドイツの》市民《は、都市同盟の時代におけるかれらの先駆者の資質をどれほどもっているであろうか。それは、ローマ皇帝たちの時代におけるアテナイ人がマラトン戦の戦士の資質をほとんどうけついでいないのとあまりかわらない。》組織的秩序《が今日のドイツ市民の旗印である。たといかれが》社会民主主義者《であってもたいていのばあい》組織的秩序《がかれの旗印である。」(Weber, 1924a, p. 278. ヴェーバー［一九五九］五〇一～五〇二頁)。

(19) 「すべて官僚制というものには、その拡大によって同様の影響をうみだす傾向がある。……そして、古代ではポリスの政治が資本主義のための》先導者《とならなければならなかったが、今日においては、資本主義が経済の官僚化の先導者である。」(Weber, 1924a, p. 277. ヴェーバー［一九五九］五〇一頁)。

(20) 「官僚制的な組織は、隷属民《ウンタータン》の自発的政治意欲をすべて殺したが、それと同じく自発的経済意欲をも殺した。……官僚制が私的な経済意欲を阻害する、ということは古代特有のことではないのである。」(Weber, 1924a, p. 277. ヴェーバー［一九五九］五〇〇頁)。山之内は、ヴェーバーにおける「精神のない専門人」運営と「官僚制」支配とを同質のものと指摘し、これが現代社会の最大の問題の一つであり、これからの脱出口を発見することが、われわれの課題であると主張する。山之内［一九九七］一九四～一九六頁をみよ。

(21) Cf. Weber, 1924b, p. 498f. ヴェーバー［一九八〇b］三六頁以下をみよ。B・S・ターナーによれば、パーソンズは、近代社会の生成、現在、未来にかんし、ヴェーバーとほとんど同じ把握に達しながら、その評価にかんしては対照的であった。ヴェーバーがもっていたのと同様、「パーソンズもまた、このような〔『宗教社会学論集』「序文」のような〕普遍史構想をもっていた。とはいえ、その根底にある価値は、非常に異なってはいたが。パーソンズの『中心問題』は、近代社会の史的発展と条件を理解することであり、それらは、あの有名な『パターン変数』によって当初は（一九五一）定義されていて、これらは、テンニース、デュルケーム、ヴェーバーの理論を結合しつつ、達成度、普遍性、専門性、中立性といった一連の文化諸類型を用いて、近代社会を定義していた。」(Turner, B. S. 1992, p. 238.) パーソンズの普遍史構想は、その起源に、少なくとも部分的には、ヴェーバーのプロテスタンティズムの倫理にかんするテーゼをもちながらも、「パーソンズの社会変動の社会学は、ヴェーバーの歴史社会学とは、多くの点で異なっていく。第一には、パーソンズが考えたことは、近代化過程の最高到達点は、事実上アメリカ合衆国であり、そこでは宗派上の多元主義、現実の脱呪術化、経済の合理的方向化が社会的に支配的となっている。それゆえ、パーソンズのアメリカ流の勝利宣言は、ヴェーバーの国民主義にかんする勝利宣言と照応するとしてよいだろう。第二に、パーソンズは、近代化過程を、ひとつの特別な文化類型を意味すると考えるようになったばかりでなく、きわめて専門的な仕事に特化した専門化された自律的制度への、社会システムの分化をも意味すると考えるようになった。……第三に、パーソンズは、進行中の社会変化の可能性について、本質的には、楽観的であった。彼は、自由経済が商品生産および流通にとってもっとも効率的な原理であるように、民主政体は、政治的選好を検査するための、また、国家への規範的介入を保証するためのもっとも有効で、効率的な方法であるという考えに、最終的には加担した。」（Turner, B. S. 1992, p. 239.）いいかえれば、パーソンズは、社会の全般的官僚化は、ある面では、社会の豊穣化であって、分解化ではないし、他面では、少数者による多数者の支配でもないと考えた。

(22) S・P・ターナーは、ヴェーバーがマルクスの「工場」と「マニュファクチャー」との区別を取り払い、両者はともに合理的労働組織の発生と経営者への生産手段の集中を意味し、この過程は国家の官僚主義化と平行関係にあると考えた、と指摘する。Cf. Turner S. P. 1985, p. 185. さらには、ヴェーバーのいう全般的官僚化という事態は、現在では、国民国家レベルを超えて、地球規模で進行している。たとえば、経済の領域に関して、スクレアーは、「超国家的資本家階級」を次の四つの集団として定義する。「(1)超国家的管理者およびその現地支部会員。(2)グローバル化しつつある国家官僚。(3)資本家的発想をもつ政治家および専門家。(4)消費主義者的エリート（流通業者、メディア）」（Sklair, 1994, p. 174.）「これらが超国家的資本家階級の構成要素である。もし、私の分析が正しいなら、第三世界の伝統的な支配階級は、グローバル資本主義システムへの漸次的（時には急激）かつ不可逆的な組み込みという変質の結果、これらの方向に変換されつつある。」（Sklair, 1994, p. 177.）結論として、スクレアーは、この事態の進行の不可避性を、次のように確認する。「かなり大まかではあるが、私が導かれる結論とは、消費主義という文化―イデオロギーが、現地の文化とイデオロギーに取って代わるにしたがい、また、第三世界における超国家的企業および超国家的資本家階級が、消費財とサービスをこれらの社会の主要な集団に利用できるように保証しうるかぎり、そのときには、資本家的『発展』は、グローバルな発展の唯一の道であると映り続けるだろう、ということである。」（Sklair, 1994, p. 181.）

(23) Marx, 1983b, p. 789. マルクス［一九七二c］四三五頁。「それは生産および社会の狭い自然発生的な限界としか調和しない。この生産様式を永久化しようとするのは、ペクールが正しく言っているように、『万人の凡庸を命令する』ことであろう」（Marx, 1983b, p. 789. マルクス［一九七二c］四三六頁）とマルクスは述べ、結論的には否定的であるが、その本質は評価している。

(24) 「それは否定の否定である。この否定は、私有を再建しはしないが、しかし、資本主義時代の成果を基礎とする個人的所有をつくりだす。すなわち、協業と土地の共同占有と労働そのものによって生産される生産手段の共同占有とを基礎とする個人的所有をつくりだすのである。」(Marx, 1983b, p. 791. マルクス［一九七二ｃ］四三八頁)。

(25) Ｓ・Ｐ・ターナーによれば、マルクスの資本主義成立史の説明は、ヴェーバーによって引き継がれたが、それは、近代社会における合理的組織の発生と支配というヴェーバーにとっての物語の「脇役」として用いられたにすぎない。Cf. Turner S. P. 1985, p. 185.

(26) 「大ざっぱにいって、経済的社会構成が進歩してゆく段階として、アジア的、古代的、封建的、および近代ブルジョア的生産様式をあげることができる。」(Marx, 1981, p. 9. マルクス［一九七二］一四頁)。

(27) 「一つの社会構成は、すべての生産力がそのなかではもう発展の余地がないほどに発展しないうちは崩壊することはけっしてなく、また新しいより高度な生産諸関係は、その物質的な存在諸条件が古い社会の胎内で孵化しおわるまでは、古いものにとってかわることはけっしてない。」(Marx, 1981, p. 9. マルクス［一九七二］一四頁)。

(28) 「マルクス主義に特有の、すべての『法則』や発展構成は、——理論的に欠陥のないかぎり——理念型の性格をそなえているということである。この理念型を実在との比較に用いるばあいには、索出手段として卓越した、それどころか唯一無二の意義を発揮すること、それと同時に、そうした理念型が、経験的に妥当するものとして、あるいはそれどころか、実在の（ということは、実は形而上学的な）『作用力』『発展傾向』などと考えられるや否や、いかに危険となるか、ということは、……誰でも知っている。」(Weber, 1973, p. 205. ヴェーバー［一九九八ａ］一四一頁)。

(29) 「概念の一般性と連関の普遍性とを相互に同一視する試みにおいては、ロッシャーは『有機体的』把握様式の道に入りこんだあげくヘーゲル的流出論の境界にまで行きついている。……ロッシャーにとり、ヘーゲルからの離脱という自分の道を最後までつきすすめて行くことが不可能だったとすれば、その責任は本質的に、彼が概念《ベグリフ》と概念で把握されるもの《ベグリフェネス》とのあいだの関係〔如何——訳者〕という論理的な問題の方法的意義をヘーゲルほどには認識しなかった、という事情にあるのである。」(Weber, 1973, pp. 41-42. ヴェーバー［一九五五ｃ］八六～八七頁)。

(30) Weber, 1923. ヴェーバー［一九五四ａ］［一九五五ｂ］。

(31) 「最後になお強調を要することがある。『階級闘争』の歴史はもちろんのこと、経済史すら、決して唯物史観の教うるごとく、文化全体の歴史と同一でないこと、これである。文化全体の歴史は、決して、経済史からの流出物でもなければ、また単にその関数にとどまるものでもない。むしろ経済史は一つの下部構造たるにすぎず、ただ、文化の重要領域のいかなるものを対象とするにせよ、その有効なる研究はこの下部構造の知識なくしては考ええないというにとどまる。」(Weber, 1923, p. 16. ヴェーバー［一九五四ａ］五六頁)。

(32) 望月［一九七四ａ］二七五頁以下をみよ。

(33) 「……マルクスが『小規模な自由土地所有』のほうから『奴隷制もしくは農奴制』をとびこえて本源的ゲマインヴェーゼンにまで一気直行的に下向した方法を見失うことはない。問題は、労働者が自分の生産手段を所有するという関係――近代では小規模な自由土地所有――が実は人類史の端緒にあった本源的＝本質的関係である、ということの確認なのだから、途中は『とびこえ』て一向にさしつかえないのである。」(望月［一九七四ｂ］七一頁)。

(34) 「さいごにひとつ、本源的共同体から市民社会的共同体へというマルクスの歴史理論は、あの、原始共同体→奴隷制→封建制→資本主義→社会主義という伝統的な図式とどのようにかみあうのか、という疑問に答えておくべきであろう。端的に二つ言おう。第一に、それらは直接にはかみあわない。われわれの推測するマルクスの『図式』は、簡単に表示すれば、本源的共同体（→アジア的・古典古代的・ゲルマン的農業共同体）→『奴隷制もしくは農奴制』→資本家的市民社会→『自由人の連合』である。」(望月［一九七四ａ］三〇六～三〇七頁)。

(35) 発展段階的理論とは異なる経済システムの種類と特徴および歴史理論について、たとえば、Cf. Wallerstein, 1984, pp. 147-158. ウォーラーステイン［一九九一］二三五～二五四頁をみよ。星野は、マルクスとウォーラーステインとの問題意識の類似性を交通体系としての市民社会論に求める。「世界システム論を唱えたウォーラーステインの師であるＦ・ブローデルの研究は、彼自らが述べているようにマルクスに負うところが大きい。ウォーラーステインについても、そういえるであろう。」(星野［一九九二］二二八頁)「マルクスとウォーラーステインをくらべた場合、ウォーラーステインの世界システムに近い概念はマルクスの市民社会の概念であろう。」(星野［一九九二］二二九頁)「マルクスがいっている『物質的交通』の全体としての市民社会は、政治や文化と相対的に分離した経済的交換にもとづく社会的分業のことである。この点については、ウォーラーステインも同じようなとらえ方をしている。というのは、彼は経済的交換が共通の政治構造や文化にかかわりなく存在しうるものと考えているからである。」(星野［一九九二］二二九頁)。

(36) 「現代をとらえきるためのマルクス歴史理論。それは将来のゲマインシャフト像を確定するためにも、始元からの人類史をふりかえる理論であった。」（望月［一九七四a］三〇七頁）。

（37）「……『市民』という概念は西洋以外の地域ではどこにも存在せず、また『ブルジョアジー』という概念も近代西洋以外どこにも存在しなかったし、それと同様に階級としての『プロレタリアート』も存在しなかった。……大産業の企業家と自由な賃銀労働者という近代的な対立にいたっては、近代の西洋以外では影も形もなかった。したがって、近代の社会主義に見られるような、そうした種類の問題提起もまた存在しえなかった。」（Weber, 1920, p. 9. ヴェーバー［一九七二a］一八～一九頁）。

（38）ウィリーは、最近のマルクス主義者が、タイム・ラグという概念を用い、経済決定一元論を乗り越え、文化諸領域間の相互作用を認めるとし、「上部構造にある程度の独立した因果規定力」を与えるがゆえに、「ヴェーバーのいう親和過程は、マルクス主義者が上部構造を見ようとしている見方に近い」（Cf. Wiley, 1987, pp. 18-19.）と述べる。

（39）Cf. Marx, 1981, pp. 8-9. マルクス［一九七二］一三～一四頁をみよ。サドリの主張によれば、マルクスにも宗教社会学への萌芽はあるが、それを展開しようとするばあい、われわれは、一方では、フォイエルバッハに引き返さざるをえず、他方では、レーニンによる宗教の陰謀理論とブロッホによるマルクス主義神学との両極端に分解する方向に行かざるをえない。「そういうものが存在するかぎりで、マルクス主義的宗教社会学は、大衆における宗教意識の社会学である。この領域では、ヴェーバーの観察は、マルクスのそれに比べて、はるかに優れている。このことは、ある程度、マルクスの宗教にかんする関心の欠如のためである。青年マルクスは、もちろん、宗教の起源とそれが意味するものについて考察したが、その晩年の著作では、彼が宗教への関心（個人的にも哲学的にも）を欠いていたことは、明らかである。とにかく、この問題は、彼の先行者、フォイエルバッハによってすでに執拗に探求されていた。フォイエルバッハとは対照的に、ヴェーバーは、宗教思想の起源の問題に立ち入ることなく、一方で、宗教思想の相互作用に、他方で、さまざまな社会階層と階級の利害に着目した社会学を追求した。それゆえ、マルクス主義的宗教社会学は、特定の側面で、ヴェーバーのそれと重なり合い、したがって、ヴェーバーの方向性は、マルクスが、かつて、展開した問題にかんする思想を取り込み、深化したといってもよいだろう。」（Sadri, 1992, p. 40.）さらに、サドリは述べる。「宗教の社会的意味にかんするマルクスの簡単な指摘は、さまざまな解釈を生み、それは、レーニン主義者の宗教の陰謀理論からブロッホのマルクス主義神学までの開きがある」（Sadri, 1992, p. 40.）が、「ヴェーバーの大衆的宗教意識にかんする研究は、マルクス主義的宗教理論の〔上記の〕両極端を包み込むことができる。」(Sadri, 1992, p. 41.)。

(40) 上部構造と下部構造の規定関係に関していえば、少なくともアメリカ植民地の場合には、「因果関係はともかく『唯物論』の立場から想定されるものとは逆の関係になっている。」(Weber, 1920, p. 38. ヴェーバー［一九五五a］五一頁)。

(41)「宗教的および現世的諸財の外的・内的な所有、そのさまざまな領域に対する人間の関係が合理化されまた自覚的に昇華されていく過程は、個々の領域における内的な自己法則性を否応なしに突き詰めた形で意識させ、それによって、外界との関係に関する原生的で素朴な考えかたのなかには現れてこなかったような、諸領域相互間の緊張関係が否応なしに生みだされることになった。」(Weber, 1920, pp. 541-542. ヴェーバー［一九七二a］一〇八頁) いくつかの固有の法則が、一般論として、相互にどのように関係し合い、ひとつの具体的現実を構成しているのかという問題について、バーガーは、ジェフリー・アレキサンダーを批判しつつ、ヴェーバー社会学においても、これは、完全には解明されていない問題であると指摘する。「いいかえれば、分析的抽象は、分析的総合にかんする明確な観念を必要とし、それが、ある対象の分析的諸側面が、どのように具体的全体に結合しているかを明らかにするのである。しかしながら、アレキサンダーは、そのような構想を展開しようとはしない。これらの諸側面が、どのように互いどうし補完的ないし対立的でありうるか、また、経路ないし濾過紙として機能しうるかを定義することが、総合社会学にとって死活的であるにもかかわらず、である。ヴェーバーの仕事は、そのような概念化を提供してはいないが、『選択的親和性』という概念のかたちで、示唆は与えてくれている。」(Burger, 1986, p. 281.) ヴェーバーにおける上部構造間の相互作用の分析、とくに、階級、身分、政党の間の作用・反作用についてのバーガーの解釈と評価にかんしては、Burger, 1985, pp. 35-36 をみよ。

(42) ミロヴァノヴィックは、法に関するマルクスとヴェーバーの議論の対比のなかで、法の機能を、体制「維持的」、「抑圧的」、「イデオロギー的」の三つに分け、マルクスが三者の関連分析を行ったのにたいし、ヴェーバーは、「抑圧」機能にたいする分析が手薄であると主張する。しかし、両者とも、法は社会正義の実現をめざすという議論に反対し、法とは権力保持者の利害の実現手段であるという認識では一致する。Cf. Milovanovic, 1989, pp. 162-163.

(43) それは晩年においても名残りをとどめている。「そうした〔合理化過程の〕解明の試みはすべて、経済のもつ土台《フンダメント》としての意義に応じて、なによりも経済的諸条件を考慮するものでなければならない。しかし、また、それについては逆に関係も見逃されてはならない。……生活態度の形成にとってもっとも重要な要因は、過去においては、つねに呪術的および宗教的な諸力であり、それへの信仰にもとづく倫理的義務の観念であった。」(Weber, 1920, p. 12. ヴェーバー［一九七二a］二三頁)。

(44) ウィリーは、マルクスとヴェーバーの社会構造論の親和性にかんして、マルクスの「下部構造」、「国家」、「上部構造」を、それぞれヴェーバーの「階級」、「政治的秩序」、「身分」と等値することを提案する。両者のこのトリアーデは、相互翻訳可能であり、たとえば、革命過程を説明できるという。Cf. Wiley, 1987, p. 17. バーガーは、先進工業社会における不平等性の分析にかんして、階級ヒエラルキーによる一次元論的理論は有効でなく、ヴェーバーの三次元的理論を採用しつつも、「ヴェーバーが完全に正しく診断したことは、社会的地位を通しての社会の分化が『人間の外見』の原理にもとづくということである。この洞察の体系的含意は、しかし、未完成にとどまった。社会的栄誉の権利とこの権利が支えている資源（血統、職業、教育、生活態度）との結合は、経験的に正しく把握されているが、しかし、主観的意味の次元においては、不明確にとどまった」(Burger, 1991, p. 27.) と述べる。

(45)「人間の行為を直接に支配するものは、利害関心（物質的ならびに観念的な）であって、理念ではない。しかし、『理念』によってつくりだされた『世界像』は、きわめてしばしば転轍手として軌道を決定し、そしてその軌道の上を利害のダイナミックスが人間の行為を推し進めてきたのである。」(Weber, 1920, p. 252. ヴェーバー［一九七二a］五八頁)。

(46) たとえば、フェラロッティの指摘によれば、「批判的に理解すると、マルクスとヴェーバーの立場は全般的な対立ではない。私見では、ヴェーバーの研究は、経済的、政治的、法的、文化的、社会的諸要素を含んだ資本主義発展の社会学への貢献である。これらの側面の相互連関は、弁証法的に関連している。ヴェーバーは、一元的因果連関を採用しなかった。彼の因果構想は、弁証法的連関とその史的脈絡を前提するものである。」(Ferrarotti, 1985, p. 263.)。

(47) ヴァイスの著作（Weiss, 1986）は、全般的には、マルクスとヴェーバーとの対決に焦点を当てたものであるが、認識と実践という問題にかんし、「理解とは実際に用いられた実践の透かし絵である」というサルトルの言葉を引用し、この考え方が、マルクス主義者とヴェーバー主義者の一致できる唯一の場所である、という。Cf. Weiss, 1986, p. 71.

(48)「社会による生産手段の没収とともに、商品生産は除去され、したがって生産者に対する生産物の支配も除去される。社会的生産の内部における無政府状態にかわって計画的意識的な組織があらわれる。」(Engels, 1982, 226. エンゲルス［一九七三］八九頁)。

(49)　「計画と統制――これが、共産主義社会の第一段階が『具合よく運営される』ために、ただしく機能するために必要とされる主要なものである。ここでは、すべての市民が、武装した労働者である国家にやとわれる勤務員に転化する。すべての市民が、一つの全人民的な国家的『シンジケート』の勤務員および労働者となる。」（レーニン［一九八五］一四一頁）。

(50)　「発展の進行につれて、階級差別が消滅し、すべての生産が結合された個人の手に集中されると公的権力は政治的性格を失う。……プロレタリア階級が……強力的に古い生産諸関係を廃止するならば、……階級一般の存在条件を、したがって階級としての自分自身の支配を廃止する。」（Marx/Engels, 1980, p. 482. マルクス／エンゲルス［一九七二］六九頁）。

(51)　「『計画経済的』欲望充足とは、法律で定められた、または契約によってきめられた、または上から強制された、なんらかの実質的な秩序にたいして体系的に指向しているような、団体内部でのあらゆる欲望充足をさすものとする。」（Weber, 1972, p. 59. Siehe auch p. 53ff, pp. 56-57. ヴェーバー［一九七五ｂ］三六〇頁、また、三四八頁、三五五～三五七頁をみよ）。

(52)　「この錯綜を極めた過程の付随現象は、まず第一に『職員』、したがいまして、私経済的官僚制の急速な増大であります。――かれらは、統計的に労働者より何層倍の速さで増加しているのです。――彼らの利害関心は、あくまでもプロレタリア独裁のがわに一義的に存するものではないのであります。……将来僅々数人または数百人あるいは数千人の有力資本家が孤立して数百、数千万のプロレタリアに対峙するであろうなどときっぱり請け合えるような事態ではないのであります。」（Weber, 1924b, p. 507. ヴェーバー［一九八〇ｂ］六一頁）。

(53)　Cf. Weber, 1924b, p. 503, p. 504. ヴェーバー［一九八〇ｂ］五〇頁、五二頁をみよ。ヴェンガーは、「成熟資本主義」における階級混合を指摘しつつ、マルクスとヴェーバーの「接近」にかんして、それはこの言葉の定義如何によるという。もし、「接近」を「補完性」と解するならば、それは意味を持つ。つまり、ヴェーバーの階級論は、マルクスが荒削りに仕上げた議論を精密化した。しかし、マルクスの階級論は、ヴェーバーの階級論なしでも成立するが、ヴェーバーのそれは、マルクスのそれなしには基礎を失うとする。Cf. Wenger, 1987, p. 63.

(54)　「マルクスは、〔『可能な』共産主義にかんして〕個々の生産単位が所有権をともなう協同組合的結社をなし、その諸単位が連合して社会全体の協同組合組織をつくる、というふうな重層関係を考えていたふしがあり、その点レーニン的な『全社会＝一工場』的中央集権論をとらなかったようにみえる。」（望月［一九七五］二二八頁）。

(55)　Cf. Weber, 1924b, p. 502f, p. 504. ヴェーバー［一九八〇ｂ］四八頁、五三頁をみよ。

(56) Cf. Weber, 1924b, p. 504. ヴェーバー［一九八〇b］五二～五四頁をみよ。佐藤は、「サン・シモンとコントは、経営者と科学者によって指導される社会を産業社会と名づけ、そのような社会は功利主義的な人びとが利害闘争に明け暮れている社会よりも、効率的で合理的な社会になるだろうと、希望的な観測をした。これに対して、トクヴィルは、経営者と科学者による社会の運営は、自由の喪失へと向かう『管理的専制』を生み出し、人びとの対話や議論をとおしての社会の民主的形成という共和主義的精神は消滅してしまうと論じた」（佐藤［一九九八］四一～四二頁）と述べ、管理的専制への対抗策として、ボランタリー・アソシエーションを提案する。

(57) 伊藤は、マルクスが協同組合企業の長所を個体的所有の萌芽的形態としてとらえていたことを指摘する。「マルクスによると、個体的所有の萌芽が直接見えるところがある。協同組合企業である。マルクスは、株式会社とともに協同組合企業を、『資本制的生産様式からアソシエイトな生産様式への過渡形態』と位置づける。だが両者における資本と労働との対立の揚棄は異なる。揚棄が消極的な株式会社とは違って、協同組合企業では揚棄は『積極的』なのである。……結合した労働者たちは、自らが自らの資本家でもあることによって労資間の階級対立を揚棄している……。協同組合企業は、たとえそれが資本制的な私的所有の大海のなかでの小さな企業であっても、そこにおいては結合した生産者たちの直接的な労働＝所有が、つまり〝個体的所有〟が実現しているのである。」（伊藤［一九九八］一三八頁）ここで言われた「協同組合企業」は、ヴェーバーの「消費者社会主義」構想の原基形態に置換することが可能である。

(58) 「これらの制度（官僚制的な官庁と経営――訳者）は、政治的および教会的共同体の領域においては、近代国家に至って始めて、私経済の分野においては、資本主義の最も進歩した諸組織において始めて、完全な発達をとげるに至ったものである。」(Weber, 1972, p. 551. Siehe auch p. 571, p. 574. ヴェーバー［一九六〇a］六〇頁。また、一二〇頁、一二五～一二六頁もみよ)。

(59) ポールマンは、官僚化の弊害について、次のように述べる。「官僚制化過程は、近代の個人主義的要求とは、対極である。この緊張関係は二重である。すなわち一方で、官僚化は政治的指導という責任倫理的な行動をますます困難にし、他方でそれは、社会工学的に合理化され、多様性のない、ひとつの生活様式をますます強要する。」(Pohlmann, 1987, p. 114.)。

(60) マルクスとヴェーバーの官僚制論は、基本的に融合しうる。マルクスは、官僚制について次のように述べる。「官僚制は社会の精神的在り方である国家存在を所有しており、国家存在は官僚制の私有物である。官僚制の普遍的精神は官僚制そのものの内部では位階制により、外にたいしては閉鎖的団体として守られるところの秘密、秘事である。」（Marx, 1983a, p. 249. マルクス［一九七六］二八三頁）「官僚組織はだれもそこから跳び出すことのできない環のようなものである。その位階制は、知の位階制である。」（Marx, 1983a, p. 249. マルクス［一九七六］二八三頁）「『官職』と『個人』との『結びつき』、市民社会の知と国家の知とを結ぶ……客観的な絆、つまり試験は知の官僚制的先例、俗知の聖地への化体の公的承認にほかならない。」（Marx, 1983a, p. 253. マルクス［一九七六］二八七頁）「官僚制は官僚制自身にとって国家の究極目標とみなされる。官僚制はその『形式的』諸目的をその内容とするのであるから、いたるところで『実在的』諸目的との相剋におちいる。」（Marx, 1983a, pp. 248-249. マルクス［一九七六］二八二頁）官僚制にかんするこれらの指摘は、ヴェーバーによって官僚制の特徴として掲げられた「階層的に組織された官職権限」、「審級制」、「行政規則」、「教育免状」、「役得」などとほぼ一致する（cf. Weber, 1972, p. 511ff. ヴェーバー［一九六〇a］六〇頁以下をみよ）。さらに、マルクスはいう。「たしかに官僚制は団体を、少なくとも『団体精神』を前提とする。」（Marx, 1983a, p. 247. マルクス［一九七六］二八一頁）「社会において団体を創るのと同じ精神が国家において官僚制を創る。したがって団体精神が攻撃されるやいなや、官僚制の精神が攻撃されるのであって、官僚制は……それ自身の精神である団体精神を救うために強引に団体の存在を維持しようと努める。」（Marx, 1983a, pp. 247-248. マルクス［一九七六］二八一～二八二頁）「それゆえに官僚制は普遍的利益の想像上の特殊性、官僚制自身の精神を衛るために特殊的利益の想像上の普遍性、団体精神を衛らねばならない。」（Marx, 1983a, p. 248. マルクス［一九七六］二八二頁）マルクスは、社会団体と国家団体がともに官僚制的精神で運営されると指摘し、ヴェーバーの全般的官僚制化論への接近を、すでに見せている（cf. Weber, 1924b, p. 497f. ヴェーバー［一九六二b］三六頁以下をみよ）。また、マルクスは、「官僚的精神はぴんからきりまでイエズイット的な、神学的な精神である。官僚たちは国家イエズイットであり、国家神学者である。官僚組織は僧侶共同体（la république prêtre）である。」（Marx, 1983a, p. 248. マルクス［一九七六］二八二頁）とも述べ、ヴェーバーのいう近代の国家官僚制は、宗教的官僚制（教会制度）の世俗版であるという観点（Weber, 1972, p. 694. ヴェーバー［一九六二c］五四四～五四五頁）も先取りしている。そして、ヴェーバーが、官僚制は自由を圧殺すると評価したように、マルクスによれば、官僚制は、「それ自身の内部で精神主義はひどい物質主義、すなわち受動的服従、権威信仰、固定した形式的やり方、固定した原則、見方、仕来りのメカニズムそういった物質主義となる。」（Marx, 1983a, p. 249. マルクス［一九七六］二八三頁）と評価される。

（61）「南部に下ってゆくにしたがって、共同体的生活は不活発になってゆくのが認められる。共同体では役人たちの数が少なくなっているし、権利と義務との数も減少している。民衆は共同体で公務にあまり直接的な影響力を行使していない。共同体的集会も度々は開かれなくなっており、また議事も狭小になっている。したがって、被選挙役人の権力は拡大し、選挙人の権力は弱小化している。」（Tocqueville, 1992, p. 88. トクヴィル［一九八七a］一六一～一六二頁）今井は、興味深い論文、今井［一九九四］のなかで、市民、公選市長、官僚制のあいだに存在する緊張関係について、次のように述べる。「……民主制とカリスマ的支配・官僚制的支配という三つの概念的契機がこれまた三ツ巴の抗争関係を展開している。いうまでもないがまず官僚制とそれに対抗する公選市長（＝カリスマ的政治指導者）との対抗関係がある。またこの公選市長↔スタッフ↔都市市民大衆という構造関係の中にも対抗的緊張関係はある。公選市長と都市市民の関係についてだけいえば、前者のリーダーシップは都市市民の支持に支えられているが、リーダーシップを発揮しようとする限り、市長は支持者達の命令的委任の受託者にとどまりえず、その限りでカリスマ的支配と民主制の緊張関係は存在するからである。」（今井［一九九四］五二頁）カリスマ的支配と民主制の特別な関係にかんして、今井はいう。「民主的正統性をもつカリスマ的指導者（＝公選市長）は、民主的正統性に支えられながら、民意を越えた指導性の発揮を当然に期待されているのであって、選挙民の意志の限界内でのみ行動しようとする純粋に『民主的』な心情の持ち主は、実際には無能な市長なのである。」（今井［一九九四］五三頁）結論的には、今井は、指導者と市民とのコミュニケーションを重視し、もし「このコミュニケーション的空間が理性的なものとして形成されえず、内面的緊張を欠いた非合理的情緒によって支えられる場合には、カリスマ的支配は頽落的且つ危険なものとなる。その危険を防止し、それに生産的機能を発揮させ、カリスマ的支配の権威化・自存化を阻止し、支配が機能に――市民的エネルギーの活性化と〈非統合的統合〉のための機能に――とどめられるか否かは、政治指導者と市民とによって構成されるコミュニケーション的空間の質にかかっている。」（今井［一九九四］五三～五四頁）と述べる。われわれは、このコミュニケーションを支えるものが、自由な選挙制度であると考える。

（62）Cf. Weber, 1971, pp. 498-501. ヴェーバー［一九八二b］五五〇～五五四頁をみよ。

（63）「陪審は驚くほどに人民の審判力を育成し、その自然的叡智をふやすように役立つのである。これこそは陪審の最大の長所だと、わたくしには思われるのである。……アメリカ人の実際的知性と政治的良識とは、アメリカ人が民事について陪審を長い間使用していることに主として基づいていると思われる。」（Tocqueville, 1992, pp. 315-316. トクヴィル［一九八七

b〕二一六頁）松本は、「自由主義が今日直面する根本問題」（松本〔一九九一〕三七頁）を三点あげる。「第一は、福祉国家がもたらす公権力の拡大と官僚化が自由主義原理に照らしてどこまで許容できるか」（松本〔一九九一〕三六頁）という問題であり、「第二は公権力の介入や社会福祉の必要を承認するとしても、なおこれを自由主義の個人主義原理に即して基礎づける根拠はどこに求め得るか」（松本〔一九九一〕三七頁）という問題であり、「第三にあげるべきは、『他人を害さぬ限り』個人の判断と選択は尊重されねばならぬという自由主義の原則の徹底がもたらす文化的混乱にいかに対処するかという問題」（松本〔一九九一〕三七頁）である。松本によれば、「平等化の必然を認めた上で、いかにして『隷属における平等』を回避して自由を救う可能性を探るかはトクヴィルの根本課題」（松本〔一九九一〕三七頁）であった。自由の乱用にたいしては、何らかの規制が必要である、といわれるのが一般的である。しかし、われわれは、自由対規制という二元論的接近法を採用しないことを提案する。自由主義を規制主義で水割りすることには、賛成できない。自由主義は、自由という一元論で把握すべきである。ただし、自己の本源的自由は、ただ、他人の本源的自由によってのみ規制されるであろう。自己の自由は、他人の自由を経由してのみ実現されるであろう。

(64)　篠田は、「自由の原理」と「公正の原理」との対立について、次のように述べる。「資本の権力が強ければ強いほど、逆にその権力の『正統性』が問われてもきた。そのうえで、資本に対する規制が模索されてもいる。たとえば、『公正の原理』にもとづく政府による規制である。私的所有の『自由の原理』はそれ自体、近代市民法の基本原理である。しかし、他方でまた社会的な『公正の原理』がそれとつねに対峙されてきた。この両原理は、その正統性がさまざまな領域で争われ、その結果、『公正の原理』はしばしば私的所有としての資本に対する政府の規制となってあらわれた。……現在あらためて企業の市場行動、環境保全、土地所有、海外投資、労働者の権利拡大、またある種の領域からの資本の退場などを含めて、個々の領域で『公正の原理』を強く主張し、社会や政府による規制をさらに強めることが必要となっているだろう。」（篠田〔一九八七〕二三三頁）われわれは、「自由の原理」を「形式的平等」に、「公正の原理」を「実質的平等」に解釈し、二つの原理、二つの平等の統合を模索する。

(65)　平田が次のように述べるとき、それらは一見、実現可能性がないように、われわれには思われる。「社会主義社会がこのような〔個体的所有にもとづく〕ものであるからこそ、その発展の極北たるコミュニスム社会は、われわれがすでに挙げた社会主義の基本モメントをことごとく揚棄する。すなわち、生産と交通との結合、分業の揚棄、市民社会の揚棄、したがって労働の揚棄。また、平等なる労働の権利という市民的権利、権利すなわち外的基準そのものの揚棄。国家の死滅。あふれるばかりの協同連合的富の噴出。必然を駆使する自由、個体の全面的発展。」（平田［一九六九］一一九〜一二〇頁）しかし、平田は、次のようにも述べる。「社会主義社会における分業の発展は、分業の骨化としてではなく、分業の揚棄の現実過程として展開されるべきもの……である。」（平田［一九六九］一二二頁）われわれは、「骨化しない」分業という構想を評価する。われわれは、平田の「揚棄」に「骨化しない」を代入することを提案する。「揚棄」を「脱骨化」という意味に解釈したばあいには、平田の言明は、実行可能性を十分持つであろう。

（66）ポールマンは、ヴェーバーを確認しつつ、二つの合理性を社会主義体制において融和させることは、不可能であろうと述べる。「ヴェーバーにとって、この〔形式的合理性と実質的合理性との〕二元論を根本的に揚棄する可能性は存在しない。形式的―実質的合理性を、ともにひとつの社会主義的体制で統合するという試みは、巨大で硬直した支配機構という実質的非合理性に結果するであろう。」（Pohlmann, 1987, p. 106.）。これにたいし、チェイス-ダンは、社会主義を固定したイメージから解放し、いわば自由主義的社会主義を提唱し、その実現には資本家層が参加できるし、それは世界連合のかたちで実現されうるし、このことは幻想ではないと述べる。「民主的集合的合理性（社会主義）の世界システム次元における出現は時間のかかる過程であるだろう。そのような世界システムがどのようなものになるのか、また、いかにして出現するのか。明らかなことは、そのようなシステムが必要とするのは、ある種の民主的に制御された世界連邦であろうし、それは国民国家間の紛争を効果的に調停し、戦争を排除しうる、ということである。」（Chase-Dunn, 1989, p. 343.）「しかし、社会主義的世界政府は、すべてのものを一枚岩的に集権化すべきではない。」（Chase-Dunn, 1989, p. 344.）「社会主義的市場が、多くの財とサービスを調整するために用いられうるし、多くの経済活動の計画と調整は分権化されうる。社会主義的世界システムは、文化的に多元的であるべきだし、多元的分権化の最適レベル……は、制度的に権限化された世界連邦国家と調和し、それは世界規模で協調しなければならない諸機関を調整する。」（Chase-Dunn, 1989, p. 344.）「私が考えることは、われわれが資本家およびその政治的同盟者から、将来の世界国家形成への何らかの支援を期待しうる、ということであり、またさらに、可能なことは、そのように出現する世界国家が、少なくとも当面、資本家の支配下にあるだろう、ということである。」（Chase-Dunn, 1989, p. 344.）「これらの〔国際的〕資本家層は、世界的通貨制度の崩壊をともなう広範囲の経済的・政治的激変を望まないし、したがって、『無益な』競争や物乞いを規制するような行動を支援する。これら同じ資本家層は、また、核のホロコーストを恐れるから、したがって、国民国家間の紛争を効果的に調停する強力な世界政府を支援するだろう。」(Chase-Dunn, 1989, p. 344.)「世界国家が、当初、資本家によって支配されるとしても、そのような国家の存在そのものが提出する焦点は、社会的に規制された投資方針への、よりバランスの取れた、平等な、環境的に安全なかたちの生産・分配への闘争であろう。」(Chase-Dunn, 1989, p. 344.)「労働者の生活状態、環境、人権を守る試みが、ますます世界国家の出現に向かうのにともない、人々は、ますます国際主義のもとに組織されるだろうし、社会主義の論理は、最終的に優位にたつであろう」(Chase-Dunn, 1989, p. 345.)「社会主義は、不可避でも、完全でもないし、不可侵でもない。しかし、それは明らかに、暴力闘争、不平等発展、搾取という現在のシステムよりは好ましい。」(Chase-Dunn, 1989, p. 345.)

結　論

第一章において、われわれは、ヴェーバーは歴史家であるのか、それとも社会学者かという問いを立て、ヴェーバーは「歴史社会学者」であるという結論を得た。『経済と社会』が、人間行為のさまざまな領域における規則性の定式化の集合体であって、その意味で社会学的著作であることには、異論はないと信じる。しかし、『宗教社会学論集』は、社会学という言葉が表題に使用されているがゆえ、やはり社会学的著作であるのか、それとも内容の検証から規定して、すぐれて歴史学的著作であるのかにかんしては、多くの異論が存在する。われわれは、『論集』を歴史社会学の書と規定する。ここで歴史社会学とは、歴史フィールドにおける社会学（法則科学）という意味ではない。どの時代を取り扱おうと、それが法則学的手法で提示されるならば、それは本質的には社会学である。反対に、歴史社会学は、社会的歴史学（現実科学）でもない。すなわち、英雄史、偉人史に歴史記述の中心を置くべきでなく、人間どうしの社会的関係という視点から歴史を書き改めるべきであるという意味でもない。どの視点を採用しようと、それが現実学的手法で提示されるならば、それは歴史学である。歴史社会学とは、社会学と歴史学が互いに双方を不可欠な要素として必要とする学問と、第一に、われわれは想定する。社会学は、一方で歴史的因果帰属に必要な規則性を提供し、歴史学を援助した。他方、歴史学は規則性の定式化に必要な個々のデータを社会学に提供し、それを援助した。これが社会学と歴史学の補完関係であり、両者が互いの逆算であることの論理である。第二に、われわれはもうひとつの論点を追加する。歴史学における「歴史的個体」は、いくつかの概念要素から形成され、それらは現実の独自性の復元物であり、これらの結合体が「歴史的個体」であった。しかし、歴史社会学における「歴史的個体」は、「歴史的典型」であって、現実の復元物の結合からではなく、現実の特徴をさらに人為的に強調した概念要素の結合から形成される。われわれはその際、理念型構築法を用いながら、独自に一般的な個性を定式化し、それらを結合し、歴史的典型を構成する。獲得されたさまざまな典型は、社会学へ「個別的理念型」として提供される。「類的典型」として構築されたものが、「類的理念型」である。したがって、ヴェーバーの歴史は、両典型によって構想された理念型的人造史である。われわれは、これを歴史社会学と規定する。

第二章において、われわれは価値解釈と理解の問題を考究した。われわれは、世界を自然法則的に支配する「自然人」であるとともに、世界の意義を価値判断的に評価する「文化人」でもあるとすれば、社会科学における価値混入という事態は、人間が避けて通ることの出来ない問題である。社会科学を、社会法則の定式化に限定した自然科学的な基礎社会科学とその成果を所与の目標の実現にたいして援用する応用社会科学との結合と想定したとしても、所与の目標そのものは、だれが、どのような意図で定めたのかという目標設定の問題は解答されないまま残るであろう。その当否にかんしては、科学者の埒外の領域であるという立場は、われわれは採用できない。価値的方向性の選択にかんし、科学的助言を与えてくれる科学が「歴史的文化科学」であった。この科学は、有意義な歴史的対象の区画と成立原因について考究する学問であるが、そのさい、なぜ当該対象がわれわれにとって有意義であるのか、その区画の意味は何かという設問にかんする反省を科学者自身に迫る科学である。この作業が、価値分析、価値解釈であり、それらは手段として理解を使用する。ヴェーバーはこのような作業を、対象に対して可能な価値評価の観点を発見する科学的作業と主張する。なぜなら、それは価値判断の正当性を提出するための行為ではないからである。いいかえれば、価値分析とは、さまざまな価値の座標軸のなかで、ある対象がどこに位置するのかを確定する作業であり、いいかえれば、数多くの価値のディレクトリーにおいて、ある対象がどの位階に収まるのかを確定する作業である。そして、これらの作成と対象の収納という作業そのものが、人間の価値にたいする感受性を向上させ、人間の価値選択能力を向上させる。ヴェーバーはこの作業を観照的と規定し、静的な学問と想定した。いまだ存在しない対象は分析できないのだから、それは過去的とも映じるであろう。しかし、われわれは、そのようには考えない。理解を通じた価値分析、解釈によって、われわれは価値の座標に新しい軸を追加することもでき、座標軸そのものを新設できる。いいかえれば、価値のディレクトリーに新しい項目を追加できるし、ディレクトリーそのものを新たに作成できる。したがって、価値解釈は動的、実践的、将来的および創造的であらざるをえない。ヴェーバーは、その「理念と利害の社会学」において、歴史進行における理念の創造性を強調した。その理念とは、このような作業の成果として生まれてくると、われわれは確信する。したがって、価値解釈を不可欠な要素として内包する「歴史的文化科学」は、その言葉から想定される印象とは反対に、未来的な学問と規定できる。

第三章において、われわれはバーガーとともに、ヴェーバーの理念型論にかんして考察した。バーガーによれば、ヴェーバー理念型論とは、リッカートの概念構成論における個別概念の普遍的要素がはらむ特別な問題性にかんするヴェーバーからの解答であった。リッカートによれば、歴史的個別概念は下位的な普遍的構成諸要素の結合から形成される。リッカートにとって、この要素の性格は、その照応物が外界に存在するか、存在しないかの二者択一的なものであった。しかし、ヴェーバーにとっては、この要素の照応物は、ある場合には、外界により多く存在し、ある場合には、より少なく存在する。したがって、それを代表する概念要素も、その存在の量的多寡という性格を持たざるをえない。この事態は、リッカート概念構成論を崩壊させるかもしれない。この不都合を避けるためヴェーバーが採用した方策は、それらの要素は現実との照合とは別問題として、完全に存在すると定義することであった。そのかわり、完成した個別概念は現実を代表するものではなく、イデア的な構築物と彼は規定しなければならなくなった。バーガーは、このような構築物をヴェーバーの理念型であると結論する。以上がバーガーの第一の結論である。ここからさらに、バーガーは、第二の結論として理念型構想の含意をつぎのように説明する。ヴェーバーは基本的に歴史家であって、その立場から歴史的文化科学、現実科学を擁護した。しかるに、歴史領域における法則的認識物の使用は、これを避けることは出来ない。だが、法則的認識物の全面的採用は、歴史の消滅を意味する。このジレンマに対しヴェーバーが採用した解決法は、バーガーによれば、法則を架空の理念型的法則として無害化し、そののち、それを採用するというものであった。したがって、バーガーは、ヴェーバーが法則定立を主要な仕事と想定する社会学を自律した、固有な学問領域と承認したとは想像できない、と主張する。

後者の結論には、法則は外界に内在する法則性の復元であり、歴史は現実の復元であるという前提が、ふたたび進入しているように、われわれには思われる。『宗教社会学論集』における編別構成がいかに通説的な西欧社会発展史という様相を見せていようとも、ヴェーバーにとって、歴史は現実の復元ではない。ヴェーバーにとって歴史記述は、理念型的歴史記述である。それは、拡大、縮小されつつ、強調された人為的構成図であり、一つの想定図である。ヴェーバーにとっての歴史的個体は、リッカートのいう強調をともなわない個別概念ではなく、個別的理念型としての性格をもつ。ルターという歴史的個体は、余人とは異なる特徴の集合体としての個別概念ルターにとどまらない。それは、それらの特徴にかんする昇化物の集合体としての個別的理念型としての「ルター」であり、すぐれてルター的なるものの象徴概念（理念型概念）である。つまり、ヴェーバーの歴史は基本的には、このような理念型の統合によって構成される。このような歴史は、特定の方向から接近された人工の歴史であり、歴史的事実の復元ではない。これを、われわれは歴史社会学と規定する。ここに至って、科学的営為の最終目標は、真実の発見、事実との照合であることをやめる。それは事実の発明であり、事実の構想である。それは研究者の世界像の提出に変換される。

第一部で、われわれは、ヴェーバー方法論の前途にかんして考察した。ヴェーバーは方法的二元論にもとづいて、存在と当為とを分離し、事実認識から価値判断は導出できないという公理を言明した。また、彼は人文科学的営為の前提として、営為者自身の価値観が存在しなければならないと主張する。いいかえれば、世界観が存在しなければ、人文科学は存在しない。われわれは、存在そのものを認識することはできない。認識できるものは、世界観によって意味づけられた存在のみである。外界の自然存在は、内界の文化意味を通してのみ認知することができる。そして、この意味は、万人にとって常に一様ではない。それは、ある集団、ある時代においてかなり一様であり、普遍的であるかもしれないが、原理的には多様であり、流動的である。それは個人と時代との自由選択に服す。われわれは、やはり、パラダイムを通してしか外界を認知できないであろう。人間は、個々人と時代のかたよりを通じてしか外界を認知することができないという認識に、われわれは、ヴェーバーの反霊知主義を確認し、人間は、いつかかたよりのない事物の本質を認知することができるという呪術的信念からの解放を、われわれは彼のなかに確認した。われわれは、さらに、ヴェーバーを超えてこの事態は人文科学だけでなく、自然科学でも同様であると考える。なぜなら、人文科学における世界観の役割は、自然科学においては、トマス・クーンのいうパラダイムが果たしているからである。

上記の認識は、ヴェーバーをして必然的に価値ないし意味の問題を、いかにして客観的に取り扱うかという課題へと押しやった。ヴェーバーは、この作業を価値解釈および価値分析と規定する。価値解釈とは、ある対象への可能な価値評価の起点を列挙することであった。または、それへの可能な価値判断の項目をあげることである。これらのなかでどれかが正しいと主張することは科学的にはできない。なぜなら、公理的にいって存在から当為は導出できず、しかも、この作業は客観的な価値分析をめざすからである。いいかえれば、この作業は、自分にとってのある対象への感動を、自分自身に理解させ、他人にたいし説明するという行為である。つまり、情理の分析である。それは、自分の内面を豊饒化し、他人の内面を豊饒化する。それは、感動の開示である。さらにこの作業は、過ぎ去ったものの分析を通じて、いまだ来ないものの創造へと連絡する。感動の分析を通じて、新たな世界観を発案することが可能となる。これは、新たな世界像の構築と提示へと連絡する。この世界像は自己の実現をめざすであろう。感動は行動へと転化する。こうして、われわれは、歴史研究は過去的なものであるという呪術的信念を払拭した。

ヴェーバーにとっての歴史は、歴史社会学であり、それは構想された理念型的歴史であった。それは、対象の特性が強調され、誇張された人造の歴史、人工史であった。さらに、問題設定は、自分自身によって選択された特定の価値関心、パラダイムによって設置されるという性格をもつ。したがって、このような歴史は、もはや、史実の再現、復元という性格をもつものではない。それは、個々人の内的意欲、価値関心を基礎にして構築された普遍的な歴史像、研究者の個人的、およびそのパラダイムを共有する研究者集団の集団的歴史像である。このような歴史像は、人間および集団が異なるにともなって、また時代が異なるにともなって、多少あるいは大きく異なる。したがって、歴史が書き改められるというのは、歴史に新事実が追加されるという意味ではない。それは新たな地平から書き改めざるをえないという意味である。歴史研究の本質は、過去の復元から、新しい歴史像、世界像の提出に変態した。われわれは、歴史研究の最終目標とは、研究成果と事実との照合であるという呪術的思考法の名残りをも消去した。

第四章において、われわれは、ヴェーバーの資本主義像および資本主義概念について論究した。大塚によれば、ヴェーバーの資本主義認識とは、「『精神』」論文に特徴的に表明されているものがそれであって、ここでの基本テーゼは、後年の『論集』の普遍史的構想においても変わらず受け継がれる。それは、経営的な合理的近代資本が前期的な非合理的資本を消滅させながら成長し、近代経済社会の主役となったという認識である。また、資本主義の成立原因にかんしても、大塚によれば、ヴェーバーは、中世社会から脱皮した近代社会における営利規制の宗教的な撤廃が、資本主義を成立させたというブレンターノらが提唱した「解放説」をしりぞけ、営利を倫理的に推奨する特別な社会意識が、資本主義を成立させたと主張する「禁欲説」を採用した。

大塚のこのような解釈にもかかわらず、ヴェーバーによるもう一つの主要な著作である『経済と社会』においては、経営的な合理的資本主義は、政治的・冒険的・商人的など当座的な非合理的（前期的）資本主義のなかの、たんなる一類型にすぎないという事実がある。近代的資本主義もふくめて、すべての資本主義は営利経済という拡大された概念のなかの諸類型であり、経営的・合理的資本が特別な地位を与えられている事実も、ここではない。しかも『論集』と『経済と社会』は相互補完的な著作であるとヴェーバー自身言明しているのだから、一方だけを了解でき、他方は了解できないという解釈によっては、ヴェーバー資本主義論を十全に理解したことにはならないだろう。

この問題を解決するため、われわれは、流動的概念と名づけた新しい概念装置を提案した。古い概念観においては、概念は、円の中心に意味定義の中核をもち、円周は、その意味でとらえることができる事例の限界域であると想定される。だが、ヴェーバーの想定する概念は、このような円的概念ではなく、むしろ、楕円的概念であって、楕円の二つの中心に、正反対に意味定義された対立する二つの中核をもち、楕円周は、それらの意味でとらえることが出来る事例の限界域である。さらに、二つの対立する意味内容は、流動的な（分断されない）移行関係にある。たとえば、上のばあいでは、一方の核の意味内容は、労働組織をもつ経営的・市民的資本主義であり、他方の核のそれは、労働組織をもたない当座的・政治的資本主義であり、この二つの意味的内容は対立関係にあるが、その間には二者の意味内容が混合したさまざまな資本主義類型が確定しうる。つまり、両核の二つの資本主義はトレード・オフの関係にある。ところで、この対立関係を営利という意味内容の一つの核としてまとめてみると、こんどは、他方に家計という内容の核が現われ、営利と家計という異なる位相での流動的移行概念が構成される。また、経営的資本主義の内容を対立させ、形式的合理性と形式的平等を目標とする類型と実質的合理性と実質的平等を目標とする類型に分類すれば、同じく、形式と実質という異なる位相での流動的移行性が構成されるであろう。このような移行概念を用い、ヴェーバーは対象の動学的分析を行う。

ヴェーバーの類型論的認識手法は、事物の変化をとらえることができず、一般に静学的だと理解されているが、われわれはそうは考えない。もちろん、概念内部における矛盾が単線的に自己発展を繰り返し、最終目的地に到達するという意味での動学的分析の発想は、ヴェーバーにはない。ヴェーバーの流動的概念は上記のように、相互に連鎖し合い、拡張されうるが、これは矛盾の解消的発展でも、一方向的進化でもない。それは、構築・解体可能な楕円的概念装置による対象の動学的分析である。

第五章において、ヴェーバーとウォーラーステインとの類似性を考察することにより、われわれは、ヴェーバーの資本主義論および歴史論にかんして、ヴェーバー自身が無意識に前提していたであろう構造を究明した。ウォーラーステインは、近代資本主義体制（資本主義的世界経済）を自由な資本主義と非自由な資本主義との共存であると規定する。それは一五世紀から一六世紀にかけて、ヨーロッパ、南北アメリカ、アフリカを連絡する大西洋交易圏において発生した歴史的で、単独の世界経済システムである。このシステムのなかには中核と辺境という位階が存在し、両者の中間に半辺境という位階が存在する。この史的システム内においては、北アメリカ・ヨーロッパという中核部において、自由で経営的かつ合理的な資本と自由労働が利用され、南アメリカを中心として政治的資本と半自由労働が利用され、アフリカでは、冒険者的資本と不自由（奴隷）労働が利用されるというシステム内分業が形成された。したがって、近代の資本主義的世界経済は、自由な資本／労働力と非自由な資本／労働力との結合体であって、自由な資本主義の単独での満面開花ではない。このような体制認識は、われわれが第四章において、ヴェーバーの楕円的資本主義概念として確定した成果の事実による検証と解釈されうる。ところで、ヴェーバーの言明する合理的資本と非合理的資本との対立と移行も、たんなる空想上の概念装置という性格のものではなく、また、前近代には非合理的資本のみが存在し、近代には合理的資本のみが存在するという択一的議論でもなく、やはり、この二者は現代経済社会において、厳密にいえば、あらゆる時代の流通経済において対立しつつ共存していると、ヴェーバーは認識する。このような類似性の発見からわれわれが引き出した結論は、もしヴェーバーの資本主義論がさらに展開されるとしたら、それはウォーラーステインによる世界システム的パースペクティブに沿った展開となるであろうということであった。ウォーラーステインとヴェーバーとのもう一つの類似点は、発展段階的パースペクティブの放棄である。これらは、ヴェーバーの原始社会論、家計経済、営利経済、近代社会主義論にほぼ照応すると考えてよいだろう。ウォーラーステインは、経済システムをミニ・システム、世界帝国、世界経済、世界政府に分類する。これら四つは、それ自身の歴史認識においては、これら四つのシステムは、それぞれ独立の歴史的システムである。これら四つは、それ自身さまざまな亜種をもち、それらが独立に、特別な歴史的布置状況のなかで発生・成長・消滅を繰り返す。つまり、彼の歴史観は独立した史的経済諸システムの銀河の生死のような興亡史観である。ヴェーバーも発展段階的アプローチを放棄した。しかしながら、ヴェーバーは、単線発展的歴史進行からは完全に脱却しながらも、歴史進行は紆余曲折を経ながらも連続しているという前提から完全には脱け出せていない。これは『論集』の編別構成から明らかであろう。ウォーラーステインは、この連続性という想定を放棄し、システムの生成を完全に歴史的事件ととらえ直すことに成功した。ここからわれわれの引き出した結論は、もしヴェーバーの歴史把握がさらに展開されるとすれば、それは、ウォーラーステインのいうシステムの盛衰史観となってゆくであろうということである。

第二部において、われわれは発展段階論的歴史観を超えるものとしての類型論的歴史観について考察した。発展段階論的歴史観は、世界史が英雄史ないし偉人史と規定され、歴史過程は、これらのカリスマたちの手によって創造されるという通念への批判として形成されてきたと、われわれは想定する。したがって、その基本構想は、歴史は小数の人間の頭脳によってつくられるのではなく、日常的な人間の行為集積、さらには日々の社会的生産活動の集積が、歴史の真の創造者であるというものである。われわれは、スミスやリストの未開↓牧畜↓農業↓農業・工業↓農業・工業・商業および外国貿易という図式を、またマルクスの原始共産制↓貢納制↓奴隷制↓封建制↓資本主義↓社会主義という図式などを発展段階説として想定するが、これらは、そのような動機から誕生したと考えられる。このように発展段階論的法則史観は、そのかぎりで社会科学的接近法の進歩に大きな意義をもった。一方で、歴史を物語から科学へと進めたばかりではなく、歴史はなぜ、いかに進行するのかについて、一つの科学的な説明を与えたからである。しかしながら、他方で、法則史観は、歴史が法則的に進化するという側面の一面的強調にともなって、歴史の本来的な性質である一回的な、すぐれて歴史的な事象という観念をも削除してしまった。歴史は法則に埋没した。

このような副作用をともなった法則史観に対する批判として、出現した接近法が類型論であった。類型的接近法は、法則のなかに埋没した歴史を再度発掘しようと試みる。最初の反論は、法則史観は論理一貫しているが、それは史実によって実証されないという主張である。これにたいする法則史観の再反論は、発展段階説が実体としての歴史的進行の模写ではなく、それは歴史認識のための手段、認識仮説であるという主張である。類型論の側も古い英雄史観とは明確に異なった、人間行為の集積としての類型史観を提出してもらいたいと。もちろん、もはやわれわれは、英雄史観に回帰することは出来ない。したがって、採用された構想は、発展法則において図式化された各々の段階を、法則的発展のなかの一段階と想定するのではなく、独自な史的類型として把握するというものである。大塚は、段階論と類型論を結合しようと試みて、同一の場所において発展段階説が実証されることはないが、場所を移動しながらの進歩としてなら、それは実証できるとした。しかしながら、この構想は、類型的でありながらも、基本的には、依然として段階論である。ハイルブローナーは、段階的視点を放棄し、市場経済、計画経済、低開発経済という三類型を構想し、現代経済社会の分析に応用し、成功したが、これらを、営利経済、家計経済、共同体経済に拡張し、歴史に応用することには成功しなかった。それを行っても過去にたいする類型論的把握以上の接近ではなく、類型史観ではなかったからである。

類型史観の成立条件には二つがある。一つは、各類型の運動は内部で均衡状態にあり、自らの運動の蓄積によって他の類型に変化しないという条件である。もう一つは、各類型は、独自の史的布置状況から発生・成長・消滅するという歴史的一回性の条件である。ウォーラーステインは、ミニ・システム、世界帝国、世界経済、世界政府という四類型を提起し、これらは、矛盾蓄積的な発展的性格をもつが、単独の均衡システムであると規定する。また、これらは、特別な史的状況の連結によってのみ発生すると主張する。つまり、前三者の類型のなかには、歴史的にさまざまな亜種が存在し、それらは、細かい特徴では異なりながらも、概念的には、三類型に分類できる。史実上の数多くのミニ・システム、世界帝国、世界経済は、歴史過程のなかで各々が特別な条件下で発生・成長・消滅を繰り返す。この現象は、三類型として分類可能な数多くの銀河の宇宙における誕生と死滅にたとえられる。これをわれわれは、システムの盛衰史観といいかえることができよう。そのなかで、とりわけ重要なものは、世界経済のなかの「ヨーロッパ世界経済」であり、又の名は「近代世界システム」である。このシステムは、一五世紀から一六世紀の大西洋圏において特別な条件下で発生した単独の史的システムである。したがって、それはヨーロッパ封建制の矛盾の結果、発生したシステムではない。この世界経済の他の世界経済とは異なる個性は、自由資本と不自由資本の対立と共存である。つまり、この経済システムは均衡状態にあるが、それは、単一種の資本による静学的均衡ではなく、二種類の資本による動学的均衡である。第四番目の社会システム、すなわち世界政府にかんして、ウォーラーステインは、その詳細を言明していない。いえることは、それは、世界帝国ないし家計の亜種ないし事例ではないということである。それはいまだ存在せず、その事例もない。そして、それは、特別な史的布置状況から発生するだろう。近代資本主義の崩壊から自然法則的には発生しないだろう。

第六章において、われわれは、ヴェーバー政治思想の問題点をスミスとの対比を通して究明した。われわれは、ヴェーバーの政治思想が、その宗教論と方法論から無意識的に影響を受けていると想定した。一方で、その宗教論においてヴェーバーは、宗教意識を達人倫理と平均倫理に分別したが、『古代ユダヤ教』において彼が旧約の預言者たちに深く自己を投影させたことに象徴されるように、社会思想の形成という問題にかんする彼の重点は、もっぱら達人倫理に置かれ、平均倫理は、それの薄められた意味混濁的な地位を与えられたにすぎない。彼のエートス論の展開にもかかわらず、この思考法は、その政治論に生かされることはなかった。したがって達人倫理の提唱者が政治的カリスマに変換され、これによりカリスマ的指導者民主主義という構想が形成されたと推測される。他方、ヴェーバーの概念論においては、理念型的な極限概念の重要性が主張され、平均的な類概念は無意味なものと規定される。理念型的概念は、その概念の構成要素である諸特徴を意味的に限界にまで純粋化、誇張して構築されたものであった。これにたいし、平均概念の構築は、意味の純化を追求せず、たんに意味を平均的に合算しただけの、混濁的で、したがって無意味な概念に過ぎない。ヴェーバーによれば、後者は、科学的には第二義的である。もし、このような概念観が、意図せずに人間把握に投影されるとすれば、意味を極限にまで追求する賢者が、それをなしえない愚者を、政治教育をほどこしつつ、教導し、牽引するという発想へつながると想像できなくはない。

しかし、われわれはスミスとともに、平均倫理や平均概念は、無意味で二義的なものとは考えない。それは本質平均でありうる。平均倫理とは、両極端に人為的に純化された達人倫理からの逸脱ではなく、両極を除外し、実質的・実践的合理性から評定された中心的な本質的な平均倫理である。スミスは、この倫理の実行者を自己抑制された公平な観察者と規定する。同様に、平均概念も両極端に純化された意味からの逸脱物ではなく、実践的合理性からみた有効な本質的な平均概念である。スミスの自然価格は、本質平均的概念の重要な事例の一つである。したがって、これらの平均的構築物はけっして無意味ではない。スミスは、このような倫理観と概念観をその人間観と政治思想に投影し、平均倫理にもとづく自由主義を提唱した。

ヴェーバー政治論におけるもう一つの問題は、彼が保守派であるのか、リベラル派であるのかという問題である。彼の政治的発言には、両方の要素が混合している。二つの要素を一義的に理解するため、われわれは、ヴェーバーが本来的に保持していた体質と、彼が理念として目標としていた傾向を分離した。すなわち、彼は終生、政治的体質としては保守派であったが、理念としてはリベラル的方向性をほぼ維持し続けたと、われわれは結論する。この分離と統合なしには、ヴェーバーの政治的立場は、いつまでも、保守主義者か自由主義者かのどちらかであって、それぞれ一方への発言は、他方の立場を隠蔽するための手段にすぎないという誤った解釈に陥ることになる。われわれは、二つの立場が、矛盾なく同一人に同時に実存した論理を提出した。さらにいえば、ヴェーバーは一方で、対内的には政治改革をめざし、リベラル派の論陣をはり、他方で、対外的には、国民主義者として保守派の論陣をはったといえよう。ヴェーバーが対外的にもリベラル的発言をしなかったことを、われわれは残念に思う。たとえば、リストは、国民主義者でありつつも、この立場を一通過点と規定し、その政治思想の終着点を世界主義に求めた。ヴェーバーが今日の世界状況を見ることができたばあい、彼がそのホッブズ的思考法から最終的に脱却することを、われわれは切に望む。われわれは、自由が賢者によって規制されるべきだとは考えない。自分の自由は、他人の自由によってのみ制限されるのであって、指導者によっては制限されない。

第七章において、われわれは、マルクスとヴェーバーとの経済体制論、歴史観、政治論および所有論における融合関係を究明した。われわれが考察したのは、「マルクスとヴェーバー」という枠組みのなかの「マルクスかヴェーバーか」という論点ではなく、「マルクスかヴェーバーか」という枠組みのなかの「マルクスとヴェーバー」という論点である。両者の対立点ではなく、また、両者の合算でもなく、両者の相違をそれぞれ他方の論理を使って了解し、融合することを、われわれは目標にした。

経済体制にかんしていえば、マルクスが資本主義的生産様式の進展の先に予見したものを、ヴェーバーは、普遍的官僚制の進展の先に予見した。ヴェーバーにとっては、経済領域での官僚制化が、マルクスのいう資本主義的蓄積の一般的傾向そのものであった。マルクスは、この傾向を革命的に変革しようと構想していた。ヴェーバーも、革命的にではなく、制度的に、この傾向を変革しようと構想したと、われわれは想定する。この構想の根底にある両者の一致した理念をわれわれは、労働と所有の統一していた小商品生産社会、とりわけ、実質的に合理的な所有が実現していた初期の資本主義社会の理念に求めることができる。マルクスにとってもヴェーバーにとっても問題は、この実質的合理性と平等をともなう市民社会的理念がいかにして、巨大生産力のもとで復活できるかということである。

両者の歴史観についても、融合関係が構築されうる。マルクスが最後まで自然法則的で単線的な歴史発展段階説を信じていたかどうかについて、本人自身の明確な言明は存在しない。しかし、単線的発展に疑問をいだいていたことは、ザスーリッチ宛の書簡によっても確認されうる。ヴェーバーは最初から、単線的発展段階説に反対し、多元的歴史分析という構想に到達したと主張されるが、その晩年の言明によれば、マルクスの社会構造論をほぼ踏襲しつつ、経済的土台の上部構造への決定的影響性を承認し、しかも、上部構造としての理念の歴史変動への役割を、ただ変革期に限定した。近年のマルクス研究は、下部構造の一元的規定説を捨て、ヴェーバーと同じように、マルクスも上部構造の下部構造への影響を承認していたことを指摘するがゆえ、両者は、歴史論においても一致しうる。さらに、われわれが強調するのは、マルクスもヴェーバーも、段階論上の各々のシステムは、単独の自律的システムであり、これらは生成と消滅という性格をもつが、体内的には自動的に、次のシステムに移行するという性格はもたないという認識で一致する、ということである。新システムの生成は、変革時の史的状況と理念的方向性によって、体外的に条件づけられるであろう。この認識を両者は共有しうる。

財の所有形態にかんしては、マルクスが私的所有の止揚というばあい、それをすべての財が公共物に変換される、国有化されると彼が想定したとは、われわれは考えない。マルクスが要求していたのは、あらゆる財の人民的所有、すなわち個体的所有である。個体的所有とは骨化しない所有と、われわれは規定する。このような目標を前提とすれば、近代社会においては、実質上不合理な所有が実施されている。われわれは、私的所有を形式的にのみ合理的な所有と規定する。ヴェーバーは、形式的な合理性と実質的な合理性との対立を指摘し、前者の有効性を認めつつも、この対立を後者優位の観点から解決しようと試みる。実質的合理性にもとづいた所有が実質的所有であり、個体的所有である。しかしながら、何が実質的所有かは、アプリオリには定義できない。それは個々のケースにつき、自由に票決された決定にまかされる。われわれは、形式的合理性および平等を放棄しようとは考えない。合理性と平等とにかんする形式性と実質性との融合は可能であろう。

第三部において、われわれは、ヴェーバーおよびマルクスの政治思想と将来的社会像にかんして考察した。ヴェーバーは本質的には国民主義者であり、世界主義にかんしては、思考の埒外にあったか、あるいは、その方向への端緒にあったに過ぎない。マルクスの主張した労働者の団結による世界主義は、当時としても、あまりに空想的にすぎたであろう。これにたいし、リストは、はやくも国民国家の地球的形成の果てに、諸国家の世界連合を形成できると主張し、世界主義の実現可能性にかんしては、両者を超えた構想をすでにもっていた。

われわれは、現代の国際的政治社会を地球的封建時代ととらえる。現在、地球上の領土は国民国家という形態の封建国家によって、分割統治されている。この状況は、国民規模において政治社会の近代化が始まろうとしていた絶対主義成立期に酷似している。帝国支配と未開地域をのぞく地球上の多くの領域で、封建的・地方分権的国家制度は、近代的な中央集権国家の成立によって、近代的国民国家を形成した。われわれは、この潮流との平行関係が、現在、地球規模で起こっていると考える。世界大戦および東西対立は、だれが最大の封建領主であるかを決定する争いであったといえよう。アメリカ合衆国が、唯一の超大国であって、最強の封建領主であり、世界的統一国家が、アメリカの主導で構築されることは、大いに予想されることである。しかしながら、そのような世界国家が誕生するとしても、それはアメリカの特別な地位は消滅するであろう。特定の勢力が、国民国家を形成し、影響力を行使したとしても、それは結局議会化されざるをえなかったという過程は、世界規模で繰り返すであろう。単一の世界国家が誕生するとすれば、単一の世界議会・世界行政府・世界裁判所・世界警察および世界軍が必要となろう。これらの機関は、現在の国連のような勧告機関ではなく、実行力をともなう強制機関となろう。現在の国民国家は、アメリカもふくめて、州ないし県という地位に変換されるだろう。そのばあい、現在の国民は、州民ないし県民になり、全体として人類は、世界公民と呼ばれるであろう。国民的対立にかわって、人種的対立が新たな問題となってくることが考えられる。

このような世界国家を世界政府と呼ぶとすれば、そのシステムの特性をわれわれは、それが単に形式的合理性にもとづくシステムではなく、その長所を残しながらも、実質的合理性にもとづくシステムと想定する。近代的国民国家は、もっぱら形式的合理性にもとづくシステムであった。その意味は、すべての財（経済的財はもとより、政治的、法的、文化的、宗教的財をふくむ）が、形式的な所有者によって管理されるということである。ウォーラースティンのいう普遍主義とは、このような社会、国家をさすものであろう。したがって、世界政府は、個別主義によって運営されるべきだと推論される。個別主義とは、実質的合理性優位の思想と、われわれは想定する。世界政府においては、すべての財は、実質的な使用者の意志によって管理される。世界公民の実質的な意思は、よくもわるくも、票決のうえに現われるであろう。したがって、世界政府の誕生には、形式的所有の廃止ないし有名無実化が不可欠となろう。世界規模での議員、官僚および警察、軍、裁判官は、世界公民によって公選されるであろう。

あとがき

一九六九年に刊行された大塚久雄の『著作集』を読み、新鮮な感動を覚えたことを、私はいま思い出す。その理由は、大塚の近代化論が、近代経済成立の正当な部分、光の側面を強調していたからにほかならない。私は、同時にマルクスの近代社会批判にも共鳴していたが、マルクスの批判の根底には、近代経済が不当な手続きのみを使用して成立したという認識があると理解していた。近代経済社会の成立と本質についての私のマルクス解釈は、「原蓄」章から派生する解釈であった。それは成立の影の部分を強調するものであった。大塚は、ヴェーバー・テーゼによりつつ、近代経済のもつ潜在的正当性を私に理解させてくれた。彼はさらに、この正当性は、マルクス自身も『資本論』の第三巻で明示的に認めていることを気づかせてくれた。近代資本が成立するには二つの道があり、一方は、商人資本が生産過程を吸収する方向であり、他方は、独立自由な生産者が成長する方向であって、後者こそ真に革命的な道であるという部分である。もし、マルクスがこの部分を近代化論の前面に押し出していたとしたら、近代は単に横領によって成立したのではなくなり、その近代成立論はヴェーバー・テーゼとさらに親近的になりえたであろう。

このようなことを考えながら、私は一九七〇年から住谷一彦先生の指導を受けることになった。当時、住谷先生は、ヴェーバーの政治論を中心に研究されていて、セミナーの内容も私が少し読んでいた宗教社会学ではなく、ドロンバーガーやミッツマンの著作を輪読・討論するものであった。そこで紹介されたヴェーバー政治論は二〇世紀初頭のドイツ政治情勢にかんするヴェーバーの時事的発言で、ドイツ現代史を知らない私にとって、その含意を理解することは困難であった。何とか理解できたのは、一般論として語られた『職業としての政治』における心情倫理と責任倫理との葛藤という論点である。先生から説明され、思い出すのは、この二つの倫理をともに担う者が、天職として政治を選択できる真の政治家だということである。後年、私が感じるようになったことは、しかし、政治とは、この書でいわれているように、目的にたいしどのような手段を採用するべきか、付随的結果は甘受するに値するかということに苦悶する行為ではなく、むしろ、それは目的を持たない無制約な、あるいは制約された影響力の無限拡大という機械的営為であるということであり、目的は事後的にどのようにも付けられるものではないかということである。責任倫理—心情倫理という設定は、政治を何らかの正義の実現行為であると考えることで意味をもつ。しかし、政治活動は、影響力拡大というリビドー的行為ではなかろうか。ヴェーバーがフロイトにより理解的であったなら、政治に実質的正義を求めることはなかったような気がする。『職業としての政治』におけるヴェーバー・テーゼは、宗教家からみた政治家像のように思われる。とはいえ、住谷先生は、政治という独特の社会関係に私の目を開かせてくれたばかりか、その政治にかんする冷静な思考は私の心に大きな変化を与えてくれ、おかしていたであろう数々の間違いから先生の御指導によって救われたことは、数知れない。ここにあらためて感謝の意を表したい。

一人の指導にたよることは良くないという住谷先生の忠告もあって、私は大学院では望月清司先生の指導を受けることになった。望月先生は当時、自著を出版されたばかりで、その後、自分の関心を第三世界論に移動させていた。一九八一年ごろ、ウォーラーステインの『近代世界システム』を輪読したが、当初私にはそれは、大塚のいう「解放説」の新版にすぎないと思えた。その説は、ヴェーバーによってすでに葬り去られていると。また、世界システム的パースペクティブにかんしても、最終目標は世界連合であっても、それは国民統合を経由したものでなくてはならないというリストの思想を、小林昇先生の学部講義を通して体得していた私には、ローザ・ルクセンブルクによる世界資本主義論の再版のように思えた。ウォーラーステインが私の興味ととらえたのは、彼がヴェーバーを組み込んでいるとわかったときであった。つまり、彼が合理的な労働組織をもつ経営資本主義は、世界経済システムの中核部分においては確かに実在するが、しかし、その部分で実在するにすぎないと言明している個所を見つけたときである。そのとき、彼がヴェーバー・テーゼを取り込む独自の理論体系をめざしていることが理解できた。その後、私はヴェーバーの著作を読み直す作業に入ったが、ヴェーバー自身も、世界システム論とまではゆかないが、明確にウォーラーステインとの同質性を持っていることを発見できた。翻って、それまで不整合に思えた大塚の後進資本主義としての資本主義の成立過程への認識も理解できるようになった。それは、マルクスのいう非革命的な資本主義の成立過程でもあろう。この過程を私は、ケインズ論文（"Keynes and Some Economic Thoughts"）で不十分ながら素描できた。また、非ヨーロッパ文明――とくに、イスラムを基調とする「中洋」文明――の先進性を強調し、ヨーロッパ文明を相対化しようとする飯塚浩二の主張に、なぜ感銘し、その紹介論文（「飯塚浩二――人と思想」）を書いたのかも自分なりに納得できた。望月先生のウォーラーステインへの熱心な勧誘がなかったとしたら、私は彼の著作を読むこともなかったであろう。あらためて感謝の意を表したい。

一九七六年、私は偶然にトマス・バーガーの『マックス・ヴェーバーの概念構成論』を入手した。私はヴェーバー体系の基点がリッカート哲学にあると思い、そのような論文もすでに書いていたので、ヴェーバー方法論はリッカート哲学の完全な継承であり、ヴェーバーの独自性はわずかに理念型論にあるのみだとするバーガーの説に勇気を与えられた。一九九八年に、私は専修大学北海道短大から国外研究の機会を与えられ、南イリノイ大学カーボンデール校にトム・バーガーをたずねた。トムは、リッカートは偉大な哲学者とはいえず、リッカート／ヴェーバーの継承関係も「認識論と方法論に限っていえば」と限定したのだが誤解されている、と言っていた。また、ヴェーバーは歴史家であって、社会学者とはいえないとも言明した。この発言は、私にはいささか後退気味と感じられた。現在私は、ヴェーバー社会学がいわゆる社会学ではない理由を、彼が通常の一般化ではなく、理念型的一般化を使用したため、その社会学は歴史社会学となったと考えている。すなわち、一般化の果てに現われる物理学的社会学ではなく、個性化の極北に現われる象徴的一般性の生物学的社会学である。自然科学の客観性についても、ヴェーバーやリッカートが前提したほど不動なものではなく、価値関係的といいうるようなパラダイム的主観性にもとづいた客観性であると、クーン同様、私は考える。トムは自分の哲学は実証主義であるとして、思弁を嫌っていた。私が、フロイト理論に興味があるというと、あれは証明されない思弁だといってしりぞけた。こうして、われわれは短期間で育める以上の友情を共有できた。公私にわたりさまざまな便宜を図ってくれたトムに心からの感謝の意を表したい。

一九九九年から、望月先生を囲む市民社会論研究会がつくられ、現在も続いている。この会は先生の退任にともない時間的余裕が戻ったということで、以前のセミナリストが集まって各々の市民社会論を展開しようという会である。その成果はいずれ出版されるであろう。会は自由な雰囲気で、社会主義信奉者が社会主義は望まないと言ってもはばかる必要のない所である。最後の論文は、未発表のものだが、それはこの会の自由な討論の成果である。研究会のメンバー諸氏（望月清司、石塚良次、内田　弘、杉谷克芳、高橋　誠、村上俊介）に感謝の意を表したい。市民社会的社会主義というものがあるとすれば、それは、近代に現われた、自由主義の真の実現形態としての社会体制であると、ウォーラーステイン同様、私は考える。独自に社会主義的な理念なるものは存在しないと私は考える。市民社会では、自由は制限されない。社会主義国では、国家社会によって自由が制限されうるとしているが、市民社会では、自分の自由が制約されるのは、他人の自由によってのみである。自由社会主義は、自由で社会的と名のるかぎり、横からの規制ではありうるが、縦からの規制ではありえないであろう。後者は「世界帝国」の一亜種にすぎないであろう。

出版のきっかけを与えてくれた望月先生に、出版にさいし具体的労をとってくれた住谷先生に、そして最後に、伝達不安症である私の繰り返しの多い文章を辛抱して読み、適切なアドバイスを与えてくれた日本経済評論社の谷口京延氏に、かさねて深く感謝の意を表したい。

二〇〇一年一月

鈴木章俊

参考文献

・文献一覧の中には、利用したが、直接引用していないものも多少含まれている。
・文献は、使用した版を挙げた。初版の出版年を（ ）〔 〕内に追記したばあいもある。
・掲示した邦訳は、全訳と抄訳のばあいがある。
・邦訳と原書の版とが、必ずしも一致しないばあいがある。
・洋書にかんし、邦訳のみを参照したばあいには、末尾に置いた。

和書および和論文

碧海純一［一九八五］「社会科学における認識の客観性についての一試論」『合理主義の復権』（木鐸社）
青山秀夫［一九五〇］『マックス・ウェーバーの社会理論』（岩波書店）
青山秀夫［一九五一］『マックス・ウェーバー』（岩波書店）
阿閉吉男［一九七六］『ウェーバー社会学の視圏』（勁草書房）
阿閉吉男［一九八一］『ジンメルとウェーバー』（御茶の水書房）
天野敬太郎［一九七二］天野敬太郎編『日本マックス・ヴェーバー書誌』（新泉社）
安藤英治［一九六五a］『マックス・ウェーバー研究』（未來社）
安藤英治［一九六五b］「マックス・ウェーバーにおける『客観的可能性』の意味」『マックス・ウェーバー研究』（未來社）
安藤英治［一九六五c］「マックス・ウェーバーにおける形式的思考の意味」『マックス・ウェーバー研究』（未來社）
安藤英治［一九六五d］「マックス・ウェーバーにおける『主体』の問題」『マックス・ウェーバー研究』（未來社）
安藤英治［一九六五e］「マックス・ウェーバーにおける『客観性』の意味」『マックス・ウェーバー研究』（未來社）
安藤英治［一九六八］「M・ウェーバーの宗教社会学改訂について〔1〕」『成蹊大学政治経済論叢終刊記念論文集』下巻
安藤英治［一九七二］「M・ウェーバーの宗教社会学改訂について〔2〕」『成蹊大学経済学部論集』第二巻一号

安藤英治［一九七二］『ウェーバーと近代』（創文社）
安藤英治・内田芳明・住谷一彦編［一九七三］『マックス・ヴェーバーの思想像』（新泉社）
安藤英治［一九七五］「近代化のパラドックス」『思想』六月号（岩波書店）
安藤英治［一九七六］「ウェーバーにおけるローマ史論の軌跡」『思想』一〇月号（岩波書店）
安藤英治［一九七七］「ウェーバーと〝ヨーロッパ〟意識」『思想』一月号（岩波書店）
安藤英治［一九七九］『マックス・ウェーバー』（講談社）
安藤英治［一九八〇］「ウェーバー歴史社会学の基礎視角」『思想』八月号（岩波書店）
安藤英治［一九九二］『ウェーバー歴史社会学への出立』（未來社）
伊藤正純［一九九八］「階級社会としての市民社会」八木紀一郎・山田鋭夫・千賀重義・野沢敏治編『復権する市民社会論』（日本評論社）
稲上　毅［一九七四］『現代社会学と歴史意識』（木鐸社）
茨木竹二［一九九二］「『文化科学方法論』の再検討にむけて」『思想』五月号（岩波書店）
今井弘道［一九九四］「官僚制と市民」『思想』一〇月号（岩波書店）
伊豫谷登士翁［一九八二］「世界経済の史的認識――I・ウォラシュティンとC・メイヤスー」小野一一郎編『南北問題の経済学』（同文舘）
伊豫谷登士翁［一九八四］「世界システム論の理論構造」『経済評論』二月号（日本評論社）
上山安敏［一九七八］『ウェーバーとその社会』（ミネルヴァ書房）
内田芳明［一九六八］『ヴェーバー社会科学の基礎研究』（岩波書店）
内田芳明［一九七二］『ヴェーバーとマルクス』（岩波書店）
内田義彦［一九六二］『経済学の生誕』（未來社）
内田義彦［一九六七］『日本資本主義の思想像』（岩波書店）
内田義彦・大野英二・住谷一彦・伊東光晴・平田清明［一九七〇］『経済学史』（筑摩書房）
内田義彦［一九八八］「日本資本主義の思想像」『内田義彦著作集』第五巻（岩波書店）
宇都宮京子［一九九二］「M・ウェーバーにおける現象学の意義とその影響について」『社会学評論』第四二巻第三号
宇野弘蔵［一九七四］『経済政策論』『宇野弘蔵著作集』第七巻（岩波書店）

大河内一男［一九六九］「スミスとリスト」『大河内一男著作集』第三巻（青林書房新社）
大塚久雄［一九六六］『社会科学の方法』（岩波書店）
大塚久雄［一九六九a］「いわゆる前期的資本なる範疇について」『大塚久雄著作集』第三巻（岩波書店）
大塚久雄［一九六九b］「欧洲経済史」『大塚久雄著作集』第四巻（岩波書店）
大塚久雄［一九六九c］「『西洋経済史講座』緒言」『大塚久雄著作集』第四巻（岩波書店）
大塚久雄［一九六九d］「宗教改革と近代社会」『大塚久雄著作集』第八巻（岩波書店）
大塚久雄［一九六九e］「マックス・ヴェーバーにおける資本主義の『精神』」『大塚久雄著作集』第八巻（岩波書店）
大塚久雄［一九六九f］「プロテスタンティズムの倫理と資本主義の『精神』解説」『大塚久雄著作集』第八巻（岩波書店）
大塚久雄［一九六九g］「《Betrieb》と経済的合理主義」『大塚久雄著作集』第九巻（岩波書店）
大塚久雄［一九六九h］「マックス・ヴェーバーの『経済史』について」『大塚久雄著作集』第九巻（岩波書店）
大塚久雄［一九七三］大塚久雄編『後進資本主義の展開過程』（アジア経済研究所）
大塚久雄［一九七五］「ヴェーバー偶感」『現代思想』一二月号（青土社）
大塚久雄［一九七七］『社会科学における人間』（岩波書店）
大西威人［一九八二］「ウォーラーステイン著『近代世界システム』」『経済評論』五月号（日本評論社）
大林信治［一九七二］「ウェーバーの政策論的思惟の構造」林　道義編『現代のエスプリ　マックス・ウェーバー』（至文堂）
大林信治［一九九三］『マックス・ウェーバーと同時代人たち』（岩波書店）
大村　平［一九七二］『システムのはなし』（日科技連）
岡田純一［一九六七］『増補　経済学における人間像』（未來社）
折原　浩［一九八八］『マックス・ウェーバー基礎研究序説』（未來社）
折原　浩［一九九六］『ウェーバーとともに40年』（弘文堂）
蔭山　宏［一九七七］「『資本主義の精神』をめぐって」安藤英治編『ウェーバー　プロテスタンティズムの倫理と資本主義の精神』（有斐閣）
加藤明彦［一九九一］『社会科学方法論序説』（風間書房）
金井新二［一九九二］「合理化プロセスと宗教史」『思想』五月号（岩波書店）
金子栄一［一九五七］『マックス・ウェーバー研究』（創文社）

金子栄一［一九六九］「ウェーバーとヤスパース——世界史における宗教の意味」安藤英治・内田芳明・住谷一彦編『マックス・ヴェーバーの思想像』（新泉社）
川上周三［一九九三］『現代に生きるウェーバー』（勁草書房）
川北　稔［一九八一］「まえがき——訳者解説」『近代世界システムⅠ』（岩波書店）
川北　稔［一九八三］「Ⅰ・ウォーラーステインと近代ヨーロッパ」栗原　彬・今　防人・杉山光信・山本哲士編『社会と社会学』（新評論）
川島武宜［一九七三］「共同体分析のための若干の問題提起——Max Weber の“Appropriation”の概念を中心として——」川島武宜・住谷一彦編『共同体の比較史的研究』（アジア経済研究所）
姜　尚中［一九八六］『マックス・ウェーバーと近代』（御茶の水書房）
姜　尚中［一九九四］「世界システムのなかの民族とエスニシティー」山之内　靖他編『岩波講座　社会科学の方法〔XI〕』（岩波書店）
厚東洋輔［一九七七］『ヴェーバー社会理論の研究』（東京大学出版会）
厚東洋輔［一九九五］「ヴェーバーのアジア社会論の射程と限界」『思想』三月号（岩波書店）
小林　純［一九九〇］『マックス・ヴェーバーの政治と経済』（白桃書房）
小林多加士［一九九一］『文明の歴史学』（同文舘）
斎藤博道［一九七三］「リッケルトの歴史科学における理解からヴェーバーへ」『理想』五月号（理想社）
佐久間孝正［一九八四］『ウェーバーとマルクス』（世界書院）
雀部幸隆［一九九九］『ヴェーバーと政治の世界』（恒星社厚生閣）
佐藤慶幸［一九九八］『デュルケムとウェーバーの現在』（早稲田大学出版部）
佐野　誠［一九九三］『ヴェーバーとナチズムの間』（名古屋大学出版会）
椎名重明［一九九六］『プロテスタンティズムと資本主義』（東京大学出版会）
篠田武司［一九八七］「法人資本主義の諸相」平田清明・山田鋭夫・八木紀一郎編『現代市民社会の旋回』（昭和堂）
下田直春［一九八一］『増補改訂　社会学的思考の基礎』（新泉社）
鈴木章俊［一九七八］「マックス・ウェーバーにおける科学の分類」専修大学大学院紀要『経済と法』第九号
鈴木章俊［一九八一］「マックス・ウェーバーにおける『資本主義』」専修大学大学院紀要『経済と法』第一四号

住谷一彦［一九六八］「『スミスとリスト』から『マルクスとヴェーバー』へ」『思想』一〇月号（岩波書店）
住谷一彦［一九六九］『リストとヴェーバー』（未來社）
住谷一彦［一九七〇a］『マックス・ヴェーバー』（ＮＨＫブックス）
住谷一彦［一九七〇b］「類型・『国民経済』の歴史と理論〔Ⅱ〕」内田義彦・大野英二・住谷一彦・伊東光晴・平田清明『経済学史』（筑摩書房）
住谷一彦［一九八三］「マックス・ヴェーバー『資本主義の「精神」論』の一分析」『立教経済学研究』第三六巻第三号
高城和義［一九八六］『パーソンズの理論体系』（日本評論社）
高島善哉［一九七四］「スミスにおける三つの世界」『アダム・スミスの市民社会体系』（岩波書店）
高島善哉［一九七五］『マルクスとヴェーバー』（紀伊國屋書店）
高島善哉［一九九七］「マルクスとヴェーバー」『高島善哉著作集』第七巻（こぶし書房）
高橋　誠［一九九八］『世界資本主義システムの歴史理論』（世界書院）
田中正司［一九七六］「『道徳感情論』と『国富論』」経済学史学会編『「国富論」の成立』（岩波書店）
田中真晴［一九六九］「因果性問題を中心とするヴェーバー方法論の研究」安藤英治・内田芳明・住谷一彦編『マックス・ヴェーバーの思想像』（新泉社）
田村信一［一九九三］『グスタフ・シュモラー研究』（御茶の水書房）
丹辺宣彦［一九八九］「ウェーバー社会学方法論の論理構造」『思想』一月号（岩波書店）
角山　栄［一九七九］「近代化と工業化の起源」角山　栄・川北　稔編『講座・西洋経済史Ⅰ』（同文舘）
出口勇蔵［一九六八］『経済学と歴史意識』（ミネルヴァ書房）
富永健一［一九六五］「社会学とヴェーバー」大塚久雄編『マックス・ヴェーバー研究』（東京大学出版会）
富永健一［一九九六］『近代化の理論』（講談社）
富永健一［一九九八］『マックス・ヴェーバーとアジアの近代化』（講談社）
中野敏男［一九八三］『マックス・ウェーバーと現代』（三一書房）
中村貞二［一九七二a］『マックス・ウェーバー研究』（未來社）
中村貞二［一九七二b］「『価値自由』の意味」『マックス・ウェーバー研究』（未來社）
中村貞二［一九七七］「訳者解説」『みすず』九・一〇月号（みすず書房）

中村貞二［一九八二］「解説」『ウェーバー　社会科学論集』（河出書房新社）
中村貞二［一九九九］『増補　マックス・ウェーバー研究』（未來社）
西田幾多郎［一九五三］『哲学概論』（岩波書店）
西谷　敬［一九九〇］『社会科学における探究と認識』（未來社）
橋本　努［一九九九］『社会科学の人間学』（勁草書房）
浜井　修［一九八二］『ウェーバーの社会哲学』（東京大学出版会）
濱島　朗［一九八〇］『ウェーバーと社会主義』（有斐閣）
林　道義［一九七〇］『ウェーバー社会学の方法と構想』（岩波書店）
樋口辰雄［一九九八］『逆説の歴史社会学』（尚学社）
平田清明［一九六九］『市民社会と社会主義』（岩波書店）
星野　智［一九九二］『現代国家と世界システム』（同文舘）
星野　智［一九九七］『世界システムの政治学』（晃洋書房）
牧野雅彦［一九九三］『ウェーバーの政治理論』（日本評論社）
牧野雅彦［二〇〇〇］『責任倫理の系譜学』（日本評論社）
松井秀親［一九五五］「解説」ウェーバー『ロッシャーとクニース（二）』（未來社）
松本礼二［一九九一］『トクヴィル研究』（東京大学出版会）
丸山眞男［一九九六］「『文明論之概略』を読む」『丸山眞男集』第一三巻（岩波書店）
水沼知一［一九七三］「『日本資本主義論争』における『国民経済』問題」大塚久雄編『後進資本主義の展開過程』（アジア経済研究所）
向井　守［一九九七］『マックス・ウェーバーの科学論』（ミネルヴァ書房）
望月清司［一九七三］『マルクス歴史理論の研究』（岩波書店）
望月清司［一九七四ａ］「共同体・市民社会・社会主義」『講座マルクス経済学』第一巻（日本評論社）
望月清司［一九七四ｂ］「『資本家的生産に先行する諸形態』研究」『講座マルクス経済学』第七巻（日本評論社）
望月清司［一九七五］「訳者解説」マルクス『ゴータ綱領批判』（岩波書店）
望月清司［一九八一ａ］「第三世界を包みこむ世界史像」『経済評論』四月号（日本評論社）

望月清司［一九八一b］「第三世界研究と本原的蓄積論」『経済評論』一二月号（日本評論社）
柳父圀近［一九九二］『エートスとクラトス』（創文社）
八木紀一郎［一九九八］「カール・メンガーと歴史学派」住谷一彦・八木紀一郎編『歴史学派の世界』（日本経済評論社）
柳澤　治［一九九八］「大塚久雄の農村工業論の背景」住谷一彦・和田　強編『歴史への視線』（日本経済評論社）
山田高生［一九七二］「ウェーバーにおける世界権力政策と議会改革論」『現代のエスプリ』№54（至文堂）
山田鋭夫［一九九三］「経済発展とレギュラシオン」山之内　靖他編『岩波講座　社会科学の方法〔Ⅴ〕』（岩波書店）
山田正範［一九八七］「ヴェーバーの社会科学方法論」住谷一彦・小林　純・山田正範『マックス＝ヴェーバー』（清水書院）
山之内　靖［一九九三］『ニーチェとヴェーバー』（未來社）
山之内　靖［一九九七］『マックス・ヴェーバー入門』（岩波書店）
山本　啓［一九八八］「近代世界システム論のパースペクティヴ」『思想』一一月号（岩波書店）
油井清光［一九九五］『主意主義的行為理論』（恒星社厚生閣）
嘉目克彦［一九九四］『マックス・ヴェーバーの批判理論』（恒星社厚生閣）
米沢和彦［一九九一］『ドイツ社会学史研究』（恒星社厚生閣）
和田重司［一九七八］『アダム・スミスの政治経済学』（ミネルヴァ書房）

洋書（その翻訳）および洋論文（その翻訳）

Abraham, Gray A. 1992, *Max Weber and the Jewish Question*, University of Illinois Press.
Abramowski, Günter. 1966, *Das Geschichtsbild Max Webers*, Klett.
　アブラモフスキー［一九八三］松代和郎訳『マックス・ウェーバー入門』（創文社）
Amin, Samir. 1979, *Classe et nation dans l'histoire et la crise contemporaine*, Minuit.
　アミン［一九八三］山崎カヲル訳『階級と民族』（新評論）
Aron, Raymond. 1967, *Main Currents in Sociological Thought II*, Basic Books.
　アロン［一九八四］北川隆吉・宮島　喬・川崎嘉元・帯刀　治訳『社会学的思考の流れ〔Ⅱ〕』（法政大学出版局）
Aron, Raymond. 1971, "Max Weber and Power Politics", in Otto Stammer (ed.), *Max Weber and Sociology Today*, Basil Blackwell &

Mott.
アロン［一九七六］「マックス・ウェーバーと権力政治」オットー・シュタマー編、出口勇蔵監訳『ウェーバーと現代社会学〔上〕』（木鐸社）

Beetham, David. 1974, *Max Weber and the Theory of Modern Politics,* George Allen & Unwin.
ビーサム［一九八八］住谷一彦・小林　純訳『マックス・ヴェーバーと近代政治理論』（未來社）

Bendix, Reinhard. 1962, *Max Weber, an intellectual portrait,* Doubleday.
ベンディクス［一九六六］折原　浩訳『マックス・ウェーバー』（中央公論社）

Bendix, Reinhard. & Roth, Günther. 1971. *Scholarship and partisanship, Essays on Max Weber,* University of California Press.
ベンディックス／ロート［一九七五］柳父圀近訳『学問と党派性』（みすず書房）

Breiner, Peter. 1996, *Max Weber and Democratic Politics,* Cornell University Press.

Brenner, Robert. 1977, "The Origins of Capitalist Development: a Critique of Neo-Smithian Marxism", *New Left Review,* No. 104, July-August.

Buckle, Henry Thomas. 1861, *History of Civilization in England, 2 vols.,* Appleton.

Burger, Thomas. 1976, *Max Weber's Theory of Concept Formation, History, Laws and Ideal Types,* Duke University Press.

Burger, Thomas. 1977a, "Max Weber, Interpretive Sociology, and the Sense of Historical Science: a Positivistic Conception of Verstehen", in: *The Sociological Quarterly,* 18: 165-175.

Burger, Thomas. 1977b, "Droysen's Defense of Historiography: A Note", in: *History and Theory,* 16: 168-173.

Burger, Thomas. 1977c, "Talcott Parsons, the Problem of Order in Society, and the Program of an Analytical Sociology", in: *The American Journal of Sociology,* 83, No. 2: 320-334.

Burger, Thomas. 1978, "Droysen and the Idea of Verstehen", in: *Journal of the History of the Behavioral Sciences,* 14: 6-19.

Burger, Thomas. 1985, "Power and Stratification: Max Weber and beyond", in: Vatro Murvar (ed.): *Theory of Liberty, Legitimacy and Power, New Directions in the Intellectual and Scientific Legacy of Max Weber,* Routledge & Kegan Paul.

Burger, Thomas. 1986, "Multidimentional Problems: A Critique of Jeffery Alexander's Theoretical Logic in Sociology", in: *The Sociological Quarterly,* 27, No. 2: 273-292.

Burger, Thomas. 1987, *Max Weber's Theory of Concept Formation., History, Laws and Ideal Types, Expanded Edition,* Duke University

Press.

バーガー［一九八九］鈴木章俊訳「マックス・ヴェーバーの概念構成論〔1〕」『専修大学北海道短期大学紀要』第二二号

バーガー［一九九〇］鈴木章俊訳「マックス・ヴェーバーの概念構成論〔2〕」『専修大学北海道短期大学紀要』第二三号

バーガー［一九九一］鈴木章俊訳「マックス・ヴェーバーの概念構成論〔3〕」『専修大学北海道短期大学紀要』第二四号

バーガー［一九九二］鈴木章俊訳「マックス・ヴェーバーの概念構成論〔4〕」『専修大学北海道短期大学紀要』第二五号

バーガー［一九九三］鈴木章俊訳「マックス・ヴェーバーの概念構成論〔5〕」『専修大学北海道短期大学紀要』第二六号

バーガー［一九九四］鈴木章俊訳「マックス・ヴェーバーの概念構成論〔6〕」『専修大学北海道短期大学紀要』第二七号

バーガー［一九九五］鈴木章俊訳「マックス・ヴェーバーの概念構成論〔7〕」『専修大学北海道短期大学紀要』第二八号

バーガー［一九九六］鈴木章俊訳「マックス・ヴェーバーの概念構成論〔8〕」『専修大学北海道短期大学紀要』第二九号

バーガー［一九九八］鈴木章俊訳「マックス・ヴェーバーの社会学構想〔上〕」『専修大学北海道短期大学紀要』第三一号

バーガー［一九九九］鈴木章俊訳「マックス・ヴェーバーの社会学構想〔下〕」『専修大学北海道短期大学紀要』第三二号

Burger, Thomas. 1991, “Die Dimensionen der Ungleichheit in der modernen Gesellschaft”, in: *Analyse & Kritik,* 13: 1-33, hrsg. von Michael Bauermann und Anton Leist, Westdeutscher Verlag.

Burger, Thomas. 1993, “Weber’s Sociology and Weber’s Personality”, in: *Theory and Society,* 22: 813-836.

Burger, Thomas. 1994, “Deutsche Geschichtstheorie und Webersche Soziologie”, in: *Max Webers Wissenschaftslehre: Interpretation und Kritik:* 29-104, hrsg. von Gerhard Wagner und Heinz Zipprian, Suhrkamp.

Chirot, Daniel. & Hall, Thomas D. 1982, “World-System Theory”, in: *Annual Review of Sociology,* vol. 8.

Chase-Dunn, Christpher. 1989, *Global Formation: Structure of the world- economy,* Basil Blackwell.

Collins, Randall. 1980, “Weber’s Last Theory of Capitalism: A Systematization”, in: *American Sociological Review,* vol. 45, No. 6.

Collins, Randall. 1986, *Weberian Sociological Theory,* Cambridge University Press.

Dilthey, Wilhelm, 1959 [1883], *Einleitung in die Geisteswissenschaften,* in: GESAMMELTE SCHRIFTEN, 1. band, B. G. Teubner Verlagsgesellschaft.

ディルタイ［一九七九］山本英一・上田　武訳『精神科学序説〔上〕』（以文社）

ディルタイ［一九八一］山本英一・上田　武訳『精神科学序説〔下〕』（以文社）

Dronberger, Ilse. 1971, *The political thought of Max Weber,* Meredith Corporation.

DuPlessis, Robert S. 1997, *Transition to Capitalism in Early Modern Europe,* Cambridge University Press.

Engels, Friedrich. 1982, *Die Entwickrung des Sozialismus von der Utopie zur Wissenschaft,* MARX-ENGELS WERKE 19, Berlin: Diets.

エンゲルス〔一九七三〕大内兵衛訳『空想より科学へ』（岩波書店）

Gerth, Hans H. & Mills, Wright C. (eds.), 1972, *From Max Weber,* Oxford University Press.

ガース／ミルズ〔一九六二〕山口和男・犬伏宣宏訳『マックス・ウェーバー』（ミネルヴァ書房）

Ferrarotti, Franco. 1985, "Weber, Marx, and the Spirit of Capitalism: Toward a Unitary Science of Man" in Robert J. Antonio & Ronald M. Glassman, *A Weber-Marx Dialogue,* University Press of Kansas.

Frank, Andre G. 1978, *Dependent Accumulation and Underdevelopment,* The Macmillan Press.

フランク〔一九八〇〕吾郷健二訳『従属的蓄積と低開発』（岩波書店）

Freyer, Hans. 1930, *Soziologie als Wirklichkeitswissenschaft,* Verlag und Druck von B. G. Teubner.

Heilbroner, Robert L. & Milberg, William S. 1998, *The Making of Economic Society. -10th* ed., Prentice-Hall.

ハイルブローナー／ミルバーグ〔二〇〇〇〕香内　力訳『経済社会の興亡』（ピアソン・エデュケーション）

Hennis, Wilhelm. 1987, *Max Webers Fragestellung,* Mohr.

ヘニス〔一九九一〕雀部幸隆・嘉目克彦・豊田謙二・勝又正直訳『マックス・ヴェーバーの問題設定』（恒星社厚生閣）

Henrich, Dieter. 1952, *Die Einheit der Wissenschaftslehre Max Webers,* Mohr.

Holton, R. J. 1985, *The Transition from Feudalism to Capitalism,* Macmillan.

Honigsheim, Paul. 1968, *On Max Weber,* Free Press.

ホーニヒスハイム〔一九七二〕大林信治訳『マックス・ウェーバーの思い出』（みすず書房）

Hughes, Stuart H. 1961, *Consciousness and Society,* Vintage Books.

ヒューズ〔一九七〇〕生松敬三・荒川幾男訳『意識と社会』（みすず書房）

Käsler, Dirk. 1979, *Einfürung in das Studium Max Webers,* Beck.

ケスラー〔一九八一〕森岡弘通訳『マックス・ウェーバー』（三一書房）

Kalberg, Stephen. 1987, "Max Webers universalgeschichteliche Architektonik wirtschaftlich orientierten Handelns-Eine vorläufige Rekonstruktion", in: *Marx oder Weber?* hrsg. von Stefan Böckler & Johannes Weiss, Westdeutscher Verlag.

Kuhn, Thomas S. 1970, *The Structure of Scientific Revolutions,* The University of Chicago Press.

クーン［一九七一］中山　茂訳『科学革命の構造』（みすず書房）

Kuhn, Thomas S. 1977, *The Essential Tension*, The University of Chicago Press.

クーン［一九九八］安孫子誠也・佐野正博訳『科学革命における本質的緊張』（みすず書房）

Laclau, Ernesto. 1971, "Feudalism and Capitalism in Latin America", *New Left Review*, No. 67, May-June.

List, Friedrich. 1959, *Das Nationale System der Politischen Ökonomie*, Mohr.

リスト［一九七〇］小林　昇訳『経済学の国民的体系』（岩波書店）

Löwenstein, Karl. 1965, *Max Webers staatspolitische Auffasungen in der Sicht unserer Zeit*, Athennaum Verlag.

レーベンシュタイン［一九六七］得永新太郎訳『マックス・ウェーバーと現代政治』（未來社）

Martindale, Don. 1959, "Sociological Theory and the Ideal Type", in Llewellyn Gross (ed.), *Symposium on Sociological Theory*, Row, Peterson.

Marx, Karl. 1981, *Zur Kritik der Politischen Ökonomie*, MARX-ENGELS WERKE 13, Berlin: Diets.

マルクス［一九七一］武田隆夫・遠藤湘吉・大内　力・加藤俊彦訳『経済学批判』（岩波書店）

Marx, Karl. 1983a, *Zur Kritik der Hegelschen Rechtsphilosophie [Kritik des Hegelschen staatsrechts (§§261-313)]*, MARX-ENGELS WERKE 1, Berlin: Diets.

マルクス［一九七六］真下信一訳「ヘーゲル国法論（第二六一節〜第三一三節）の批判」『マルクス＝エンゲルス全集〔1〕』（大月書店）

Marx, Karl. 1983b, *Das Kapital*, MARX-ENGELS WERKE 23, Berlin: Diets.

マルクス［一九七二a］岡崎次郎訳『資本論(1)』（大月書店）

マルクス［一九七二b］岡崎次郎訳『資本論(2)』（大月書店）

マルクス［一九七二c］岡崎次郎訳『資本論(3)』（大月書店）

Marx, Karl/Engels, Friedrich. 1980, *Manifest der Kommunistischen Partei*, MARX-ENGELS WERKE 4, Berlin: Diets.

マルクス／エンゲルス［一九七一］大内兵衛・向坂逸郎訳『共産党宣言』（岩波書店）

Meillassoux, Claude. 1975, *femmes greniers et capitaux*, Librarie François Maspero.

C・メイヤスー［一九七七］川田順造・原田武彦訳『家族制共同体の理論』（筑摩書房）

Menger, Carl. 1883, *Untersuchungen über die Methode der Sozialwissenschaften, und der politischen Ökonomie insbesondere*, Dunker &

Humblot.
メンガー［一九八六］福井孝治・吉田　三訳『経済学の方法』（日本経済評論社）
Milovanovic, Dragan. 1989, *Weberian and Marxian Analysis of Law*, Avebury.
Mitzman, Arthur. 1970, *The Iron Cage: An Historical Interpretation of Max Weber*, Alfred A. Knopf.
ミッツマン［一九七五］安藤英治訳『鉄の檻』（創文社）
Mommsen, Wolfgang. 1974a [1959], *Max Weber und die deutsche Politik 1890-1920*, Mohr.
モムゼン［一九九三］安　世舟・五十嵐一郎・田中　浩訳『マックス・ヴェーバーとドイツ政治　1890-1920〔I〕』（未來社）
モムゼン［一九九四］安　世舟・五十嵐一郎・小林　純・牧野雅彦訳『マックス・ヴェーバーとドイツ政治　1890-1920〔II〕』（未來社）
Mommsen, Wolfgang. 1974b, *Max Weber. Gesellschaft, Politik und Geschichte*, Suhrkamp.
モムゼン［一九七七］中村貞二・米沢和彦・嘉目克彦訳『マックス・ヴェーバー』（未來社）
Mommsen, Wolfgang. 1974c, *The Age of Bureaucracy: Perspectives on the political Sociology of Max weber*, Basil Blackwell & Mott.
モムゼン［一九八四］得永新太郎訳『官僚制の時代』（未來社）
Mueller, Gert H. 1982, "Socialism and Capitalism in the work of Max Weber", *The British Journal of Sociology*, vol. 33, No. 2, June.
Nusser, Karl-Heinz. 1986, *Kausale Prozesse und sinnerfassende Vernunft*, Verlag Karl Alber.
Oakes, Guy. 1987, "Weber and the Southwest German School: The Genesis of the Concept of the Historical Individual", *Max Weber and his Contemporaries*, Wolfgang J. Mommsen and Jürgen Osterhammel (eds.), Allen & Unwin.
オークス［一九九四］「マックス・ヴェーバーと西南ドイツ学派」W・J・モムゼン、J・オースターハメル、W・シュベントカー編著、鈴木　広・米沢和彦・嘉目克彦監訳『マックス・ヴェーバーとその同時代人群像』（ミネルヴァ書房）
Oakes, Guy. 1988, *Weber and Rickert*, The MIT Press.
Parsons, Talcott. 1935, "Sociological Elements in Economic Thought, I", in: *Quarterly Journal of Economics*, 49: 414-453.
Parsons, Talcott. 1949, *The Structure of Social Action*, Free Press.
パーソンズ［一九七六］稲上毅・厚東洋輔訳『社会的行為の構造〔1〕』（木鐸社）
パーソンズ［一九八六］稲上　毅・厚東洋輔訳『社会的行為の構造〔2〕』（木鐸社）
パーソンズ［一九八二］稲上　毅・厚東洋輔訳『社会的行為の構造〔3〕』（木鐸社）

パーソンズ［一九七四］稲上 毅・厚東洋輔訳『社会的行為の構造〔4〕』（木鐸社）
パーソンズ［一九八九］稲上 毅・厚東洋輔訳『社会的行為の構造〔5〕』（木鐸社）
Parsons, Talcott. 1977, "Comment on Burger's Critique", in: *The American Journal of Sociology,* 83: 335-339.
Parsons, Talcott. & Shils, Edward. (eds.) 1952, *Toward a General Theory of Action,* Harvard University Press.
パーソンズ／シルズ［一九六〇］永井道雄・作田啓一・橋本 真訳『行為の総合理論をめざして』（日本評論新社）
Pohlmann, Friedrich. 1987, *Individualität, Geld und Rationalität,* Ferdinand Enke Verlag.
Rickert, Heinrich. 1924a, *Die Probleme der Geschichtsphilosophie, Eine Einführung,* Winter.
リッカート［一九七六a］佐伯 守訳『歴史哲学序説』（ミネルヴァ書房）
Rickert, Heinrich. 1924b, *Kant als Philosoph der modernen Kurtur, Ein geschichitsphilosophischer Versuch,* Mohr.
リッカート［一九八一］三井善止・大江精志郎訳「現代文化の哲人カント」（理想社）
Rickert, Heinrich. 1926a [1899], *Kurturwissensschaft und Naturwissenschaft,* Mohr.
リッカート［一九七〇］（一九三九）佐竹哲雄・豊川 昇訳『文化科学と自然科学』（岩波書店）
Rickert, Heinrich. 1926b, "Max Weber und seine Stellung zur Wissenschaft," *Logos,* Bd. VX.
リッカート［一九七六b］佐伯 守訳「ウェーバーとかれの学問的態度」『歴史哲学序説』（ミネルヴァ書房）
Rickert, Heinrich. 1928 [1892], *Der Gegenstand der Erkenntnis,* Mohr.
リッカート［一九八八］（一九二七）山内得立訳『認識の対象』（岩波書店）
Rickert, Heinrich. 1929 [1902], *Die Grenzen der naturwissenschaftlichen Begriffsbildung,* Mohr.
Ringer, Fritz. 1997, *Max Weber's Methodology,* Harvard University Press.
Rossi, Pietro 1987, *Vom Historismus zur historischen Sozialwissenschaft,* Suhrkamp.
ロッシ［一九九二］水沼知一訳『マックス・ウェーバー講義』（みすず書房）
Runciman, W. G. 1972, *A Critique of Max Weber's Philosophy of Social Science,* Cambridge University Press.
ランシマン［一九七八］湯川 新訳『マックス・ウェーバーの社会科学論』（法政大学出版局）
Sadri, Ahmad, 1992, *Max Weber's Sociology of Intellectuals,* Oxford University Press.
Schelting, Alexander von. 1922, "Die logische Theorie der historischen Kulturwissenschaft von Max Weber und im besondere sein Begriff der Idealtypus", *Archiv für Sozialwissenschaft und Sozialpolitik,* 49: 623-752.

シェルティング［一九七七］石坂　巌訳『ウェーバー社会科学の方法論』（れんが書房新社）
Schelting, Alexander von. 1934, *Max Webers Wissenschaftslehre,* Mohr.
Schluchter, Wolfgang. 1999, "Hindrances to Modernity: Max Weber on Islam", in Toby E. Huff & Wolfgang Schluchter (eds.), *Max Weber & Islam,* Transaction Publishers.
Sica, Alan. 1988, *Weber, Irrationality, and Social Order,* University of California Press.
Simmel, Georg. 1923 [1892], *Die Probleme der Geschichtsphilosophie,* Duncker und Humblot.
ジンメル［一九七七］生松敬三・亀尾利夫訳『歴史哲学の諸問題』（白水社）
Skinner, Andrew S. 1979, *A System of Social Science, Papers relating to Adam Smith,* Clarendon Press.
スキナー［一九八一］田中敏弘・橋本比登志・篠原　久・井上琢智訳『アダム・スミスの社会科学体系』（未來社）
Sklair, Leslie. 1994, "Capitalism and Development in Global Perspective", in: Leslie Sklair (ed.): *Capitalism and Development,* Routledge.
Skocpol, Theda (ed.). 1984, *Vision and Method in Historical Sociology,* Cambridge University Press.
スコチポル［一九九五］小田中直樹訳『歴史社会学の構想と戦略』（木鐸社）
Smelser, Neil. 1976, *Comparative Methods in the Social Sciences,* Prentice-Hall.
スメルサー［一九六六］山中　弘訳『社会科学における比較の方法』（玉川大学出版部）
Smith, Adam. 1896, Lectures on Jurisprudence, in: THE GLASGOW EDITION OF THE WORKS AND CORRESPONDENCE OF ADAM SMITH. *Lectures on Justice, Revenue and Arms,* Clarendon Press.
スミス［一九四七］高島善哉・水田　洋訳『グラスゴウ大学講義』（日本評論社）
Smith, Adam. 1976, *The Theory of Moral Sentiments,* Oxford University Press.
スミス［一九六九］米林富男訳『道徳情操論〔上〕』（未來社）
スミス［一九七〇］米林富男訳『道徳情操論〔下〕』（未來社）
Smith, Adam. 1978, *Lectures on Jurisprudence,* Oxford University Press.
Smith, Adam. 1979, *An Inquiry into the Nature and Causes of the Wealth of Nations,* Tuttle.
スミス［一九七八a］大河内一男監訳『国富論〔Ⅰ〕』（中央公論社）
スミス［一九七八b］大河内一男監訳『国富論〔Ⅱ〕』（中央公論社）

スミス［一九七八c］大河内一男監訳『国富論〔Ⅲ〕』（中央公論社）
Stammler, Rudolf. 1924, *Wirtschaft und Recht nach der materialistischen Geschichtauffasung, Eine sozialphilosophische Untersuchung,* Berlin, Leipzig: Walter de Gruyter.
Stammler, Rudolf. 1927, *Die materialistische Geschichtsauffasung,* Gutersloh: C. Bertelsmann.
シュタムラー［一九三一］国松久彌訳『唯物史観批判』（日本評論社）
Szakolczai, Arpád. 1998, *Max Weber and Michel Foucault,* Routledge.
Taylor, Peter J. 1986, "The World-System Project", in: R. J. Johnston and P. J. Taylor (eds.), *A World in Crisis?* Basil Blackwell.
Tenbruck, Friedrich H. 1959, "Die Genesis der Methodologie Max Webers," *Kölner Zeitschrift für Soziologie und Sozialpsychologie* 11, 573-630.
テンブルック［一九八五］住谷一彦・山田正範訳『マックス・ヴェーバー方法論の生成』（未來社）
Tocqueville, Alexis de. 1992, *De la démocratie en Amérique, Œuvres II,* Gallimard.
トクヴィル［一九八七a］井伊玄太郎訳『アメリカの民主政治〔上〕』（講談社）
トクヴィル［一九八七b］井伊玄太郎訳『アメリカの民主政治〔中〕』（講談社）
トクヴィル［一九八七c］井伊玄太郎訳『アメリカの民主政治〔下〕』（講談社）
Turner, Bryan S. 1992, *Max Weber, From History to Modernity,* Routledge.
Turner, Charles. 1992, *Modernity and Politics in the Work of Max Weber,* Routledge.
Turner, Stephen P. 1985, "Explaining Capitalism: Weber on and against Marx", in Robert J. Antonio and Ronald M. Glassman, *A Weber-Marx Dialogue,* University Press of Kansas.
Wallerstein, Immanuel. 1974, *The Modern World-System I,* New York: Academic Press, Inc.
ウォーラーステイン［一九八一a］川北　稔訳『近代世界システムⅠ』（岩波書店）
ウォーラーステイン［一九八一b］川北　稔訳『近代世界システムⅡ』（岩波書店）
Wallerstein, Immanuel. 1979, *The Capitalist World-Economy,* Cambridge University Press.
ウォーラーステイン［一九八七a］藤瀬浩司・麻沼賢彦・金井雄一訳『資本主義世界経済Ⅰ』（名古屋大学出版会）
ウォーラーステイン［一九八七b］日南田靜眞監訳『資本主義世界経済Ⅱ』（名古屋大学出版会）
Wallerstein, Immanuel. 1980, *The Modern World-System II,* New York: Academic Press, Inc.

ウォーラーステイン［一九九三a］川北　稔訳『近代世界システム　1600-1750』（名古屋大学出版会）
Wallerstein, Immanuel. 1984, *The Politics of The World-Economy*, Cambridge University Press.
ウォーラーステイン［一九九一］田中治男・伊豫谷登士翁・内藤俊雄訳『世界経済の政治学』（同文舘）
Wallerstein, Immanuel. 1988, "The Ideological Tensions of Capitalism: Universalism versus Racism and Sexism", in: Joan Smith, Jane Collins, Terence K. Hopkins, and Akbar Muhammad (eds.), *Racism, Sexism, and the World-System*, Greenwood Press.
Wallerstein, Immanuel. 1989, *The Modern World-system III*, New York: Academic Press, Inc.
ウォーラーステイン［一九九七a］川北　稔訳『近代世界システム　1730-1840s』（名古屋大学出版会）
Wallerstein, Immanuel. 1991, *Unthinking Social Science*, Polity Press.
ウォーラーステイン［一九九三b］本多健吉・高橋　章監訳『脱＝社会科学』（藤原書店）
Wallerstein, Immanuel. 1995, *Historical Capitalism with Capitalist Civilization*, Verso.
ウォーラーステイン［一九九七b］川北　稔訳『新版　史的システムとしての資本主義』（岩波書店）
Weber, Marinanne. 1984 [1926], *Max Weber, Ein Lebensbild*, Mohr.
ヴェーバー、マリアンネ・［一九六三］大久保和郎訳『マックス・ウェーバー〔Ｉ〕』（みすず書房）
ヴェーバー、マリアンネ・［一九六五］大久保和郎訳『マックス・ウェーバー〔Ⅱ〕』（みすず書房）
Weber, Max. 1910, "Antikritisches zum »Geist« des Kapitalismus", in: *Archiv für Sozialwissenschaft und Sozialpolitik*, 30: 176-202.
ヴェーバー［一九八〇a］住谷一彦・山田正範訳「資本主義の『精神』に関する反批判」『思想』八月号（岩波書店）
Weber, Max. 1920, *Gesammelte Aufsätze zur Religionssoziologie I*, Mohr.
ヴェーバー［一九五五a］梶山　力・大塚久雄訳『プロテスタンティズムの倫理と資本主義の精神〔上〕』（岩波書店）
ヴェーバー［一九六二a］梶山　力・大塚久雄訳『プロテスタンティズムの倫理と資本主義の精神〔下〕』（岩波書店）
ヴェーバー［一九六八a］中村貞二訳「プロテスタンティズムの教派と資本主義の精神」『ウェーバー　宗教・社会論集』（河出書房）
ヴェーバー［一九六八b］安藤英治訳「宗教社会学論文集『序言』」『ウェーバー　宗教・社会論集』（河出書房）
ヴェーバー［一九七一］木全徳雄訳『儒教と道教』（創文社）
ヴェーバー［一九七二a］大塚久雄・生松敬三訳『宗教社会学論選』（みすず書房）
ヴェーバー［一九九四］梶山　力訳、安藤英治編『プロテスタンティズムの倫理と資本主義の《精神》』（未來社）

Weber, Max. 1921a, *Gesammelte Aufsätze zur Religionssoziologie II*, Mohr.
ヴェーバー［一九六八ｃ］安藤英治訳「アジア的宗教の一般的性格」『ウェーバー　宗教・社会論集』（河出書房）
ヴェーバー［一九八三］深沢　宏訳『ヒンドゥー教と仏教』（日貿出版社）
Weber, Max. 1921b, *Gesammelte Aufsätze zur Religionssoziologie III*, Mohr.
ヴェーバー［一九六二ｂ］内田芳明訳『古代ユダヤ教〔1〕』（みすず書房）
ヴェーバー［一九六四ａ］内田芳明訳『古代ユダヤ教〔2〕』（みすず書房）
Weber, Max. 1923, *Wirtschaftsgeschichte*, Duncker und Humblot.
ヴェーバー［一九五四ａ］黒正　巌・青山秀夫訳『一般社会経済史要論〔上〕』（岩波書店）
ヴェーバー［一九五五ｂ］黒正　巌・青山秀夫訳『一般社会経済史要論〔下〕』（岩波書店）
Weber, Max. 1924a, *Gesammelte Aufsätze zur sozial- und Wirtschaftsgeschichte*, Mohr.
ヴェーバー［一九五九］上原専禄・増田四郎監修、渡辺金一・弓削　達訳『古代社会経済史』（東洋経済新報社）
Weber, Max. 1924b, *Gesammelte Aufsätze zur Soziologie und Sozialpolitik*, Mohr.
ヴェーバー［一九八〇ｂ］濱島　朗訳『社会主義』（講談社）
ヴェーバー［一九八二ａ］中村貞二・山田高生・林　道義・嘉目克彦訳『政治論集〔1〕』（みすず書房）
Weber, Max. 1971 [1921], *Gesammelte Politische Schriften*, Mohr.
ヴェーバー［一九六九］林　道義訳『ロシア革命論』（福村出版）
ヴェーバー［一九八二ａ］中村貞二・山田高生・林　道義・嘉目克彦訳『政治論集〔1〕』（みすず書房）
ヴェーバー［一九八二ｂ］中村貞二・山田高生・脇　圭平・嘉目克彦訳『政治論集〔2〕』（みすず書房）
Weber, Max. 1972 [1921], *Wirtschaft und Gesellschaft*, Mohr.
ヴェーバー［一九五四ｂ］濱島　朗訳『権力と支配』（みすず書房）
ヴェーバー［一九六〇ａ］世良晃志郎訳『支配の社会学〔Ⅰ〕』（創文社）
ヴェーバー［一九六〇ｂ］石尾芳久訳『国家社会学』（法律文化社）
ヴェーバー［一九六二ｃ］世良晃志郎訳『支配の社会学〔Ⅱ〕』（創文社）
ヴェーバー［一九六四ｂ］世良晃志郎訳『都市の類型学』（創文社）
ヴェーバー［一九七〇］世良晃志郎訳『支配の諸類型』（創文社）

ヴェーバー［一九七二c］阿閉吉男・内藤莞爾訳『社会学の基礎概念』（角川書店）

ヴェーバー［一九七四］世良晃志郎訳『法社会学』（創文社）

ヴェーバー［一九七五a］厚東洋輔訳「経済と社会集団」『ウェーバー』（中央公論社）

ヴェーバー［一九七五b］富永健一訳「経済行為の社会学的基礎範疇」『ウェーバー』（中央公論社）

ヴェーバー［一九七六a］武藤一雄・薗田宗人・薗田　坦訳『宗教社会学』（創文社）

ヴェーバー［一九七七］中村貞二訳「種族的共同社会関係」『みすず』九・一〇月号（みすず書房）

ヴェーバー［一九八七］阿閉吉男・内藤莞爾訳『社会学の基礎概念』（恒星社厚生閣）

Weber, Max. 1973 [1921], *Gesammelte Aufsätze zur Wissenschaftslehre*, Mohr.

ヴェーバー［一九三六］尾高邦雄訳『職業としての学問』（岩波書店）

ヴェーバー［一九五五c］松井秀親訳『ロッシャーとクニース（一）』（未來社）

ヴェーバー［一九五五d］松井秀親訳『ロッシャーとクニース（二）』（未來社）

ヴェーバー［一九六五］エドワルト・マイヤー／マックス・ウェーバー著、森岡弘通訳『歴史は科学か』（みすず書房）

ヴェーバー［一九六八d］林　道義訳『理解社会学のカテゴリー』（岩波書店）

ヴェーバー［一九七二b］清水幾太郎訳『社会学の根本概念』（岩波書店）

ヴェーバー［一九七二c］阿閉吉男・内藤莞爾訳『社会学の基礎概念』（角川書店）

ヴェーバー［一九七六b］松代和郎訳『社会学および経済学の「価値自由」の意味』（創文社）

ヴェーバー［一九八二c］松井秀親訳「R・シュタムラーにおける唯物史観の『克服』」『ウェーバー　社会科学論集』（河出書房新社）

ヴェーバー［一九九八a］富永祐治・立野保男・折原　浩訳『社会科学と社会政策にかかわる認識の「客観性」』（岩波書店）

Weber, Max. 1984, *Zur Politik im Weltkrieg*, MAX WEBER GESAMT AUSGABE I/15., Mohr.

ヴェーバー［一九九七］雀部幸隆・小島　定訳『ロシア革命論〔1〕』（名古屋大学出版会）

Weber, Max. 1989a, *Die Wirtschaftsethik der Weltreligionen, Konfuzianismus und Taoismus*, MAX WEBER GESAMT AUSGABE I/19., Mohr.

Weber, Max. 1989b, *Zur Russischen Revolution von 1905*, MAX WEBER GESAMT AUSGABE I/10., Mohr.

ヴェーバー［一九九七］雀部幸隆・小島　定訳『ロシア革命論〔I〕』（名古屋大学出版会）

ヴェーバー［一九九八b］肥前栄一・鈴木建夫・小島修一・佐藤芳行訳『ロシア革命論〔Ⅱ〕』（名古屋大学出版会）

Weber, Max. 1996, *Die Wirtschaftsethik der Weltreligiomen, Hinduismus und Buddhismus*, MAX WEBER GESAMT AUSGABE I/20., Mohr.

Weiss, Johannes. 1986, *Weber and Marxist world*, Routledge & Kegan Paul.

Wenger, Morton G. 1987, "Class Closure and the Historical/Structural Limits of the Marx-Weber Convergence", in Norbert Wiley (ed.), *The Marx-Weber Debate*, Sage Publication.

Wiley, Norbert. 1986, "Introduction", in Norbert Wiley (ed.), *The Marx-Weber Debate*, Sage Publication.

Windelband, Wilhelm. 1921 [1894], *Geschichte und Naturwissenschaft*, in: Präludien II, Mohr.

ヴィンデルバント［一九二九］篠田英雄訳『歴史と自然科学』（岩波書店）

Wrong, Dennis (ed.), 1970. *Max Weber*, Prentice-Hall.

ウォーラーステイン［一九九六］山田鋭夫訳『社会科学をひらく』（藤原書店）

レーニン［一九八五］宇高基輔訳『国家と革命』（岩波書店）

初出一覧

第一章　「マックス・ウェーバーにおける科学の分類」（専修大学大学院紀要『経済と法』第九号［一九七八年］）

第二章　「マックス・ウェーバーと価値問題」（専修大学大学院紀要『経済と法』第一〇号［一九七九年］）

第三章　「ヴェーバー理解社会学の脱呪術化的含意：社会科学方法論への一提言」（『専修大学北海道短期大学紀要』第三〇号［一九九七年］）

第四章　「マックス・ウェーバーにおける『資本主義』」（専修大学大学院紀要『経済と法』第一四号［一九八一年］）

第五章　「世界史と資本主義にかんするウェーバー・ウォラスタイン＝モデル」（専修大学大学院紀要『経済と法』第二〇号［一九八四年］）

第六章　「ウェーバー政治思想とユートピア」（専修大学大学院紀要『経済と法』第二二号［一九八五年］）

第七章　本書初出

結　論　本書初出

【ヤ行】

【ラ行】

【ワ行】

【ナ行】

【ハ行】

【マ行】

【カ行】

【サ行】

【タ行】

[人名索引]

【ア行】

【マ行】

【ヤ行】

【ラ行】

【ナ行】

【ハ行】

【タ行】

【サ行】

索　引

[事項索引]

【ア行】

【カ行】

【著者略歴】

鈴木章俊（すずき・あきとし）

1950年　東京に生まれる
1973年　立教大学経済学部卒業
1982年　専修大学大学院経済学研究科博士課程単位取得退学
現　在：専修大学北海道短期大学経済科教授
専　攻：経済史，思想史，経済体制論
論　文：「飯塚浩二――人と思想」（専修大学大学院紀要『経済と法』第８号［1977年］）
Keynes and Some Economic Thoughts（『専修大学北海道短期大学紀要』第20号［1987年］）

ヴェーバー的方法の未来

2001年５月10日　第１刷発行　定価（本体4200円＋税）

著者　鈴木章俊
発行者　栗原哲也

発行所　株式会社　日本経済評論社
〒101-0051　東京都千代田区神田神保町 3-2
電話 03-3230-1661　FAX 03-3265-2993
E-mail: nikkeihyo @ma4. justnet. ne. jp
URL: http://www. nikkeihyo. co. jp/
文昇堂印刷・美行製本
装幀＊渡辺美知子

乱丁落丁はお取替えいたします。　Printed in Japan

ISBN4-8188-1324-9